JN304078

新版

刑事政策講義

大谷 實
Minoru Oya
著

弘文堂

はじめに

　本書の初版が刊行されたのは、1987（昭和62）年である。初版を著した狙いは、当時、わが国で実施されていた刑事政策を、刑事司法全般の動向に視野を広げて、できるかぎり客観的かつ体系的に叙述することであった。新司法試験が始まるまでは、司法試験の選択科目に「刑事政策」が入れられており、しかも刑事政策を選択する受験生が多かったこともあって、いわゆる「基本書」を目指して執筆したわけである。

　その後、1990（平成2）年には、マネーロンダリングの犯罪化や刑務所の民営化、電子監視の導入といった新しい問題を加えて、改訂版を刊行した。また、1992（平成4）年には、罰金額の引き上げ、麻薬新法および暴力団対策法の成立に対応するため、「第2版補正版」を著し、1994（平成6）年には、来日外国人犯罪と女子犯罪に焦点を合わせた第3版を刊行した。そして、1996（平成8）年には、刑法典の現代用語化のための刑法改正、精神保健法の改正、更生緊急保護法の廃止に伴う更生保護事業法の新設や犯罪者予防更生法の大幅改正などを盛り込んで、第4版としたのである。

　このように、ほぼ2年ごとに改訂版ないし補正版を刊行してきたが、それから10余年の間、学校法人同志社総長の職務に追われて来たこともあり、改訂に手をつける余裕がなく今日に至ったが、刑事司法制度の改革も一段落したようなので、旧版を下敷きにしながら抜本的に改める趣旨で、新版の執筆に取り掛かった次第である。

　今回、改めて「新版」とする趣旨も、本書に掲載した旧版の初版で記した「はしがき」の狙いと同じであり、現在の刑事政策を客観的かつ体系的に論ずることを目的とするものである。しかし、刑事政策をめぐる状況は、近年、大きく変わった。司法制度改革のなかで、わが国の刑事司法制度は大変革を遂げ、刑事政策は転換期を迎えているからである。

　「犯罪に強い社会の実現」を目指した「凶悪・重大犯罪の重罰化」、かつて大激論となった保安処分に替わる心神喪失者等医療観察制度の新設、行

刑改革会議の提言による「刑事収容施設法」および更生保護制度改革の提言による「更生保護法」の制定、少年事件の処分のあり方を改めた少年法の改正、犯罪被害者対策に係る一連の立法、そして、刑事裁判のあり方を大きく変える裁判員制度と被害者参加制度など、ここ10年の間に、応接に暇がないほど刑事司法の改革が推進されたのである。

　本書が、刑事政策の「基本書」を目指す以上、これらの制度改革を体系のなかに取り込んで、簡潔に叙述しなければならない。これは中々困難な作業であり、何度投げ出そうと思ったか知れない。しかし、刑事政策学の原点に立ち戻って、旧版を下敷きにしながら、転換期にある刑事政策を何とかまとめてみた。

　本書は、以上のような観点を踏まえて、近年の刑事司法の改革をできるだけ旧版に取り込んで、体系的に論じたものである。「基本書」の性質上、紙幅が限られているので、個々の犯罪ないし犯罪者対策の項目の叙述は、最小限にとどめた。

　本書の刊行については、弘文堂第一編集部長の北川陽子氏に、文字通り総てお世話になった。記して謝意を表する次第である。

　　　2009（平成21）年2月1日

　　　　　　　　　　　　　　　　　　　　　　　大　谷　　實

初版のはしがき

　本書の執筆に当たって、筆者が特に意図したところは、以下の諸点である。
　第1は、犯罪原因論に関する叙述をできるだけ簡潔にするということである。犯罪学説の多くは仮説にとどまっており、それを詳細に紹介することは、刑事政策の学習にとって必ずしも重要ではないと考えたからである。しかし、これを全く無視するのは、刑事政策を科学的に考察するうえで適当ではないので、一般に知られている内外の学説については網羅的に紹介することにした。
　第2は、現在のわが国で実施されている刑事政策を、最新の動向を含めてできるかぎり客観的かつ系統的に叙述するということである。その際に、刑事司法全般に視野を広げて考察を加えるように心がけた。刑事政策の現状に対する理解なくして、生きた政策を語ることはできないからである。
　第3は、刑事法と関連づけながら、できるかぎり体系的に叙述する方法を採るということである。刑事法と刑事政策は、犯罪を防止しつつ、究極においては社会秩序の維持・発展を図る点で共通の目的に奉仕するものだからである。
　第4は、刑事政策上の概念をできるかぎり整理し、叙述を平易にするということである。刑事政策学においては、例えば、「再社会化」と「社会復帰」のように、異なる用語が同じような意味をもつものとして使われることがあり、理解に支障をきたす場合が多いからである。

　本書が完成するまで、同僚である瀬川晃教授は種々の面で献身的な協力を惜しまれなかった。また、英国に留学中であった京都産業大学助教授の藤岡一郎氏からも貴重な助言をいただいた。さらに、弘文堂編集部の皆さん、特に丸山邦正氏は誠意に富むご尽力を賜わられた。以上の方がたに対し、ここに記して謝意を表したい。
　　　昭和62年9月

　　　　　　　　　　　　　　　　　　　　　　　　大　谷　　實

改訂版のはしがき

　初版を公にしてから2年半余が経過したにすぎないが、幸にして読者を得たので、内容の一層の充実を図るため、思いきって改訂することにした。改訂に当たっては、読者各位から寄せられた貴重な御要望、御批判に答えるとともに、マネー・ロンダリングの犯罪化、刑務所の民営化、電子監視、在宅監置などの新しい問題を取りあげ、統計も最新のものと差し替えた。なお、京都学園大学専任講師川本哲郎氏、京都産業大学教授藤岡一郎氏、同志社大学教授瀬川晃氏は、校正の段階で全体を校閲し、適切な助言を与えられた。記して謝意を表したい。本書には依然として誤りや表現の不適切な部分が残っていると思われるが、もちろんそれらはすべて筆者の責任であり、読者各位の御指摘を期待しつつ、今後、完成に向けて努力を傾注したい。
　　　　平成2年4月

　　　　　　　　　　　　　　　　　　　　　　　　　　　大　谷　　實

第3版のはしがき

　改訂版発行後、罰金額の引き上げに係る刑法の改正（「罰金額の引き上げのための刑法等の一部を改正する法律」平3・法律31号）、麻薬新法（「麻薬及び精神薬取締法」平2・法律33号）および暴力団対策法（「暴力団員による不当な行為の防止等に関する法律」平3・法律77号）の制定など、刑事政策に関係する重要な立法の動きがあり、また、犯罪者処遇について若干の変動が見られたので、これを機会に、「財産刑」の項と該当箇所の叙述を改めるとともに、統計および図表を差し替えて、最新の情報を提供するよう努めた。
　刑事政策を論ずるうえで新たな問題を提供しているのは、来日外国人の犯罪である。来日外国人の刑法犯検挙人員は、過去10年間で約5倍に増加し、量的増大の傾向が顕著となっているとともに、悪質・凶悪化の兆しも見られ、刑事司法上看過しえない課題を提供しつつある。いずれ本書においても、「来日外国人犯罪」の項を設けて本格的に論ずることとなろうが、今回の改訂では問題点の指摘にとどめた。なお、叙述を大幅に変えた箇所として、「女子犯罪」がある。女子犯罪については、「女子を取り巻く社会的諸条件が変われば、女子の犯罪は量的・質的に男子の犯罪に近づく」という従来の主張に疑問を感じ、全面的に叙述を改めてみた。
　　　　平成6年1月

　　　　　　　　　　　　　　　　　　　　　　　　　　　大　谷　　實

第4版のはしがき

　第3版の発行後、刑事政策に関連する主な法律の改正として、①刑法典の条文を可能な限り平易化し、わかりやすくすることを主眼とする刑法の改正（「刑法の一部を改正する法律」〔平7・法律91号〕）、②「精神障害者の自立と社会経済活動への参加の促進」を図るための精神保健法の改正（「精神保健及び精神障害者福祉に関する法律」〔平7・法律94号〕）、③更生緊急保護法を廃止し、新たに更生保護事業法（平7・法律86号）を制定するとともに犯罪者予防更生法も大幅に改める改正（犯罪者予防更生法の一部を改正する法律〔平7・法律87号〕）が行われた。特に、更生緊急保護法は、犯罪者予防更生法、執行猶予者保護観察法および保護司法と並んで、わが国更生保護の基本的事項を定めてきたものであり、その背景はともあれ、この法律の廃止はわが国の更生保護事業にとって、エポックを画する出来事といってよいであろう。

　今回の改訂は、これらの法改正を本書に折り込むために行ったものであるが、前回の改訂で示唆した「来日外国人犯罪」の項目を新設するとともに、表現をわかりやすくするために、全体的に手を加えてみた。

　本書の改訂に当たっては、同志社大学大学院博士課程後期課程に在学中の川崎友巳君に大変お世話になった。また、弘文堂編集部の丸山邦正氏および清水千香さんは、誠意あふれるご努力を惜しまれなかった。ここに、記して謝意を表する次第である。

　　　平成8年5月

　　　　　　　　　　　　　　　　　　　　　　　　　大　谷　　實

刑事政策講義

第1編 刑事政策の基礎 ①

●第1章● 刑事政策および刑事政策学 ……… 2

第1節 刑事政策の概念　2
Ⅰ 刑事政策の意義　2
Ⅱ 刑事政策学の観念　4
Ⅲ 刑事政策学の性格　4

第2節 刑事政策の歩み　6
Ⅰ 刑事政策の萌芽期　6
Ⅱ 啓蒙思想と刑事政策　8
Ⅲ 科学主義の勃興　9
Ⅳ わが国における展開　11

第3節 刑事政策の方法　14
Ⅰ 刑事政策の方法の意義　14
Ⅱ 刑事政策の諸原理　16

第4節 犯罪の動向　20
Ⅰ 概観　20
Ⅱ 安全神話の崩壊　23

●第2章● 犯罪および犯罪現象 ……… 29

第1節 犯罪の概念　29
Ⅰ 形式的概念と実質的概念　29
Ⅱ 実質的犯罪の内容　30

第2節 犯罪現象と犯罪統計　31
Ⅰ 犯罪現象　31
Ⅱ 犯罪統計　32

第3節 犯罪および犯罪者の分類　36
Ⅰ 犯罪の分類の意義　36
Ⅱ 刑法学的分類　36
Ⅲ 動機・態様を基準とした分類　37
Ⅳ 「犯罪白書」と「警察白書」の分類　38
Ⅴ 犯罪者の分類の意義　40

●第3章● 犯罪の原因 …………42

第1節　犯罪学の沿革　42
  Ⅰ　犯罪学成立の背景　42
  Ⅱ　実証主義的犯罪原因論の登場　43

第2節　犯罪学の現代的展開　47
  Ⅰ　犯罪人類学から犯罪生物学へ　47
  Ⅱ　犯罪社会学の諸理論の流れ　50
  Ⅲ　新しい立場　53

第3節　犯罪の原因　57
第1款　動的犯罪観　57
  Ⅰ　素質と環境　57
  Ⅱ　人格の主体性　58
第2款　犯罪の素質的原因　60
  Ⅰ　遺伝と犯罪　60
  Ⅱ　体型と犯罪　61
  Ⅲ　精神障害と犯罪　62
  Ⅳ　年齢と犯罪　65
第3款　犯罪の環境的原因　66
  Ⅰ　総説　66
  Ⅱ　自然環境と犯罪　66
  Ⅲ　社会的環境と犯罪　68
  Ⅳ　個人的環境と犯罪　75

第2編　犯罪の対策　81

●第1章● 犯罪対策の基本観念 …………82

第1節　犯罪防止策の概観　82
  Ⅰ　犯罪抑止と犯罪予防　82
  Ⅱ　犯罪抑止の形態　83
  Ⅲ　刑事制裁と犯罪対策　84
第2節　意思自由の問題　85

Ⅰ　決定論と非決定論　85
　　　Ⅱ　犯罪対策の基礎　86
　　　Ⅲ　犯罪の予防　89

●第2章● 犯罪化と非犯罪化……………91

第1節　犯罪化　91
　　　Ⅰ　犯罪化の意義　91
　　　Ⅱ　犯罪化の基準と形式　92

第2節　非犯罪化　94
　　　Ⅰ　非犯罪化の意義と背景　94
　　　Ⅱ　被害者のない犯罪　96
　　　Ⅲ　非犯罪化の諸類型　99

第3節　刑事立法の動向　100
　　　Ⅰ　刑法改正作業の経緯　100
　　　Ⅱ　刑法全面改正作業の終息　101
　　　Ⅲ　近年の刑事立法の動向　102

●第3章● 刑罰、保安処分、保護処分……………105

第1節　刑罰の意義と機能　105
　　　Ⅰ　刑罰の理念をめぐる対立　105
　　　Ⅱ　刑罰の意義　107
　　　Ⅲ　刑罰の機能　108
　　　Ⅳ　刑罰の種類　112
　　　Ⅴ　非刑罰化　113

第2節　死刑　114
　　　Ⅰ　死刑の意義　114
　　　Ⅱ　死刑存廃論　116
　　　Ⅲ　死刑問題への対応　118

第3節　自由刑　121
　　　Ⅰ　自由刑の意義と種類　121
　　　Ⅱ　刑事政策上の意義と限界　123
　　　Ⅲ　自由刑単一化　126
　　　Ⅳ　短期自由刑　129
　　　Ⅴ　不定期刑　133

第4節　財産刑　138
　Ⅰ　総説　138
　Ⅱ　罰金　139
　Ⅲ　科料　147
　Ⅳ　没収・追徴　147

第5節　資格制限　153
　Ⅰ　総説　153
　Ⅱ　資格制限の刑事政策的意義　154

第6節　保安処分　156
　Ⅰ　保安処分の意義と沿革　156
　Ⅱ　保安処分の種類　157
　Ⅲ　保安処分の基礎　158
　Ⅳ　保安処分と刑罰との関係　160
　Ⅴ　現行法上の保安処分　162
　Ⅵ　わが国における保安処分問題　163

第7節　保護処分　165
　Ⅰ　保護処分の法的性質　165
　Ⅱ　保護処分の対象　166
　Ⅲ　法処分の手続　166

●第4章● 犯罪者の処遇　167

第1節　総説　167
　Ⅰ　犯罪者処遇の意義　167
　Ⅱ　犯罪者処遇の理念　168

第2節　司法的処遇　171
第1款　司法的処遇の概観　171
第2款　警察　173
　Ⅰ　警察と刑事政策　173
　Ⅱ　捜査の刑事政策的意義　175
　Ⅲ　微罪処分　175
第3款　検察　177
　Ⅰ　検察と刑事政策　177
　Ⅱ　起訴猶予　178
第4款　裁判　182
　Ⅰ　裁判と刑事政策　182

　　　　Ⅱ　刑の量定　184
　　　　Ⅲ　判決前調査制度　189
　　　　Ⅳ　執行猶予と宣告猶予　191
　　　　Ⅴ　裁判員制度と刑事政策　200
　　第3節　施設内処遇　202
　　第1款　施設内処遇と被収容者の法的地位　202
　　　　Ⅰ　施設内処遇の意義　202
　　　　Ⅱ　被収容者の法的地位　202
　　　　Ⅲ　刑事収容施設法の制定とその概略　205
　　第2款　受刑者の処遇　207
　　　　Ⅰ　受刑者処遇の意義　207
　　　　Ⅱ　刑務所における生活　213
　　第3款　矯正処遇　221
　　　　Ⅰ　矯正処遇の施設　221
　　　　Ⅱ　矯正処遇の制度　224
　　第4款　拘禁の形態　228
　　　　Ⅰ　拘禁形態の変遷　228
　　　　Ⅱ　独居拘禁と雑居拘禁　229
　　　　Ⅲ　開放的処遇　231
　　第5款　矯正処遇の内容　238
　　　　Ⅰ　処遇の個別化の内容　238
　　　　Ⅱ　刑務作業　240
　　　　Ⅲ　矯正指導　247
　　　　Ⅳ　外部社会との接触　250
　　　　Ⅴ　矯正職員　254
　　第6款　死刑確定者の処遇および各種被収容者の処遇　255
　　　　Ⅰ　死刑確定者の処遇　255
　　　　Ⅱ　各種被収容者の処遇　257
　　　　Ⅲ　婦人補導院における処遇　258
　　第7款　未決拘禁者の処遇　258
　　　　Ⅰ　未決拘禁者の意義と法的地位　258
　　　　Ⅱ　未決拘禁者の処遇　260
　　第8款　懲罰および不服申立て　262
　　　　Ⅰ　懲罰　262
　　　　Ⅱ　不服申立制度　263
　　第9款　行刑運営の透明性の確保　265
　　　　Ⅰ　刑事施設委員会の設置　265

　　　　Ⅱ　委員会の組織　266
　　　　Ⅲ　委員会の活動　266
　　第4節　社会内処遇　267
　　第1款　社会内処遇の意義　267
　　　　Ⅰ　社会内処遇の意義と沿革　267
　　　　Ⅱ　社会内処遇の機関と主体　271
　　第2款　仮釈放　274
　　　　Ⅰ　仮釈放の意義と沿革　274
　　　　Ⅱ　仮釈放・仮出場の要件　277
　　　　Ⅲ　仮釈放の取消し　281
　　　　Ⅳ　少年院からの仮退院他　283
　　　　Ⅴ　仮釈放の問題点　283
　　第3款　保護観察　288
　　　　Ⅰ　保護観察の意義と種類　288
　　　　Ⅱ　保護観察処遇の内容　289
　　　　Ⅲ　保護観察の機関と処遇の実施　292
　　　　Ⅳ　保護観察の運用の現状と問題点　297
　　第4款　更生緊急保護・恩赦・時効・社会奉仕命令　300
　　　　Ⅰ　更生緊急保護　300
　　　　Ⅱ　恩赦　302
　　　　Ⅲ　時効　305
　　　　Ⅳ　社会奉仕命令　307

●第5章● 犯罪の予防　311

　　第1節　犯罪抑止と犯罪予防　311
　　　　Ⅰ　犯罪者処遇の効果　311
　　　　Ⅱ　刑事司法システムの点検　312
　　　　Ⅲ　犯罪予防論の概観　313
　　　　Ⅳ　犯罪予防の意義　316
　　第2節　犯罪の予測　317
　　　　Ⅰ　予測の意義　317
　　　　Ⅱ　予測法の意義と問題点　318
　　第3節　犯罪の予防活動　320
　　　　Ⅰ　警察の予防活動　320
　　　　Ⅱ　ケースワーク的予防活動　322

Ⅲ　地域組織化による予防活動　323

●第6章●　犯罪被害者対策　327

第1節　犯罪被害者の実態　327
　　Ⅰ　犯罪被害者の意義　327
　　Ⅱ　犯罪被害者と加害者との関係　329

第2節　犯罪被害者に対する刑事政策　330
　　Ⅰ　歴史的変遷　330
　　Ⅱ　被害者学と被害者支援　331
　　Ⅲ　犯罪被害者支援の意義　334
　　Ⅳ　刑事司法における被害者の支援　335

第3節　犯罪被害者に対する経済的支援　339
　第1款　犯罪被害者給付金支給制度　339
　　Ⅰ　犯罪被害者に対する経済的支援の意義と沿革　339
　　Ⅱ　制度の刑事政策的意義　340
　　Ⅲ　現行制度の概要　341
　　Ⅳ　制度の評価　343
　第2款　被害回復給付金等　344
　　Ⅰ　犯罪収益はく奪による被害回復　344
　　Ⅱ　損害賠償命令　345
　第3款　自動車損害賠償責任保険等　346
　　Ⅰ　自動車損害賠償保障法　346
　　Ⅱ　証人等の被害給付制度　346
　第4款　犯罪被害者民間支援団体　347

第3編　各種犯罪者とその処遇　349

●第1章●　少年非行対策　350

第1節　少年非行の意義と動向　350
　　Ⅰ　少年非行の意義　350
　　Ⅱ　少年非行の動向　351

第2節　非行少年の取扱い　354
　Ⅰ　保護処分優先主義　354
　Ⅱ　少年保護事件の処理　356

第3節　非行少年の処遇　364
　Ⅰ　少年保護観察　364
　Ⅱ　児童自立援護施設・児童養護施設送致　365
　Ⅲ　少年院送致　366
　Ⅳ　非行少年の刑事処分　371
　Ⅴ　少年刑務所における処遇　373

第4節　少年非行予防対策　373
　Ⅰ　少年非行の現代的背景　373
　Ⅱ　少年非行予防活動　374
　Ⅲ　少年非行予防対策と少年刑事司法　375

●第2章● 各種犯罪の対策　376

第1節　薬物犯罪　376
　Ⅰ　薬物犯罪とその動向　376
　Ⅱ　薬物犯罪の現在　379
　Ⅲ　薬物犯罪の防止対策　381

第2節　暴力団犯罪　384
　Ⅰ　暴力団犯罪の意義と動向　384
　Ⅱ　暴力団対策法と現在の暴力団勢力　387
　Ⅲ　暴力団犯罪の対策　389

第3節　交通犯罪　391
　Ⅰ　交通犯罪の意義　391
　Ⅱ　大量交通犯罪の対応策　394
　Ⅲ　刑事罰の強化　397
　Ⅳ　交通犯罪者の処遇　399
　Ⅴ　残された課題　404

第4節　法人犯罪　405
　Ⅰ　法人犯罪の意義　405
　Ⅱ　法人犯罪の現状　407
　Ⅲ　対策上の課題　409

●第3章● 各種犯罪者の対策 ……………… 412

第1節 女性犯罪と高齢者犯罪　412
- I　女性犯罪　412
- II　高齢者の犯罪　416

第2節 公務員の犯罪　422
- I　公務員犯罪の意義と現状　422
- II　対策上の課題　423

第3節 精神障害者の犯罪　425
- I　精神障害犯罪者　425
- II　心神喪失者等医療観察法　428
- III　若干の論点　431
- IV　矯正・更生保護と精神障害者　434

第4節 再犯者・常習犯罪者の犯罪　435
- I　再犯者　435
- II　現在の再犯防止対策　439
- III　常習犯罪者とその処遇　441

第5節 来日外国人犯罪　444
- I　来日外国人犯罪の意義と現状　444
- II　来日外国人犯罪対策の必要性　446
- III　来日外国人犯罪に対する刑事政策上の課題　448
- IV　刑事司法における国際協力　450
- V　国際犯罪対策の課題　453

事項索引　456

第 1 編

刑事政策の基礎

第1章

刑事政策および刑事政策学

●第1節　刑事政策の概念

Ⅰ　刑事政策の意義

(1) 刑事政策とは　犯罪の防止を通じて**社会秩序の維持・安定**を図るために行われる国または地方公共団体の一切の施策をいう。現代の個人主義社会における法の理念は、個人が自由に人格を形成し、主体的に幸福を追求することを保障することにあり（憲13条）、その理念を実現するためには、何よりもまず社会秩序が維持され、安定していなければならない。そして、社会秩序維持にとってその**最大の敵**は犯罪であるから、社会秩序を乱し、または、これに脅威を与える行為は、犯罪として防止しなければならない。こうして、刑事政策の中核は、社会秩序にとって有害となる反社会的行為を犯罪としてこれを防止すること、すなわち**犯罪防止対策**にほかならない。ここで**犯罪**とは、その害が社会的に重大で、それを放置しておくと社会秩序の維持が不可能または困難になるものとして、刑事政策の対象とする必要のある行為をいう。刑法で犯罪とされているものばかりでなく、広く刑罰等の刑事制裁を科する必要のある反社会的行為をも含む。心神喪失者や14歳未満の少年の刑罰法令に触れる行為すなわち**触法行為**、さらに少年の**非行**もここにいう犯罪である。

> **多様な刑事政策の概念**　最広義の刑事政策は、犯罪に関連する国家的な施策の一切をいい、上の定義は狭義の刑事政策の意味であり、最狭義の刑事政策は、犯罪者または犯罪を行う危険のある者に対して加えられる強制的措置をいうとする説が有力である。しかし、最広義の意味によると、対象が広くなりすぎて社会政策などと区別がつけにくい。また、最狭義の意味によると、対象が狭すぎて少年の非行のような重要な事項を刑事政策の

視野から逸してしまうので、本書では上述の考え方で叙述を進める。

(2) **犯罪の防止** 　刑事政策の中核は犯罪防止に向けられた国家的活動にあるが、犯罪防止は予防と抑止とに分かれる。犯罪の**予防**は、犯罪の発生を未然に防止するための**事前的**な国家的活動である。これに対し、犯罪の**抑止**（＝鎮圧）は、犯罪者に対して死刑などの刑罰を科することによって犯罪の防止を図る**事後的**な国家的活動である。刑事政策は犯罪防止を主な目的とする国家的機関の活動であるから、私人または私的団体による自発的な防犯活動は、それ自体としてはここにいう刑事政策には当たらないと考えるべきである。例えば、**自警団の防犯活動**自体は、刑事政策の対象ではないのである。ただし、私的な防犯活動を国家的機関である警察が奨励したり助成するような場合は、私的な活動が国家的機関の犯罪防止策に取り入れられることになるから、その活動も刑事政策となりうる。一方、犯罪防止を直接の目的としない社会福祉政策、労働政策などの社会政策は、それが結果的に犯罪防止にとって有効であるとしても、ここでいう刑事政策ではない。

> **刑事政策と社会政策**　「最良の刑事政策は最良の社会政策である」といわれることがあり、この意味から社会政策も刑事政策の1つであると主張する見解がある。しかし、この見解に従うと刑事政策の概念があまりにも漠然としたものとなるきらいがある。社会政策が犯罪の防止に結びつくことは否定できないが、それが間接的ないし付随的な効果にとどまっているかぎり、刑事政策の概念には含まれないと解すべきである。

(3) **社会秩序の維持** 　刑事政策の究極の目的は、社会秩序の維持すなわち社会を構成している個人や集団の調和を図り、社会の安全を守ることによって、国民の**平穏な暮らし**を確保することにある。そのためには、①犯罪を防止すること、②犯罪によって生じた犯罪被害者の生活破綻を修復すること、③犯罪被害者やその関係者の報復感情ないし同情心を満足させ宥和を図ること、④犯罪防止活動に伴って生ずる人権侵害を防止することなどが必要となる。したがって、刑事政策は犯罪の防止を中心とする社会秩序の維持活動に関する施策の全体を意味するのであり、これを**事実としての刑事政策**という。

Ⅱ　刑事政策学の観念

　刑事政策を対象とする学問を **刑事政策学** または学問としての刑事政策という。刑事政策の中核となる犯罪防止の目的を達成するためには、犯罪現象を科学的に分析して犯罪原因を解明する学問が必要となる。この学問分野は、犯罪学とよばれている。**犯罪学** は、実際に発生している犯罪現象を科学的に把握し、その原因を究明する事実学であって、例えば、犯罪精神医学、犯罪心理学、犯罪社会学などはこれに属する。刑事政策学が学問として成立するためには、犯罪学の成果を踏まえて、犯罪防止のためにはいかなる施策が必要であるか、その施策は実施が可能であり有効であるかということを科学的に明らかにする必要があるから、その意味で、犯罪学は刑事政策学の基礎であるといってよい。

> **刑事政策学と犯罪学**　　刑事政策学は、刑事学ともよばれている。「刑事学」の用語は、初めは犯罪学と刑事政策学を総称するものとして用いられ、1924（大正13）年に東京帝国大学において「刑事学」の講座が開設されてから一般に普及したものである（正木亮・増訂刑事政策汎論〔1949〕7頁）。しかし、この学問分野は、国の犯罪防止策を科学的に究明することを主眼とするものであるから、刑事政策学とよぶほうがその内容に合致するであろう。一方、犯罪学の語は、広狭両義に用いられ、狭義の犯罪学は事実学としての犯罪原因論をいうのに対し、広義では刑事学と同じ意味で用いられるから、本書にいう刑事政策学と同義であると考えてよい。ドイツ語の《Kriminologie》は狭義の犯罪学に相当し、英語の《criminology》は広義の犯罪学に相当するともいわれるが（カイザー・犯罪学〈山中訳〉〔1987〕1頁）、本書では、混乱を避けるために犯罪学というときは狭義のそれを指し、刑事学ないし広義の犯罪学に相当する用語として刑事政策学の語を当てることにする。なお、犯罪学が刑事政策学の一部を占めるといっても、犯罪学の独自性が否定されるわけではない。犯罪現象および犯罪原因を事実として法則的に認識し、これを体系化する学問分野は独立して存在しうるからである（瀬川晃・犯罪学〔1998〕7頁）。

Ⅲ　刑事政策学の性格

(1) 犯罪防止対策の限界　　刑事政策学は、犯罪学を基礎とする学問分野であり、一面において経験科学的な性質を有している。ところで、犯罪

学の研究を通じて犯罪の現象および原因が明らかになれば、自ずと科学的な犯罪防止対策が導かれるはずであるから、刑事政策も犯罪学と同様の**経験科学的方法**によって論ずれば足り、ことさらに刑事政策学の分野を樹立する必要はないとする考え方もありうる。それにもかかわらず、刑事政策学が犯罪学から独立した学問として成立しうるのは、次の理由からである。

　（ア）　**対象上の制約**　　第1に、犯罪学から導かれた対策は、しばしば刑事政策の対象範囲を逸脱する場合があり、そのような施策は刑事政策学から排除しなければならない。例えば、仮に貧困が財産犯の増加に直結しているとしても、**貧困の解消**は、第一次的に**経済政策**ないし**社会福祉政策**の問題として取り上げるべき事柄であって、刑事政策の直接の対象とすべきではない。刑事政策の対象として取り上げられるべきかどうかは、国民の規範意識の向上や犯罪防止のためのコストというように、経験科学を超えた政策的次元で解決すべきだからである。

　（イ）　**人権上の制約**　　第2に、個々の犯罪防止手段の有効性が法則的に明らかになったとしても、それを直ちに実施することは許されない場合が多い。刑事政策は、権力作用としての強制措置を中心とする政策であり、対象者の人権侵害上の問題を常に考慮しなければならないからである。犯罪を繰り返す人を予防的に拘禁すれば犯罪の予防に役立つことは明らかであっても、犯罪を反復する現実の危険性が認められないのに予防のために拘禁することは（いわゆる「**予防拘禁**」。⇒159頁）、人権を侵害するものとして許されないのである。人権侵害を伴うような犯罪防止手段を講ずれば、国民は刑事司法を信頼しなくなり、刑事政策の社会秩序維持の目的に反する結果を招くことになるであろう。

　（ウ）　**原因論上の制約**　　第3に、現在の犯罪学は、一部の領域を除いては犯罪の原因および犯罪に至る過程に関して、実証可能な科学的法則を樹立するまでの水準に到達していないのが実情である。また、人間の行動は、生物学的または**素質的要因**、社会的または**環境的要因**が複雑に絡み合いつつ、究極においては行為者が**主体的**に決定するものであるから、どのような手段を講ずれば犯罪防止にとって有効であるかの問題を経験科学的に解決するのは、かなり困難なのである。

　(2)　法的・規範的判断の必要性　　上述のように、犯罪学の成果に立脚

して犯罪防止策を講ずることができる領域はそう大きくはないから、対象上の制約および人権上の制約を考慮したうえで、犯罪学の成果を踏まえながら、社会全体の犯罪抑止機能を強化するという観点から、有効と考えられる手段を可能なかぎり講じ、試行錯誤を繰り返しつつ暗中模索することが大切になってくる。その際、いかなる範囲で試行錯誤が許されるかについては、犯罪学を基礎としながら法的・規範的に判断しなければならないのである。犯罪現象と犯罪原因に関する科学的認識を踏まえつつ、当該手段の必要性、不可欠性、適格性などを総合して判断し、その手段の有効性とその実施に伴って派生する弊害とを比較衡量して、最終的には国民の規範意識に即した犯罪防止策を選択することが刑事政策学の任務となる。そして、犯罪防止策は人権と分かちがたく結びついており、法律による対策が中心とならざるをえないから、最終的には法律家ことに刑事法学者が中心となって推進するのが妥当であろう。

●第2節　刑事政策の歩み

I　刑事政策の萌芽期

(1)　前史　刑事政策の中核となる犯罪防止策は、犯罪の予防および抑止を目的として、国家により行われる諸施策である。犯罪防止策は、人間の共同社会生活にとって不可欠であるから、刑事政策は人類が社会生活を始めた時から存在したといってもよいであろう。しかし、犯罪防止のために適切かつ有効な手段を追求し、国の体系的な施策として刑事政策を推進するという自覚が生まれたのは、ようやくヨーロッパの啓蒙期に至ってからである。それまでのアンシャン・レジームの時代においては、死刑を中心とする残虐な刑罰を手段とした威嚇による犯罪防止が目指されていたにすぎなかった。特に近世初期は、封建的な絶対王政から近代国家へと脱皮する時期であったために、社会は不安定な状態にあったから、残虐な刑罰を多用する威嚇主義の傾向が強かった。例えば、1532年にカール5世によって制定されたカロリナ刑事法典は、このような残虐な刑事政策に権威を与えたものとして、刑事政策の歴史にその名をとどめている。

> **刑事政策の語源**　　刑事政策の語は、18世紀末のドイツで使われ始めたが、これを今日のような意味で用いたのはドイツのフォイエルバッハであった。彼は刑事法の補助知識として心理学、実証哲学、一般刑事法および刑事政策を挙げ、刑事政策に独立の地位を与えた（正木・刑事政策汎論6頁）。もっとも、フォイエルバッハが刑事政策として考えていたものは、心理強制説に立脚した刑事立法政策であった。

⑵　近世　　近世初期の資本主義の発達に伴う経済的・社会的構造の変化は、刑事政策に大きな変動をもたらした。特に、生産様式の変化によって生活の基盤を奪われた農民などは、物乞いや浮浪者として財産犯の常習者にならざるをえない状況が生まれた。つまり貧困な失業者による大量の犯罪という現象が出現したのである。この新しい犯罪現象に対して、残虐な刑罰による犯罪防止対策は無力である。貧困による犯罪を防止するためには、貧民の救済と殖産こそ必要なものだからである。同時に、近世初期の啓蒙思想が刑事政策にも影響し、刑罰の合理化と緩和化の傾向を促した。こうして、新しい刑事政策が展開することになるのだが、このような刑事政策の萌芽として注目されるのが、イギリスのブライドウェル（Bridewell）懲治場である。この施設は、はじめ貧民の救済および殖産を目的とする作業施設として1555年にロンドンにおいて創設され、その後イギリスの各都市に設けられたものであるが、やがて収容者のうち貧困な犯罪者の占める割合が増加した。ブライドウェル懲治場は刑事施設としての性格が強くなり、ここに、作業による犯罪者の改善を目的とする施設が誕生するに至ったのである。

犯罪者の改善という刑事政策は、オランダのアムステルダム懲治場において、より自覚的に追求されることになった。アムステルダム懲治場においては、怠惰な犯罪者に労働意欲をもたせ、精神修養その他の教育を施すことを目的として、1595年に男性のための懲治場が、また、1597年には女性のための懲治場が、ともに修道院内に設けられた。さらに1603年には不良少年のための特別懲治場が設立された。オランダは、改善を目的とする新しい刑罰制度としての自由刑（⇒121頁）を採用したのであり、この刑罰は、人道的であったばかりでなく、労働による改善として犯罪者の改善更生にも有効であったことから他の国にも波及し、17世紀の前半には多く

の国が同種の施設をつくった。アムステルダム懲治場の建設は、**近代的な刑事政策の黎明**を告げる出来事とされるゆえんである。

> **アムステルダム懲治場の言葉**　女性用懲治場の入口の上に、次の言葉が刻まれていたという。「恐れるな、私は悪に報復するのではなく、善に導こうとするのである。私の手は厳しいが、私の心は愛に満ちている」。なお、刑事政策の歴史については、瀧川幸辰・刑法史の或る断層面（1933）115頁、西原春夫「刑事政策の歴史」刑事政策講座1巻（1971）17頁を参照。

Ⅱ　啓蒙思想と刑事政策

(1) 啓蒙思想　新しい刑事政策の胎動が、ロンドンやアムステルダムのような資本主義の先駆的都市に現れたのは、そこに近代的な市民階級による**人道主義**、**合理主義**、**功利主義**の思想が芽ばえていたからであった。この思想は、やがて18世紀ヨーロッパの啓蒙思想として開花する。啓蒙思想の原点は、伝統と権威から個人の解放を目指す、理性を至上とする個人主義、合理主義であり、**ベッカリーア**（Cesare Beccaria, 1738〜1794）、**フォイエルバッハ**（Anselm v. Feuerbach, 1775〜1833）、**ベンサム**（Jeremy Bentham, 1748〜1832）などの啓蒙思想家たちは、この見地から中世的な権威的刑罰制度を徹底的に批判したのである。特にフォイエルバッハは、「刑事政策」という言葉を初めて使い、人間は刑罰による苦痛と犯罪による快楽とを合理的に計算して、苦痛が大きければ犯罪を思いとどまる「理性人」であるから、刑罰は、苦痛を予告して一般人を威嚇すべきだとしたのである。この考え方を**心理強制説**という。あらゆる刑罰制度は犯罪防止にとって必要であり有効であるから正当化されるのであり、心理強制説に立った一般予防（⇒106頁）の限度を超える刑罰は不正であるとする見地から、合理主義的および功利主義的な刑罰観を樹立し、不合理な非人道的犯罪者処遇の除去を基本とする刑事政策を主張したのである。

啓蒙思想は、ヨーロッパの刑事政策に反映した。フランスでは、人権宣言（1789年）のなかにその主張が取り入れられた。1791年フランス刑法典、ことに1810年の**ナポレオン刑法典**は、啓蒙思想の刑法的な集約といわれる。そして、死刑を中心とした残虐な威嚇主義的刑事政策の考え方は後退し、

改善を目的とする自由刑が刑罰の中心に据えられて、**身体刑** および **追放刑** も廃止されるに至ったのである。ドイツではプロシャ啓蒙君主と称されるフリードリヒ大王によって、死刑の制限、追放刑の廃止などの刑罰の緩和が図られ、やがて改良された刑罰制度を盛り込んだプロシャ刑法が取り入れられた。イギリスでも不調和、不合理、矛盾、野蛮のかたまりと評された刑罰制度の改良が目指され、19世紀の初頭にはその改革がほぼ実現したとされる。

⑵ **監獄の改良**　啓蒙期の合理主義、人道主義の見地からすれば、刑罰制度の改革ばかりでなく、現実に犯罪者がどのように処遇されているかに目が向けられたのは当然であった。その典型的な現れが、**監獄改良運動** である。まず、ベルギーの都市ガンには、1772年以降1775年までに有名な **ガンの監獄**（maison de force de Gand）が建設された。この監獄は、犯罪者を分類して **昼間雑居・夜間独居** の方式を取り入れるなど、受刑者の個別的処遇を最初に行ったものとして、18世紀行刑の偉業とされているものである。次に、監獄改良運動の父といわれたイギリスの **ハワード**（John Howard, 1726〜1790）は、1777年に有名な『監獄事情』（The State of the Prisons）と題する書物を出版し、博愛主義者として、監獄における犯罪者の悲惨な実態を明らかにしながら、人道主義的かつ合理主義的な犯罪者処遇を説いた。彼の提唱になる **独居拘禁** は、やがてイギリスにおける独居房刑務所の建設へと結びついた。

監獄改良運動は、アメリカにも波及した。ここでは、クェーカー教徒の敬虔主義と監獄改良運動とが結びつき、1790年にはフィラデルフィアに祈りを中心とする **完全独居方式** の刑務所が建設され、その後、いかにすれば改善的処遇をなしうるかという見地から監獄の改良が目指されたのである。

Ⅲ　科学主義の勃興

啓蒙期の刑事政策の方法は、人道主義、合理主義、功利主義として特徴づけられるのに対し、19世紀後半の刑事政策思潮は **科学主義** である。19世紀のヨーロッパは、あらゆる分野において経験科学の方法論が浸透した時代であり、刑事政策もその例外ではなかった。犯罪の原因を経験科学の方

法を用いて究明し、その抜本的対策を講じようとする研究が顕著になったのである。すなわち、**ロンブローゾ**（Cesare Lombroso, 1836～1909）、**フェリー**（Enrico Ferri, 1856～1929）、**ガロファロ**（Raffaele Garofalo, 1852～1934）などの**イタリア実証学派**の人たちは、犯罪原因の科学的研究の必要を説くとともに、科学的な犯罪防止対策の樹立を主張したのである。実証学派の研究は、人類学ないし生物学の見地から犯罪原因を解明しようとするものであったが、同時に社会的原因の究明にも重点がおかれるようになった。フランスでは、**デュルケム**（Emile Durkheim, 1858～1917）などの社会学者の影響を受けて、犯罪の社会的原因に着目する研究が主流となり、**ラカッサーニュ**（Alexandre Lacassagne, 1843～1924）などにより**リヨン学派**が形成された。

　しかし、この時期、ヨーロッパ特にドイツを中心として、カントやヘーゲルの**観念論**が支配的となり、犯罪は自由意思に基づく法の否定であり、刑罰は法の否定をさらに否定することによって正義を回復するための**応報刑**でなければならないとする刑罰論が支配的となっていた。犯罪の原因は自由意思にあり、刑罰はその報いであるとする**絶対的応報刑論**が主張されたのである。これを**古典学派**または**旧派**ともいう。一方、この時期のヨーロッパは、資本主義社会の矛盾が顕著になり、貧困な労働者、失業者の激増という深刻な社会問題に直面していた。また、社会の急激な工業化・都市化と相まって、犯罪ことに累犯・常習犯が飛躍的に増加する状況にあったから、犯罪の原因を個人の自由意思に求めるのでなく、むしろ、個人の性格ないし社会的な条件に求める傾向が強まるのも当然の成り行きであった。こうして、犯罪は、**生物学的原因**、**物理学的原因**および**社会学的原因**が複合して発生するのであり、犯罪から社会を防衛するためには、社会政策を充実させるとともに、犯罪を行う危険のある者に対しては、改善によってその危険性を除去すべきであるとされたのである。ドイツ人である**リスト**（Franz v. Liszt, 1851～1919）は、近代学派（新派）の刑法理論を樹立したが、刑事政策に関しては、社会学的原因による犯罪は社会政策によって対処すべきであるとし、**最良の刑事政策は最良の社会政策である**と主張した。一方、個人的原因とみられる犯罪に対して、犯罪を行わないように個々の犯罪者に適した改善処遇をしなければならないとし、科学的な処遇を提唱

した。19世紀後半から20世紀初頭にかけて、犯罪者の特別予防という近代的な刑事政策理念が確立したのである。

フォイエルバッハやヘーゲルといった古典学派の考え方は、犯罪は自由意思に基づく行為であり、刑罰はその行為をした人に対する報いであるという。これに対し、リストなどの近代学派の考え方は、犯罪は行為者の社会的危険性の徴表であり、刑罰は犯罪者の危険性を取り除くために科されるという。前者は行為主義・応報主義として、また、後者は行為者主義・特別予防主義として特徴づけられる。両者は、19世紀から20世紀にかけて、ドイツ刑法学を中心に新旧両学派の争いを展開するのであるが、やがて両者の妥協が進み、特に、行為主義・応報主義に行為者主義・特別予防主義を取り込む立法化が進められた。

新旧両派の妥協の流れのなかで浮上したのが、ナチスドイツを中心としたファシズムの刑法および刑罰論である。罪刑法定主義を否定するとともに、峻厳な刑罰による応報と威嚇主義を柱とする国家主義的な刑事政策が展開された。

Ⅳ　わが国における展開

(1) 江戸時代末まで　わが国の刑事政策においても、残虐な刑罰の克服が課題となってきた点では、ヨーロッパの刑事政策の歴史と異ならない。周知のように、嵯峨天皇の818（弘仁9）年から後白河天皇の1156（保元元）年に至る26代338年の間、仏教・儒教の影響を受けて、朝臣に対しては死刑が行われず、それに代えて遠島に処するものとされていたが、鎌倉幕府の成立以降は武家の刑法が支配し、拷問と残虐な刑罰による弾圧的・威嚇的な刑事政策が行われていた。残忍な方法による死刑（磔＝はりつけ、串刺＝くしざし、鋸挽＝のこぎりびき、牛裂＝うしざき、車裂＝くるまざき、火焙＝ひあぶり、釜煎＝かまいり、簀巻＝すまき）、非人道的な身体刑（指切、手切、鼻そぎ、耳そぎ）が、刑罰の中心をなしていたのである。

江戸幕府成立後も武断的な刑事政策が行われていたが、長期間にわたって平和が維持されて社会秩序が安定したため、徐々に寛刑化が進められるとともに、8代将軍徳川吉宗の公事方御定書下巻すなわち御定書百箇条

(1742〔壬戌2〕年）によって残虐な刑罰の多くが廃止され、死刑の適用も制限された。特に人足寄場の形成は、近代的自由刑の萌芽として評価されている。1790（寛政2）年に幕府は、江戸石川島および佃島（現在の東京都中央区）間に、無宿人（浮浪人）のための授産場である人足寄場を建設し、無宿のほか入墨、敲（たたき）などの軽い刑に処せられた身寄りのない者を収容し、更生のために仕事をさせ心学の講話を聞かせるといった措置を講じたのである。これは、厳密な意味での刑事政策ではないが、犯罪者の改善処遇という近代的な刑事政策の理念に通ずるものであった。

(2) 旧刑法まで 明治維新から明治30年代は、人道主義的・合理主義的刑事政策が展開された時期に当たる。仮刑律（1867〔明治元〕年）では、磔を「君父を弑する大逆」に限定し、追放を徒刑に変え、100両以下の窃盗には死刑を科してはならないとするなど、多くの寛刑的な改革が行われた。新律綱領（1870〔明治3〕年）では、晒（さらし）、鋸挽（のこぎりびき）などの残虐な刑罰、軽追放以上の刑に付加して科される家・屋敷・田畑・家財の没収の制度が廃止された。改定律例（1873〔明治6〕年）では、当時ヨーロッパで採用されつつあった懲役・禁錮を導入して、身体刑と流刑が廃止された。他方、政府は、太政官刑部省内に行刑事務を扱う行政官庁すなわち囚獄司を設けた。そして、イギリスの監獄を参考にしながら、儒教的な仁愛の思想を基礎として、自由刑の執行規則である監獄則をつくり、監獄の設備・構造を定める監獄図式を定めた（1878〔明治11〕年「監獄則及図式」）のであるが、これは、財政上の理由などで実施が見送られた。

旧刑法（1880〔明治13〕年）は、刑事政策の進歩に寄与するところが少なかった。また、監獄における自由刑の執行は苛酷であり、犯罪者の改善的処遇にはほど遠い状況にあったが、大日本監獄協会の設立（1888〔明治21〕年）による監獄事業の改良運動、免囚（釈放者）保護事業の普及、国際会議への政府代表派遣などによって、次第に犯罪者の改善という近代的な刑事政策実現への気運が高まってきたのである。

(3) 終戦まで 現行刑法（1907〔明治40〕年）は、自由刑を懲役、禁錮および拘留に限定し、執行猶予制度を設け、仮出獄の許容期間の短縮（有期刑―刑期の3分の1、無期刑―10年）を図り、さらに法定刑（⇒184頁）の幅を広くすることによって裁判官の裁量の余地を大きくするというよう

に、行為主義を基礎としながら、近代学派の主張を大幅に取り入れた。同時に、欧米における監獄改良運動の成果を取り入れた 監獄法 および監獄法施行規則が制定され（1908〔明治41〕年）、アメリカの オーバーン制 （Auburn System） すなわち 昼間雑居・夜間独居 の方式を基礎としつつ、これを受刑者の分類および刑務作業で補強し、将来の生計など特別予防的な面も考慮して刑を執行すべきものとされた。さらに、給食、衛生、医療、接見、信書などに関する規定を設け、受刑者の人権にも考慮が払われた。

　刑法および監獄法の制定 は、わが国における刑事政策の近代化にとって画期的なものとなった。そして、これを契機として刑事政策の研究が飛躍的に向上し、1つの学問分野を形成するに至り、1924（大正13）年に東京帝国大学法学部に刑事学の講座が開設されることになるのである。1930（昭和5）年には、高文司法科試験科目に刑事政策が加えられた。こうして、昭和に入ると刑事政策学の研究が続出し、その黄金時代を迎えるのであるが、それと並行して自由刑の執行すなわち行刑制度の改善が進められ、下級から上級に進級するにつれてその処遇が緩和される 累進処遇制度 （1933〔昭和8〕年「行刑累進処遇令」）の採用、釈放者保護事業の拡大（1939〔昭和14〕年「司法保護事業法」）などが実施された。ちなみに、日本もファシズムの洗礼を受けたが、国家主義、天皇中心主義の刑事司法の運用や一部の立法が生まれたにすぎなかった。刑事政策に大きな変化をもたらすことなく、戦後へと引き継がれたといってよいであろう。

> **わが国の刑事政策学**　明治時代の刑事政策学は、穂積陳重博士、小河滋次郎博士などによって 監獄学 として推進された（朝倉京一「日本監獄学の展開」矯正論集〔1968〕311頁）。刑事政策の語が用いられたのは、大場茂馬・最近の刑事政策の根本問題〔1909〕が最初であり、その後、山岡萬之助・刑事政策学〔1914〕が出版された。戦前の昭和の初めから10年代には「わが国刑事政策学の黄金時代が築かれた」（西原・前掲「刑事政策の歴史」47頁）といわれるように、刑事政策学に関する名著が世に送られた。大正10年からの刑法改正事業と経済不況による犯罪の増大、社会学、心理学、精神医学等の学問の流入などが重なり、刑事政策学への関心が高まったことによる。

●第3節　刑事政策の方法

I　刑事政策の方法の意義

(1) 刑事政策の方法とは　刑事政策という場合、政策としての刑事政策と学問としての刑事政策の方法の2つに分けることができる〔⇒4頁〕。しかし、本書でいう刑事政策は、特に断らないかぎり、学問としての刑事政策すなわち刑事政策学のことである。**政策としての刑事政策**は、犯罪の予防または抑止を主な目的とする立法、司法および行政にわたる国家的機関の一切の施策を内容とする。具体的には、①犯罪の抑止を目的とする刑罰法規の制定、②発生した犯罪事件に対する警察や検察の犯罪捜査、③事件に対する裁判所の判断、④刑の執行、⑤防犯活動や保安処分などの犯罪防止活動などに対する施策が含まれる。**学問としての刑事政策**すなわち刑事政策学は、政策としての刑事政策を対象とし、どのような立法、司法および行政上の施策が刑事政策の目的に即するかを体系的に研究する学問分野である。

(2) 刑事政策の潮流　刑事政策をいかなる原理ないし原則から体系化すべきかを明らかにするのが、刑事政策の方法の問題である。刑事政策の方法としては、応報的な威嚇主義から合理主義さらに人道主義を経由して、科学主義の時代が到来してきた。この科学主義の刑事政策は、犯罪者の改善による特別予防を中核とするものであった。この考え方は、**改善モデル**または**医療モデル**ともよばれるが、その延長として、1950年代に欧米において華々しく登場し、わが国の刑事政策にも多大な影響をもたらしたものが改善更生および円滑な**社会復帰**の考え方である。実証的な犯罪原因論に基づき、刑事政策の理念を犯罪者の健全な社会復帰に求め、この理念の実現のためには、犯罪者を施設に収容して医療的な処遇をすることが必要であるというのである。この医療的な改善措置を**矯正処遇**という。

社会復帰思想は、しかし、その後、多くの批判にさらされた。犯罪者処遇による社会復帰の効果は疑わしく、犯罪者処遇における強制的措置を正当化する根拠はないといった根本的な攻撃を受けている。いわゆる**矯正ペシミズム**が有力になったのである。社会復帰思想は後退し、それに代わっ

て、犯罪者の処遇は犯罪の重さに比例したものでなければならないとする**正義モデル**（just desert）が有力となった。

> **反社会復帰思想**　犯罪者を権力作用によってコントロールし社会復帰させることが、刑事政策の指導理念であるとする従来の学問傾向は、欧米では**実証的**または**伝統的犯罪学**とよばれている。しかし、この学問傾向に対しては、既に1960年代から疑問が提起されており、70年代に入ると矯正処遇の効果が上がらないのに強制的に処遇するのは人権侵害になるなどの理由から、特にアメリカにおいて刑事施設における矯正処遇に反発する風潮が顕著になり、後述するような不定期刑および量刑制度の見直しなどの制度改革が試みられた。この影響もあって、わが国においても「矯正におけるペシミズム」が論じられ、やがて国家の処遇権を否定する反社会復帰思想が現れるに至ったが、後に詳しく検討するように、社会復帰思想それ自体を否定するいわれはなく（宮澤浩一「行刑思想の発展と動揺」現代刑罰法大系7〔1982〕20頁）、むしろ、改善更生中心の刑事政策に対する反発として、反社会復帰思想を受け止めるべきであろう。

(3) 刑事政策の目的　政策としての刑事政策の目的が犯罪の防止にあることは論をまたないであろう。その意味で、一般予防や特別予防など、犯罪防止のための合理化の観点すなわち有効な犯罪防止対策としての合目的性を追求する合理主義が必要になることは当然である。犯罪原因を科学的に究明して犯罪対策を講じようとする**科学主義**は、刑事政策の中核なのである。しかし、これまでの刑事政策学の潮流を振り返ってみると、刑事政策の目的を犯罪の防止ないし犯罪者の処遇にのみ求め、犯罪の原因とその対策を中心に、医療モデルや正義モデルという形式で単眼的に研究されてきたように思われる。既に述べたように、刑事政策は犯罪の防止を直接の目的とするが、その究極の理念は社会秩序の維持および安定、言い換えると**安全で安心して暮らせる穏やかな社会**の実現にあるから、その目的にとって必要な場合には、犯罪防止に直接結びつかない政策も必要となるのである。

例えば、犯罪防止対策の内容が、犯罪者や受刑者の人権ないし人間としての尊厳を害する場合は、いかに政策として有効であっても選択すべきではないのである。そのような政策は、結局、社会秩序ないし社会の安定にとって有害となるからである。同じことは、犯罪被害者の救済・保護および支援や国民の処罰の要求についてもいえる。被害者の人権を無視し、あ

るいは国民の処罰の要求に応えないような政策は、国民の法秩序ないし刑事司法に対する信頼を裏切るものとして、社会秩序の維持にとって有害となるからである。したがって、政策としての刑事政策は、犯罪防止対策を中核として、国民の規範意識の醸成や犯罪被害者等の権利・利益の保護などの様々な観点から考慮する必要があるのである。

　上記の観点からすると、刑事政策が犯罪者の社会復帰のみに偏ることは妥当でない。既に述べたように、刑事政策の理念は、犯罪の防止によって、安全で安心して暮らせる平穏な社会を維持し発展させることにある。したがって、第1に、刑事政策にとって犯罪の防止は不可欠の理念であり、犯罪者の社会復帰ばかりでなく、一般予防を含む合理的な犯罪防止対策を目指さなければならない。第2に、刑事政策は合理的な犯罪防止を目指すだけでは不十分である。刑事政策の究極の目的は国民の平穏な暮らしの維持発展にあるから、例えば、犯罪防止措置が国民の処罰の要求に応えなかったり、被害者の人権を保護しないとすれば、国民の刑事司法ないし法秩序に対する信頼を害する結果となり、安全で安心して暮らせる穏やかな社会の維持発展のために、犯罪者および被害者の人権尊重や国民の処罰の要求にも適切に配慮した政策を実現しなければならないのである。

II　刑事政策の諸原理

　上記のような刑事政策の目的を踏まえると、学問としての刑事政策は、以下の諸原則に即して展開する必要がある。

　(1) 科学主義　既述のように、刑事政策は多様な観点を踏まえて展開すべきであるが、しかし、刑事政策の方法の中核は、依然として科学主義である。科学主義とは、刑事政策は犯罪学等の経験科学の成果に立脚しなければならないとする原則をいう。近代的な刑事政策の基礎を築いたのは、犯罪原因を科学的に探求し、それに基づいて対策を講ずる実証学派の方法すなわち科学的方法であった。そして、刑事政策学が政策科学である以上、統計学等の現代科学の方法を駆使して犯罪現象を分析し、犯罪原因を解明するとともに、精神医学、心理学、教育学および社会学などの行動科学の知見に基づいた有効かつ効率的な対策を講ずべきことは当然である。現代

の刑事政策の第1の基本原則は、**科学主義**である。

　犯罪現象および犯罪原因の科学的研究は、マクロ的研究とミクロ的研究とに分かれる。**マクロ的研究**は、社会学的・統計学的な方法による犯罪の環境・社会面に関する研究であり、そこから導かれた犯罪動向の予測に対しては、行動科学の成果に基づいた巨視的観点からの**一般的な犯罪防止策**が選択されるであろう。**ミクロ的研究**は、生物学、心理学、精神医学などの経験科学の方法による犯罪者の人格・素質面に関する研究であり、そこから導かれた個々の犯罪者の犯行原因から、犯罪者処遇の方法を科学的に開発し、**個別的な犯罪防止策**が選択されるであろう。しかし、科学的な研究の対象は、犯罪原因に基づく防犯対策にとどまらないことに留意すべきである。犯罪統制の各機関すなわち警察・検察・裁判ならびに矯正および保護といった刑事司法機関のあり方、さらにそれぞれの機関が、犯罪を抑止するために適切な活動をしているかどうかに関して、科学的に評価する研究が必要となる。例えば、執行猶予率と対象者の再犯率との関係を科学的に明らかにすることによって、刑事司法システムにおける執行猶予制度の運用の妥当性を検証し、刑事政策の理念に即した改善策を講じなければならないのである。

　⑵　**法律主義**　　法律主義とは、犯罪防止活動は法の支配のもとに策定・実施されなければならないとする原則をいう。犯罪防止活動は、多くの場合、身体または行動の自由を制限するなどの人権制限を伴うものである以上、刑法における**罪刑法定主義の精神**に則って、法律で決定されるべきである。同時に、人権の擁護について十分な配慮をしなければならない。第1に、対象者の権利の制限については、国民の代表者で構成される国会で制定された法律に基づくことが必要であり、憲法31条などの憲法上の人権規定に立脚して、対象者の権利の制限は、犯罪防止目的に応じた**必要最小限**の合理的なものにかぎられ、手続においてのみならず実体的にも適正なものでなければならない。第2に、法の支配は、憲法14条1項の平等主義を要請するから、犯罪の防止活動に当たって、対象者を差別的に取り扱うことは許されない。人権侵害的な犯罪防止活動は、刑事司法に対する国民の信頼を失って、社会秩序の維持を害することになる。

　⑶　**人道主義**　　人道主義とは、犯罪防止特に犯罪者および犯罪被害者

の処遇は、個人の尊厳に立脚し人道的に行われなければならないとする原則をいう。残虐な刑罰、拷問の廃止および自由刑の緩和などは、人道主義の具体化にほかならなかった。人道主義は、第二次大戦後における人権思想の展開のなかで、刑事政策ことに犯罪者処遇の指導理念となってきたのである。それゆえ、刑事政策における人道主義の原則は、既に刑事司法における適正手続の保障、科学主義に基づく刑罰の合理化、刑事政策における法治主義などの指針として、現代における刑事政策の指導理念となっており、今日において人道主義を独立に論ずる意義は、以前と比べて乏しくなったといってよいであろう。しかし、例えば、ある処遇が科学主義および法律主義に即するものであるとしても、個人の尊厳を害するような処遇は反人道的なものとして許されない。人道主義は、刑事政策ことに犯罪者処遇に人間性を吹き込むために、常に念頭におかれなければならないのである。

一方、人道主義の要請は**犯罪被害者**にも及ぶ。国においては、犯罪を抑止するためにたゆみない努力をしているが、凶悪犯等の犯罪は跡を絶たず、それらに巻き込まれた犯罪被害者の多くは、権利が尊重されずに悲惨な生活を強いられている。また、国民の誰もが犯罪被害者となる可能性が高い以上、たまたま被害に遭った犯罪被害者だけを犠牲にすることは社会正義に反する。犯罪被害者の視点に立った施策を講じ、その権利利益の保護を図ることは、安心して暮らせる安全な社会の実現にとって極めて重要な課題となる。

> **国連と人道主義**　犯罪者処遇における人道主義の理念について、世界人権宣言（1948年）5条は、「何人も、拷問又は残虐な、非人道的な若しくは屈辱的な取扱若しくは刑罰を受けることはない」と定め、市民的及び政治的権利に関する国際規約（国際人権規約B規約〔1966年〕）10条1項は「自由を奪われたすべての者は、人道的かつ人間の固有の尊厳を尊重して、取り扱われる」と規定している。また、1985年「犯罪防止及び犯罪者の処遇に関する国連会議」の「犯罪及び権力濫用の被害者のための司法の基本原則宣言」において、犯罪被害者に対する人道的処遇を謳っている。

(4) 国際主義　国際主義とは、刑事政策は国際的見地に立って研究し推進しなければならないとする原則をいう。犯罪は人類共通の敵であると

ともに、刑事政策は、捜査、検察、裁判、犯罪者の処遇というように各国に共通した諸問題を扱う領域であるから、犯罪対策は国際的見地から講ずる必要がある。そして、近年においては交通・通信手段の目覚ましい進歩に伴い、国境を超えた犯罪が多発しているのであり、犯罪対策に当たっては、一般犯罪防止対策を前提として、国際犯罪に固有の対策が必要となるのである。

国際主義は、2つの方向を促す。第1は、刑事政策学の国際交流を通じ犯罪防止策を開発することである。犯罪の防止は世界各国に共通の課題であるとともに、犯罪は反社会的な行動という意味で共通性があり、諸外国の犯罪防止に関する施策を国際的見地から比較研究することは、刑事政策学にとって不可欠である。ことに刑事政策学は、その性質上試行錯誤を繰り返しながら効果を測定していかなければならないのであるから、諸外国の施策を参考にし、わが国の国民性、社会・風土に適した施策を開発する必要性は極めて大きい。このようにして、19世紀の後半以来、刑事政策研究の国際交流および国際協力が進められているところである。

第2は、犯罪の国際化に対処することである。犯罪の国際化とは、犯罪行為地ないし結果の発生地が複数国にまたがっている犯罪すなわち国際犯罪の多発化をいう。国際犯罪は、①外国人を犯人とする犯罪、②日本国民が国外において行う犯罪、③外国人または外国が関係する犯罪に分かれるが、それぞれの犯罪防止策が刑事政策上重要な課題となっている。

刑事政策研究の国際交流 刑事政策に関する研究の国際交流および国際協力は、古くから盛んである。1872年には、国際刑法および刑務委員会（Commission Internationale Pénale et Pénitentiaire）が組織され、同委員会は、第1回の国際刑務会議（International Prison Congress）をロンドンで開催し、第10回会議からは国際刑法および刑務会議（Congrès pénal et Pénitentiaire International）と改称して、第12回会議（1950年）まで主催し、世界の刑事政策に多大な貢献をしてきた。1951年に国際刑法および刑務委員会は発展的に解消し、同委員会が主催してきた会議は、**犯罪の防止および犯罪者の処遇に関する国連会議**（United Nations Congress on the Prevention of Crime and the Treatment of Offenders）として引き継がれ、現在は国連犯罪防止会議（United Nations Congress on Crime Prevention and Criminal Justice）として、5年ごとに同会議総会が開催され、国連のイニシアティブのもとで、刑事政策の国際化および刑事策研究の国際交流が図

られている。なお、第4回会議は1970年に京都で開催され、2005年にはタイのバンコクで、第11回会議が開催された。第1回のジュネーヴ会議（1955年）において採択された**被拘禁者処遇最低基準規則**（以下、「国連基準規則」と略す）は、被拘禁者の人道的および科学的処遇の最低基準を定めたものとして、刑事政策上重要な意義をもつものである。このほかに、国連最低基準規則として、1985年のミラノで採択された**少年の司法運営に関する最低規則**、1990年のハバナで採択された**非拘禁措置に関する最低基準規則**があり、後者は、アジ研（後述参照）の尽力によって作成・採択されたことから、**東京ルールズ**とよばれている。

一方、ヨーロッパ理事会は、1957年以来、刑事に関するヨーロッパ条約を締結したほか、1973年には、21の構成国の間で**ヨーロッパ被拘禁者処遇最低基準規則**（以下、「ヨーロッパ基準規則」と略す）を制定し、1987年には、これを改正した「ヨーロッパ刑務所規則」を制定し、刑事政策の改善を図っている。わが国においては、国連と日本政府との間の協定に基づき、1962（昭和37）年に**アジア極東犯罪防止研修所**（＝アジ研）が設立され、日本および東南アジア諸国の矯正・保護その他刑事政策の実務を担当する職員の研修を行っている。

国際学会としては、ドイツのリスト、オランダのプリンス（Adolphe Prins, 1845～1919）、ベルギーのハメル（Gerald Anton v. Hamel, 1842～1917）が1889年に設立し1913年まで続いた**国際刑事学協会**（Internationale Kriminalistische Vereinigung＝IKV）、1926年以来今日まで続いている**国際刑法学会**（Association Internationale de Droit Pénal＝AIDP）の主催する**国際刑法会議**（Congrès International de Droit pénal）、1947年以来今日まで続いている**国際社会防衛学会**（Société Internationale de Défense Sociale＝SIDS）、国際犯罪学会、刑法および刑務財団会議、国際被害者学会などがある。

●第4節　犯罪の動向

I　概　　観

(1)　大戦後の混乱　　わが国の犯罪ないし治安情勢を回顧してみると、刑法犯の認知件数は、明治から大正期を通じて徐々に上昇してきたといってよい。その最大の要因は、おそらくわが国における社会の工業化および都市化にあった。大正末期から昭和初期にかけて、犯罪発生率は急激に上昇するが、それは金融恐慌などの経済的混乱や満州事変などに代表される

政治的混乱による社会不安と何らかの関係があり、戦時下の顕著な下降の傾向は、戦時体制下の治安強化に由来するのであろう。

1945（昭和20）年から1950（昭和25）年頃までの戦後の混乱期の犯罪状況は、図１から推測できるように各種犯罪なかんずく窃盗、強盗等の財産犯の急激な増加として特色づけることができる。強盗が１万件を超えたのもこの時期であり、戦後の犯罪現象の 第１の波 といわれるゆえんである。その背景としては、わが国経済が戦争によって壊滅的な打撃を被ったために食料等の物資が極度に不足し、インフレーションが進行したこと、戦地からの復員、外地からの帰還、出生率の上昇等による人口の増加および失業などにより、国民生活が窮乏化 したことが挙げられる。また、価値体系の崩壊による道義観念の動揺、警察の弱体化も影響したであろう。要するに、この時期の犯罪の激増は、戦後の社会的混乱 がもたらしたものであった。

1950年代に入ると、わが国の経済は徐々に立ち直りをみせ、社会秩序も回復して 社会が安定 し、殺人こそ1954（昭和29）年に3,081件という戦後最高の数値を示すが、刑法犯の趨勢としては下降気味となり、戦後の犯罪の激増は終息するかにみえたのである。

しかし、1950年代の半ばから再び上昇傾向を示し、1970（昭和45）年頃まで犯罪の発生は高い数値で推移し、刑法犯の認知件数は193万件に達して当時の最高となった。特に暴行、傷害、恐喝の急増が目立ち、この時期は 粗暴犯多発の時代 として特徴づけることができる。その原因としては、①戦後の窮乏時代に成長期を過ごした少年による 粗暴犯 および 財産犯の増加、②労働事件、公安事件などに伴う 集団的暴力事件の多発、③社会の工業化・産業化から派生する利権をめぐる 暴力団の抗争、④都市を中心とする 享楽的風潮 ないし 性の解放 などが考えられる。同時に、自動車交通の発達に伴う道路交通法違反事件および交通関係業過事件の止まるところを知らない増加も記憶しておかなければならない。

(2) 犯罪情勢の安定　1970（昭和45）年をピークとして犯罪情勢は安定し、この傾向は比較的長く、1980（昭和55）年頃まで続いた。この間、欧米諸国特にアメリカでは 自由社会における犯罪の挑戦 に苦しめられた。自由主義社会における犯罪の増加を避けることは困難であり、犯罪は自由の

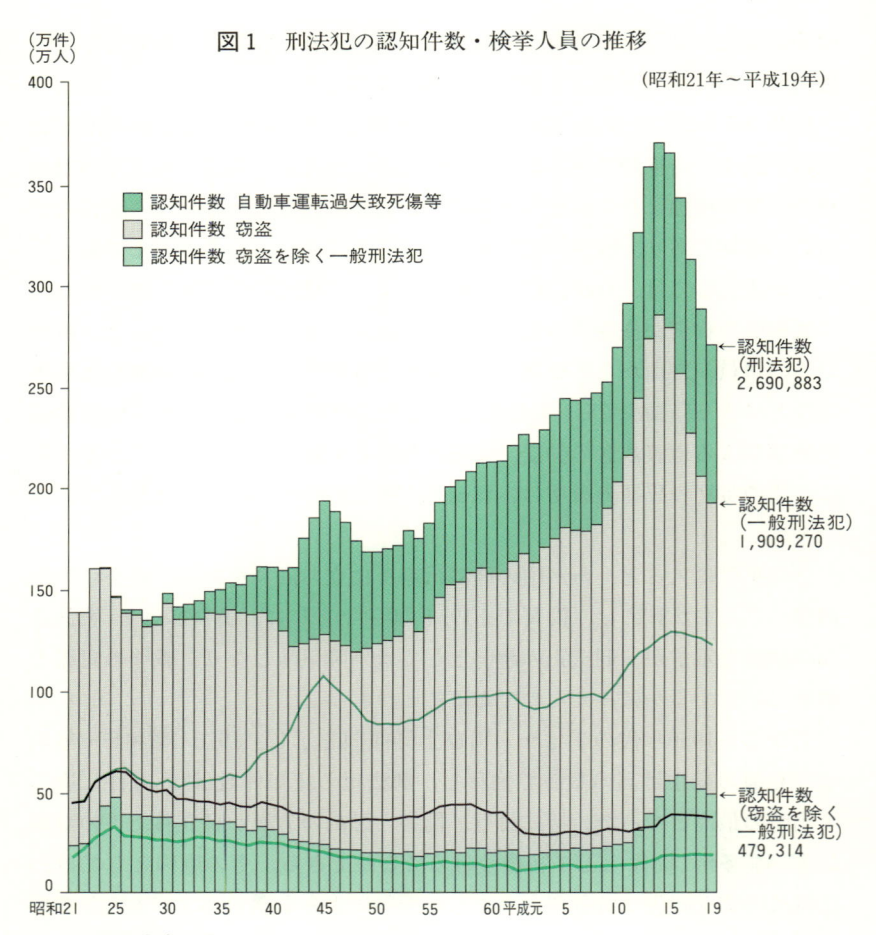

図1　刑法犯の認知件数・検挙人員の推移

(昭和21年～平成19年)

(万件)
(万人)

凡例：
- 認知件数　自動車運転過失致死傷等
- 認知件数　窃盗
- 認知件数　窃盗を除く一般刑法犯

認知件数（刑法犯）2,690,883
認知件数（一般刑法犯）1,909,270
認知件数（窃盗を除く一般刑法犯）479,314

1　2008犯罪白書3頁。
2　昭和30年以前は、14歳未満の者による触法行為を含む。
3　昭和40年以前の一般刑法犯は、「業過を除く刑法犯」である。

代償としての **社会の風土病** であるとさえいわれたことがある。事実、アメリカをはじめとして、第二次世界大戦後、ほとんどの先進諸国は犯罪の挑戦に悩まされてきた。わが国でも、1970（昭和45）年をピークに犯罪情勢は悪化した。しかし、欧米諸国とは逆に、その後、わが国の犯罪情勢は安定し、凶悪犯、粗暴犯はむしろ減少しつつあったのである。

　1970犯罪白書は、当時の治安の良さの背景を、社会的、文化的特質に求

めたが、さらに、1989犯罪白書は、「わが国の犯罪が少ない理由として、遵法精神に富む国民性、経済的な発展、低失業率、教育の高水準、地域社会の非公式な統制の存在、島国である地理的条件、刑事司法運営に対する民間の協力、銃砲刀剣や薬物の厳重な取り締まり、高い検挙率で示される効果的な警察活動および刑事司法機関の適正かつ効果的な機能があげられる」としたのである。

しかし、同「犯罪白書」は、①価値観の多様化に伴う遵法精神の減退、②刑事司法に対する国民の協力の低下、③社会のインフォーマルなコントロールの弱体化、そして何よりも、④国際交通・情報の発達による島国という地理的条件の変化など、犯罪抑止要因の減少を懸念し、犯罪の少ない安全で住みよい社会を今後維持することは、相当に困難であるという悲観的な予測もしていたのである。

Ⅱ　安全神話の崩壊

(1)　犯罪情勢の悪化　　1989犯罪白書の予測は、間も無く的中することになった。1987（昭和62）年頃から上昇し始めた刑法犯認知件数および検挙人員の増加傾向は、図1の示すとおり年々顕著になり、1996（平成8）年以降毎年戦後最多の記録を更新した。そして、2001（平成13）年になると、犯罪白書は、犯罪情勢の悪化を明言したのである。その間、1999（平成11）年の少年による凶悪事件の相次ぐ発生、侵入窃盗、路上強盗、ひったくり等の犯罪の増加が目立った。こうして、犯罪白書は、「これまで治安の良好な地域に属していたが、近年に至り、犯罪の認知件数が激増し、治安の悪化が憂慮される事態になってきた」として、治安の悪化を明確に指摘したのである。具体的には、①犯罪総数の増加が継続し、さらに増加傾向が加速していること、②少年非行が高水準を示していること、③外国人犯罪が重大であること、④検挙率が低下したこと、⑤矯正施設が過剰収容に陥っていることなどを、統計資料を示して世論の注意を喚起した。さらに、刑法犯の認知件数が戦後最高となった2002（平成14）年の翌年、2003犯罪白書は、治安対策が社会問題としてクローズアップされていることを指摘し、「犯罪の増加や悪質化への危機感」が現実味を帯びてきてい

ることから、「いかに犯罪を抑止し、減少させて安全な社会を実現・維持するかは我が国にとって重要な課題となっている」としたのである。「安全神話の崩壊」が語られたゆえんである（河合幹雄・安全神話のパラドックス　治安の法社会学〔2004〕21頁）。

　政府は、犯罪情勢の悪化を憂慮し、2003（平成15）年12月に犯罪対策閣僚会議を開催し、治安回復のため、犯罪に強い社会の実現のための行動計画を策定し、「世界一安全な国、日本」の復活を呼びかけて、①身近な犯罪の抑止、②少年犯罪の抑止、③国境を越える脅威への対処、④組織犯罪対策、⑤治安回復のための基盤整備といった重要課題を設定し、課題解決の取組みを開始した。この行動計画に即して、警察は市民の安全と平穏の確保の観点から様々な施策を展開し、また、凶悪・重大犯罪の処罰の強化および適正化のための刑法改正などが実施された（大谷實「最近の刑事立法について」同志社法学57巻2号〔2005〕279頁）。

(2)　近年の犯罪情勢　もっとも、2002（平成14）年をピークとする犯罪情勢については、「治安は、本当に悪化しているのか」をめぐって議論のあるところであった。1つの見解は、犯罪関連の統計によると、刑法犯の認知件数は戦後最多を示しているのであるから、犯罪情勢の悪化は明らかであるとするのである（前田雅英「犯罪認知件数の減少と刑事政策」渥美東洋古稀記念〔2006〕253頁）。これに対し、犯罪数は増えていないが、裁判所や法務省、警察庁などの方針で最多と発表されているにすぎないと考える見解である（久保大「治安は本当に悪化しているのか」〔2006〕39頁）。犯罪統計の読み方については後述するが（⇒32頁）、官庁統計だけしか本格的な統計のないわが国では、官庁統計 に基づくほかに犯罪情勢を分析する統計的資料はないのである。幸い認知件数や検挙件数については、各種の官庁の統計数値が発表されているから、それを総合して判断することは可能であり、統計的資料を無視して、それと反対の結論を導くことは、かなり大胆なことのように思われる。

　問題なのは、犯罪の認知件数が増加しても、治安の悪化に結びつくわけではないとされている点である。たしかに、従来、治安情勢の悪化の指標は、殺人などの凶悪・重大犯罪の増加に求められるべきであるとされてきた。ピーク時の凶悪重大犯罪の認知件数をみると、戦後最高であった

1970（昭和45）年の殺人の認知件数は、2,684件であったが、2002（平成14）年の殺人の認知件数は1,452件であり、むしろ大幅に減少しているのだから、治安の悪化を議論する状況にはないというのが、今日の通説的な理解であると思われる。窃盗や占有離脱物横領などの財産犯が増えても、特に、治安の強化を図る必要はないというのであろう。では、財産犯等の増加等は、治安の悪化と無関係なのであろうか。認知件数の激増期を振り返りながら、治安の悪化について、3つの観点から考えてみたい。

　第1に、刑法犯の認知件数について検討してみよう。たびたび指摘されているように、刑法犯の認知件数は、1996（平成8）年から2002（平成14）年にかけて、7年連続で戦後最多の記録を更新した。その主な原因は、**財産犯の激増**にある。1960（昭和35）年の窃盗の認知件数は130万8,418件であったのに対し、2002（平成14）年には237万7,488件であり、100万件以上も増えて戦後最高となったのである。横領では占有離脱物横領の増加が原因であるが、1960（昭和35）年では2万2,144件であったのに対し、2002（平成14）年には6万213件であって3倍に近い。こうした認知件数の激増は、安心して生活できる社会の確立という意味で、治安問題に波及するのは当然であるように思われる。また、その手口からみると、自動車盗、オートバイ盗、車上狙いなどの**素人的犯罪**、また、放置自転車の無断使用といった**出来心的な犯罪**が多く、悪質なものではないから、この種の財産犯の激増は治安上無視してよいということであろう。しかし、破れ窓理論（⇒314頁）を引き合いに出すまでもなく、無秩序状態を放置しておけば、やがて社会秩序の崩壊に結びつくのであって、適切な犯罪抑止策を講ずる必要があることは無論である。その後、立法および刑事司法上の適切な対応等の成果で、窃盗の認知件数は減少に転じ、2007（平成19）年には、142万9,956件にとどまったとされる。しかし、1960（昭和35）年と比べると、12万1,000件も多いのであり、依然として高い水準を示している。過去の犯罪情勢を振り返ってみると、治安状況が好転しているとはいえないのである。

　第2に、暗数の少ない、いわゆる凶悪・重大犯罪について考えてみよう。刑法犯認知件数の激増の時期についてみると、上述したように、殺人の認知件数はかなり減少している。この殺人の認知件数の減少から、刑法犯全

体の認知件数は激増しているけれども、治安そのものは悪化しているどころか、むしろ安定しているという認識につながっている。しかし、警察庁が重要犯罪として統計を取っている殺人、強盗、放火、強姦・強制わいせつ、略取・誘拐の認知件数は、1998（平成10）年では1万2,725件であったものが、2003（平成15）年では2万2,294件というように激増しているのである。ここでも2004（平成16）年以降減少傾向に転じ、2007（平成19）年は1万6,922件にとどまったとされるが、10年前と比べてみると、依然として高い水準を示しているのである。特に、強制わいせつは、2003（平成15）年に最近20年間の最高となり、その後、連続して減少しているというものの、2007（平成19）年で7,664件であり、10年前と比べると4割近く多いのであり、その水準はきわめて高い。ここでも、わが国の治安状況が安定しているとはいいがたい。

　第3に、体感治安について考えてみよう。**体感治安**とは、国民が治安に対して抱いているイメージないし意識をいうが、近年の治安の強化を図る立法や行政の動きは、犯罪の実相ないし実態というよりも体感治安を根拠としていると考えている識者は多い。たしかに、テレビのワイドショーなどで世間を震撼とさせた大事件が度々放送されると、視聴者や一般国民が治安に対する不安感を抱くのは無理もない。そこで、治安の悪化に疑問をもつ識者は、マスメディアによるモラル・パニックのために、国民は、治安は悪くなっているといった意識を抱くようになり、国や刑事司法に対し、重罰化・厳罰化を求める結果となっているというのである。内閣府が実施した、2007（平成19）年1～2月の「社会意識に関する世論調査」によると、治安が「悪い方向」に向かっていると回答した人は、全体の35.6%であったとされるが、その根拠は、モラル・パニックにあるとされる。しかし、体感治安は、モラル・パニックといった感情的なものだけを根拠とするものではない。

　国民が治安が悪くなったと感ずるのは、一つには、自宅周辺の住宅地で、昼間、「ひったくり」に遭ったり、振り込め詐欺で金銭を騙し取られるといった犯罪に代表されるように、**犯罪地に境界がなくなり**、犯罪が住宅地や家庭に入り込んでくるため、「何時、どこで犯罪が起こるかわからないから、安心して暮らせない」といった不安を抱くようになったからである。

また、地域の住民のまとまりがなくなり、誰に頼って犯罪から身を守るかといった**コミュニティの犯罪抑止機能**が失われていることなど、国民が不安を抱く要因が体感治安に反映するのである。現在のわが国の犯罪情況には、犯罪の量の問題もあるが、最近の犯罪の性質や地域住民、地方自治体の防犯体制の不備など、体感治安を悪化させる要因は数多く存在しているのである。平穏な社会の存続・発展を目的とする刑事政策においては、こうした体感治安の悪化を解消するための施策を無視することは、許されないのである。

> **体感治安** ここ数年間、「体感治安」の問題がクローズアップされてきた。この用語は、これまであまり使われてこなかったし、厳密に定義されたものではないが、犯罪の数値やデータとは別に、国民が治安に対して受けているイメージ、あるいは国民が感じている治安の水準といってもよいであろう。英米でいう《fear of crime》に当たる。体感治安の考え方は、犯罪対策を科学的に講じようとする立場からは歓迎されないようであるが、刑事政策の究極の目的は、平穏な暮らし、安心・安全な社会の維持・発展にあるから、犯罪に対する不安感の解消こそ刑事政策の最大の課題であり、もっと体感治安の問題を重視すべきである。

(3) 現今の犯罪情勢と治安の安定要因 現在の犯罪情勢が上記のようなものであるとすると、当面、いかなる対策が採られるべきかが問題となる。

先に指摘したように、1989犯罪白書は、「世界一安全な国」の安定要因として、①遵法精神に富む国民性、②経済的な発展・低失業率、③教育の高水準、④地域社会の非公式な統制の存在、⑤島国である地理的条件、⑥刑事司法運営に対する民間の協力、⑦銃砲刀剣類や薬物や薬物の厳重な取締り、⑧高い検挙率などを掲げた。

こうした治安の安定要因からみて、今後、体感治安ばかりでなく、凶悪犯や粗暴犯が増えて、本来の意味で治安が悪化する可能性を考慮しておく必要がある。そこで、当面3つの治安悪化の要因を指摘することができる。1つは、上記④のインフォーマルな社会統制が次第に弱体化しつつあるということである。核家族化などによる家族関係の弱体化、近隣の結びつきが弱く、社会の匿名性も進んで、人間関係が希薄となっていることなどのために、**社会でのコントロール**が機能しなくなっている。次に、上記⑤に

かかる犯罪の国際化が不安材料となる。後に検討するように、来日外国人の犯罪は年々増えており、また、刑法犯検挙人員総数中に外国人の占める割合は、1980（昭和55）年には2.5％であったが、2007（平成19）年には3.8％に上昇している。さらに、上記⑦にかかる銃器を用いた犯罪の拡散が不安材料となっている。特に、銃器使用犯罪が暴力団犯罪から一般犯罪へと拡散しつつある点が注目される。

　こうした不安材料を踏まえ、政府は、「国民が自らの安全を確保するための活動の支援」、犯罪の生じにくい社会環境の整備および「水際対策を初めとした各種犯罪対策」の重要性を確認し、既述のように、①平穏な暮らしを脅かす身近な犯罪の抑止、②社会全体で取り組む少年犯罪の抑止、③国境を越える脅威への対応、④組織犯罪からの経済、社会の防護を中心とした重点課題を設定し、治安の回復のための活動を開始している。

　たしかに、戦後の犯罪情勢の変遷から推測すると、凶悪・重大犯罪の増加による治安状況の悪化は、少なくとも現在においては、それほど深刻ではないともいえよう。しかし、今や国民1人ひとりのライフスタイルが大きく変わり、安心して暮らせる安全な社会を求める声は、年々大きくなりつつある。社会秩序を維持するという観点からの犯罪防止対策ないし刑事政策は、今後一層避けられないと考える。犯罪防止対策の強化による犯罪に強い社会の確立こそ、今日の刑事政策の目標とすべきである。

第2章 犯罪および犯罪現象

●第1節 犯罪の概念

I　形式的概念と実質的概念

　刑事政策の主要な課題は、犯罪を防止することによって社会秩序を維持し、安定させることにあるから、刑事政策を論ずるに当たっては、何よりもまず、防止すべき犯罪とは何かを明らかにしておかなければならない。ところで、普通、犯罪というときは、法律で犯罪とされている行為をいうのであり、これを形式的意義における犯罪（形式的犯罪）とよぶ。刑法学では刑罰法規に定められた構成要件に該当する行為が犯罪であり、現在わが国には800に近い刑罰法規が存在し、1000を超える数の犯罪が規定されている。しかし、刑事政策はこのような法律上の犯罪を防止するだけではなく、それを通じて社会秩序の維持・安定を目的とするものであるから、刑事政策上問題とすべき犯罪は、社会秩序ないし社会の安全を維持するという実質的見地から把握しなければならない。すなわち、社会秩序維持・安定の目的からみて放置することが許されない重大な反社会的行為をもって刑事政策上の犯罪とすべきであり、これを実質的意義における犯罪（実質的犯罪）とよぶ。この意味からは、精神障害者、薬物中毒者や刑事未成年者（14歳未満の者）などの責任無能力者の行為や法律上犯罪とされていない反社会的な逸脱行為も犯罪となるのである。

　形式的犯罪と実質的犯罪とは通常は一致するのであり、その意味では両者を区別する積極的意味は少ないともいえる。しかし、後述するように（⇒91頁）、実質上処罰に値する反社会的行為が法律上の犯罪とされていなかったり、逆に、実質的にみると処罰する必要がないような行為でも法律上犯罪として処罰されるというように、形式的犯罪と実質的犯罪とが必ず

しも一致していない場合がありうる。そして、犯罪としての実質が認められない場合であっても、政治的目的のために不当に犯罪が作られてきたことは犯罪の歴史が物語っているところである。そうとすれば、実質的犯罪というコンセプトによって、真に処罰に値する行為を明らかにする必要がある。

犯罪を実質的観点から捉え直すことは、さらに、次の２点において刑事政策上積極的意義がある。第１に、形式的犯罪とされていない重大な反社会的行為を刑事政策の対象に取り込み、必要な施策を講ずることができる。例えば、コンピュータに関する有害行為などは、かつては犯罪として処罰されることはなかったが、社会生活上放置することが許されなくなり、コンピュータ関連犯罪やカード犯罪などが刑罰法規に規定されるようになったのである。第２に、現在犯罪として処罰されている行為について、実質的見地から検討し直し、刑事政策上重要でない犯罪は犯罪目録から除去し（立法上の非犯罪化）、あるいは、社会秩序維持の観点からみると処罰に値しないような行為は、社会的相当行為として犯罪統制の対象から除外することによって（刑法適用上の非犯罪化）、不要な刑罰権の行使を回避し、刑事政策の効率化に役立つ。

Ⅱ　実質的犯罪の内容

実質的犯罪の内容については、①人の憐憫と誠実という愛他的情操に対する侵害ないし健全な常識をもっている人の感情を害する行為であるとする説（自然犯の理論）、②権利侵害ないし社会倫理に違反する行為であるとする説、③犯罪は行為自体の性質から定まるのではなく、ある行為とそれを観察し定義する者との相互作用から生ずるものであって、ある人の行動に対し他人によって犯罪というレッテルを貼られた行為が犯罪であるとする説（ラベリング論⇒53頁）などがある。

思うに、現代の国家社会において、社会秩序を維持するうえで最も大切なのは、法が保護し、または保護すべき生活利益すなわち法益を保護することにあり、国家はこの見地から法秩序を形成しているとみるべきであるから、犯罪の実質は、何よりもまず法益を侵害し、または危険にする行為

でなければならない（法益的犯罪概念）。しかし、社会秩序維持の観点からすれば、すべての法益侵害的行為を犯罪とする必要はなく、社会秩序維持の目的上放置しておくことのできない行為のみを犯罪とすれば足りる。すなわち、平均的な社会生活基準を逸脱する行為、いいかえれば社会倫理規範に違反する法益侵害行為を犯罪とすれば足りるのである。それゆえ、実質的犯罪とは、社会倫理規範に違反して法益を侵害し、または危険にする行為をいう、と定義すべきである。

> **逸脱行為と犯罪との関係**　逸脱行為とは、何らかの社会的期待に反する行為をいう。ある集団に属する者は、その構成員として一定の行為を期待されているのであり、この期待に適合することを「同調」（conformity）、反することを「逸脱」（deviation）という。犯罪は逸脱行為の一種にほかならない。逸脱行為と犯罪との関係をめぐっては、いかなる範囲の逸脱行為を犯罪として認識すべきかの問題があるが、本文から明らかなように、平均的な社会生活基準に反する行為によって法益侵害の結果を惹起する反社会的逸脱行為が実質的犯罪であるから、逸脱行為それ自体が犯罪の実質を備えているわけではない。いかなる行為が実質的犯罪として刑事政策の対象になるのかは、その社会または国家の政治的・経済的・社会的条件によって異なる。もちろん、殺人罪や窃盗罪のような典型的な犯罪は、あらゆる国および時代に共通の犯罪であるが、例えば、交通取締法規違反の罪をみればわかるように、多くの犯罪は社会秩序の変化とともに変わるのである。これを犯罪概念の相対性という。

●第2節　犯罪現象と犯罪統計

I　犯罪現象

　刑事政策を科学的に解明するためには、何よりもまず犯罪現象を客観的に把握する必要がある。犯罪現象とは、いかなる犯罪が、どのような態様と数量で発生しているかという具体的な犯罪の実相をいう。犯罪現象は、個別現象としての犯罪と大量現象としての犯罪とに分けて把握される。前者は、特定の個人が行ったものとしての犯罪すなわち個別犯罪の実相をいい、後者は、特定の地域または国および時期において発生した犯罪の総体すなわち総体犯罪の実相をいう。犯罪は、特定の個人に特有の原因があっ

て行われるのであるから、犯罪原因論は、個々の犯罪者そのものを対象とし、どのような性格や生育歴を有する人間がいかなる行為環境で犯罪に陥るかを主たる課題とすべきであるともいえる（ミクロ的研究）。しかし、個別犯罪を総体として観察すると、個別犯罪に共通した類型的特徴または傾向を認識することができ、そこから原因を探求して、全体としての犯罪防止策を導くことが可能となるのである（マクロ的研究）。犯罪現象の把握は、個々の犯罪者に重点をおく場合と、犯罪を大量的に観察し、犯罪の類型的特徴に重点をおく場合とに分けることができるのである。

Ⅱ　犯罪統計

(1)　**意義**　犯罪現象の把握にとって最も大切な方法は、統計的方法である。犯罪を対象とする統計的方法による分析を犯罪統計とよぶ。犯罪統計には、私人ないし私的団体が作成する私的犯罪統計と刑事司法機関が作成する官庁による犯罪統計（略して官庁統計）とがある。わが国では私的犯罪統計はほとんど使われておらず、その主なものは官庁統計である。官庁統計とは、刑事司法機関（警察・検察・裁判・行刑・保護などの機関）の活動において現れた犯罪現象に対する周期的な統計的観察であり、わが国で行われている官庁統計の主要なものは、警察統計（「平成〇〇年の犯罪」）、検察統計（「検察統計年報」）、裁判統計（「司法統計年報」）、矯正統計（「矯正統計年報」）、保護統計（「保護統計年報」）などである。

　警察統計は、警察官の認知した犯罪および犯罪者に関する統計であるところから、犯罪状勢の変化および問題性を把握するうえで重要であるのに対し、検察統計、裁判統計、矯正統計および保護統計は、犯罪者処遇の状況とその問題性を把握するうえで有益である。犯罪統計は、犯罪を大量的に処理し、多角的に分類することによって犯罪の動向を総体的に把握できるところから、犯罪の原因を解明するのに役立つとともに、犯罪者に対する処遇等の施策の効果を測定するうえでも極めて有用である。今日、あらゆる具体的な施策は、犯罪の実態を調査し、その結果を統計的に処理して、問題点を把握したうえで講じられているといってよいであろう。

> **刑事司法** 刑事司法という言葉はわが国の法律上の用語ではなく、もともと英米法の《criminal justice》に由来するものであって、犯罪問題に向けられた国家的諸活動の総称である。したがって、刑事司法は、犯罪の防止から捜査、裁判、犯罪者の処遇に至る刑事手続の全過程を含む（鈴木義男・刑事司法と国際交流〔1986〕2頁）。

(2) **犯罪現象と警察統計** 犯罪現象の変化と犯罪動向における刑事政策上の問題点を把握する場合には、警察統計が最も有力な資料となる。統計が信頼されるためには、その基礎が犯罪の実態を反映していることを必要とするが、検察統計や裁判統計などに現れてくる検挙率・送検率・起訴率・有罪率などの統計は、既に当該の機関による裁量がなされた結果に関するものであるから、現実に発生した犯罪を基礎とするものではなく、犯罪の実態を正確に反映したものとはいいがたい。これに対して、警察統計上の犯罪件数は、被害者の届出、第三者の届出、警察官現認、職務質問、聞込み、自首、告訴・告発などの認知の端緒によって警察がその発生を知った犯罪の種類ないし事件数、すなわち警察による**認知件数**であるから、犯罪の実数を最も正確に反映しうる統計といってよい。

(3) **犯罪統計上の暗数** 認知件数により犯罪現象を把握しようとする場合には、犯罪の発生件数すなわち実数と認知件数との間に差があるという点に注意を要する。犯罪の発生件数と統計に表れた認知件数との差を**暗数**（dark figures）という。暗数は殺人や強盗などの重大犯罪に関してはそれほど大きくないが、窃盗（特に万引）や堕胎、賭博、売春等を代表例として、多くの犯罪には厖大な暗数がつきまとう。**暗数を生み出す要因**としては様々なものを掲げうるが、その主なものとしては、①犯罪は発覚しないまま終わる場合が多いこと（**気づかれない犯罪**）、②住民の犯罪に対する姿勢、③被害者の態度、④警察の取締方針、⑤記録上の誤差などが指摘されている。

犯罪統計には暗数がつきまとうから、犯罪統計はあらゆる統計のなかで最も信頼できないものであり、犯罪の実相を映し出すどころか、逆に、それを歪めてしまうとする見解が有力である。そこで、犯罪統計の意義については、ⓐ犯罪統計の意義そのものを否定する立場、ⓑ犯罪統計における暗数を不可避的なものとして甘受し、むしろ暗数そのものの調査あるいは

測定方法を考案し、犯罪の実相に迫ろうとする立場が主張されている。ⓑの立場からは、刑事司法機関の裁量に関する調査、自己の犯罪、非行経験を述べさせることによって行う自己報告調査、犯罪通報率の調査、余罪の調査、特に犯罪被害の調査などの暗数調査によって犯罪統計を補うべきであるという提案がなされている。例えば、1965年に設置されたアメリカ合衆国の法執行および司法行政に関する大統領委員会の行った被害調査のように、一部その実施が試みられつつある。官庁統計のみを資料として犯罪現象を把握しようとする態度の危険性を自覚しておく必要があろう。

> **暗数の問題**　暗数については、本文に示したような犯罪統計の信頼性の問題のほかに、例えばアメリカにおける黒人に対する厳格な法の適用といった、法執行機関の刑事司法における差別的・恣意的裁量（セレクティブサンクション──selective sanction）の結果として現れる暗数の問題があるといわれており、そこから暗数そのものの調査・測定方法が論議されている。犯罪の実数に迫るためには、おそらく暗数調査方法の確立が最も重要と思われるが、現在までのところ確実な方法はない。なお、暗数調査としては刑事司法機関の裁量に関する調査、自己報告調査、犯罪通報率調査、余罪調査、被害調査などが考案されている（鶴元春「犯罪の暗数計測に関する考察」犯罪心理学研究10巻2号〔1974〕103頁、榎本正也「イギリスの犯罪調査」罪と罰21巻2号〔1984〕56頁参照）。

一方、被害調査や自己報告調査を実施したとしても、それら自体被害や犯罪の真相を反映するものとはいいがたいから、暗数調査は犯罪統計を補う機能を有しないとも主張されている。さらに、警察の認知件数は警察が犯罪としてレッテルを貼ったものの数にほかならず、真に処罰に値するものを表したものではないから、それを犯罪予防の基礎資料とすることは許されないとも主張されている。これらの立場によれば、犯罪統計は単に刑事司法当局の世論操作の用具にほかならず、市民の犯罪に対する見方を歪めるものとして排除すべきであるということになろう。

犯罪統計においては暗数を避けることができない以上、犯罪統計の機能上の限界は否定できない。しかし、犯罪現象を総体的に把握することは刑事政策上絶対に必要であるばかりでなく、その方法として犯罪統計以外には適当なものが開発されていない現状のもとでは、前述のような犯罪統計上の諸制約ないし暗数を考慮に入れたうえで統計を解釈し、犯罪の実相に

迫るべきである。その際、暗数調査方法の開発に努力すべきことはもちろんであるが、暗数の比率が毎年大きく変動するわけではないから、犯罪統計から犯罪現象の変動を推測することは十分可能であり、いたずらに暗数を強調して犯罪統計を軽視するのは妥当でない。ちなみに、法執行機関の裁量権行使の結果としての暗数として、認知件数と検挙件数ないし起訴件数との誤差を論ずる見解もあるが、これは本来の暗数の問題ではない。

> **犯罪白書と警察白書** 本文で示したように、官庁統計は刑事司法の各段階において発表されているが、これらを総合的に整理したものとして犯罪白書と**警察白書**がある。犯罪白書は、1960（昭和35）年に創刊され、年1回法務省所管の機関である法務総合研究所によって刊行されており、犯罪の動向、犯罪者の処遇、少年非行などに関する刑事政策上重要な実態に関する統計・調査の分析および対策が叙述されているところから、刑事政策を研究するうえで不可欠の文献である。警察白書は、1973（昭和48）年度より毎年警察庁の編集で公刊されているもので、犯罪の予防、捜査など警察活動の現況を報告し、治安情勢と警察活動について解説している。

(4) 犯罪統計の見方 犯罪の実相を表す用語として、「発生件数」と「認知件数」がある。**発生件数**とは、社会で現実に発生した犯罪の数をいう。しかし、既に述べたように、被害者が被害に全く気づかない「気づかれない犯罪」や気づいても警察等に届けなければ、実際に犯罪が発生したかどうかがわからない場合が多い。また、警察に届け出ても警察がそれを記録しないままにしておく場合もある。その意味で、発生件数を正確に把握することは不可能に近い。なお、**犯罪発生率**という場合は、人口10万人当たりの認知件数の比率をいう。

認知件数は、被害の届出などにより警察が認知した件数をいう。**認知の端緒**としては、市民の通報、被害の届出、告訴、告発、捜査などがあるが、認知件数も犯罪の実相を表すとはかぎらない。例えば、市民の意識の変化によって警察への通報件数が増えたり減ったりするからである。なお、認知件数は有罪件数を表すものではない。認知された犯罪が微罪処分、起訴猶予処分や正当防衛ないし心神喪失として無罪となった場合も、認知件数に含まれるからである。

認知件数を計上する場合、通常は被疑者の行為の数を基準に件数を記録するが、1人の被疑者が同時に複数の構成要件に該当する行為を行った場

合は、そのうちの最も重い罪だけが記録されることになっている。例えば、侵入窃盗の場合、窃盗罪だけが計上され、住居侵入は無視される。なお、2007（平成19）年の殺人罪の認知件数は1,199件であるが、このなかには殺人予備および未遂も含まれている。

●第3節 犯罪および犯罪者の分類

Ⅰ 犯罪の分類の意義

　犯罪の分類とは、犯罪原因ないし犯罪現象を把握するために、一定の基準または特徴に基づいて犯罪を類型化することをいう。犯罪の分類は、従来、犯罪原因論ないし犯罪対策の見地から、犯罪の主体である犯罪者の特徴をメルクマールとして行われてきた。犯罪は、まさに特定の犯罪者によって行われるものであるから、犯罪者を中心とする犯罪の分類方法は不可欠である。しかし、個々の犯罪者に対する刑事政策を問題にする以前に、いかなる犯罪がどの程度の量で発生しているかを解明しつつ、犯罪現象を具体的に把握して大量現象としての犯罪原因を論じ、一般予防ないし防犯活動等の対策を講ずることも重要である。このようにして、犯罪の分類は、犯罪現象を具体的に認識し、例えば、凶悪犯の増加は治安の悪化を示すというように、犯罪の動向を認識する道具概念となるものであり、この意味において、犯罪の分類は、犯罪者の分類と並んで刑事政策上の課題となる。

Ⅱ 刑法学的分類

　刑事政策上の犯罪概念は、刑法上可罰的な行為であることを必ずしも要しない。しかし、重要な犯罪は刑罰法規において可罰化されているのであるから、刑法ないし刑法学を基礎とした分類が必要となり、この方法からは以下のような分類が可能となる。
　(1) **刑法犯・特別刑法犯**　この分類は、犯罪が刑法典に根拠を有するか、特別刑法に根拠を有するかを基準とする分類である。しかし、特別刑法に根拠を有する犯罪であっても、もともと刑法典に定められるべき性質

の犯罪であれば、それを刑法犯に含ませた方が犯罪の動向を把握するうえで適当であるから、必ずしも刑法典上の犯罪であることに固執する必要はなく、次のように分類すべきである。

　（ア）　**刑法犯（自然犯・刑事犯）**　　刑法犯としては、刑法各則（明40・法律45号）上の犯罪のほか、盗犯等の防止及び処分に関する法律（昭5・法律9号）、暴力行為等処罰に関する法律（大15・法律60号）、決闘に関する件（明22・法律34号）、爆発物取締罰則（明17・大政官320号）など、元来、**刑法典に規定されるべき程度の有害性と反倫理性**の認められる犯罪を含ませるべきである。

　（イ）　**特別刑法犯（行政犯・法定犯）**　　特別刑法犯としては、公職選挙法・交通関係取締法規（例―道路交通法）・保安関係取締法規（例―火薬取締法）・財政関係取締法規（例―所得税法）・薬物関係取締法規（例―覚せい剤取締法）・風俗関係取締法規（例―売春防止法）・外国人関係取締法規（例―外国人登録法）各違反の罪など、行政取締法規違反の罪をすべて含ませるべきである。

> **法定犯の自然犯化**　　立法当初においては行政取締目的による犯罪とみられたものが、次第に倫理的にも非難される犯罪になることを法定犯の自然犯化という。法定犯がこのような犯罪になった以上は、刑法犯として分類を変えるべきである。

　(2)　**人身犯・財産犯・風俗犯**　　犯罪によって侵害される法益を基準とした分類として、人身犯、財産犯、風俗犯がある。**人身犯**とは、殺人や傷害のように、人の生命・身体を侵害する犯罪をいう。**財産犯**とは、窃盗、強盗、詐欺のように財産を侵害する犯罪をいう。**風俗犯**とは、わいせつの罪のように社会的風俗を害する罪をいう。このほかに刑法学的分類を基礎としたものとして、反復累行性を基準とする累犯、常習性を基準とする常習犯、集団性を基準とする集団犯といった分類も行われている。

Ⅲ　動機・態様を基準とした分類

　(1)　**動機による分類**　　これには利欲犯、困窮犯、激情犯、政治犯など

の分類がある。**利欲犯**とは、犯人の経済的利欲から犯される罪であり、窃盗などの財産犯のほかに各種の偽造罪も含まれる。**困窮犯**とは、犯人の経済的困窮に基づく犯罪であり、窃盗などの財産犯や嬰児殺などは、生活に困って行われる場合が多い。**激情犯**とは、憎悪、嫉妬、復讐心、性欲などによる激情に駆られて犯す罪をいい、暴行、傷害、殺人、強姦などがこれに含まれる。**政治犯**とは、内乱、騒乱などのような犯人の政治的目的に基づく犯罪をいう。

(2) **態様による分類**　これには暴力犯、知能犯、無力犯などの分類がある。**暴力犯**とは、被害者の身体に対する攻撃を手段とする犯罪で、殺人・傷害などのほかに強盗や強姦なども含む。**知能犯**とは、悪知恵を利用する犯罪をいい、詐欺、横領、偽造などがこれに当たる。**無力犯**とは犯人の無力的態度による犯罪をいい、窃盗、嬰児殺などがこれに当たる。なお、薬物犯罪、交通犯罪、暴力団犯罪、法人犯罪などの分類も行為の態様を中心とした分類である。

(3) **複合的分類**　動機・態様を複合した方法による分類として、犯罪白書と警察白書の分類がある。

Ⅳ　「犯罪白書」と「警察白書」の分類

(1) **総説**　前節で刑事政策の対象とすべき犯罪の概念を明らかにし、その犯罪が総体としてどのように発生しているかを明らかにするために、統計的方法の必要性を論じてみた。そこで、わが国の犯罪情勢をこの統計的方法で分析し、戦前および戦後の犯罪情勢を振り返り、最近の犯罪現象を把握し、将来の趨勢を予測したうえで犯罪対策を講ずる必要がある。

ところで、一概に犯罪といっても、殺人や窃盗など犯罪の種類によって発生原因や発生の現象も異なるところから、その対策も異なったものとならざるをえない。そこで、官庁統計である犯罪白書と警察白書は、各犯罪の共通性を考慮して、犯罪の分類を行ったうえで統計的処理をしており、それぞれの目的の相違によって若干異なった分類を行っていることに注意する必要がある。

(2) **犯罪白書の分類**　犯罪白書は、刑法上の犯罪（刑法犯）と特別刑

法上の犯罪（特別法犯）とに分ける。前者を「一般刑法犯」、後者を「特別法犯」という。刑法犯には、刑法典に定めている犯罪のほかに、①爆発物取締罰則、②決闘に関する件、③印紙犯罪処罰法、④暴力行為等処罰に関する法律、⑤盗犯等の防止および処分に関する法律、⑥航空機の強取等の処罰に関する法律、⑦人の健康にかかる公害犯罪の処罰に関する法律、⑧航空機の危険を生じさせる行為等の処罰に関する法律、⑨人質による強要行為等の処罰に関する法律、⑩組織的な犯罪の処罰に関する処罰及び犯罪収益の規制等に関する法律、以上10個の法律に定める犯罪を含む。

刑法犯は、以下のように分類される。①凶悪犯（殺人、強盗）、②粗暴犯（暴行、傷害、脅迫、恐喝）、③財産犯（窃盗、詐欺、横領）、④性犯罪（強姦、強制わいせつ）、⑤交通関係業過（自動車運転過失致死傷）、⑥その他の刑法犯。

特別法犯は、以下のように分類される。①交通関係（道交法違反、保管場所法違反）、②薬物関係（覚せい剤取締法違反、麻薬取締法違反、あへん法違反、大麻取締法違反、毒劇物法違反）、③保安関係（銃刀法違反、軽犯罪法違反、火薬取締法違反、酩酊防止法違反）、④選挙関係（公職選挙法違反）、⑤外事関係（入管法違反、外登法違反）、⑥風俗関係（児童福祉法違反、売春防止法違反、風営適正化法違反、公営競技取締法違反〔競馬法、自動車競技法、モーターボート競走法違反〕）、⑦条例関係（青少年育成条例違反など）、⑧労働関係（労働基準法違反、労働安全衛生法違反、職業安定法違反、船員法違反、労働者派遣法違反）、⑨環境関係（廃棄物処理法違反、海洋汚染防止法違反、船員法違反、自然公園法違反）、⑩財政経済関係（所得税法違反、相続税法違反、法人税法違反、証券取引法違反、独占禁止法違反、特許法違反、著作権法違反、商法違反）。

(3) **警察白書の分類** 　警察白書も「刑法犯」と「特別刑法犯」に分ける。刑法犯は、交通事故死に関する自動車運転過失致死傷および危険運転致死傷を除いた刑法典に規定する罪および以下に定める特別刑法上の犯罪をいう。①爆発物取締罰則、②決闘に関する件、③暴力行為等処罰に関する法律、④盗犯等の防止及び処分に関する法律、⑤航空機の強取等の処罰に関する法律、⑥火炎びんの使用等の処罰に関する法律、⑥航空の危険を生じさせる行為等の処罰に関する法律、⑦人質による強要行為等の処罰に

関する法律、⑧流通食品への毒物の混入等の防止に関する法律、⑨サリン等による人身被害の防止に関する法律、⑩組織的な犯罪の処罰及び犯罪収益の規制に関する法律、⑪公職にある者等の斡旋行為による利得等の処罰に関する法律、⑫公衆等脅迫目的の犯罪行為のための資金の提供当の処罰に関する法律などである。犯罪白書の刑法犯と重複するものが多いが、特別刑法犯とされているものも含まれていることに注意を要する。

　特別刑法犯 は、上記①〜⑫以外の特別刑法上の犯罪をいう。ただし、自動車運転過失致死傷、危険運転致死傷並びに道路交通法違反の罪を中心とした交通関係の犯罪は除く。

　刑法典 に定められている犯罪は、**包括罪種** として、以下のように分類される。①**凶悪犯**（殺人、強盗、放火、強姦）、②**粗暴犯**（暴行、傷害、脅迫、恐喝、凶器準備集合）、③**窃盗犯**（窃盗）、④**知能犯**（詐欺、横領〔占有離脱物を除く〕、偽造、汚職、背任）、⑤**風俗犯**、⑥その他の刑法犯。

V　犯罪者の分類の意義

(1)　意義　犯罪は、特定の犯罪者によって実現されるのであり、刑事政策は、現に犯罪を犯した者、犯す可能性のある者に対して向けられるのであるから、犯罪者の内面的特性に着目して、原因別に犯罪者の類型化を行い、個別的な処遇上の要請に応えうる犯罪者の分類が必要となる。

(2)　原因論的分類　犯罪者の分類は、原因論的分類から試みられてきた。後述のロンブローゾ（⇒44頁）は、生来性犯罪者、精神病的犯罪者、激情犯罪者、機会犯罪者に分け、フェリー（⇒45頁）は、機会犯罪者の代わりに後天的習慣による犯罪者を加えてロンブローゾに従った。

　これに対し、犯罪行動の様式を基準として分類を試みたのはアシャッフェンブルク（⇒47頁）であり、①偶発犯罪者、②激情犯罪者、③機会犯罪者、④予謀犯罪者、⑤累犯者、⑥慣習犯罪者、⑦職業犯罪者に分ける。この分類は、1897年の国際刑事学協会による法的安全の危険を標準とした犯罪者の3分類を細分化したものである。**偶発犯罪者** は過失の罪を犯した者、**激情犯罪者** は瞬間的な熱情の爆発により罪を犯した者、**機会犯罪者** は思慮不足と刹那的な誘惑に負ける者、**予謀犯罪者** は冷静な熟慮的計画による者、

累犯者は犯罪を反復する者で受刑の有無を問わず、また繰り返される犯罪は異種のものをも含む。**慣習犯罪者**は犯行が習慣化したものであるが、消極的性格により特徴づけられる。**職業犯罪者**は、すりや詐欺師など、いわば犯罪を職業とする者であるが、慣習犯罪者に比べ積極的な犯罪欲求をもつ傾向があるとされている（アシャッフェンブルク・犯罪と刑事政策〈高橋訳〉〔1953〕319頁）。

(3) 処遇論的分類　**リスト**（⇒10頁）は、①改善不能犯罪者、②改善可能犯罪者、③機会犯罪者に分け、これに対応する処遇として、①に対しては社会からの永久隔離、②に対しては教育改善、③に対しては威嚇を提唱した。この分類を修正して、**ラートブルフ**（Gustav Radbruch, 1878～1949）は改善可能な犯罪者、改善不能な犯罪者、治療可能な犯罪者、治療不能な犯罪者などの分類を試みた。これらの犯罪者分類は極めて単純であって、現在それ自体としては使用に耐えないが、処遇の面を重視して犯罪者を分類する道を開いたものとして意義がある。

(4) 分類の態様　犯罪対策は、例えば、凶悪犯の防止とか風俗犯の取締りというように、特定の種類の犯罪を対象として、その原因となる諸条件を除去しようとするものであり、犯罪者の分類もそのかぎりで意味をもつのであるから、犯罪者の分類においても犯罪の分類が前提となるのは当然である。すなわち、犯行の動機、犯行の態様における行為者の内面的な特徴に着目して犯罪者を分類する必要があるのであって、その意味では生来性犯罪者といった個々の犯罪から独立した分類を認めるべきではない。しかし、犯罪の分類を前提にしたうえで、その行為者の人格的属性を基礎とした犯罪者の分類は、犯罪の原因を明らかにし、それに立脚した対策を講ずるうえで意味がある。この見地から犯罪者を分類すると、①**犯行の動機による分類**（利欲犯罪者、困窮犯罪者、激情犯罪者、政治犯罪者、確信犯罪者、傾向犯罪者、意志薄弱犯罪者など）、②**犯行の態様による分類**（暴力犯罪者、知能犯罪者、無力犯罪者、偶発犯罪者、機会犯罪者、常習犯罪者、職業犯罪者など）、③**犯罪者の属性による分類**（精神障害犯罪者、男性犯罪者・女性犯罪者、少年犯罪者・成人犯罪者、高齢犯罪者など）に分けることができる。

第3章

犯罪の原因

●第1節　犯罪学の沿革

I　犯罪学成立の背景

　前章で考察したように、社会の変動と犯罪現象の推移との間には相関関係が認められる。それでは、個々の犯罪はどうして発生するのであろうか。中世ヨーロッパでは、犯罪や逸脱行為の原因は悪魔ないし鬼神であるとする考え方があったようで、これを鬼神論または魔神論という。魔女裁判や決闘による裁判は、この鬼神論が根拠になっている。これに対し、啓蒙期においては、犯罪の原因は個人の意思にあると考えられた。個人の意思が犯罪の原因であるとする立場を古典派犯罪学という。これには、前期古典学派と後期古典学派とがある。啓蒙思想の具体的展開である古典学派の刑法理論（前期古典学派）は、初期資本主義社会の個人主義的な自由主義を基盤とするものであった。ベッカリーア、フォイエルバッハ、ベンサムなどが予想した人間像は、古典派の経済学が前提としたホモ・エコノミクス（homo economicus）に対応する理性人であり、人間は快楽苦痛の計算に基づいて合理的に行動するから、犯罪による利益を超える苦痛としての刑罰を予告さえしておけば、社会秩序は維持できると考えたのである。しかし、この理性人といえども、犯罪の誘惑に負けてしまうため犯罪は依然として存在するのであるが、その場合ですら犯罪者は、犯罪によって得られる快楽を放棄することの苦痛と、その犯罪に対して科される刑罰の苦痛とを合理的に計算し、その結果を自らの意思に基づいて選択し行動を決定するというのである。一方、悪い意思に基づいて行われた行為に対して応報としての刑罰を科すとき正義が実現すると考えた応報主義的刑法理論（後期古典学派）は、犯罪の原因を個人の意思ことに個人の自由意思に求めた。こ

うして、前期古典学派および後期古典学派を通じて、古典学派は、犯罪の原因を専ら個人の意思に求めようとしたのである。

人間は、快楽苦痛の計算に従って行動する一面をもっている。したがって、理性にはたらきかけ、いわば心理的な誘引ないし強制を与えることによって犯罪を防止する刑事政策は、決して科学性を欠いているわけではない。しかし、19世紀の末期になると、このような刑事政策だけでは犯罪防止にとって無力であることがわかってきた。資本主義の発達に伴い都市への人口流入が顕著になり、経済政策や社会政策の貧困のために**失業者**が増加し、彼らは生活に困り財産犯へと走るようになったからである。特に、何度処罰されても犯罪を繰り返す**累犯者**または**常習犯罪者**が増加したのである。こうして、古典学派の刑罰論を批判する立場が現れ、個人の行動を社会全体との結びつきにおいて把握しようとする社会学、および19世紀のダーウィニズム（Darwinism）を基盤とする生物学の勃興を背景として、犯罪原因の科学的認識が促されることになった。

> **鬼神論**（demonology）　「たとえば贖罪金（Wergeld）の慣行、犯罪そのものや罪のつぐない、決闘による裁判、神判による裁判」などは、「犯罪人は『悪魔に取りつかれ、あやつられた』ものだという考えかたの証左にすぎない」（G・B・ヴォルド・犯罪学——理論的考察〈西村訳〉〔1960〕6頁）。

II　実証主義的犯罪原因論の登場

(1)　統計学派・人類学派・社会学派　　19世紀後半には、犯罪原因を経験的・法則的に把握しようとする**科学的・実証主義的**な犯罪学が登場する。

(ア)　犯罪統計学派　　統計的方法を用いて犯罪現象を分析する道を開いたのは、ベルギーの統計学者**ケトレー**（Adolphe Quételet, 1796～1874）であった。ケトレーは、『人間およびその能力の発達について、または社会的物理学論』（Sur l'homme et le developpement de ses facultés ou essai de physique sociale, 1835）と題する著書において、教育、職業、気候、季節、年齢など17項目が通常人の犯罪に及ぼす影響を論じ、大量現象として考察した場合、犯罪は一定の社会において**恒常的な安定性**をもって反復される

と主張した。すなわち「社会は、それに相応した犯罪の萌芽を含み、犯罪を準備する。社会が準備した犯罪を犯罪者が実行するにすぎない」とするのであり、これを犯罪恒常説とよぶ。その後、統計的方法はドイツのマイヤー（Georg v. Mayer, 1841～1925）およびエッティンゲン（Alexander v. Oetingen, 1827～1905）などによって展開された。これら統計的方法を重んずる犯罪学の立場を犯罪統計学派とよぶ。

　（イ）　犯罪人類学派　　人類学的方法を用いて犯罪の原因を探求した始祖は、イタリアの法医学者ロンブローゾである。彼は、医師として刑務所に収容された受刑者を観察した結果、犯罪者には共通した身体的特徴があることを発見し、ダーウィンの進化論やギリシャ時代から存在する骨相学（例えばアリストテレスの骨相学）などを踏まえ、1876年に主著『犯罪者』（L'uomo delinquente）を発表して、犯罪者は一定の身体的な変質的特徴（変質徴候）を有する人類学上の変種であって、この種の人間は、生まれつき犯罪者となるよう宿命づけられている生来性犯罪者（delinquente nato）であるとした（生来性犯罪者説）。そして、生来性犯罪者は、「先祖帰り」といわれる劣悪な遺伝すなわち隔世遺伝によって、生物学的に進化が遅れた野蛮な状態が突然に現れたものであるから、野蛮人と同様に文明社会には適応できず、いわば宿命的に犯罪者になってしまうのであり、犯罪者のうち65～70％は生来性犯罪者であるとした（後に35～40％と訂正）。

> **生来性犯罪者の変質徴候**　　(1)人類学的に証明しうる身体的特徴——大脳の猿溝、小頭、顔面の不対称、著しい前額の凹み、強大な眉弓、上顎前出、下顎前出、頤の発達不全、門歯離開、直立耳翼、大腿骨の奇型など。(2)精神生理学的に証明しうる精神的特徴——良心の苛責・悔悟・羞恥心・憐憫の情の欠如、自他の苦痛に鈍感、残忍性、粗野、抑制力の欠如など。ロンブローゾについては、牧野英一「法学者より見たるチェーザレ・ロムブローゾ」同・刑事学の新思潮と新刑法〔1937〕384頁、瀧川幸辰「ベッカリーアとロムブローゾ」同・刑法雑筆〔1920〕255頁を参照。

　生来性犯罪者説は、欧米の犯罪学者の間で大きな論争を招き、フランスのラカッサーニュなどの反対にあったが、特に、1913年にイギリスの監獄医ゴーリング（Charles Goring, 1870～1919）は、多くの医師や統計学者の協力を得て、イギリスの累犯受刑者約3,000人の身体的特徴を精密な科学的

方法によって測定し、非犯罪者とそれとを比較した結果、犯罪者に特有の変質徴候は認められないと主張し（The English Convict, 1913）、これによってこの論争に終止符が打たれた。その後においても、この学説を受け継いでいる少数の学者がいるようであるが、ゴーリングの研究によって、もはや、ロンブローゾの学説は歴史的な価値しかなくなったといってよい。

　（ウ）　三元説　　ロンブローゾの門下で、ロンブローゾの犯罪人類学を基礎としながら、それぞれ独自の研究を行ったのは、フェリーとガロファロである。ボローニャ大学の刑法の教授であった フェリー は、1884年に『犯罪社会学』（La Sociologia Criminale, 1884）を著し、人類学的方法に社会学的視点を取り入れ、犯罪の原因として人類学的、物理学的、社会学的の3つの原因があることを認め、これらの原因が一定量存在する社会では、必ずそれに相当する量の犯罪が発生すると主張する 犯罪飽和の法則 を主張した。彼は、道義的責任に対する応報的刑罰の観念を排除して、犯罪者における犯罪要因を科学的に類別して、それぞれに応じた犯罪予防措置を講じ、社会学的要因に対しては社会の改善が重視されるべきであると主張した。この見地から「責任と刑罰のない刑法典」として有名となった1912年の イタリア刑法草案 （フェリー草案）を作成したのであった。

　ガロファロ も意思自由および道義的責任の考え方を排して、1885年に『犯罪学』（La Criminologia, 1885）を著し、犯罪人類学を基礎としながら、犯罪者の人格内部における 心理的な拮抗状態 に犯罪の原因を求め、人格の悪事遂行能力に基づく殺人犯、暴力犯、窃盗犯および性犯罪を自然犯とし、これを中心に犯罪と刑罰を研究すべきだと主張した。

　これらのイタリア人学者によって代表される犯罪学の立場は、犯罪人類学を中心としながらこれを修正するものとして イタリア実証学派 と称されている。なお、犯罪人類学はアメリカのフートン（Ernest A. Hooton, 1887〜1954）によって復活が試みられた。彼は、新ロンブローゾとよばれた人類学者であり、ゴーリングのロンブローゾ批判に反論を試み、1913年に『イギリスの犯罪者』（The English Convict —— A Stastical Syudy, 1913）を著して、犯罪原因を器質的な劣等という身体的特徴に求めようとしたが、犯罪者識別に用いられた生物学的劣等性の基準が不明確であるとして批判されている。フートンも犯罪人類学の流れを出るものではないとされてい

る。

> **フェリーの犯罪社会学**　フェリーは、一定量、一定温度の水の中には、一定量の化学物質が溶解し、それ以上は1個の原子も溶解しないという化学法則と同じように、犯罪は物質的・地理的・人類学的・社会学的因子の総合的産物であり、一定の社会環境において、一定の人的・物的状態が伴えば、犯罪の量は一定であると主張した。

（エ）　犯罪社会学派　社会学的方法による犯罪原因の究明を重視したのは、ラカッサーニュ（A. Lacassagne, 1843～1924）を中心とするリヨン環境学派である。リヨン大学法医学の教授であったラカッサーニュは、ロンブローゾの犯罪人類学を批判し、犯罪の原因を環境に求め、社会は犯罪の培養器であり犯罪はバクテリアであるとする環境原因説を提唱した。一方、タルド（Gabriel Tarde, 1843～1904）は、社会心理学的見地からロンブローゾを批判し、模倣の法則を説いた。すべての社会現象は、模倣（imitation）の過程であり、模倣は群衆において特に有効に作用するものであるから、まず都市において起こり、次いで農村に起こる。そして、都市に発生した犯罪はやがて農村において「高きより低きへ」模倣されるとしたのである。同じ頃、デュルケム（Émile Durkheim, 1858～1917）は、『自殺論』〈宮島訳〉（1985）のなかでアノミー論を提唱した。アノミー（anomie）とは、行動を規制する共通の価値・道徳的基準を失った混沌状態をいい、犯罪はその社会に内在するアノミーの必然的反映であるとした。

　以上の各説は、犯罪の原因を人間の変種とみる犯罪人類学に反対し、社会環境こそ犯罪の原因であるとする点で一致するところから、犯罪社会学派とよばれる。そして、この立場をより徹底したものが社会主義学派であり、例えば、オランダのボンガー（William A. Bonger, 1876～1940）は、1905年に著した『犯罪性と経済的条件』（Criminalité et conditions économiques）において、マルクス（Karl Marx, 1818～1883）の『資本論』（1867～1894）を基礎として、資本主義の「法制度はブルジョワの利己主義的な行為を正当化し、プロレタリアートに対しては犯罪化する」と述べ、資本主義社会そのものが犯罪の原因だと説いたことで有名である。

(2)　二元説　犯罪原因論における素質説と環境説を統合しようとしたのは、ドイツ近代学派の刑法学者リストである。犯罪は、個人的原因と社

会的原因の両者に基づいて発生すると主張する二元説に立ち、社会的原因による犯罪は社会政策によって、個人的原因とみられる犯罪は犯罪者の改善によって対処しなければならないとした。すなわち「最良の刑事政策は最良の社会政策である」とし、「罰せられるべきは行為ではなく行為者である」とする行為者主義を標榜して、特別予防主義を重視したのである。この二元説は、国際刑事学協会の設立によって各国の犯罪学に大きな影響を与えた。すなわち、リストは、ベルギーのプリンス（Adolphe Prins, 1845〜1919）、オランダのハーメル（Gerald Anton van Hamel, 1842〜1917）と協力して国際刑事学協会を設立したが、その趣旨は、犯罪の原因究明を人類学的方法および社会学的方法に基づいて行い、その成果を犯罪との闘争に生かすことにおかれたのである。その後、二元説は、ドイツのアシャッフェンブルク（Gustav Aschaffenburg, 1864〜1944）によって犯罪精神医学的に展開され、エクスナー（Franz Exner, 1881〜1947）、メツガー（Edmund Mezger, 1883〜1962）など、多くの刑法学者によって支持された。

　オーストリアにおいても、二元説を基礎とする犯罪学が展開された。ドイツのレンツ（Adolf Lenz）は、1927年に『犯罪生物学原論』〈吉益訳〉(1938) を著し、犯罪は環境の影響のもとにおける全人格の生活表示であり、先天的・後天的な、また、精神的・体質的な現実化であるとし、犯罪行為は人間の素質と環境および意思のダイナミックな相互作用によって生ずるとする個体犯罪生物学を主張した。また、ゼーリヒ（Ernst Sellig, 1895〜1955）は、レンツに続いて犯罪生物学の発展に寄与した。

●第2節　犯罪学の現代的展開

Ⅰ　犯罪人類学から犯罪生物学へ

　犯罪人類学は犯罪者の身体的な特性を科学的に研究しようとしたが、身体的特徴のみならず精神的・心理的な特徴がいかに犯罪の発生を条件づけているかを明らかにしようとする一群の研究が犯罪生物学である。犯罪生物学は、犯罪心理学、犯罪精神医学、精神分析学、体質生物学、遺伝生物学などに分かれて展開されている。

(1) 犯罪心理学　犯罪人類学が厳しい批判にさらされ、次第に勢力を失うにつれて台頭してきた犯罪心理学は、18世紀末から19世紀の幕開けにその萌芽をみることができる。フランス精神医学の創始者でピネル革命（1793年に精神病院の患者を解放）で有名なピネル（Philippe Pinel, 1745～1826）は、犯罪者の先天的・精神的・心理的特徴の存在を認め、それを明らかにした点で知られている。

その後、精神障害や変質の研究などが現れてくるが、現代の犯罪心理学の基礎を築いたのは、模倣説の主張者タルドである。彼によると、社会現象は模倣によって展開するのであり、犯罪も人と人との間の接触などによる模倣によって広がるといった仮説を立て、犯罪現象を説明した。彼が導いた①距離の法則、②方向の法則、③挿入の法則は、犯罪心理学の基礎として有名である。

この方法による本格的な研究としては、知能の欠陥を犯罪の主な原因であるとするアメリカのゴダード（Henry H. Goddard, 1866～1950）が有名である。彼は、生来性犯罪者は、結局、精神薄弱者にほかならないとする犯罪者＝精神薄弱者説を提唱し、多くの心理学者に影響を与えたが、今日では知能の欠陥と犯罪との間に本質的な関係はみられないとする批判が有力である。

これに対し、ドイツのシュナイダー（Kurt Schneider, 1887～1967）は、犯罪原因における精神病質の重要性を指摘し、常習犯罪者の多くは精神病質者であると主張した。また、統合失調症（精神分裂病）その他の精神病と犯罪との結びつきを論ずる彼の研究は数多い。ただし、精神病質の意味内容は、歴史的にも学派の立場によって大きな相違があり、犯罪との結びつきを科学的に論証することはできていないと考えられている。

> **精神病質の分類**　シュナイダーは、精神病質を以下の10類型に分けている。①発揚性（例―自信過剰、浅薄、無分別）、②顕示性（例―自己中心、虚栄、虚言癖）、③意思薄弱性（例―忍耐心欠如）、④情性欠如性（例―冷酷、残忍、無頓着）、⑤爆発性（例―ヒステリー性、激昂型）、⑥気分易変性（例―躁うつ傾向、放浪癖）、⑦狂信性（例―熱狂型、確信的）、⑧自己不確実性（例―小心、強迫性）、⑨抑うつ性（例―悲観的、取越し苦労）、⑩無力性（例―不定愁訴型、過度に神経質）。以上のうち、⑦までが犯罪に関係ありとされる。

(2) **精神分析学**　この方法による研究としては、フロイト（Sigmund Freud, 1856～1939）の精神分析学的方法およびアドラー（Alfred Adler, 1870～1937）の個人心理学的方法による犯罪原因の研究が注目される。精神分析学によると、環境ことに幼児期における両親の影響によるエディプス・コンプレックス（oedipus complex）の克服の失敗が、自己懲罰の願望を生じさせ犯罪行動に駆りたてるという。個人心理学は、犯罪の原因は、精神病者の場合と同様に、社会的関心と社会化の欠如のゆえにつくり出された無意識の劣等コンプレックスにあるとする。

> **エディプス・コンプレックス**　フロイトがギリシャ神話から命名したもので、一口でいえば、幼児が同性の親と競争し異性の親との近親相姦と同性の親の死を願う本能のことであり、子どもは、12歳頃までに社会規範を身につけコンプレックスを克服するが、克服に失敗した子どもは、無意識のうちに神経症的な罪悪感が生まれ、それから解放されるために、あたかも未開人のように暴力、破壊、嫉妬、嫌悪および殺人の衝動をも抱くとされる。なお、フロイトの流れを汲むものとして、ユング（Carl G. Jung, 1875～1961）の分析心理学も注目に値しよう。

(3) **体質生物学**　この方法による研究としては、身体の構造と性格の相関関係から犯罪の原因を解明するドイツのクレッチマー（Ernst Kretschmer, 1888～1964）およびアメリカの心理学者シェルドン（William H. Sheldon, 1898～1977）の研究などが重要である。

> **クレッチマーの理論**　クレッチマーは、人間の体型を肥満型、細長型、闘士型および形成不全型に分け、一方、人間の気質を循環性、分裂性および粘着性に分けて、肥満型と循環性気質（および躁うつ病）、細長型と分裂性気質（および分裂病）、闘士型と粘着性気質（および癲癇）との間に親和性があると主張した。

(4) **遺伝生物学**　この方法による研究としては、以下の研究が有名である。

(ア) **双生児研究**　特にドイツの精神医学者ランゲ（Johannes Lange, 1891～1938）による双生児研究が有名である。この種の研究は、その後ドイツやアメリカの学者によっても行われたが、わが国では吉益脩夫博士の研究が著名である。これらの研究において、双生児の犯罪性一致率は66%

に達するとされ、また、25歳未満の早発性の累犯では遺伝的素質が重要な役割を果たすとされている。

> **ランゲの研究**　ランゲは、一卵性双生児13組と二卵性双生児17組に関して、双生児の一方が罪を犯して刑務所に収容された者について、他方の生活状況を追跡調査した結果、一卵性双生児については13組中10組までがともに前科を有するのに対し、二卵性双生児については17組中わずかに2組だけがともに前科を有するにすぎないことを明らかにした。

　（イ）　**実父母と養子**　比較的幼い時に養子縁組をした者を対象にし、その者の犯罪性が実父母によるものか養父母によるものかを研究するものである。1970年代から開始され、デンマークの学者たちによって展開されてきた。養父に犯罪歴がある場合よりも実父にある場合のほうが、養子の犯罪率が高いといった調査結果が出ている。しかし、サンプルは限られており、そこから遺伝と環境の相互作用を導くことは困難とされている。

　（ウ）　**染色体異常と犯罪**　性染色体の数（男性はＸＹ、女性はＸＸ）が異常である者のうち、男性のクラインフェルター症候群（ＸＸＹ）、トリプロ症候群（ＸＸＸ）などにおいては、知能の障害、性機能の異常などが生ずる。特に男性の場合は性格の障害に伴う犯罪・非行が問題となっている。**クラインフェルター症候群**は、睾丸に発達の遅滞が認められ、性格的には自己中心的であるといわれ、犯罪者・非行者における発生の頻度は0.41％から1.97％であるとされる。1985（昭和60）年に東京の下町で発生した男児殺人未遂事件につき、東京地裁は「被告人は、クラインフェルター症候群による知能障害及び顕著な異常性格などのために犯行時心神耗弱の状態にあった」と認定し、犯罪との関連を認めている（東京地判昭60・9・4判時1173号157頁）。しかし、その後の研究によると、クラインフェルター症候群と犯罪との関連性を積極的に認める見解は少数となっている。

Ⅱ　犯罪社会学の諸理論の流れ

　(1)　**犯罪社会学の流れ**　犯罪原因を社会に求める考え方は、ヨーロッパ各国で展開されてきた。特に、第一次世界大戦前後の社会的激動が、犯罪にどのような影響をもたらすかという見地からの研究が行われた。ドイ

ツの刑法学者**リープマン**（Moritz Liepmann, 1869～1928）の『ドイツにおける戦争と犯罪』(1927)、および**エクスナー**（F. Exner, 1881～1947）の『オーストリアにおける戦争と犯罪』(1927) は、統計的研究ないし事例研究として画期的なものであった。しかし、犯罪の原因を社会学的方法によって考察しようとする傾向は、アメリカにおいて最も顕著であった。

精神医学者ヒーリー（William Healy, 1869～1963）、犯罪学者であるとともに刑法学者である**グリュック**（Sheldon Glueck, 1896～1980）とその妻（Eleanor Glueck, 1898～1972）による少年非行の研究、シカゴ学派のショウ（Clifford R. Shaw, 1896～?）および**マッケイ**（Henry D. Mckay, 1899～?）による非行地域研究、**サザランド**（Edwin H. Sutherland, 1883～1950）の**ホワイト・カラー犯罪の研究**など、犯罪社会学的方法による多様な研究が試みられた。その結果、生物学的要因、人格特性、環境など多くの項目から犯罪原因の究明を目指す**犯罪原因の多因子説**が展開されるようになった。ことにアメリカでは、社会学的見地から、以下に述べるような犯罪原因に関する多くの仮説が提案されている。

(2) **社会解体論**　アメリカの犯罪社会学は、社会学理論を犯罪現象に適用するという形をとる場合が多いといわれるが、初期の理論である社会解体論（Social Disorganization Approach）も社会学理論の応用であった。**社会解体**とは、集団構成員間の機能的な関係が崩れ社会の統制機能が失われるために、構成員個人の統合が失われて病理的な行動が起こりやすい状態をいい、社会解体論は、この状態に犯罪の原因があるというのである。この理論を出発点として、アメリカ犯罪社会学は大きく2つの流れに分かれて展開する。1つは、文化伝播を中心とする理論であり、もう1つは、社会構造を中心とする理論である。

(3) **文化伝播を中心とする理論**　この系列の代表的なものは、**分化的接触の理論**（Differential Association Theory）である。サザランドは、人は、法に違反することを利益とする観念が不利益とする観念を超えるときに犯罪者になるとした。そして、「犯罪行動は学習される」という命題に立って、人が犯罪者となるのは、異なった犯罪的な文化ないし犯罪行動型の人との接触による学習を通じてであるとし、犯罪は人々の社会的相互作用の過程において学習された法規範に対する行動様式にすぎないとする

(サザランド・第3版犯罪学の原理〈平野・所訳〉〔1964〕)。

分化的接触の理論の修正として展開されたのが、**分化的同一化の理論** (Differential Identification Theory) である。グレイザー (Daniel Glaser, 1918〜) は、他人の立場に立って自己の行動を眺めることを同一化といい、人は、自分の行動を受け入れてくれると思われる実在の人間もしくは観念上の人間に対する同一化の程度に応じて、犯罪行動を起こすとするのである。そして、この同一化は、例えば、マスコミの描く犯罪者の役割を肯定的に引き合いに出すことでも起こるという。グレイザーは、社会心理学的な立場から分化的接触の理論を修正したのである。

グレイザーと同じような見地から、犯罪的文化に接触しながら非行や犯罪に陥らないのは何故かを問題にした**自己観念の理論** (Self-Concept Theory) も提唱された。人を犯罪から遠ざけるのは、社会から容認されうる適正な自己観念であり、これを欠くことが犯罪の原因だというのである。**文化葛藤の理論** (Cultural Conflict Theory) も、社会心理的原因論といってよい。セリン (Thorsten Sellin, 1896〜?) は、文化葛藤のなかには、異なった文化体系をもって移住した移民が、新しく定住する国の文化と衝突する第一次的文化葛藤と、社会的分化の過程から生ずる規範葛藤としての第二次的葛藤とがあり、この葛藤が内面化するとパーソナリティが解体し、犯罪が誘発されると説明する。移民や下層階級の犯罪率が高いのは、文化葛藤に基因するとした。

(4) **社会構造を中心とする理論** この理論の代表的なものは、**アノミー理論** (Anomie Theory) である。デュルケムのアノミー論 (⇒46頁) を新しく発展させたマートン (Robert K. Merton, 1910〜?) は、社会の文化的構造は、文化目標とその目標を達成するための制度的規範とから成っており、両者が均衡を保っている間はよいが、不均衡になると規範は崩壊現象を呈し無規則ないし混沌状態になる。すなわち、社会構造上、一定階層に属する人々は社会的に是認された手段によって文化目標を達成できるのに、その階層に属さない人々は、目標達成の道を閉ざされてしまうという階層的差別が規範に対する共感を失わせ、**規範の崩壊現象**を招く結果、彼らは心理的アノミー状態に陥って逸脱行為に出るというのである。

コーエン (Albert Cohen, 1918〜) の**非行副次文化理論** (Delinquent Sub-culture Theory) も、アノミー理論に連なっている（A. コーエン・逸脱と統制〈細井訳〉〔1968〕）。非行副次文化とは、犯罪者集団ないし非行グループのなかで共有されている犯罪や非行についての思考ないし行動様式としての文化をいう。例えば、アメリカでは中産階級の価値や文化が支配するから、下層階級に属する少年は、その地位のゆえに中産階級の文化を享受することができないという考え方ないし不満から、非行に駆りたてられるというのである。同じくアノミー理論を出発点とするものに、**分化的機会構造論** (Differential Opportunity Structure Theory) がある。成功目標を達成するための合法的な機会が閉ざされている者は心理的アノミーに陥るのであるが、そのことが直ちに犯罪および非行に結びつくのではなく、その人が非行副次文化に接触し、それを学習する機会と非行に至る機会にどの程度接近しえたか、あるいは逆に、合法的な行動の学習と遂行の機会からどの程度遠ざけられていたかによって非行化が決まるというのである。

⑸　**実証的方法の限界**　アメリカの犯罪学は、上に述べたように、実証的な社会学的方法を用いて多くの仮説や研究を生んできたが、そもそも犯罪は、環境や社会に条件づけられながら、各人の主体的選択に基づいて行われるものであるから、人間の主体性を捨象した決定論ないし社会的原因論は、あまりにも一面的なものと評さざるをえないのである。こうした点を克服するものとして登場したものが、後述のコントロール理論である（⇒56頁）。

Ⅲ　新しい立場

⑴　**ラベリング論**　1960年代の半ばからアメリカを中心に展開された犯罪学の新しい動きは、従来の犯罪原因論や対策論を否定し、**犯罪学におけるパラダイムの転換** を図るものであり、その後のヨーロッパやわが国に大きな影響を与えた。新しい犯罪学の先駆は、**ベッカー** (Howard S. Becker, 1928〜) を代表的論者とする **ラベリング論** (Labelling Theory) である（藤本哲也「ラベリング理論の学説的展望」犯罪社会学研究3号〔1978〕88頁）。ラベリング論は、ベトナム戦争を背景とする権利主張運動と連動して、法および法執行機関を絶対的なものとしがちであった伝統的犯罪学を政治

的・経済的視点から批判し、従来の犯罪学を **支配階級とその価値観に奉仕するもの** として把握する。ラベリング論は、このような立場から改善主義ないし社会復帰モデルの不当性を攻撃し、真に犯罪として非難されるべきものは人種差別のような非人間的な行為であり、この種の犯罪を防止できるように法や法執行機関の制度を改めるべきであると主張する。

そもそも逸脱行為は、ある者とそれに反応する他の者との間の相互作用の結果、ことに他の者がある行為に特定の規範を適用して、それに逸脱行為（犯罪・非行）というレッテル（label）を貼った結果として生ずるのであり、ラベリングは、①他の者ことに社会統制機関により逸脱者として烙印（スティグマ）づけされることが逸脱行為を生み出すという **犯罪社会学的側面**、②他の者からの烙印づけがその者に逸脱者という自己観念を生じさせ、逸脱者にふさわしい行動を反復させるという **社会心理学的側面** を含んでいる。こうして、社会的反応としての烙印づけは、偶然に逸脱行為に陥った者を常態的な「逸脱者」にしてしまう決定的要因となるから、その逸脱行為の創出およびそのメカニズムの分析こそ犯罪学の最大の課題であるということになる。このような犯罪学の方法を **ラベリング・アプローチ**（Labelling Approach）という。

ラベリング論にはニュアンスを異にする種々のものがあるが、犯罪を統制すべき法執行機関は、特定の価値に基づく偏りをもつものであって、本当は法の執行自体が犯罪の原因になっているのではないかとするラベリング・アプローチは、従来の犯罪学に対して十分に革新的であるといってよい（瀬川・犯罪学110頁）。ラベリング論は、実証的な犯罪理論として確立されたものではないが、ここから、犯罪の概念の明確化と非犯罪化（⇒91頁）、法執行過程における恣意的・差別的取扱いの問題、ラベリングの回避としてのダイバージョン、犯罪者処遇における脱ラベリングおよび処遇モデル（改善主義）の否定といった課題を導くことができる点で、ラベリング論は刑事政策上多くの示唆をもたらしたのである。

> **実証主義犯罪学**　従来の犯罪学は、犯罪の原因を探求し、それに基づいて犯罪者を治療・改善的に処遇することを中核とするものであり、アメリカのラベリング論者は、これをリベラルな実証主義犯罪学とよび（藤本哲

也・犯罪学講義〔1978〕119頁)、イギリスのラベリング論者は、伝統的犯罪学ともよんでいる(瀬川晃「イギリスにおける犯罪者処遇と犯罪学の現状および課題」イギリス刑事法の現代的展開〔1995〕63頁)。そして、ラベリング論の提唱者は、従来の犯罪学に対して、(1)国と法律が定めた犯罪を無批判に受け入れ、人種・性差別、政治腐敗などの巨悪を見逃していること、(2)安易な犯罪者処遇における改善主義、(3)歴史分析を拒否する実証主義的態度の3点を軸に批判している。

(2) **ニュー・クリミノロジー**　ラベリング論は、新しい犯罪学の展開を導いた。従来の犯罪学が行為者の側の犯罪原因を論じてきたのに対し、法の絶対性に疑問を提起し、法執行機関による刑事司法の恣意的・差別的取扱いが逸脱行為を創出し、犯罪者の逸脱性を強化するという立場から、法執行機関などの社会の支配層と被支配層としての「逸脱者」の相互作用として犯罪を考察する学問傾向を生み出したのである。ラベリング・アプローチによるものとしては、ニュー・クリミノロジー (New Criminology)、クリティカル・クリミノロジー (Critical Criminology)、さらに国家体制の打倒を目指す **ラディカル・クリミノロジー** (Radical Criminology) とよばれるような様々な立場があるが、いずれも上のような見地に立って伝統的な犯罪学に対抗しようとする点で共通している。そして、刑事司法制度ないしその運用そのものを批判的に分析し、それが逸脱行為の発生といかにかかわってきたかを歴史的に明らかにしようとするのである。伝統的犯罪学は、国家によって定められた「犯罪」だけを対象として、巨大な社会悪である帝国主義、人種差別、性差別、政治腐敗、警察権の濫用を見逃している (**研究対象上の批判**)。また、伝統的犯罪学は、刑事司法に対する安易な信頼を基礎としているが、それが政治的・社会的変革の妨げになっている (**政策上の批判**)。さらに、ミクロ的実証主義の方法は、犯罪学を巨視的立場から構成することを阻害している (**方法論上の批判**)。

ニュー・クリミノロジーは、わが国におけるマルクス主義刑事法学の立場とよく似ており、わが国においても支持者を得たが、同時に強い反発も招いている。ことに、刑事司法が、常に支配階級の支配の道具として運用されていることを強調するあまり、犯罪が社会にとって有害であり、犯罪防止が一般国民の安全と人権保護にとって不可欠のものであることを無視

ないし軽視している点に批判の目が向けられている。また、犯罪者の社会復帰を目指す処遇理念が再犯防止に寄与しているばかりでなく、刑罰の合理化・人道化にも役立っていることを理解していないとする反発もある。

このようなニュー・クリミノロジーに対する一般の反応には、十分な根拠があるというべきである。しかし、犯罪学および刑事政策学は、従来のように犯罪者のみを対象として実証的に研究し対策を講ずるのでなく、犯罪統制を担う刑事司法機関との相関関係において犯罪および犯罪者を認識し、対策を講ずる必要があることは疑いがない。それゆえ、このような新しい視点を提供したニュー・クリミノロジーの功績を全面的に否定してしまうのは、妥当でないだろう。

(3) **コントロール理論**　ラベリング論およびニュー・クリミノロジーは、アメリカにおける泥沼化するベトナム戦争、犯罪の激増、再犯の高率などを背景として登場したが、その仮説は実証的な根拠を与えられず、1970年代の後半から急速に衰退した。こうして再び伝統的な犯罪学への復帰の兆候が現れ、近年においては、大脳の神経伝達における生化学的構造と環境との関連において犯罪行動を説明する生物社会的犯罪理論、あるいは社会的絆の弛緩が逸脱行為を生み出すというソーシャル・ボンド・セオリー（社会的絆理論）を基礎とするコントロール理論（Control Theory）などが提唱されつつある。その主唱者ハーシ（Travis Hirshi）によれば、非行を抑止する４つの社会的絆（ボンド）すなわち①愛着、②努力、③多忙、④規範意識があり、それぞれが非行の抑止作用を導くのである。コントロール理論は、社会的コントロールの弱体化が犯罪を生むという命題を立て、社会レベルから個人レベルの分析に再び立ち帰って、人間の良心、主体性、責任などコントロール要因を踏まえて犯罪行動を捉えようとする現代のアメリカの理論である。しかし、これらの新しい立場ももとより仮説の域を出ていない。

> **セルフコントロール理論**　犯罪の原因は、セルフコントロール（自己抑制）の欠如ないし弱体化にあるとする理論をいう。アメリカのハーシやゴットフレッドソン（M.R. Gottfredson）によって提唱されたものであり、「セルフコントロールの弱い者は、衝動的であり、無感覚、近視眼的および非言語的な傾向を有する」と考える。

●第3節　犯罪の原因

第1款　動的犯罪観

I　素質と環境

　犯罪原因論は、前節でみたように、実に様々に展開されている。ある立場は、生物学的な素質に犯罪の原因を求め、他の立場は環境に原因を求めて論争を展開してきたのである。しかし、常識的に考えて、素質または環境のいずれかに犯罪の原因を求める二者択一的な議論が妥当でないことはいうまでもない。それぞれの論者も、犯罪の原因として、素質と環境のいずれがより大きく作用するかを問題にしてきたといってもよいのである。こうして、犯罪は、究極において素質と環境を条件として遂行されると解するのが今日の通説である。では、犯罪学でいう素質および環境とは、いかなる内容のものであろうか。

　⑴　**素質**　　素質とは、遺伝的に決定された発展能力または発展の可能性をいい、人格発展ないし人格形成の基礎となるものである。犯罪学においては、犯罪の原因となる素質すなわち犯罪を促進する素質──犯罪的素質が問題となるわけだが、常にそのような素質をもった者が犯罪者になるというのではなく、ただ犯罪者的人格への発展可能性があるといえるにすぎない。

　⑵　**環境**　　環境とは、広く個人に対して直接または間接に影響を及ぼす外界のすべての事情をいう。環境は、第1に、先天的環境と後天的環境とに分けられる。先天的環境とは、例えば子宮内環境のごとく受胎から出生までの外部的要因をいい、その病理としては胚種毀損や胎児毀損などがある。後天的環境としては、自然的環境（季節・天候など）、社会的環境（家庭・経済条件など）がある。第2に、人格環境と行為環境とに分けられる。前者は、犯罪に陥りやすい人格をつくりあげるのに継続的に作用を及ぼす環境であり、犯因性人格環境ともいう。教育、職業、地域社会などがその例である。後者は、犯罪行為時に、犯行を誘発する要因となる環境であり、犯因性行為環境ともよばれる。被害者の態度とか他人からの誘発な

ど、犯行の動機に結びつく外界の事情がその例である。第3に、一般的環境と個人的環境に分けられる。前者は一般の人にとって共通の外部的事情であって、地理的条件、経済的条件、文化的条件がこれに当たる。後者は、個人に固有の外部的事情であって、例えば欠損家庭とか失業の場合がこれに相当する。

Ⅱ 人格の主体性

　素質と環境は、一定の素質または環境があれば必ず犯罪に陥るというように、固定的に犯罪の原因となるわけではなく、両者は相互に影響しあって一定の人格を形成し、その人格が犯罪を誘発する環境——行為環境に遭遇することによって犯罪の遂行に至るのだから、素質と環境とのかかわりあいは、常に相互作用的であり発展的なものとして把握されなければならない。このように、犯罪の原因を素質と環境のダイナミックスとして構成する考え方を動的犯罪観という。

> **メツガーの公式**　メツガーは、犯罪行為（krT=kriminelle Tat）は、素質（a=Anlage）およびその発展に条件づけられた（e=entwicklungsbedingte）行為者の人格（P=Persönlichkeit）と、行為者の人格形成的（p=persönlichkeitsgestaltende）および行為形成的（t=tatgestaltende）環境（U=Umwelt）の所産であるとして、それぞれの関係を krT=aeP・ptU と公式化している。なお、エクスナーの公式 V（Verbrechen=犯罪）=a・e・pU・tU も有名である（樋口幸吉「動的犯罪観」森下編・犯罪学演習35頁）。

　以上に述べたような素質と環境だけでは、行為の主体としての行為者という観念を導くことはできず、自ら意思を決定して犯罪を遂行する行為の主体として人格の観念が必要となる。ここで人格とは、一定の持続性と独自性をもった身体的・精神的な統一体、すなわち個人の性質の総体を指す。この人格は、素質を基礎としながら、環境との相互作用のもとに発展するが、同時に、自らの体験を集積しつつ一定の目的に向かって自発的に自己を形成するものである。すなわち、人格は素質と環境によって決定されつつ自らを決定する主体性をもった存在であると考えられる。

　このようにして、素質と人格環境の影響を受けつつ、人間はその範囲で

犯罪に陥らないような人格を形成する自由があると解すべきである。また、犯罪は、行為者人格と行為環境との相互作用として遂行されるのであるが、その場面においても、人間は、素質と環境によって決定されながら、その範囲で法の命令・禁止に従い自ら犯罪の遂行を思いとどまる自由があると考えられる。犯罪は、素質と環境の所産にほかならないが、その結びつきは極めて多面的であるとともに、行為者の自由の契機が介在するため素質と環境の相互作用は発展的かつダイナミックなものとなるのである。犯罪は、人格の自発的・非決定的要素を媒介として現実のものとなるから、マクロ的に犯罪発生の法則を発見することはできても、個々の犯罪についてミクロ的にその原因を実証可能な法則として把握することは困難であり、自然法則のように、あらゆる場合に妥当する法則はありえないといっても過言ではない。従来の犯罪学説が、仮説にとどまらざるをえなかったゆえんである。犯罪学説の仮説的性格を払拭できないのは、犯罪学の研究方法に限界があるからだという見解もあり、それも1つの理由ではあるが、同時に、犯罪原因のダイナミックスが犯罪学説を仮説にとどまらせているといってもよいのである。

> **犯罪学の方法** 犯罪学は経験科学の1つであるから帰納的方法によって研究されるが、この方法の核心となる実験は、犯罪学においては人権問題を引き起こすからほとんど不可能であり、犯罪学独自の研究方法が必要となる（ヘルマン・マンハイム「犯罪学の方法論をめぐる諸問題」宮沢＝中山編・犯罪学リーディングス〈大谷訳〉〔1971〕99頁）。これまでに開発された方法として3つある。第1は**大量観察方法**であり、これは犯罪統計を用い、一群の人の全体に関して生じた犯罪の総体からその原因を考察する方法である。なお、この方法による場合には、既述の暗数が問題となる。第2は、**系列的方法**であり、例えば犯罪の種類、犯人の年齢など犯罪学的に重要な事項について、一定数の事例研究を行う方法である。アメリカで広く用いられているものであるが、この方法による場合には、資料の信頼性と、結論を引き出すために用いられるコントロール・グループ（対照群）の資料の収集が問題となる。第3は、**個別事例研究**（ケース・スタディ）であり、これは、個々の犯罪についてその原因を究明するものであるが、同時に犯人の危険性を診断し、その結果を犯罪者の処遇に結びつけることが目的とされる。

第2款　犯罪の素質的原因

I　遺伝と犯罪

　犯罪は、素質と環境によって決定されながら、自らの主体的な意思決定によって実現される。犯罪の素質的原因としては、遺伝の場合が問題となる。犯罪者の遺伝負因が問題となる場合としては、精神病、知的障害、反社会的人格障害または精神病質、性倒錯・性的行動異常、アルコール中毒・嗜癖、犯罪、自殺などがあるとされている。遺伝負因とは、行為者の血縁者中に上のいずれかが存在することをいい、父母にあるときは直接負因、祖父母にあるときは間接負因、兄弟姉妹、伯父母等にあるときは傍系負因という。そして、いかなる遺伝が犯罪者に出現するかを把握して犯罪的素質を明らかにするものが遺伝負因の研究である。この研究の結果、精神病の負因と犯罪との間には顕著な関係が見い出されず、他方、人格障害の負因は常習犯罪者および累犯者に顕著に現れていることが明らかになった。また、アルコール中毒・嗜癖、犯罪、自殺などの異常行動も人格障害と関係があるから負因率が高いといわれ、このことは遺伝的素質そのものが犯罪因子となっている場合があることを示唆するものである。

　双生児研究も、遺伝的素質と犯罪との関係を示唆している。双生児には一卵性と二卵性とがある。一卵性双生児は精子と卵子の結合してできる1個の受精卵が2つの個体に分かれて発育したものであるから、2人は必ず同性でそれぞれの個体のもつ遺伝子は等しい。これに対し、二卵性双生児は2個の卵子が同時に別々の精子によって受精したものであるから、普通の兄弟姉妹程度にしか似ていない。一卵性双生児は遺伝学的には同一の個体であるから、2人の間に特性ないし形質上の差があるとすれば、それは環境に基づくものである。二卵性双生児は、遺伝学的には異なるものであるから、2人の間の形質上の差は遺伝的素質と環境の差に基づくものである。そうすると、その特性が遺伝的に規定されていれば一卵性双生児の特性の一致度は高く、環境によって特性が規定されているとすれば、一卵性双生児と二卵性双生児との間の特性の差は異ならないということになるであろう。このような研究方法を双生児法といい、ドイツのランゲやわが国

表1　双生児犯罪者の犯罪一致率

双生児の種類 / 研究者	一卵性 組数	一卵性 両方犯罪	一卵性 片方犯罪	二卵性 組数	二卵性 両方犯罪	二卵性 片方犯罪	異性 組数	異性 両方犯罪	異性 片方犯罪
ランゲ(独) Lange	13	10 / 76.9	3 / 23.1	17	2 / 11.8	15 / 88.2			
ルグラ(和) Le Gras	4	4	0	5	0	5			
ロザノフ(米) Rosanoff	37	25 / 67.6	12 / 32.4	28	5 / 17.9	23 / 82.1	32	1 / 3.1	31 / 96.9
シュトゥンプル(独) Stumpfl	18	11 / 61.1	7 / 38.9	19	7 / 36.8	12 / 63.2	28	2 / 7.1	26 / 92.9
クランツ(独) Kranz	31	20 / 64.5	11 / 5.5	43	23 / 53.5	20 / 46.5	50	7 / 14.0	43 / 86.0
ボルグシュトレーム(芬) Borgström	4	3	1	5	2	3	10	1	9
吉益(日)	28	14 / 5.0	14 / 50.0	18	0	18 / 100.0	8	0	8
計	135	87 / 64.4	48 / 35.6	135	39 / 28.9	96 / 71.1	128	11 / 8.6	117 / 91.4

吉益・犯罪学概論228頁

の吉益脩夫博士の研究の結果、一卵性の一致率は、60％以上に達するとされ、ことに早発性累犯において遺伝的素質が重要な役割を演ずるとされている（表1参照）。

　双生児研究の意義は、犯罪原因における遺伝の優位性にあるが、しかしながら、犯罪は遺伝と環境の相互作用として行われるものであり、遺伝だけを取り出して原因を明らかにすることは不可能だとするのが今日の犯罪学が到達した結論である。

Ⅱ　体型と犯罪

　クレッチマーは、既述のように、人間の体型を肥満型、細長型、闘士型および形成不全型に分ける一方、人間の気質を循環性、分裂性、粘着性に分けて、体型と気質との関係を明らかにした（⇒49頁）。この研究は、その後、多くの犯罪者研究に利用され、その結果、犯罪者は非犯罪者群と比べ肥満型が少なく、細長型・闘士型が比較的多いとされる（類型論的アプ

ローチ）。これは、肥満型すなわち循環性気質者は社会適応性と教育可能性をもっているのに対し、細長型すなわち粘着性気質者は社会的に脱線しやすいからだと説明されている。また、発育異常者は高い累犯率を示し、細長型は若年から犯罪を始める早発性の犯罪者であるのに対し、肥満型は40～50歳に犯罪初発の最高率を示す遅発性の犯罪者になるともいわれている（クレッチマー・体格と性格〈斉藤訳〉〔1944〕）。

　類型論的アプローチにおいては、多様な体型から共通点を見い出し、分類によって性格の本質を明らかにすることが目指されているが、最も問題なのは、性格を固定的なものと考え、環境的要因が性格の形成に影響を与えていることを捨象している点にあろう。

Ⅲ　精神障害と犯罪

　精神障害とは、精神機能に障害があるため適切な自己統制ないし社会適応ができない状態をいう（⇒425頁）。精神保健福祉法によると、精神障害者とは「統合失調症、精神作用物質による急性中毒又はその依存症、知的障害、精神病質その他の精神疾患を有する者をいう」（5条）。神経症（ノイローゼ）および精神病には至っていないアルコール、麻薬、覚せい剤などの慢性中毒も含まれると解すべきである。近年の一般刑法犯検挙人員における精神障害およびその疑いのある者の比率は約0.7％であり、一般人口中の精神障害者の比率（約1.3％）からみると、精神障害者による犯罪は少ないといってよい。しかし、これを罪名別にみると放火16.8％、殺人9.7％と目立って高率を示し、また、殺人では25％、強盗では27％というように直近の前科前歴と同じ犯罪を繰り返す者の率が高いところから、精神障害と犯罪との関連が問題となるのである（2008犯罪白書120頁）。なお、精神障害者と犯罪の問題は、第3編第3章において詳論するので、ここでは原因の問題として概観するにとどめる。

(1)　精神病　　これには、①内因性精神病としての統合失調症（精神分裂病）、非定型精神病、躁うつ病、②外因性精神病としての器質精神病（脳外傷・進行麻痺・老人精神病など）、③中毒精神病（アルコール中毒・薬物乱用など）、④てんかんなどがあり、それぞれ特有の症状を示す。これらのうち

統合失調症、躁うつ病、てんかんが最も多く、これらを **三大精神病** という。統合失調症は、外因・内因の動機なしに発病し、幻聴・妄想から自閉状態に陥り人格破壊が進む病気で精神病の大半を占める。被害妄想や幻覚が原因となって殺人や放火を犯し、意志・感情の鈍麻した欠陥状態にある場合には軽微な財産犯を行うこともある。**躁うつ病** は気分障害ともいい、躁状態とうつ状態という気分の障害を基礎とする病状を周期的に反復する病気である。**躁状態** は、高揚した気分などから無銭飲食や詐欺などと親和性があり、**うつ病期** は自殺と関連した犯罪（例えば一家心中）が注目される。**てんかん** については、不機嫌状態・もうろう状態における傷害・殺人などの凶悪犯が注目される。このほか、頭部の外傷とか腫瘍などの器物的病変から精神障害を生ずるものがあり、暴行や傷害などの粗暴な行為の原因となる。**中毒精神病** は、覚せい剤、麻薬などの中毒症状をいい、知的・感情的変化に基づくわいせつ、住居侵入、放火、無力的な粗暴犯などの犯罪原因になるといわれている。

(2) **知的障害**　これは、先天的もしくは後天的な脳の損傷により知能の発達が遅れたために社会に適応できない状態をいう。なお、知能が正常に発達した後に、脳の疾患等で知能の荒廃をきたしたものは、**認知症** とよばれて精神病として扱われる。精神薄弱が犯罪の決定的原因であるとする説は、既述のようにゴダードが提唱したものである。性的非行、放火、窃盗などに **知的障害** 者が多く、保護環境が悪いために非行・犯罪に陥ったとみられる場合が多いともいわれ、知的障害それ自体を犯罪の原因とみる意義は乏しい。

(3) **精神病質**　反社会的人格障害ともいう（福島章「精神病質から人格障害へ」福島ほか編・人格障害〔1995〕3頁）。異常性格、病的性格、変質者などと類似した概念であり、恒常的に病的な性格異常があり、そのため社会適応に困難があるものをいう。精神病質の犯罪原因論における重要性を指摘したのは、既述のシュナイダーであるが、その原因、判断基準などについては異論があり、統一的見解というべきものがないところから、この概念を否定する立場もある。性格異常と平均的性格との間に明確な限界はなく、その限界は移行的であり、概念や判断基準があいまいではあるが、しかし何ぴとも異論なく認める性格異常は存在するから、上述の理由をも

ってこの概念を否定するいわれはない。そこでシュナイダーの定義に従って検討すると（⇒48頁）、精神病質とは、性格の異常のために自身が悩むか、社会が悩まされるものであり、その類型として、①発揚型、②抑うつ型、③自信欠乏型、④狂信型、⑤誇張型、⑥気分易変型、⑦爆発型、⑧意思欠如型、⑨無力型、⑩情性欠如型の10種がある。抑うつ型、自信欠乏型、無力型は自身が悩む精神病質であり、その他は社会を悩ますものだとされる。なお、英米では反社会的・非社会的な異常性格のみが精神病質として把握されており、一時は社会病質という言葉が当てられたほどである。

　精神病質の主要類型は、発揚型、意思欠如型、情性欠如型の３つであるといわれる。発揚型は、自信過剰、浅薄、無分別として特徴づけられるタイプで、しばしば付和雷同して集団的に強盗・強姦などの犯罪を行うとされる。意思欠如型は意思薄弱型ともいわれ、他人のいいなりになるタイプで、精神病質犯罪者の過半数を占めるといわれる。一般に財産犯との関係が深く、根気がないところから、生存競争に落伍し、常習犯または累犯となる場合が多いといわれている。情性欠如型は、同情、後悔、良心といった情性を欠くタイプであり、凶悪で残忍な犯罪を繰り返し、比較的冷静に人を殺すこともある。このほか容易に興奮し衝動行為にでて暴力犯を行う爆発型、自己の利益や損失を顧みず崇高な理念に一身を捧げる狂信型があり、これは確信犯人との区別を困難にするとされる。

　精神病質は、外因的な原因によって生ずるとする見解もあるが、一般には遺伝素質を原因とする永続的な状態であるといわれている。ただし、以上のような感情・意志・欲情などに欠陥が認められても必ずしも犯罪に至るわけではなく、かえって、学問・芸術などの分野で優れた業績を挙げる者もあるといわれる。なお、既述した性染色体異常を基礎にもつ異常性格が発見され、精神病質とクラインフェルター症候群およびＸＸＹ症候群との関係が研究の対象となっているが、現在までのところはっきりした成果は上がっていない（⇒50頁）。

(4)　薬物・アルコール嗜癖　　嗜癖とは、①それを用いたいという欲望が抑えがたいほど激しく、②使用量が増加する傾向を示し、精神的・身体的依存性があり、③個人的にも社会的にも悪影響のあるものをいう（1957年に世界保健機構が定めた定義による）。嗜癖ないし依存の対象になるもの

としては、麻薬、覚せい剤、睡眠剤、幻覚剤、シンナー、アルコール類などがあり、これらの物質には習慣作用があって、耐性が上昇するとともに、その使用を中止すると 禁断症状 が生じて、不安・不快・苦痛などの状態になるため、反社会的ないし非社会的な行動に陥るばかりでなく、中毒症状や人格変化によって 中毒性精神病 になり、幻覚や妄想から犯罪に至ることも少なくない。特に、麻薬および覚せい剤についてみると、これらの嗜癖者は、薬物入手のために窃盗、処方箋偽造、恐喝、強盗、売春などの罪を犯すばかりでなく、薬物の供給は、暴力団の資金源となるなど、犯罪原因としても極めて注目されるものとなっている。アルコールについてみると、急性アルコール中毒による酩酊状態と暴行、傷害、公務執行妨害、殺人など激情犯や無思慮な犯罪を引き起こしがちである。また、慢性アルコール中毒の状態では、人格破壊が進み無銭飲食、屋外窃盗などを繰り返すといわれる。

Ⅳ 年齢と犯罪

　刑法犯全体としての年齢別割合をみると、14歳以降に犯罪率は上昇し、20歳から24歳の年齢層で最高の犯罪率を示し、25歳から次第に下降するというのが一般の傾向であり、この割合は、各年度において大体変化がないところから、年齢と犯罪との間に緊密な関係があるといってよいであろう。年齢層における犯罪発生率の変化は、人格の未完成に基づく適応障害が犯罪に反映することを物語っている。年齢と犯罪の種類との間にも関連が認められる。年少少年（14、15歳）では窃盗、中間少年（16、17歳）では恐喝、年長少年（18、19歳）では強盗・強姦が多い。これは、心身の発達と犯罪との関係を示すものである（少年の非行・犯罪については⇒350頁）。
　犯罪を促進する危機年齢として、思春期（13～23歳）、更年期（女性の45～50歳）、老年期（60歳以降）と犯罪との関連が注目されてきた。思春期 は、人生の第１の危機といわれ、上述のように様々な適応障害のために犯罪や非行の問題行動を起こしがちであるが、更年期 もいわば第２の人生の危機であり、心身および家庭・社会環境の変化に由来する社会的適応障害のため、無思慮な犯行に走りがちであるとされる。老年期 には弱さゆえの犯罪

が特徴的であり、わいせつ、幼女姦、放火、窃盗、詐欺などが老人犯罪に多いとされてきた。わが国では、人口の高齢化に伴い、老人犯罪数は激増するとともに、検挙人員のなかに占める高齢者の比率（高齢者比）も高くなっている。高年齢者の犯罪および処遇の重要性にかんがみ、第3編第3章第1節において改めて検討することにする（⇒416頁）。

第3款　犯罪の環境的原因

Ⅰ　総　説

犯罪は、究極において犯罪者の意思決定によって行われるが、その意思は、素質の影響を受けるとともに、環境的な条件によっても影響される。環境は、先天的環境と後天的環境、人格環境と行為環境、一般的環境と個人的環境などに分類することができるが、説明の便宜上、ここでは環境の性質に応じて、自然的環境、社会的環境、個人的環境に分けて叙述することにする。なお、この場合、それぞれの環境は理論的に截然と区別できるわけではないということ、また、環境的因子は、素質的因子と相互に影響を及ぼしつつ犯罪意思の形成に条件を与えるが、最終的には行為者が主体的に犯罪を決意するものであることに留意しなければならない。

Ⅱ　自然環境と犯罪

(1)　季節　　季節と犯罪との関連については多くの研究が試みられてきた。それによると、①暴力犯罪は夏に多い。気温の上昇は、人間の情動興奮を亢進させ活動力を増大させる反面、抑制機能を低下させること、および、夏には屋外での生活時間が増加し、社会的摩擦を引き起こす機会が多いからだといわれる。②性犯罪は春から多くなりはじめて初夏に最も多くなり、冬には少ない。この現象については、生物に内在する性的欲望の周期性現象が人間にも残存しているからだと説明されている。もっとも、7月から9月にかけて強姦の犯罪数はピークに達するが、これは、世相を反映して海や山へ出かける機会が増大する傾向にあること、女性の服装が露

出的になることに関係があるのであろう。③財産犯では1年を通じて大きな変化は認められないが、早春、初夏、晩秋をピークとし、それぞれの間に谷が認められるのは、季節それ自体というよりも、季節の変化に伴う出費の増大が財産犯に結びつくものと考えられる。その典型的な表れが、年末における財産犯の急増傾向である。

> **エクスナーの仮説**　エクスナーは、季節と犯罪との関係について、次の3つの仮説を立てた。(1)季節の変動に伴う自然（例—光、温度）の変化は、犯罪の発生に直接影響する、(2)季節の変動に伴う共同生活の変化（例—祝祭日、夏期における屋外活動の増大）は、犯罪の発生に間接的に影響する、(3)季節の変動に伴う生理的周期（例—性的周期）は、犯罪の発生と関係がある、というものである。(1)と(2)は純粋に外部的な変化によるものであるのに対し、(3)は内部的変化によるものであって、暴力犯罪は(1)と(2)、性犯罪は(3)、財産犯は(2)によって説明できるとされる（宮澤=加藤・増補犯罪学二五講〔1978〕212頁など参照）。

(2) 時刻・曜日　1日のうちの一定の時間帯に犯罪の発生が集中する傾向がある。あき巣ねらいは午後10時から午前4時にかけて多く、殺人では午前2時から4時に最も多い。また、性犯罪などの風俗犯は午後4時から午後6時にかけて多いというように、犯罪と時刻との間には関係があるとされる。犯行曜日について表2をみると、そこにも一定の偏りが認められる。

表2　主要罪種別発生曜日別認知件数

罪種＼発生曜日	日	月	火	水	木	金	土	不明
刑法犯総数（交通業過を除く）	153,371	155,962	157,427	158,335	157,946	163,780	160,839	801,176
凶悪犯	1,327	1,319	1,145	1,185	1,223	1,242	1,166	444
殺人	161	169	156	149	179	157	136	92
強盗	638	697	603	652	604	694	585	94
放火	251	235	178	177	199	177	189	113
強姦	277	218	208	207	241	214	256	145
粗暴犯	11,391	9,391	9,697	9,661	9,731	10,134	10,850	2,053
窃盗犯	109,377	112,296	113,616	114,464	114,364	118,673	117,945	629,221

2007年の犯罪12頁

Ⅲ　社会的環境と犯罪

(1) 経済的条件　犯罪原因として経済的条件が重要な役割を演ずることについては、古くから研究がなされており、今日では、経済的条件が犯罪ことに財産犯と密接な関係にあるということは、犯罪学上の定説となっている。

(ア) 3つの留意点　財産犯との関連では次の3点に注意を要する。第1に、経済的条件が財産犯の原因になるとしても、すべての財産犯を経済的条件だけに帰因すると考えるべきではない。財産犯の多くは、非常に豊かな人によっても犯されるからである。第2に、経済的条件と密接な関係があるのは財産犯だけであると考えるべきではない。貧困が暴力事犯の原因となることもあるからである。第3に、貧困だけが財産犯を促進する条件となるわけではなく、富裕もまた促進条件となりうる。富裕がさらに利欲を増進させることもありうるのである。

(イ) 経済発展と犯罪　経済的条件と犯罪との関係については、一般に、経済発展と経済変動とに分けて考察されている。経済発展とは、国民経済の構造的変化、例えば、農業経済から工業経済への移行といった経済発展に伴う国民経済の構造的変化をいい、こうした変化が、どのように犯罪現象に影響を与えるかが考察されてきた。特に、近代資本主義経済の成立は国民生活と社会構造を根本的に変革し、資本主義の成立前の犯罪現象を一変させ、同時に、資本主義の発展に伴う社会構造の変化に応じて犯罪現象も推移してきたことは、一般に承認されている。高度に工業化された現代社会においては、犯罪の都市化として特徴づけられる都市と農村における犯罪の質および量の差異、職業の分化に伴う犯罪の多様化、利潤追求ないし金銭獲得を生活の目標とする生活指向、階級闘争としての政治的犯罪などが特徴的となっている。

(ウ) 経済変動と犯罪　経済変動とは、経済的条件の様々な変化をいい、価格変動、所得変動、景気変動、貨幣価値変動などがある。これらの変動と犯罪との関係についても研究がなされてきた。まず、価格変動との関係では、物価の変動ことに主食となる穀物の価格の変動と窃盗罪の増減との並行関係が指摘されたが、今日のような複雑な経済機構のもとでは、

図2　窃盗の種類別認知件数の推移

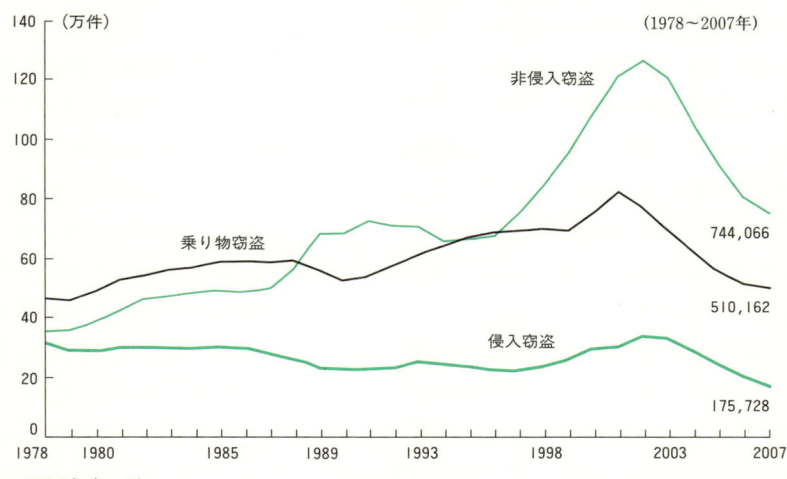

(1978〜2007年)

凡例：非侵入窃盗、乗り物窃盗、侵入窃盗

744,066
510,162
175,728

2008犯罪白書17頁

　単純に穀物の価格の変動が財産犯に反映するとは考えられず、むしろ、物価全体の変動およびそれ以外の経済的条件、さらに他の社会的条件が競合して犯罪現象に結びつくと考えるほうが妥当であろう。**所得変動**については、実質賃金の上昇が窃盗の減少を招くといわれたが、近年におけるわが国の窃盗犯等の増加傾向から容易に判明するように、この関係は現在では必ずしも明確ではない。**景気変動**との関連では、不況期における失業者の増加が犯罪数の増加を招き、特に失業と窃盗とには相関関係が認められるといわれている。貨幣価値変動との関係では、インフレーションが財産犯の増大を招くとされている。

> **資本主義の発展と犯罪との関係**　団藤重光・刑法綱要総論〔1979〕7頁は、(1)窃盗・通貨偽造等の激増した明治初年から明治30年に至る時期を資本主義の成立期（第1期）、(2)窃盗・強盗などの財産犯罪が相対的に減少した明治31年頃から大正11年頃までに至る時期を資本主義の発展・充実期（第2期）、(3)経済的矛盾が表面化し、失業の増加、労働・小作問題、思想問題が激化し、窃盗・強盗などが再び激増する昭和2年から同30年に至る時期（第3期）、(4)経済成長に伴って犯罪波がほぼ安定している30年以後の時期（第4期）として区分している。なお宮澤=加藤・犯罪学二五講169頁、中山研一「資本主義と犯罪」大塚=宮澤編・刑事政策16頁参照。

(エ)　新しい貧困の概念　　以上は、従来の研究を図式的に説明したにすぎないが、経済条件と犯罪との関係を考察する場合には、さらに以下の点に留意すべきであろう。第1に、貧困については、経済的な生活困窮状態すなわち絶対的貧困を中心として考察されてきたが、わが国の現状では、むしろ所得の格差がもたらす各個人の貧困の意識つまり相対的貧困のほうが犯罪に結びつくという点である。相対的欠乏感は、意識された貧困であるだけに、そのまま犯罪の動機となりやすい。そして、現にわが国では、この種の貧困家庭に属する成人や少年の犯罪発生率は、普通の世帯の場合に比べてはるかに高いといわれる。ここでは、労働意欲の喪失や浪費癖を原因とする転落としての貧困が注目されるべきである。第2に、経済的条件との関連では、むしろ豊かな社会における犯罪を問題とすべきである。わが国の社会の現状は、国民総生産が高度に達し、失業率もそれ程高くはなく、国民の90％前後の者が自分の生活程度を中流と意識しているのにかかわらず、財産犯の代表である窃盗の発生率は上昇を続けたのである。これは、既述のように、経済的条件の変動と財産犯とが必ずしも結びつかないことを裏づけるものである。

(2)　**地域的条件**　　地域社会と犯罪との関係については、主として非行地域および都市と田舎の研究が試みられてきた。

　(ア)　非行地域　　非行・犯罪が多発する地域ないし非行少年・犯罪者が密集する地域を非行地域という。非行地域の研究は、アメリカを中心に行われてきた。それによると、都市の中心を取り巻く移行地帯、すなわち都市ビジネス・センターの周辺にある秩序の欠けた貧民街の帯状地帯が、非行地域を形成するとされている。しかし、わが国の場合、特定の地域で犯罪が多発することは認められても、ここでいうような非行地域を形成していると認められる場所はないといわれ、特に少年非行は、むしろ都心や繁華街・歓楽街で多発しており、その集中度は非行者の居住地の集中度よりも高い。また、交通機関の発達ことに自動車の普及に伴って、犯罪は広域化しているのである。その意味で、アメリカにおけるような非行地域は、わが国には存在しないといってよいであろう。なお、わが国における非行多発地域の特性として、①経済水準の高い地域では犯罪・非行が少ない、②地域内の住民の一般的な教育程度および文化施設とその利用度と犯罪の

発生との間には関係がある、③町のなかの商業地区と工業地区で非行・犯罪が多発するなどの指摘も行われているが、もとより仮説の域を出るものではない。

　　(イ)　都市と田舎——犯罪の都市化　　都市と田舎とでは、社会構造が著しく異なっている。都市は人口密集の結果として、利害関係の対立が激しいこと、匿名性が大であること、移動性、住民の異質性による生活様式の多様さと価値観の混在が著しいこと、家庭や個人が孤立化していること、娯楽や刺激によって道徳感が麻痺ないし混乱しやすいこと、盗品等の処理が容易であることなど、犯罪が発生しやすい環境的特質を有している。これに反し田舎は、社会構成が身分的であり、連帯感および社会規範ことに道徳感が強固であるため、人々の相互作用による犯罪の抑制が行われている。こうした環境的条件の相違は、当然に犯罪現象にも反映する。

　第 1 に、犯罪の発生率は、全体として観察すると田舎より都市のほうが高い。特に、都市化に伴って犯罪率が上昇するといわれる。わが国の場合は、東京、大阪などの大都市における犯罪発生率は、1963（昭和38）年以降において逐年低下しており、全刑法犯の推移と同じような傾向を示しているのに対し、それ以外の中小都市では、人口規模の大きい都市ほど高い傾向が認められている。これは、社会病理的現象に対する施策が、都市化に追いつけないためである。第 2 に、田舎では放火、殺人、強姦などの凶悪犯および暴行・傷害のような粗暴犯が多いのに対し、都市では、窃盗、強盗、詐欺などの財産犯が高率を示している。しかし、テレビに代表されるマスメディアの普及、交通機関の発達などによって都市的な生活様式ないし価値意識が田舎にも伝播し、都市と田舎における犯罪現象の差異が縮少する傾向にあることは注目に値する。

> **都市化と犯罪**　　都市化とは、一般に、交通手段の発達、マスメディアの普及などの近代技術のもたらした社会の構造的変質をいい、地域の都市化および個人の都市化をいうものと解されている。(1) **地域の都市化**とは、都市自身が膨脹して、都市の周辺地域に都市圏を形成し田舎に拡大していくことをいう。地域住民の田舎的な生活構造が崩れ、地域社会の個性を失うために、犯罪現象も都市化され、犯罪は周辺地域に拡散し、また、人口移動に伴う窃盗の増加が著しくなる。(2) **個人の都市化**とは、田舎の人口を都市が吸収し、その個人を都市化していくことをいう。すなわち、社会の工

業化に伴って、農漁村の住民は都市に流入するが、その際彼らは、郷土の伝統や習慣などと異なった文化に触れ、内心の葛藤に陥りつつ、次第に都市の文化に馴染んでいくのである。こうして、都市人口が急激に増大することから生ずる警察力の不備、異質的文化間の葛藤などが、犯罪の増加に結びつくものと考えられている。この(1)と(2)を併せて犯罪の都市化という（平野龍一＝佐藤寧子「都市と犯罪」都市問題講座5巻〔1965〕11頁、橋本重三郎ほか「流入少年の非行に関する研究」法務総合研究所研究紀要1965年第1分冊1頁）。

(3) **マスメディアと犯罪**　新聞、テレビ、映画、ラジオ、雑誌等のいわゆるマスメディアは、社会意識の形成において極めて重要な役割を演じている。犯罪との関連では、マスメディアが一般国民ことに青少年の犯罪願望を刺激ないし助長し、あるいは犯罪の動機ないし手段を伝播させるという形で問題となっている。例えば、新聞、テレビ、映画、低俗雑誌・小説などが、犯罪を興味本位に詳細に描写することによって、犯罪の手口を教えたり、道義心を麻痺させ犯罪への衝動を駆り立てるのではないか、さらに、わいせつな記事や映画が青少年の性的欲望を異常に刺激して、性犯罪へと走らせるのではないかとおそれられているのである。もっとも、マスメディアの犯罪に対する影響力については議論があるが、いずれも実証的な根拠があるわけではない。しかし、マスメディアは、犯行のヒントを与えたり犯罪願望を刺激するなど（注射針理論）、何らかの形で犯罪の原因になりうることを否定する説はない。問題は、その影響力が極めて顕著であって、犯罪予防の見地から法的規制の対象にしなければならないかどうかにある。特に、マスメディアの規制は表現の自由にかかわる問題であるばかりか、例えば、新聞報道によって一般人の犯罪に対する警戒心が喚起されるというように、マスメディアは犯罪予防に役立つこともあるのであって（西村春夫「犯罪予防に対するマスメディアの寄与」八木国之古稀祝賀下巻〔1992〕354頁）、仮に、人を犯罪に駆りたてる有害性が認められるにしても、直ちに取締りの対象にすべきではない。明らかに有害であると認められ、かつ興味本位の不良マスメディアにどのように対処すべきかが現今の課題である。

新聞報道の有害性　新聞は、犯罪事件が発生すると、報道制限がなされ

ないかぎり細大もらさず犯行について記事にする。捜査状況に関する記事は犯人の逃走を容易にし、また、犯行の手口に関する報道は犯罪を模倣させる原因となる。一方、殺人事件や猟奇的な性犯罪について詳細な報道がなされると、この種の事件は、日常茶飯事のような感を与え、犯罪に対する感覚を麻痺させ、あるいは現金強奪事件のごときものが迷宮入りになると、犯罪は儲かる、スリルに満ちた仕事であるという印象を与える（宮澤＝加藤・犯罪学二五講334頁）。一方、1980（昭和55）年頃から、犯罪報道による**人権侵害**が問題とされてきた。特に、わが国の犯罪報道では、**被疑者**の段階から興味本位の記事が書き立てられる場合が多いため、本人の名誉等の人権侵害が危惧されてきた。そこで、その対応策として、マスメディアによる事実確認の徹底、匿名報道の導入、報道の自主規制などが検討されてきた。一方、**犯罪被害者**に対するメディア・スクラムとよばれる加熱取材による平穏な生活やプライバシーの侵害も深刻であり、その規制が検討されたが、報道の自由は民主主義の根幹である以上は、メディアの法規制は避け、自主規制に委ねたほうがよい。

⑷　**教育**　　犯罪と教育との関連については、2つの面から考察される。1つは、学歴と犯罪との関係であり、他は、学校生活と犯罪との関係である。

（ア）　**学歴**　　わが国では、犯罪者・非行少年の学歴は、一般人の学歴に比べて低いのが従来の傾向であるが、学歴の向上が著しい現在においてもその傾向は変わっていない。また、学歴の低い者が全人口のなかで次第に少数派になっている現今では、低学歴者の犯罪発生率はますます高くなっている。低学歴者の多くは貧困家庭出身であり、また、その知能や性格に欠陥があり、不登校者となっている場合が多いことから、それらの条件が犯罪の原因として作用していることは当然に考慮すべきである（森田洋司「不登校」現象の社会学〔1991〕193頁）。同時に、学歴社会においては、教育が社会的地位の確保にとっての主たる手段となっており、この手段を用いることのできない低学歴者は、社会的・経済的に不利な条件に甘んじざるをえず、そこから生ずる相対的欠乏感ないし羨望が犯罪の誘引になっているということも否定できないであろう。

（イ）　**学校生活**　　学校生活ことに小・中学校における学校生活への不適応は、学校の教育条件（知育偏重教育と生徒指導体制の不備）、生徒の個人的条件（例─知的能力の欠陥、家庭環境）などが複合して生ずるものであ

るが、それらの条件が犯罪の原因になりうることは、多くの研究者が指摘しているところである（橋本重三郎「地域と犯罪」大塚＝宮澤編・演習刑事政策〔1972〕135頁）。特に、怠学および不登校は、非行と密接に関連するといわれる。校内暴力やいじめなどによる学校生活への不適応は、怠学のほかに不良な勉学態度、急激な学業成績の低下、登校拒否などをもたらすが、これらの状態にある生徒は、学校教育による環境調整や生活指導などの社会化ないし犯罪・非行に対する統制作用が及びにくくなる。同時に、規律的な学校生活から逃避することによって、犯罪・非行少年や非行文化に接触する機会が多くなるため、非行への道をたどりがちになる。

> **学校生活と非行**　「非行少年の40％以上の者は学校に対し烈しい嫌悪を示し、13％は教師の誰かを憎んでいたという事実は重要なことであった。このような所見に照してみると、非行は学校職員に対する一大挑戦ともみることができる」（ヒーリー・少年非行〈樋口訳〉〔1956〕53頁）とさえいわれている。

(5) 戦争と犯罪　戦争が犯罪現象に影響を及ぼす点については既述したが（⇒21頁）、戦争と犯罪との関係は、物質的および精神的の両面から考察されるべきである。すなわち、戦争初期（第1期——精神的感動期）においては、国民の大多数の士気は昂揚し、犯罪数は著しく減少する。わが国においてもこの傾向は歴然としており、第二次世界大戦勃発直後の犯罪数は激減した。戦争が長びく義務遂行期（第2期——諦感期）に至ると、当初の興奮は消え、諦めの心境で義務の遂行につとめるだけになるところから、まず少年が脱落し少年の犯罪が増加しはじめる。戦況が不利になると、敗戦への不安と物質の欠乏により疲弊期（第3期——心身の困憊期）が到来する。この時期になると人心も乱れて犯罪状況が悪化してくる。やがて、戦争の破局を迎え敗戦になると崩壊期（第4期——破綻期）がやってくる。政治・軍事・経済の各方面に破綻が生じ、既存の価値観が崩壊して犯罪の激増をもたらす。しかし、戦争と犯罪の関連は、各国によって、また、時代によって異なるのであり、法則的な関係を見い出すのは困難な場合が多い。むしろ、他の原因を使って法則性を明らかにするほうがよいという認識が一般的となっている。

> **エクスナーの研究** 本文の叙述は、エクスナーの『オーストリアにおける戦争と犯罪』(1930) に従って整理したものであるが、この所説が現代の戦争にそのまま妥当するとはいえないであろう。なお、戦争による犯罪状況の悪化は、敗戦国に特有の現象ではなく、戦勝国においてもみられるといわれ、例えば、第二次世界大戦末期から戦後にかけてのイギリスにおける犯罪の増加は顕著であり、ことに窃盗が増えた。これは、戦争のもたらす物質の欠乏に基因するものと思われる（香川達夫「戦争と犯罪」森下忠編・犯罪学演習〔1978〕180頁）。

Ⅳ 個人的環境と犯罪

(1) 家庭 家庭には、夫婦間の性と生殖の機能、親子間の扶養と子の社会化の機能、および家族間の情緒的安定の機能などがある。これらの機能に何らかの障害が生ずると家族間の連帯性が失われ、感情的な対立が激しくなったり、極端な場合には離婚や家出へと発展する。こうした家庭機能の障害は、家族に様々な苦痛をもたらし、家族間の犯罪の原因になることは周知のところであるが、その影響は、特に少年において顕著である(星野周弘「少年非行と家族」岩井ほか編・日本の犯罪学〔1969〕362頁)。

(ア) 家庭の機能障害 少年の成長と発達にとって家庭は基本的な環境であり、家庭における社会化の機能、すなわち躾を通じて子に社会的価値や規範を教え込み社会生活に同化させる機能は、子の人格の形成と社会適応性の獲得において極めて重要な役割を演ずる。こうして、家庭と犯罪をめぐっては主として家庭の構造について論じられてきたのであるが、その結論として、家庭の機能障害が犯罪の要因になりうることが一般に承認されるに至った。それによると、家庭の機能障害が問題になる場合として4つの類型があるとされた。

第1は、欠損家庭である。欠損家庭とは、死亡、離婚、遺棄などによって実父母がそろっていない家庭をいう。犯罪者または非行少年に欠損家庭の出身者が多いことは、従来、しばしば指摘されてきたところであるが、欠損家庭が問題となるのは、そのために子が十分な教育や保護を受けられないからなのであるから、単に親が欠けているといった形態的欠損が重要なわけではない。その意味では、共働き家庭や長期出稼ぎ家庭のような、

いわゆる擬似欠損家庭でも同じことがいえるであろう。結局、家庭の保護的・教育的な機能の欠損すなわち 機能的欠損 が重要であるということに帰着する。

第 2 は、貧困家庭 すなわち経済的な生活水準の低い家庭である。かつては、犯罪者の多くが貧困家庭の出身者であったことから、犯罪原因として家庭の貧困が指摘されてきた。しかし、近年においては犯罪の原因として貧困家庭は重視されなくなってきている。

第 3 は、葛藤家庭 である。心理的葛藤が家族の人間関係に対立不和を生じさせる現象を家族の葛藤といい、この葛藤が持続し、あるいは頻発する家庭を葛藤家庭という。夫婦間の葛藤、親子間の葛藤などがあり、激情や憎悪から傷害や殺害にまで及ぶことがある。特に、親子間の葛藤は、どのような健全な家庭においても一般にみられる現象であるが、葛藤が激しく、かつ長期にわたる場合には、親に対する反抗心や家出などのために、親の子に対する統制力が弱まり子の非行化を招きやすいといわれている。

第 4 は、犯罪家庭 である。犯罪的な考え方や行動が支配する家庭を犯罪家庭という。犯罪家庭においては、子どもは幼少の時から犯罪的行動を学習するため、犯罪者として成長する可能性が高いといわれる。また、同じことは家庭内の道徳水準が低い不道徳家庭についてもいえる。

> **4 類型の問題性**　瀬川・犯罪学258頁は、「欠損家庭」という用語は差別的ニュアンスを含んでおり、「犯罪家庭」は悪しきラベリングの典型であるばかりか、4 類型は過剰な単純化であるとして、「使用は差し控えるべきである」と説かれており、妥当な結論と思われる。

（イ）機能障害の原因　家庭が少年の犯罪に影響を与えるのは、子に対する基本的な保護的・教育的機能の低下であり、家庭の欠損、貧困、犯罪性などは、それ自体として重要なのではなく、上の基本的な機能を低下させるという意味で犯罪の要因となりうるのである。大切なことは、現代の家族ないし 両親の保護的・教育的機能の低下 が何に基因しているかを明らかにすることであろう。この見地からは、子に対する放任・無関心、過保護、期待過剰、躾における一貫性の欠如などが犯罪の要因として注目されている。家庭において大切なのは、子を教育・保護する親の監督、愛情、

親子のコミュニケーションの機能である。

> **グリュック夫妻などの学説**　グリュック夫妻は、少年非行の家庭的要因として、(1)父の躾、(2)母の監督、(3)父の愛情、(4)母の愛情、(5)家族の結合の5つの事項の欠陥を掲げている。一方、サザランドは、非行少年の出やすい家庭として、犯罪者のいる家庭、欠損家庭、親の監督が不十分な家庭、葛藤家庭、貧困家庭を掲げている（橘偉仁「家庭と犯罪・非行」森下編・犯罪学演習115頁）。なお、わが国の非行少年の大部分は、両親が健在で経済生活の安定している家庭の出身であるところから、現在では、親の家庭内離婚、怠惰、飲酒癖などの家庭における病理的条件が重視されるに至っている。

(2)　**結婚生活と犯罪**　近年、家庭生活の変化、特に女性の社会的進出が著しいところから、結婚と犯罪との関係も今後は変わると思われるが、従来、早婚者以外は結婚は男性の犯罪性に好影響を与えるが、女性の場合は、有配偶者の犯罪率が高く、他方、男女とも死別者または離別者の犯罪率は高いといわれてきた。すなわち、25歳未満の 早婚男性の犯罪率 が未婚者のそれより高いのは、社会的成熟度が低く経済力も乏しいのに安易に結婚したことからくる精神的葛藤、子どもができて生活費がかさむなどの経済的負担の過重が原因だといわれた。25歳以上の男性の有配偶者は、結婚によって生計上の無駄がなくなり経済的生活が安定すること、妻子に対する責任感、精神的安定、社会的信用度の高まりなどが複合して、犯罪率が低下する。女性有配偶者の犯罪率が高いのは、結婚によって家庭生活上の苦労が増大するためである。離婚者の犯罪率 が男女とも高いのは、離婚の原因となっている性格的異常や家庭における不和・対立、生活の困窮に関連がある。それらの要因が離婚を契機として犯罪に結びつくと考えられ、家庭喪失が直接犯罪の原因になると考えるべきではない。これに対し死別者にあっては、家庭生活の激変が精神的・経済的な面で打撃を与え犯罪へと向かわせるというのである。しかし、以上のことは、結婚そのものが犯罪の抑止に役立つということを意味するわけではなく、せいぜい結婚生活を継続しうる者は、未婚者や離別者に比べ犯罪に陥りにくいといえるにすぎない。

(3)　**職業と犯罪**　一般に、職業と犯罪との間には密接な関係があるとされている（前田信二郎・増訂刑事学原論〔1968〕180頁）。この関係は、3

つの面で現れる。第1は、職種と犯罪との関係である。この関係においては、まず、特定の職種に一定の犯罪が多発することが注目される。これは、例えば、会計係員や銀行員は横領の機会を、古物商は盗品等の有償譲受けの機会をというように、職種ないし職業が一定の犯罪の機会を提供することに基づく。「単純労働に従事する者は犯罪率が、専門的技術者、管理職に従事する者の犯罪率は低い」といわれてきた。例えば、定職のない労働者、商工業者、単純労働者の犯罪率は比較的高く、専門的・技術的職業、管理職に従事する者の犯罪率は低いというのが定説である。これは、一定の職業に就く人の人格的特性が犯罪傾向をもっていることを意味し、その職業自体が犯罪と親和性を有するというわけではない。第2は、転職と犯罪との関係である。一般に、転職回数とその者の犯罪性との間には比例関係があるといわれているが、転職それ自体が犯罪の要因になるということは考えられない。むしろ、仕事に適応する能力が欠けている人格的特性が犯罪の要因になるとみるべきであろう。第3は、失業と犯罪との関係である。失業が貧困を招き財産犯の要因となることは、一般に承認されている。同時に、失業が長期に及ぶと、怠惰と放縦な生活習慣が身につき犯罪者への道程を歩む傾向がみられる。このような失業の人格形成的作用は、特に少年において顕著であろう。

> **親の職業と子の犯罪**　犯罪少年の親の職業について調査が行われたことがあるが、ブルーカラー36％、農漁業20.5％、管理、事務、専門技術の職にある者15％ということであった。しかし、保護者の職業を犯罪要因とみるのは妥当でなく、職種ないしその社会階層の差による家庭生活のちがいに帰着するものと考えられる。むしろこの問題との関連では、親の出稼ぎによる家庭の崩壊、共働き家庭における家庭的な機能障害を重視すべきであろう（前野育三「職業と犯罪」森下編・犯罪学演習133頁）。

(4) 群衆心理　群衆とは、1か所に集まった多数人をいうが、心理学的な意味では一定の目的に方向づけられた集合体をいうものとされている。このような集団内部では、その一員となった個人は群衆とともに行動するという安心感と正当化の感情を抱き、また匿名性もあるため、個人としての意識的人格は消え、責任感がなくなり、すべての感情、思想、行動は容易に暗示され、個人の利益を集団の利益のために簡単に犠牲にするのであ

る。このようにして、群衆は暴徒と化し、集団的な犯罪に陥る場合が稀ではないから、群衆心理に陥ると、単独では、あるいは他の状況下では到底実行しえないような犯罪を行ってしまうのである。

> **群衆の精神的単一性の法則**　人間は、いかなる機縁で集まったかに関係なく、彼が群衆のなかにいるという事実によって一種の集合精神の虜となることをいう。

(5)　**被害者の特性・態度**　犯罪が人間により人間に対して行われるものである以上、加害者と被害者との具体的なかかわり方が、犯罪の意思を決定する最も大きな要因となることは疑いない。そして、この面から犯罪の原因を究明しようとする学問分野を被害者学という。**被害者学**の課題は、現今、極めて多方面に及んでいるが、その主題は、犯罪原因を探求するに当たっては、単に、犯罪者の側にのみ目を向けるだけでは不十分であり、犯罪の一面を形成する被害者について、その一般的特性ないし行為の場における被害者の態度が犯行の誘因になるということを科学的に解明することにある。犯罪者とともに当該の犯罪発生に責任がある被害者という観念のもとに被害者の有責性の仮説が提唱されてきたが、むしろ、**被害を誘発する被害者の属性・要因は何か**の見地から研究を試みる立場が有力となっている。この研究においては、一般的被害者性と特殊的被害者性に分けて被害原因の解明がなされる（**被害者・加害者相互作用**論）。

　一般的被害者性とは、一般的に犯罪被害を受けやすい特性をいう。この枠組みにおいては、年齢、性差、被害者の精神状態、職業（社会的地位）、少数グループなどにおける被害者性が問題となる。**年齢**では、例えば、いじめと年齢のように、幼年期、思春期などそれぞれの年齢期における被害者の特性が明らかにされる。**性差**に関しては、罪種と被害者の性差との関係が問われ、被害者の精神状態に関しては、精神障害者、知能の低い者が被りやすい犯罪の解明が、**職業**に関しては罪種ごとの職業の被害者性が、さらに、少数集団については社会的差別による被害者性が究明されつつある。**特殊的被害者性**とは、その人の精神・心理的特性により被害者になりやすいことをいう。中毒になりやすいような意思薄弱者、抑うつ者、貪欲者、浮気者、孤独・失意の人、弱みを握られた者、暴君といった人格的特

性と犯罪被害とに関係があるとされる。

　もっとも、以上のような被害者性は、十分な実証性をもって主張されているわけではなく、また、その結論も常識の域を出ていないとも評されている。そもそも犯罪被害は、様々な社会的条件を背景にしつつ、犯罪者と被害者双方の個人の利害・感情が複雑に絡みあって発生するものであるから、自然災害のように被害原因を明確に割り出すといったことは到底不可能である。しかし、いかに困難であっても、犯罪原因論において被害者の問題を避けて通ることはできない。その意味において、犯罪者と被害者との関係について調査し、実証的な被害原因を明らかにする必要がある。法務総合研究所が試みた「加害者から見た犯罪被害の原因」の研究は、極めて重要な意義があるといえよう（1996犯罪白書290頁参照）。

被害者学の研究　　わが国の被害者学は、宮澤浩一・被害者学の基礎理論〔1966〕において、初めて本格的に展開され、その後の成果は、宮澤浩一編・犯罪と被害者第1巻〔1970〕、同第2巻〔1972〕、同第3巻〔1979〕に集められている。被害者学は、第二次大戦後のヨーロッパにおいて、主として犯罪原因と対比される被害原因の犯罪学的解明を目指して提唱されたが、近年、被害者学は、単に犯罪被害にとどまることなく、権利侵害の被害者をすべて包括して、その予防および救済を図るための理論として唱えられつつある（上野治男「犯罪の被害者」ジュリスト853号〔1986〕25頁、諸澤英道・新版被害者学入門〔1998〕44頁）。

第 2 編

犯罪の対策

第1章

犯罪対策の基本観念

●第1節　犯罪防止策の概観

I　犯罪抑止と犯罪予防

　犯罪対策とは、犯罪の発生を防止する方策すなわち犯罪防止策をいう。犯罪防止策は、犯罪抑止と犯罪予防とに分かれる（⇨ 3 頁）。犯罪抑止は、抑止刑論に由来する概念であり、犯罪に対する刑罰の威嚇力によって一般人の犯罪を抑えこみ、その行動をコントロールすることをいう。したがって、犯罪抑止機能 は、犯罪が発生し、それに対する刑罰が科されて初めて発動されるものであり、その意味で犯罪の抑止は事後的な犯罪防止策である。これに対し、犯罪予防は、例えば、街頭防犯カメラの設置や整備のように、犯罪の発生を未然に阻止するための事前的な犯罪防止策である。

　従来、犯罪の防止は、犯罪が実行された後に、刑事司法機関が事後的に処理するシステムを通じて行われるものと考えられてきた。つまり、犯罪の防止は犯罪の抑止を中心として展開されてきたのである。しかし、既に明らかにしたように、犯罪原因論は、犯罪の要因を生物学的、心理学的および社会学的アプローチによって分析してきたが、犯罪の原因の究明は困難であり、犯罪の原因探求による抑止は十分な効果をもたらすことができないという理由から、それに代わって犯罪予防論が台頭してきた。

　たしかに、犯罪原因の究明は困難ではある。しかし、「犯罪に強い社会」を実現するために刑罰を中心とした犯罪抑止に多角的に取り組むことは、依然として犯罪防止策の中核であると考える。特に、国民全体が犯罪を憎み、これを防止しなければならないという意識をもつこと、つまり国民の規範意識を刑罰を通じて強化し、平穏な社会を維持・発展させる社会を実現することこそ、国民の希求するところであろう。

したがって、犯罪の科学的研究によって犯罪原因を特定し、そこから国民1人ひとりの安全で安心できる平穏な暮らしを守っていくという観点からばかりでなく、いかなる類型の犯罪にも対応しうる、社会全体の犯罪抑止機能を強化するという観点から、犯罪に強い社会 を築きあげることが重要である（2006犯罪白書215頁）。

Ⅱ 犯罪抑止の形態

　犯罪抑止の形態としては、以下のものがある。第1は、社会的制裁ないし道徳的制裁 に委ねる方法である。実質的な犯罪に相当する行為に対しては、通常、社会倫理に基づく社会的非難が向けられるのであり、それに伴う不利益が心理的強制力となって犯罪抑止の効果を生じさせる。第2は、損害賠償の責任など民事制裁（民事上の制裁）に委ねる方法である。民事制裁は、元来、損害の公平な負担を目的とするものであるが、それによってもたらされる加害者に対する不利益効果が、心理的強制力となって犯罪抑止の効果を生じさせる。第3は、行政制裁（行政上の制裁）に委ねる方法である。例えば、営業停止命令によって営業を停止させるというように、行政上の不利益処分が心理的強制力となって犯罪抑止の効果を生じさせるのである。第4は、いうまでもなく刑事制裁（刑事上の制裁）を用いる方法であり、法律で予告した刑罰という害悪を実際に執行することによって犯罪の抑止を図る方法である。社会的有害行為としての犯罪に対しては、以上のような各種の制裁を考慮しつつ、最も有効かつ合理的な抑止策が検討されることになるが、刑事政策において最も重要なのは、いうまでもなく刑事制裁である。

> 制裁（sanction）　社会的規範から逸脱した行為に対して加えられる心理的ないし物理的圧力の総体を制裁という。神秘的なもの、道徳的なもの、法律的なものなどに分かれる。

Ⅲ　刑事制裁と犯罪対策

(1) **立法による犯罪化**　　反社会的行為を犯罪対策の対象にするためには、その行為を法律上の犯罪とする必要がある。反社会的行為を法律上の犯罪とすることを犯罪化とよんでいる（⇒91頁）。犯罪化は罪刑法定主義の要請から法律によって行われなければならない。刑事制裁は、後述するように人権の剥奪ないし制限を伴う苛酷なものであるから、反社会的行為を防止するための最後の手段 (ultima ratio) とすべきであり、したがって、実質的犯罪としての性質を有する行為であっても、社会秩序維持の見地からみて刑事制裁以外の方法によって防止するのが適当である場合には、犯罪化は避けられなければならない。しかし、刑事制裁以外の方法によったのでは犯罪防止の効果を期待できず、そのため社会秩序の維持に支障が生ずると判断されるときは、速やかに刑事上の立法措置を講じなければならない。刑事立法ことに犯罪化は、犯罪対策の出発点となるのである。犯罪化の刑事政策的意義は、特定の犯罪を行った者には一定の刑を科する旨を法律で予告することにより、その威嚇作用を通じて国民の規範意識を覚醒・強化し、もって社会の一般人を犯罪から遠ざける一般予防効果を目指すところにある。

(2) **犯罪者の処遇**　　一定の犯罪を行った者には一定の刑を科することを予告し、その心理的な強制力を通じて犯罪を予防するところに犯罪化の目的があるが、その目的を担保するためには、実際に犯罪を行った者すなわち犯罪者を刑事司法を通じて処罰しなければならない。刑罰を予告しただけで犯罪者を処罰しないとすれば、威嚇による心理強制作用は生じないからである。このようにして、犯罪者に刑罰を科すことによって犯罪防止を図るシステムすなわち犯罪抑止のシステムが必要となるのであり、そのために警察、検察、裁判、矯正、保護といった刑事司法制度が存在している。

刑事司法制度の中核は、一般予防作用（威嚇による心理的強制作用）を実現するシステムであるが、同時に、いったん犯罪者となった特定の人が、刑罰を科されることによってかえって再犯に陥ることのないようにするための特別予防作用の実現システムでもある。犯罪者の改善を図り補導・援

護することによって彼を社会に復帰させ、再犯防止の目的を達成することも刑事司法の重要な任務なのである。この考え方を進めていくと、一般予防の効果を担保する目的からは刑罰を科す必要がない犯罪者に対しても、再犯防止の対策を講ずべきであるということになるであろう。例えば、精神障害犯罪者が精神病のために再び罪を犯すおそれがある場合には、再犯防止のための措置を講じなければならないのである。いわゆる **保安処分** および **保護処分** が問題となるゆえんである（⇒156頁）。

●第2節　意思自由の問題

I　決定論と非決定論

(1) 意思のはたらき　犯罪は、個人の意思活動によって行われるものであるから、犯罪抑止対策は、この意思活動にはたらきかけることによってのみ可能となる。ところで、人間は、素質と環境とによって決定されながら、その範囲で法の命令・禁止に従い自ら犯罪の遂行を思いとどまる自由があると考えられる。このような考え方を **非決定論**（＝意思自由論）という。これに対し、科学的な原因論は、人間の行為を必然の所産として考察し、犯罪は素質および環境によって決定づけられるとする **決定論**（＝意思決定論）を基礎に展開されてきたといってよいであろう。そして、犯罪対策は、この決定論を基礎にするとき、初めて科学の名に値するものだと考えられてきた。たしかに、人間の意思が **因果法則の支配** を受けず、あらゆる条件から完全に自由であるとすれば、犯罪防止策を講じても犯罪者および一般人の意思に影響を与えることはできないから、その効果を期待できない。その意味で、刑事政策は意思に対して一定の条件づけが可能であることを前提にするといってもよい。

(2) 自由意思の主体　しかし、条件づけが可能であるということは、意思が常に法則の支配を受けているということを意味しない。そもそも、決定論自体に実証的根拠があるわけではなく、決定論も1つの **仮説** にすぎないのである。一方、決定論者は、**自由意思は幻想だ** として非決定論を攻撃する。たしかに、何ものにも影響されない意思は存在しえないであろう

が、人間は素質や環境に決定されながら、理性をそなえた存在として自らの人格を主体的に高め、外部的な決定要因を目的追求に向けて利用することができるという 自由の意識 をもっている。そして、この自由の意識のもとに責任が自覚され社会秩序が保たれていることも否定できない。非決定論は、自然科学的な意味で完全な実証性を有しているわけではないが、一般の確信に基づいている 分だけ決定論よりも科学性を備えていると考えられる。このようにして、刑事政策は、人間は素質と環境によって決定されながら自己を決定する理性ないし自由意思の主体である、とする相対的意思自由論を基礎に展開されるべきである。

> **相対的意思自由論と因果の支配**　相対的意思自由論は、意思自由の存在を基礎とするものではあるが、一定の場合には意思自由を完全に否定すべきことを認める。例えば、精神障害のように一定の素質的原因や、行為環境が異常であるといった特殊な環境的原因がある場合には、意思決定の法則性を認める。同様にして、意思自由が完全に否定されない場合でも、意思決定の自由に対する制約も認めるのである。したがって、非決定論に立つと、犯罪原因を法則的に解明することができず、科学的な犯罪対策を樹立することが不可能であるかのように説かれることがあるが、その見解は不当である。

Ⅱ　犯罪対策の基礎

　犯罪対策は、非決定論を基礎にして講じられるべきであるが、その帰結として次の点が考慮されなければならない。

(1) 犯罪原因論と対策論との関係　第1は、犯罪原因論と犯罪対策論とは、必ずしも不可分の関係に立つわけではないという点である。既述のように、犯罪の原因については、19世紀の後半から、犯罪統計学派、犯罪人類学派、犯罪社会学派などによって科学的解明が行われ、今日においては犯罪生物学的見地、犯罪心理学的見地および犯罪社会学的見地から様々な説が主張され、また、犯罪生物学、犯罪心理学および犯罪社会学を有機的に統合する努力もなされてきたが、それらの大半は 仮説 にとどまっているばかりか、犯罪原因の科学的解明を目指す伝統的犯罪原因論を否定するニュー・クリミノロジーなども主張されており（⇒55頁）、現在、定説と

いうべき **原因論は確立されていない**。それゆえ、刑事政策の確固とした基礎を提供しうる科学的犯罪原因論は、今までのところ確立していないとみるのが妥当である。

　従来、犯罪原因論と刑事政策との関係は、医学における病因の解明とその治療法の発見との関係に似たものとして理解されてきた。この観点からすると、犯罪の原因を突きとめることができて、初めて有効な犯罪対策を講ずることが可能になるということになろう。原因論に基づかない刑事政策は、非科学的なものであるということになる。近年においては **実証的な刑事政策を目指す学問傾向は衰退している** といってよく、刑事政策を論ずるに当たって、ニュー・クリミノロジーのように実証的・科学的な原因論を重視しない立場も現れている。

　そもそもあらゆる人間の行動がそうであるように、犯罪も素質と環境とによって決定されつつ、最終的には理性によって行動するという人格の自発的・非決定的要素すなわち非決定論的要素を媒介として行われるものであるから、犯罪原因を実証可能な法則として把握することは困難であり、自然法則のようにあらゆる場合に妥当する法則はありえないといっても過言ではない。

　それでは、科学的な刑事政策の確立は不可能であるということになるであろうか。思うに、あらゆる犯罪現象を法則的に認識しうる犯罪原因論の確立は永久に不可能であろうが、人間の自由意思を奪うような一定の素質と環境が犯罪原因となりうることは、ある程度実証的に明らかとなりつつある。医学上の治療がすべて病因の確定を基礎としているわけではないのと同様に、犯罪の原因が完全に法則的に認識できなくても、人間の意思を決定づける犯罪の要因を除去し、また、人格の主体性にはたらきかけることによって犯罪を思いとどまらせるという面からの科学的な犯罪防止策は可能である。それゆえ、科学的に一応明らかにされ、あるいは推測される原因を犯罪対策に積極的に採り入れるとともに、人格の主体性にかかる部分については、犯罪を避けて適法行為を選ぶことができたのに、あえて犯罪行為を選んだという点に非難の根拠を求め、その非難の程度に応じた刑罰という苦痛を科すことを通じて、人間の行動を規制すべきである。刑事司法システムは、まさにその目的のために存在しているといっても過言で

はない。

> **合理的選択の理論**　従来の実証主義的犯罪学を否定し、犯罪者は理性に基づいて合理的に選択するという考え方を基本とする。犯罪者を自由意思と合理性をもつ存在として捉え、快楽を求め苦痛を避ける功利主義的人間像を基に犯罪学を構築する理論である（瀬川・犯罪学133頁）。その理論的基礎は、フォイエルバッハの唱えた一般予防論と同じであり、近年のわが国の刑法理論にも相通ずるものがある。これらの立場では、犯罪を理性すなわち合理的選択の結果として捉えているが、合理的選択だけですべての犯罪を説明できるとは考えないのである。そこに人間の主体性を論ずる意義があるのではなかろうか。

(2)　**人格の主体性の尊重**　第2は、非決定論を基礎とする犯罪防止対策においては、人間の主体性を尊重し、その責任観念を基本とすることが重要であるという点である。犯罪原因がいかに明確になり、その対策がどれだけ有効であっても、刑事政策は多かれ少なかれ個人の身体または行動の自由を制限するなどの人権制限を伴うものである以上、犯罪対策を講ずるに当たっては、何よりもまず人権の擁護について十分な配慮をする必要がある。すなわち、犯罪対策を講ずるうえで、人格の尊厳の理念に立脚した人道主義が尊重されるべきである。同時に、犯罪は素質と環境によって決定されながら、行為者の主体的な決定によって実現されるものであるから、犯罪原因を論ずるに当たっては、常に、人間の自由意思ないし人格の主体性を考慮しつつ、その人格ないし性格に影響を与えていると推測される素質的・環境的要因の解明を心がけるべきである。

犯罪対策においては、人間の自由意思を決定づける因子の除去が目指されることとなるが、この場面においても人格の主体性を尊重し、自由意思に裏づけられた責任の観念を中核とする方策を講ずる必要がある。特に犯罪者処遇においては、人格の自律性を尊重し、自発的な改善・社会復帰を促すように適切な指導・援護を行うことが重要である。このようにして、現代の刑事政策は相対的非決定論を基礎にして展開されるべきである。

> **アンセルの新社会防衛論**　アンセル（Marc Ancel, 1902～1990）は、実証主義的立場を出発点としながら自由意思を肯定し、自由意思に裏づけられた責任の観念を犯罪者の処遇のうえで積極的に利用すべきであるとし、犯罪者の人格の尊厳の理念に立脚した人道主義的社会防衛論を提唱している

（アンセル・新社会防衛論〈吉川訳〉〔1968〕、澤登俊雄・新社会防衛論の展開〔1986〕74頁）。

Ⅲ　犯罪の予防

(1) **抑止から予防へ**　刑事司法における犯罪の防止は、既に実行された犯罪の処理を通じて犯罪の抑止を目指すのであるが、そのために展開されてきた犯罪原因論は、犯罪生物学、犯罪心理学、犯罪社会学を中心として、様々な形で展開されてきた。しかし、いずれも仮説にとどまり、なお、混迷状態にある（犯罪原因論に対する失望）。また、欧米では犯罪抑止のための刑事司法システムが十分に機能せず、犯罪は減るどころか増える一方である（刑事司法システムへの失望）。このような背景から、1970年代に入ると、刑事司法を通じての伝統的な犯罪抑止論から、「犯罪抑止から犯罪予防へ」という流れの研究が欧米で顕著になり、環境犯罪学ないし犯罪機会論などが台頭してきた。同じような状況はわが国でも認められるところであり、例えば、市民自身によるパトロールのように、コミュニティー・オーガナイゼーション・アプローチ（地域組織化的方法）を中心とした予防活動が犯罪防止策に取り入れられつつある（⇒320頁）。

(2) **環境犯罪学**　犯罪を生じさせる社会的・文化的環境が発見できれば、犯罪を予防しうる環境をつくることが可能であるという理論である。これには、大きく分けて3つの理論がある。第1は、防犯空間論であり、①公的空間と私的空間の分離、②住民による監視、③通行人による監視の確保が可能な防犯空間を維持するべきだとする（O. ニューマン・守りやすい住空間〈湯川利和=湯川聰子訳〉〔1976〕）。第2は、状況的犯罪予防論であり、犯罪の機会を与える状況をなくすことが、犯罪予防の核心であるということを中心に理論を展開している（原田豊「状況的犯罪予防と問題志向型警察活動」渥美東洋古稀記念381頁）。第3は、日常行動理論であり、犯罪は日常的な行動の機会に発生するとし、犯罪機会の減少を目的としてライフスタイルを改めることが肝心であると主張している（西村春夫「窃盗犯罪─犯罪理論としての生活運行理論の可能性」四方編・犯罪社会学〔1986〕139頁）。第

4は、破れ窓理論であり、壊れた窓つまり無秩序状態を放置しておくことが住民に悪い社会心理学上の影響をもたらし、その結果、町全体を荒廃させるとする（G.L.ケリング＝C.M.コールズ・割れ窓理論による犯罪防止〈水宮監訳〉〔2004〕26頁）。

　以上に要約したような環境犯罪学については、単なる環境改善を目指しているにすぎないとか、防犯のための環境改善は社会の要塞化をもたらすといった批判があるが（瀬川・犯罪学137頁）、犯罪をしにくいような環境を整えることは犯罪予防の点からみて十分意義あることであり、犯罪心理等を踏まえた環境づくりは、地域住民の安全・安心の点からも意義があるといわなければならない（小宮信夫「犯罪機会論と安全・安心のまちづくり」前掲渥美古稀347頁）。

第2章 犯罪化と非犯罪化

●第1節 犯　罪　化

> **I　犯罪化の意義**

　犯罪化（criminalization）とは、犯罪でない行為を法律上の犯罪として刑事制裁の対象にすることである。犯罪化は、立法上の犯罪化と刑罰法規の解釈・適用上の犯罪化を含む。罪刑法定主義を原則とするわが国においては、犯罪と刑罰は法律でこれを定めることを要するから、犯罪化は原則として立法によらなければならないが、既に存在する刑罰法規の解釈・適用を変更することによって犯罪化することもありうる。実質的犯罪（⇒29頁）は犯罪化によって初めて刑事司法の対象となるから、犯罪化は犯罪抑止対策の出発点である。実質的犯罪であるというだけでは、その行為がいかに社会的に有害であっても刑事司法上の対象とすることはできず、ある行為を取り締まり、その防止を図るためには、その行為を犯罪化しなければならない。わが国においては、刑法典のほか多くの特別刑法によって既に犯罪化がなされ、極めて多数の犯罪類型が設けられているところである。
　しかし、社会の変動に伴って反社会的行動の態様も変化するばかりでなく、刑法においては類推解釈が禁止されているため法解釈による犯罪化には一定の限界があるから、既存の犯罪類型によっては有害行為を抑止できない事態が絶えず発生する。第二次世界大戦後においても、ハイジャック、テロ活動、産業災害、道路交通、コンピュータ関連の有害行為などの取締りの強化に伴って多くの犯罪類型が設けられてきた。このように、犯罪抑止上いかなる反社会的行動を犯罪化すべきかは、刑事政策上の最も重要な課題の１つである。

> **コンピュータ関連犯罪**　コンピュータは、行政、生産、流通、金融、証券、運輸、交通、教育、医療など、社会のあらゆる生活分野において欠くべからざるものになっているのに対し、コンピュータの機能すなわちデータの保存・処理・伝達の機能を害する行為を適切に処罰する規定は現行刑法になかった。そこで、1986（昭和61）年に法務大臣は、法制審議会に対しコンピュータ関連犯罪に関する刑法の一部改正を諮問し（大谷「コンピュータ関連犯罪と刑法の改正」判例タイムズ602号〔1986〕2頁）、1987（昭和62）年の通常国会において刑法等の一部を改正する法律案が可決され、(1)人の事務処理を誤らせる目的をもって、権利、義務または事実証明に関する電磁的記録を不正に作出するなどの行為、(2)人の業務に使用するコンピュータまたはその用に供する電磁的記録を損壊などして人の業務を妨害する行為、(3)コンピュータを不正に使用して財産上不法の利益を得る行為を新たに類型化して処罰するものとされたのである。

II　犯罪化の基準と形式

(1) 犯罪化の基準　犯罪化の基準とは、立法上および解釈・適用上の犯罪化を行う場合の実質的基準のことである。反社会的行動を抑止するためには犯罪化が必要となるが、刑事制裁は物理的強制力を伴う苛酷な性質を有するから、犯罪化に際しては、何が保護法益であるかを十分に見きわめ、これを保護する方法としては刑罰法規を創設して刑罰的手段に訴える以外に適当な方法がないといえる場合に、初めて犯罪化が許される。犯罪化は、単にそれが必要であるというだけでは足りず、刑法の **補充性**、**断片性**、**寛容性** すなわち **謙抑主義** の精神に立脚した正当な根拠があって、初めて憲法上許容されるというべきである。それゆえ、社会が複雑化すると、社会をコントロールする手段として安易に犯罪を創設する傾向がみられるが、このような **過剰犯罪化**（overcriminalization）は、厳に慎まなければならない。

> **謙抑主義**　刑法は、法益保護のための最後の手段としての性質を有するということを刑法の **補充性** といい、刑法は、市民生活のすみずみにまで介入しないとすることを刑法の **断片性** といい、犯罪が現実に行われても社会秩序の維持の見地から処罰の必要性が乏しい場合には処罰しないとすることを **寛容性** といい、これら3つを総合して **謙抑主義** という。謙抑主義は、

> 刑法解釈の原理であるが同時に犯罪化すなわち刑事立法の原理でもあると解すべきである。なお、処罰の必要性と合理的根拠を欠く刑罰法規は、**実体的適正**（substantive due process）を欠くものとして憲法31条に違反する。これに対し、処罰の必要性と合理的根拠があるのに犯罪化しないのは、立法府の義務違反というべきであろう。

(2) 犯罪化の形式　犯罪化は、立法による場合と解釈・適用による場合とを含む。

　(ア) 立法上の犯罪化　憲法31条は、「法律の定める手続」によらなければ刑罰は科せられないとしている。同条は、犯罪と刑罰は法律によって定められるべきことを当然の前提とするもので、いわゆる**法律主義**を定めたものである。すなわち、何を犯罪とし、それにいかなる刑罰を科すべきかは国会の制定する法すなわち狭義の法律で明確に規定しなければならないとする趣旨である。それゆえ、犯罪化は法律以外の方法では許されないことになる。ただし、基本となる法律が罰則の創設につき**政令**に具体的な委任をしている場合には、政令によって犯罪化することが許される（憲73条6号但書）。また、地方公共団体は、**条例**に違反した者に対し「2年以下の懲役若しくは禁錮、100万円以下の罰金、拘留、科料又は没収の刑を科する旨」の規定を設けることができるから（地方自治14条5項）、そのかぎりで条例による犯罪化も認められている。

　犯罪と刑罰とが著しく均衡を欠き不相当な刑罰を刑罰法規に規定するときは、罪刑の適正に反するものとして憲法31条に違反する（最大判昭49・11・6刑集28巻9号393頁）。犯罪の重さと刑罰とは均衡したものでなければならないとする原理を**罪刑均衡の原則**という。犯罪と刑罰との均衡性は、侵害される法益の重要性の程度と、社会秩序維持の見地からみた処罰の必要性の程度を基準として判断すべきである。

> **条例と犯罪化**　条例の罰則は、その地域での特定の要請から犯罪化の必要性が認められる場合に設けられるという趣旨に由来するが、例えば青少年保護育成条例のように、必ずしも地域の特性とは関係のない全国共通の有害行為を、各地方公共団体が独自に犯罪化している場合がみられる。この種の犯罪化は、むしろ法律によって統一的に行われるのが望ましい。

　(イ) 解釈・適用上の犯罪化　解釈・適用上の犯罪化とは、刑罰法規の

解釈または適用に際し、それまで犯罪として取締りの対象となっていない事実につき当該の刑罰法規を適用することをいう。これには、解釈の変更による場合（解釈上の犯罪化）と取締り方針の変更の場合（適用上の犯罪化）とが含まれる。前者は、刑罰法規の解釈を広げることによって犯罪化するのに対し、後者は、刑罰法規の適用範囲にある事実につき長年適用しないため事実上刑罰法規が廃止されているような場合に、これを新たに適用することによって犯罪化する場合である。

　解釈・適用上の犯罪化においても、既述の犯罪化の基準が守られるべきことは当然である。しかし、第１に、解釈上の犯罪化の場合は刑罰法規の厳格解釈すなわち類推解釈禁止の原則に従うことが必要となる。それゆえ、処罰の必要性・合理性が認められ、かつ国民の処罰の要求がいかに強くても、類推解釈による犯罪化は認められない。第２に、適用上の犯罪化においては、その刑罰法規が長年適用されず、そのため事実上廃止されたと認められるときは、刑罰法規は慣習法上効力を失ったものと解し、その適用を認めるべきではない。

●第２節　非犯罪化

Ｉ　非犯罪化の意義と背景

　非犯罪化（decriminalization）とは、それまで犯罪として処罰されてきた行為を犯罪でなくし処罰を取り止めることをいう。それゆえ、従来犯罪として刑罰を科していたものを改め、刑罰の代わりに過料等の行政罰を課す場合も含む。例えば、ドイツでは軽微な犯罪に刑罰を科すことを止め、それを犯罪目録から除去して秩序違反として行政罰を課すことにしたが、これも非犯罪化の一種である。非犯罪化は第二次世界大戦後に刑法全面改正を推進してきたイギリス、アメリカ、ドイツなどの国において問題となり、価値観の多様化に基づく許容社会または解放社会の理念を背景として、1950年代から60年代にかけてキリスト教的な倫理を基礎とする犯罪、ことに同性性交のように法が保護すべき具体的利益が存在せず、単に宗教ないし特定の道徳観を保護するにすぎない被害者のない犯罪（victimless crime）は、刑法から除去されるべきであるとする運動が活発となり、これらの犯罪の非犯罪化が現実のものとなった。非犯罪化論は、それまで国家が国家的なモラリズムないしパターナリズムの立場から刑罰によって道徳を強制するなど、犯罪化の過剰な傾向にあったものを批判し、法と道徳の分離を前提とした 多様な価値観の共存 を認める許容社会においては、個人の利益を具体的に侵害する場合すなわち何らかの被害が認められる場合にのみ犯罪と刑罰は正当化しうると主張し、具体的な被害を生じない被害者のない犯罪の処罰を取り止めるべきだとするのである。このようにして、非犯罪化の刑事政策的意義は、国家の強い処罰要求に基づく犯罪の過剰傾向を是正し、謙抑主義に立脚した適正な犯罪を導こうとする点にある。非犯罪化をめぐる論議はわが国にも波及し、単純賭博罪（刑185条）、重婚罪（184条）、わいせつ文書頒布罪（175条）などの非犯罪化が刑法改正上の問題とされてきた。犯罪化の原理すなわち謙抑主義に立脚して、各犯罪類型の保護法益が何であるかを見定めて非犯罪化を検討すべきである。

> **リーガル・モラリズムとリーガル・パターナリズム**　リーガル・モラリズムとは、国家は道徳ないし倫理秩序の維持を目的として刑罰を用いるべきであるとする考え方をいう。この考え方によると、社会は道徳的な絆を基盤として成立しているのであり、これが弛緩すると社会は崩壊してしまうから、刑法は究極において道徳の維持を目的としなければならないということになる。それゆえ、犯罪の本質は道徳ないし倫理規範違反にあるとされる。リーガル・モラリズムは、欧米の刑法思想を支配してきたものであるが、第二次大戦後の価値観の多様化に伴って、道徳も多元的であり、そのなかの1つの道徳を取り出して強制するのは権威主義にほかならないと批判されている。リーガル・パターナリズムとは、国家は、家父長的な見地に立って「被害者を彼自身から守る」ために刑罰を用いてよいとする考え方をいう。自殺、薬物の乱用などの自損行為、被害者の同意に基づく行為も本人を保護するために処罰すべきであるとする考え方である。しかし、自己決定ないしプライバシーの権利が重視される現代社会においては、このような国民の後見人として、その立居振舞いまで国が介入する家父長的干渉は排除すべきである。

Ⅱ　被害者のない犯罪

(1) 意義　被害者のない犯罪とは、専ら宗教ないし道徳を保護するためのもので個人の生活利益と無関係な犯罪をいう。被害者のない犯罪を定義するについては、①他人への明白な害悪を欠き、道徳それ自体に反する行為を処罰する犯罪をいうとする立場、②非犯罪化の必要性がある犯罪をいうとする立場などが主張されているが、現在定説というべきものはない。犯罪の本質を法益侵害に求める立場からは、法益侵害またはその危険性がなければ犯罪の実質を失うから、そのかぎりでは①説が妥当である。しかし、法益侵害は、単に個人としての他人に対する害悪であるにとどまらず、社会法益および国家法益に対する侵害も当然含むものであるから、①説の考え方では狭すぎる。被害者のない犯罪とは、法益侵害ないしその危険性を伴わない犯罪、換言すると保護法益が明白でない犯罪をいうと解すべきである。

> **気づかれない犯罪**　気づかれない犯罪とは、加害者と被害者の関係が明瞭でないため、被害者自身が被害を受けていることに気づかない犯罪をいう。暗数の一類型である。例えば、贈収賄罪、不正貸付、証券取引法上のインサイダー取引等のホワイトカラー犯罪、ブラックマーケットの取引、粉飾決算などがこれに当たる。気づかれない犯罪の観念は、被害者のない犯罪に関連してアメリカで主張されたものであり、(1)発覚しにくく被害者側の被害意識が乏しい、(2)加害者に罪悪感がないなどの特徴が認められ、犯罪対策上一般の犯罪に対するのと異なった取扱いを必要とするが、㋐伝統的犯罪とは比較できない多額の金銭上の損失、㋑社会・経済制度そのものに対する害悪など、その被害は全国民的規模に拡散されるのであって、その害悪は極めて大である。それゆえ、それぞれ法益侵害が明白である以上、気づかれない犯罪は被害者のない犯罪というべきものではない。

(2) 諸類型　欧米で問題となった被害者のない犯罪は、売春、同性性交、獣姦、近親相姦、堕胎、わいせつ物出版、瀆神などであるが、わが国では、反自然的性行為、自殺および瀆神は処罰していないので問題とならない。わが国で問題となったのは、売春、堕胎、麻薬等の自己使用、賭博、わいせつ物頒布などである。

(ア) 売春　成人の合意に基づく売春それ自体は、いかなる法益も侵

害するものではない。事実、売春それ自体を犯罪化する最大の根拠は公共道徳の維持に求められてきたのである。それゆえ、リーガル・モラリズムの衰退とともに 売春それ自体は適法 とされたのであるが、売春のための客引や宣伝は、公共にとって有害であるとされて処罰されている。わが国では、1956（昭和31）年に売春防止法が制定されて、「何人も、売春をし、又はその相手方となってはならない。」（3条）と定めたが、売春それ自体は犯罪としないで、売春の勧誘等（5条）、周旋等（6条）、困惑等による売春（7条）、場所の提供等（11条）など、いわゆる勧誘事犯ないし助長事犯の処罰にとどめている。公衆の目に触れるような方法で勧誘するなど、社会風俗を害する行為および売春女性の人権を侵害する行為にかぎって処罰する趣旨からである。それゆえ、わが国における売春に関連する犯罪は被害者のない犯罪ではなく、売春女性に対する保護 の観点から、「ひも」ないし売春企業を犯罪化するものである。

　（イ）　堕胎　　堕胎の非犯罪化は、欧米で最も盛んに論じられたものであり、1950年代以降一定の要件のもとに堕胎は合法化されてきた。これに対しわが国では、母体保護法（1948年〔旧優生保護法〕）によって、①医学的適応に基づく堕胎（母体が自然の分娩に耐えられない場合に行う堕胎）、②社会・経済的適応に基づく堕胎（妊娠の継続または分娩が身体的または経済的理由により母体の健康を著しく害するおそれのあるときに行う堕胎）、③倫理的適応に基づく堕胎（強姦による妊娠のように、出産が倫理的に耐えがたい結果をもたらす場合に行う堕胎）は、人工妊娠中絶 として、一定の要件のもとに法令上の違法性阻却事由に当たるものとされ、自己堕胎罪、業務上堕胎罪 について大幅な自由化が図られた。したがって、この法律によって正当化されない場合にのみ堕胎罪が問題となるにすぎないから、本罪が適用される裁判例は、今日では極めて少数となっている。そのため、検挙件数の少ない堕胎罪規定ことに自己堕胎罪および業務上堕胎罪は非犯罪化すべきであるという主張がなされてきた。しかし、堕胎罪の保護法益が胎児の生命・身体にあることは何ぴとも否定しないほど明白であって、被害者のない犯罪でないばかりか、これを非犯罪化することは人命軽視につながると考えられるから、検挙件数が少なくても一般予防的見地から処罰規定をおく必要がある。

（ウ）　麻薬等の自己使用　　麻薬等の自己使用については、一種の自傷行為として被害者のない犯罪であるから不可罰とすべきであるとする見解およびこれを不可罰とする立法例がある。ヨーロッパやアメリカの場合、刑事規制が不可能な程度に薬物が蔓延していることから自己使用の非犯罪化が図られつつあるが、わが国では、「麻薬及び向精神薬取締法」や「覚せい剤取締法」によって、譲受け、所持ないし使用を重い刑罰で禁止している。①薬理作用の影響下にある使用者は他人を害する危険を有すること、②薬物入手のためなど薬物乱用に起因して他の犯罪を行うことがありうること、③薬物乱用の蔓延は社会を荒廃させることなどを考慮すると、社会法益に対する侵害が認められることは明らかであるから、これを非犯罪化すべきであるとする見解は妥当でない。

　　（エ）　賭博　　賭博の刑事規制は、勤労によって生計を維持するという経済・勤労生活の風習を堕落させることを防ぎ、併せて賭博に付随して生ずる強盗・窃盗などの犯罪を防止するという趣旨に基づくというのが通説的理解である。しかし、人生をどのように生きるかはその本人自身の自己決定ないしプライバシーの問題であり、勤労意欲の維持のために刑法を用いるのは、リーガル・パターナリズムの表れにほかならない。また、賭博は家族や親類などに迷惑をかけたり、財産犯を誘発するなどの害悪をもたらすこともあるから、明白な被害者のない犯罪とはいいがたいが、他面において、財政・経済政策その他の理由によって種々の賭博・富くじ行為が公認されていることに注意しなければならない。賭博行為については金融商品取引法、商品取引所法が、富くじについては当せん金付票法（宝くじ）、競馬法、自転車競技法（競輪）、小型自動車競技法、モーターボート競走法があり、これらの法律によって賭博・富くじ行為は正当行為とされ、刑法35条によって違法性が阻却される。これら一種の公営賭博・富くじの存在は、賭博および富くじの処罰根拠が現在においては建前だけに終っているという印象を与えるところから、少なくとも単純賭博罪（刑185条）は非犯罪化するのが妥当である。もちろん、賭博が暴力団の手によって行われるような場合は、一般の市民の財産に対して危険を与えることになるから、賭博場の開設や職業賭博は現行どおり処罰すべきである。

　　（オ）　わいせつ物頒布等　　わいせつの罪では公然わいせつ罪（174条）

とわいせつ物頒布販売罪（175条）が問題となる。これらの罪の保護法益は 公衆の性的風俗 ないし 性秩序 であるとするのが通説的理解である。この立場からは、わいせつに関する行為は原則として処罰するべきであるということになろう。一方、これを個人の自由に対する侵害とする立場からは、見たくない自由 を侵害しないかぎり、原則として処罰するべきではないということになろう。このように、わいせつ犯罪の実質については、法益侵害という観点からは相反する結論を導きうるのであるが、ともあれ、わいせつ物ないし行為の犯罪としての性質は必ずしも明らかでなく、むしろ最高裁がかつて 社会を道徳的頽廃から守る （最大判昭32・3・13刑集11巻3号997頁）ために処罰するといったことからも窺えるように、多分にリーガル・モラリズムがわいせつの罪の根拠となっているように思われる。それゆえ、単に風俗に対する有害性もしくは青少年に対する有害性または 囚われた聴衆（ないし観衆） の見たくない自由に対する侵害といった法益侵害の面だけではなく、最終的には通常の社会生活基準すなわち社会倫理規範に違反するものかどうかを基準としてわいせつの罪を再検討すべきであろう。

Ⅲ 非犯罪化の諸類型

(1) 取締上の非犯罪化 取締上の非犯罪化とは、刑罰法規は存在するが捜査ないし取締機関が当該刑罰法規を適用しないため、事実上もはや犯罪とされなくなることをいい、事実上の非犯罪化 ともいう。例えば、自己堕胎罪は戦後ほとんど適用されておらず、事実上犯罪として扱われなくなっているといってよいであろう。取締上の非犯罪化の原因としては、①刑罰法規と国民の法感情とが著しく乖離している場合、②社会の変動とともに処罰の必要性が認められなくなったが法律が廃止されていない場合、③取締体制が弱体であるため一部の違反者を取り締まると差別的取扱いとなる場合などが考えられる。このような場合には、刑罰法規の廃止などの手続をとるべきであるが、問題は、非犯罪化の状態にあると認められる事実につきこれを摘発するような場合の取扱いである。その刑罰法規は慣習法上の効力を失い廃止されたものとして扱うべきであり、このような事実が

起訴された場合には、裁判所は刑事訴訟法337条2号によって免訴の判決を言い渡すべきである。

(2) **裁判上の非犯罪化**　裁判上の非犯罪化とは、刑事裁判を通じて行う非犯罪化をいい、司法上の非犯罪化 ともいう。判例を変更して刑罰法規の解釈・適用を改め、従来処罰されていた行為を以後処罰しなくすることを内容とする。このような場合にも、裁判所は 刑罰法規の慣習法的廃止 を認め、当該刑罰法規について起訴された事件に対しては免訴を言い渡すべきである。

(3) **立法上の非犯罪化**　立法上の非犯罪化とは、法律の廃止または変更によって犯罪であったものを犯罪でなくすることをいう。不敬罪や姦通罪の廃止（昭22・法律124号）はこれに当たる。

●第3節　刑事立法の動向

Ⅰ　刑法改正作業の経緯

犯罪抑止対策は、前述のように犯罪化を中心とする立法ことに刑法の改正を中心として実施されるべきであるが、1907（明治40）年に制定された現行刑法については、大正末期に「本邦の淳風美俗、忠孝其の他の道義」を基点とする新しい刑事政策による「犯罪防遏」を目指す刑法の改正審議が進められ、その結果として 改正刑法仮案 がまとめられた。その思想的基盤は、当時の国家主義と社会防衛主義であったが、その後第二次世界大戦に突入したため確定案はできないまま終った。1946（昭和21）年には日本国憲法が制定され、平等主義、人権尊重主義など新憲法の精神に即応するための刑法一部改正が行われたが、刑法全面改正の要求が弱かったこともあって、刑事訴訟法のような全面改正は行われなかった。

日本国憲法下における刑法全面改正作業は、1956（昭和31）年に法務省に設置された 刑法改正準備会 において開始され、同準備会は、1961（昭和36）年に 改正刑法準備草案 を公表した。その後、1963（昭和38）年には法制審議会に法務大臣から刑法改正についての諮問があり、1974（昭和49）年に 改正刑法草案 が答申された。同草案は、第1に、罪刑法定主義に立脚し

処罰の限界を明確にする見地に立って所要の条文を創設している。第2に、責任主義を徹底する見地から所要の改正を行っている。第3に、犯罪者に対する刑罰その他の刑事上の処分について全面的な再検討を行い、法定刑の見直し、保安処分の創設などを図っている。第4に、現在における犯罪情勢および国民感情を考慮して、刑法各則の個々の構成要件と法定刑を全面的に検討しなおし、時代に即応した犯罪化を目指している。

> **刑法の一部を改正する法律**（昭22・法律124号）　この改正では、新憲法の精神に即した非犯罪化のための改正が中心となった。すなわち、皇室に対する罪（刑73～76条）および妻の姦通罪に関する規定（183条）の削除、名誉毀損罪に関する事実の証明に関する規定（230条の2）の創設などが行われた。なお、1953（昭和28）年と翌1954（昭和29）年の改正では、刑の執行猶予制度の拡充が図られ（⇒192頁参照）、また、1958（昭和33）年以後は、社会情勢の変化に対応するための犯罪化および刑の加重が図られてきた。

Ⅱ　刑法全面改正作業の終息

　改正刑法草案は、しかし、犯罪化、厳罰化、国家法益の優先、時代遅れの刑事政策といった日本弁護士連合会（日弁連）および **刑法研究会** を中心とする批判にさらされた。法務省は、これらの批判を考慮して、1976（昭和51）年6月に草案のうち批判の多かった部分を修正する **代案を法務省刑事局案として** 示したほか、1981（昭和56）年には草案の大幅な修正を折り込んだ「**刑法改正作業の当面の方針**」を公表した。その具体的内容は次の4つに要約できる。第1に、草案における現行法と同一内容の規定は、「草案の規定ぶりに従って」、現行法どおりの規定にする。第2に、新設規定および修正規定については、おおかたの合意が得られているものだけを規定する。第3に、新設および修正規定のうち賛否の対立が著しいものは、現行法どおりとする。第4に、法定刑の修正を必要とするものを除き、原則として法定刑は現行法どおりとする。なお、保安処分については、草案規定を抜本的に変更して創設するものとしている。

　以上のように、刑法全面改正事業は屈折した経過をたどったが、草案が答申されてから20有余年が経過し、その間、社会状勢が大きく変化すると

ともに、刑法思潮も非犯罪化、非刑罰化、非施設化を中心として変化してきたところであり、草案は、もはや、歴史の産物として葬り去るのが適当である。むしろ、新しい考え方に立って、時代に即した刑法の抜本的改正を目指すべきであろう。政府も、「当面の方針」を発表してから以降、草案の取扱いについて沈黙しているところをみると、実質上、草案は廃案となっているといってよいであろう。ちなみに、1995（平成7）年には、刑法典の表記を平易化するという主旨のもとに、条文を可能なかぎり忠実に**現代用語化**するための刑法全面改正が行われた。実質的な改正に手を付けるのは時期尚早とみられたためであろうが、刑法のような国家の基本法は、国民の社会生活における行動の指針となるものであるから、国民全体の基本的なコンセンサスに基づいて改正されるべきであり、激烈な対立を残したまま刑法を全面的に改正するのは決して好ましいことではない。しかし、これを犯罪対策の見地から眺めるときは、既述した犯罪化および非犯罪化の基準を柱として所要の改正を行う必要があり、その意味で十分な論議を重ねながら、できるだけ早い機会に、刑法の実質的な全面改正を行うべきである。

> **日弁連の態度と刑法研究会**　　日弁連は、改正刑法草案は処罰の拡大、重罰化、保安処分の新設など、人権よりも治安を優先するものであるとの認識に立ち、当面、刑法典の現代用語化を図り、明らかに必要と認められる最小限の修正を施すという見地から**「現行刑法の現代用語化・日弁連試案」**(1982) を発表した。一方、1979（昭和54）年度の科学研究費として「刑法改正草案に対する批判的検討」の課題のもとに組織された**刑法研究会**は、平場=平野編・刑法改正の研究1〔1972〕、同2〔1973〕、平野=平場編・刑法改正〔1972〕を著し、1983（昭和58）年には刑法改正試案を発表している。その内容は基本的に現行法を維持するというものであって、日弁連試案に近い。

Ⅲ　近年の刑事立法の動向

(1)　**犯罪抑止と刑事法**　　犯罪抑止対策は刑事法を通じて実現される。犯罪情勢や社会・経済状況の変化等に即した刑事立法は、刑事政策なかんずく犯罪抑止対策にとって不可欠である。しかし、少子高齢化、国際化、

情報化といった社会の大きな変革の時代を迎えたにもかかわらず、1980（昭和55）年代以降、刑法改正問題の終息とともに刑事立法は沈静化し、ピラミッドの沈黙と称される状況が続いたのである。

しかし、1993（平成5）年以降、地下鉄サリン事件など大きな社会不安を惹き起こす事件の発生が相次ぎ、刑事立法への関心がにわかに高まった。こうした社会状況を背景として、1999（平成11）年の組織犯罪3法、2000（平成12）年の犯罪被害者保護2法の制定、さらには、少年法の改正が実現し、いわゆる刑事立法の活性化時代が幕を開け、「ピラミッドの沈黙」が破られることになったのである。2001（平成13）年には、支払用カードにかかる罪（刑163条の2〜163条の5）および危険運転致死傷罪（208条の2）の新設、2003（平成15）年には、国民以外の者の国外犯処罰規定の新設および心神喪失者等医療観察法の制定、2004（平成16）年には、犯罪被害者等基本法の制定などがなされた。

一方、犯罪情勢の悪化を受けて、政府は、2003（平成15）年12月、犯罪対策閣僚会議を開催し、犯罪に強い社会の実現のための行動計画を策定し、「平穏な暮らしを脅かす身近な犯罪の抑止」をはじめ、5つの重点課題を設定した。その結果、①凶悪・重大犯罪に対する有期刑の法定刑の引上げを中心とする犯罪化・重罰化等、②長期間の監禁事案や悪質な略取誘拐事案等に対処するための犯罪化・重罰化、③人身売買罪の新設などが実現した。

> **予定されている刑法の一部改正**　処罰の強化を図る刑事法の改正として、①組織的な犯罪の共謀罪および証人等買収罪の新設、②組織的に実行される悪質かつ執拗な強制執行妨害事犯に適切に対処するため、強制執行を妨害する行為の処罰対象を拡充し、法定刑を引き上げるなどの法整備を行う改正、③ハイテク犯罪に対処するために、不正指令電磁的記録作成等の行為についての処罰規定および証拠収集手続規定の新設を内容とする法律案が国会に提出されている。

(2) 新しい刑事政策の潮流　刑事立法活性化時代に当たる過去10年の間に新設ないし改正された刑事法は、犯罪被害者等基本法をはじめとして、極めて多様なものを含んでいるが、その中心は、犯罪化、重罰化による処罰の強化を図るものである。その背景には、犯罪対策閣僚会議が策定した

「犯罪に強い社会の実現のための行動計画」にあることはいうまでもない。この行動計画は、1996（平成8）年から始まる犯罪情勢の悪化に対処するために策定されたものであるが、その後、犯罪情勢が沈静化しても、「体感治安」の悪化を背景とした **安全・安心の要請** に基づく処罰の強化を図る政策が採られ、世論の支持を得ている。

　このような刑事政策の潮流は、①市民的な安全の要求の高まり、②警察、検察および裁判所などの刑事司法機関による犯罪抑止への要求、③犯罪被害者の悲惨な実態に対する認識などを背景とするものであるが（瀬川晃「刑事政策の視点から見た刑事法の現在と課題」刑事法ジャーナル1号〔2005〕18頁）、こうした潮流を批判し、過剰な治安強化を危惧する見解も浮上している。しかし、安全で安心して暮らせる平穏な社会が刑事司法の目指すものである以上、国民の不安つまり体感治安の悪化は、刑事政策の重要な課題であると考えられる。体感治安の問題は、従来あまり議論されてこなかったが、**犯罪に対する不安感** の解消を念頭において犯罪対策を講ずるべきであるという意味で、刑事政策の根本に据えるべき課題であるといえよう。

第3章

刑罰、保安処分、保護処分

　犯罪の防止は、犯罪抑止と犯罪予防に分かれるが、その中心は、犯罪抑止である。犯罪抑止の手段は、刑罰、保安処分、保護処分である。本章では、犯罪抑止の視点から、刑罰、保安処分、保護処分の刑事政策的意義を明らかにする。

●第1節　刑罰の意義と機能

Ⅰ　刑罰の理念をめぐる対立

　刑罰の理念をめぐっては、絶対主義、相対主義、併合主義の対立がある。絶対主義は、刑罰は正義を回復するためにあるとし、刑罰権の法的根拠を道義的必然性としての応報に求める。この立場によると、犯罪を行ったから罰するということになる。相対主義は、刑罰を何らかの目的のための手段とし、刑罰権の法的根拠を刑罰の合目的性、有用性に求める。この立場によると、犯罪を犯させないために罰するということになる。併合主義は、両者を統合して、刑罰権の法的根拠は、正義および合目的性のいずれにも存在するとする。この立場によると、「犯罪を行ったがゆえに、そして、犯罪を行わせないために罰する」ということになる。

　絶対主義は絶対的応報刑論を内容とする。絶対的応報刑論は、刑罰を過去の犯罪に対する応報と解し、刑罰は悪に対する悪反動であるということ、動と反動との関係は均衡していなければならないこと、悪反動であるからその内容は害悪でなければならないことを必要とすると主張する立場である。相対主義は目的刑論を内容とする。目的刑論は、刑罰を将来の犯罪の抑止を目的として犯罪者に科されるべきものと解し、刑罰は犯罪の防止にとって必要であり有効であるかぎりで正当なものになるとするが、目的の

内容の相違によって、一般予防論と特別予防論とに分かれる。**一般予防論**は、犯罪者を処罰することによって社会の一般人を威嚇し、その犯罪を抑止しようとするものであり、**特別予防論**は、犯人を処罰することによって犯人自身を改善・教育し、もってその将来の犯罪を抑止しようとするものである。**併合説**は、相対的応報刑論を内容とし、刑罰が正当化されるためには正義の要求を満たしていなければならないとともに、犯罪防止にとって必要であり有効でなければならず、応報刑の範囲内で一般予防および特別予防の目的を達成すべきであると主張する。

> **刑罰論の史的展開** (1) 一般予防論　近代的な刑罰論は、中世における不合理かつ残虐な刑罰を批判し、刑罰の合理化と緩和化を唱えた近世初期の啓蒙思想を出発点とするが、啓蒙主義的刑法および刑罰思想は、近代刑法学の祖と称される **ベッカリーア**、また近代刑法学の父と称される **フォイエルバッハ** などを通じて開花した。その主張のニュアンスは異なるが、彼らは一般予防論を内容とする相対主義によって刑罰の合理化、緩和化を図ろうとした。
> 　(2) 絶対的応報刑論　**カント**（Immanuel Kant, 1724～1804）は同じく啓蒙的立場から人間の理性を追求して、刑罰によって犯罪を相殺し、犯人に責任を尽くさせることが正義の要請であり、刑罰は、彼が罪を犯したという理由によってのみ科さなければならないとして、同害報復（タリオ）の法を内容とする絶対主義を主張した。**ヘーゲル**（Wilhelm Friedrich Hegel, 1770～1831）は弁証法的立場から、犯罪と同価値の害悪を加えないかぎり侵害された法と正義は回復しないとして絶対主義を主張し、19世紀中期のドイツ刑法学に大きな影響を与えた。
> 　(3) 特別予防論　産業革命による犯罪の増加と科学主義の時代を背景として、特別予防論に立つ相対主義が生まれた。**リスト** は、社会防衛を目的として、刑罰が立ち向かうべきものは犯罪者の社会的危険性であるとし、特別予防のために改善・威嚇・無害化の方法が施されるべきであるとした。**フェリー** が、1921年イタリア刑法草案を起草するに当たって、刑罰の観念を捨て制裁の語を用いたのも、特別予防論に由来する。
> 　(4) 相対的応報刑論　応報刑論と特別予防論は、20世紀ヨーロッパの刑法改正事業において対立するが、応報刑論者が刑罰による犯罪者の改善の必要性を認めたことから急速に妥協が進み、いわゆる併合主義が通説化した。このようにして、刑罰の理念は、一般予防論から絶対的応報刑論、特別予防論、そして、全体の統合を図る相対的応報刑論へと変遷してきたといえる。

Ⅱ　刑罰の意義

　刑罰は、国家的制度であるから、犯罪を防止し、もって社会秩序を維持するという国家の目的にとって必要であり有効であること、すなわち合目的性と有効性が刑罰権の法的根拠である。したがって、正義の要求を満足させること、すなわち道義的必然性それ自体に刑罰の法的根拠を求める絶対主義は妥当でない。しかし、人間の長い歴史のなかで育まれてきた罪と罰の観念は、平均的な国民の道義的確信となっており、悪行に対する悪反動という考え方は、現在の文明化された社会においても歴然として存在している。また、罪を犯した者は法的に報いを受けるべきであるとする法的応報の原理は、依然として国民の法的確信になっているといえよう。そうすると、相対主義に立脚するにしても、このような応報原理を否定することは許されないばかりか、国民の道義的ならびに法的確信に反する相対主義は、かえって国民の法秩序に対する不信を招き、社会秩序の維持という刑法・刑事政策の究極の目的を達成できないことにもなりかねない。応報感情の満足および一般予防、特別予防の各機能は、社会秩序の維持という高次の目的によって統合されなければならないのである（統合刑論）。

　このようにして、刑罰は、応報の原理に立脚しなければならない。そして、応報を基礎づけるのは行為に対する道義的非難ないし道義的責任であるから、その内容は刑罰を科される者にとっては害悪・苦痛でなければならない。それゆえ、第1に、犯罪の重さと刑罰の量は、その法的価値において均衡していなければならない。これを均衡の原則という。法定刑はその犯罪類型と、また、宣告刑は当該の具体的な犯罪の重さ、ことに非難の大小と均衡していなければならない。第2に、刑罰は、法の要求に従うことができたのに従わなかったという意味において非難を加えるのであり、この点で保安処分とは本質を異にするから、いわゆる二元主義をもって妥当とする（⇒156頁）。刑罰は、本質的に過去の犯罪に対する責任を必要とし、それを基礎として正当化されるのである。

> **相対的応報刑論批判**　相対的応報刑論の論者は、刑罰から絶対主義的契機を排除できないとし、刑罰の本質は依然として応報であり、目的は一般予防と特別予防であるとするが、それではまさに「足し算」的刑罰論とい

うべきであろう。応報、一般予防および特別予防は、究極においては社会秩序の維持という功利的目的において統合されるべきなのである（大谷「刑事責任論の重要問題」法学教室73号〔1986〕15頁）。一方、分配論は、刑罰の理念を、正義または合目的性のいずれかに統一して理解するのは不可能であり、刑罰の各段階に応じて異なる理念を認めようとするものである。ドイツの刑法学者**マイヤー**（Max Ernst Mayer, 1875～1923）は、刑罰は、立法者、裁判官および刑務官の各国家機関との関係において、刑罰の法定（法定刑）、刑罰の量定（宣告刑）および刑罰の執行（執行刑）の3段階に分けられるのであり、それぞれの段階における理念は、応報、法の確認、目的刑であるから、刑罰の一貫した理念を求めることは困難であるという。しかし、応報原理に立脚した相対主義における刑罰の機能は、各段階の性質によって発現の仕方を異にするが、いずれにおいても社会秩序の維持を目的とすることをもって一貫した刑罰目的とすべきであろう。この考え方を統合刑論という。

Ⅲ　刑罰の機能

(1) 報復機能　　刑罰は、犯罪に対する非難の形式である点で応報であるが、それ自体を自己目的とするものではなく、犯罪防止の目的を達成しつつ、究極においては社会秩序維持の機能を果たすと解すべきである。

　刑罰は、それが裁判を通じて宣告され、現実に執行されることによって、具体的な犯罪に対する社会一般の公憤を鎮静させ、犯罪によって被害者が受けた心理的苦痛を宥和する機能をもつ。これを刑罰の**報復機能**という。この機能を適正に考慮しない刑罰権の行使は、法秩序と刑罰制度に対する国民一般の信頼感を害することになるから、仮に犯罪防止上有効であるとしても、社会秩序維持の見地から許されるべきでない。また、この機能を適切にはたらかせることによって、刑罰制度に対する社会的信頼感を高め、犯罪防止に対する公衆の参加を促すなど、間接的ながら犯罪防止効果が強化することにもなるであろう。

報復機能は副次的なものか　　刑罰の本来の機能は犯罪の防止機能にあるから、報復機能は副次的なものにすぎないとする見解がある。しかし、被害者感情の満足は副次的なものにすぎないとしても、それを含んだ社会一般の応報感情を満足させることは、刑罰の目的にとって不可欠のものと解さ

れる。

(2) **一般予防機能**　刑罰には、社会における一般の人が犯罪に陥ることを予防する機能があると考えられる。これを一般予防機能といい、これには、刑罰法規において刑罰を予告することにより、一般人を威嚇し犯罪から遠ざける機能、および刑の言渡しと執行による威嚇によって一般人を犯罪から遠ざける機能とがある。一般予防論は、フォイエルバッハなどの理性的人間像を基礎としたものであり、人間は快楽と苦痛を合理的に計算して行動するという前提に立つのであるが、このような考え方は今日では科学的に完全に否定されているという見解がある。たしかに、犯罪は合理的計算に基づかないで機会的・衝動的に行われる場合が多いけれども、しかし、合理的計算に基づく場合も決して稀ではない。また、刑罰による威嚇が犯罪を止めようとする誘因になりうることも、経験上容易に承認できる。犯罪の一般予防に最も効果があるのは検挙率の向上と迅速かつ確実な処罰であると主張する見解もある。そうした予防効果は刑罰の一般予防効果を前提として初めて発揮されるのであって、先のような理由で一般予防効果を否定するいわれはない。一罰百戒的な重罰主義は認めるべきではないが、適正な一般予防機能を考慮することは、犯罪予防にとって極めて重要である。

> **一般予防論の再興**　いわゆる社会復帰思想の後退に伴って1970年代以後、アメリカを中心として一般予防論の再検討が盛んになり、実証的・統計的研究が行われるようになってきたが、現在までのところ死刑を含めて刑罰の威嚇力の証明は十分になされているとはいえないようである（藤岡一郎「一般予防論の現状と課題」刑法雑誌27巻3号〔1986〕1頁）。このように一般予防効果は、科学的なデータに基づくものではないが、そのゆえをもって一般予防機能を無視するのは妥当でないであろう。現代の刑事司法システムは、一般予防論を基礎とするという考え方は、わが国の刑法学の主流となっている。もっとも、一般予防の効果だけで刑罰を正当化できるとする一般予防論は姿を消し、現在では一般予防論は抑止刑論に組み込まれているといえよう。抑止刑論は、刑罰は犯罪を抑止する効果があるとき正当化されるとし、刑罰はその威嚇力によって一般人の行動を統制すべきであるとともに、犯罪者に対しては社会復帰のための処遇によって特別予防を図るべきだという（平野龍一・刑法総論Ⅰ〔1972〕20頁、前田雅英・刑法総論講義第4版〔2006〕17頁）。そして、「正しい抑止刑」であるためには「均衡

の原則」が要求され、その限度で抑止目的を達成すべきだとするのであるから、実質的には私見の統合理論と異ならない。

(3) **特別予防機能**　特定の犯罪者（または受刑者）の将来の犯罪を防止する機能、これを特別予防機能という。特別予防機能は、3つの異なる機能を含む。第1に、刑を具体的に宣告することによって犯罪者の 規範意識を覚醒させる機能 がある。第2に、自由刑の執行は、受刑者を社会から排除することによって一時的ないし永久的に再犯の可能性を失わせる排除機能（無害化機能）がある。第3に、受刑者に過去の犯行に対する責任を感じさせ、将来再び犯行に陥らないようにする 改善機能 がある。

人間は素質と環境によって決定されつつ、自ら決定する相対的自由意思の主体であると考えられ、刑罰は、過去の犯罪に対して非難し、その責任を受刑者に自覚させることによって改悛を促し、再び同様な犯行に陥らない人格を主体的に形成させるべく指導し、援助する機能をもつべきである。特別予防論は、決定論の側から提唱されたものであり、そこでは非難の契機を要しない改善が主張された。しかし、限られた範囲とはいえ人格の主体性は存在すると考えられるから、心理学、精神医学等の行動科学の知見を駆使しながら、人格に訴えかけ自覚的な改悛を促すことを目指して自由刑は執行されなければならない。こうして初めて、刑罰を応報原理に基礎づけられた改善刑にすることが可能となるのである。

(4) **各機能の関係**　憲法36条は「公務員による……残虐な刑罰は、絶対にこれを禁ずる」と定めている。これは、法律によって規定される法定刑としての刑罰だけでなく、裁判によって言い渡される刑罰および現実に執行される刑罰のそれぞれの領域において、残虐な刑罰 を許さないとする趣旨である（最大判昭30・1・6刑集9巻4号663頁）。残虐な刑罰とは「不必要な精神的・肉体的苦痛を内容とする人道上残酷と認められる刑罰」（最大判昭23・6・30刑集2巻7号777頁）、すなわち通常の人間感情にとって堪えられない反人道的な刑罰をいう。したがって、ただ苦痛を加えることだけを目的とするような同害報復的刑罰は、憲法上許されないと解される。これに対し、社会秩序を維持するうえで必要であり有効と考えられ、しかも社会の応報観念を基礎とした適正な刑罰は、憲法上当然に許容され

ているし、人道上も許容されると解すべきである。

　一方、憲法13条は「すべて国民は、個人として尊重される」と規定している。その趣旨は、個人の人格に根源的な価値を認め、具体的な生きた1人ひとりの人間を可能なかぎり平等に、かつ大切に扱わなければならないということであり、この原理が犯罪者にも及ぶことはいうまでもない。この見地からすると、刑罰は、究極において社会秩序の維持という功利的目的に奉仕するものではあるが、個人の人格を専ら犯罪防止目的の手段とするものであったり、犯人の人格を否定するものとして科されてはならないのである。その意味からも、犯罪に対する非難の具体化である応報を限度として一般予防を追求し、犯罪者の改善を図ろうとする統合理論が妥当である。

　刑罰には、報復機能、一般予防機能および特別予防機能があり、それぞれを適切に考慮して刑罰を法定し、刑を宣告し、さらに刑を執行すべきであり、刑罰の各段階においてこれら3つの機能は調和を保つべきであるが、立法、法の適用、具体的な法の執行の各段階の機能の相違に応じて、刑罰の理念ないし機能の力点もおのずと異なったものとなる。すなわち、立法の段階では罪刑均衡の原則が適用されることはいうまでもないが、その力点は一般予防にある。裁判による有罪の確認および刑の量定は、法の確認による一般予防効果の確保という面をもつとともに、特別予防の見地からは再犯の予測も無視できないが、特に犯人に対する報復機能に力点がおかれると解すべきであろう。これに反し、具体的な法の現実化である刑の執行場面においては、宣告刑の枠内でいかに犯人の再犯を防止するかという特別予防の理念が支配する。

　ところで、われわれは刑罰の一般予防および特別予防の機能を認め、それを根拠として国の刑罰権を承認したのであった。しかし、これらの予防機能は、しばしば指摘しているように、実証科学的な根拠に基づいているわけではない。したがって、いかなる法定刑ないし宣告刑が威嚇力をもち、どのような処遇によって犯人の改善・社会復帰が可能かといった有効性も極めて漠然としたものである。相対主義は、刑罰の法的根拠を合目的性と有効性に求めたが、その有効性だけで刑罰を正当化できる状況は今のところない。有効でないのに改善の名目で強制的処遇が加えられるとすれば、

その刑の執行は反人道的なものといわざるをえないからである。したがって、予防目的の追求も応報を限度とすべきなのであり、この意味においても統合説が妥当である。

> **予防効果と応報**　抑止刑論は、刑罰は犯罪の軽重に応じたものであることを要し（均衡の原則）、かつ、犯罪防止の効果がある限度で正当化されると主張する。また、フォイエルバッハ等の一般予防論者も人道主義的立場から罪刑の均衡を強調してきたが、応報と予防の関連は上述のように理解すべきであろう。

Ⅳ　刑罰の種類

(1) 刑罰の分類　刑罰は、その剥奪する法益の種類によって、生命刑、身体刑、自由刑、名誉刑、財産刑などに分けられる。①生命刑とは、人の生命を奪う刑罰であり、死刑がこれに当たる。②身体刑とは、人の身体に対して害を加える刑罰をいい、劓刑（鼻そぎ）、黥刑（いれずみ）、杖刑、笞刑などを内容とする。③自由刑とは、人の身体の自由を奪う刑罰をいい、追放、居住制限、拘禁（懲役・禁錮）を内容とする。④財産刑は、財産を奪う刑罰であって罰金、科料、没収などがその内容である。⑤名誉刑は、資格制限刑ともいい、人の名誉を奪う刑罰であり、公権の停止・剥奪などがその内容である（⇒153頁）。

刑罰は、古くは生命刑・身体刑が中心であったが、文明の発達とともに次第に制限される傾向にあり、死刑廃止国が増加するとともに、身体刑も先進諸国家では廃止されるに至っている。また、自由刑に代わるものとして社会奉仕命令を立法する国も現れつつあるなど、全体としてみると刑罰は緩和化される傾向にある。

(2) 現行法上の刑罰　わが国の現行刑法は、生命刑としての死刑、自由刑としての懲役、禁錮および拘留、財産刑としての罰金、科料および没収の7種の刑罰を設けており、身体刑、名誉刑は認めていない。なお、現行法は主刑と付加刑の区別を認める。主刑とは、それ自体を独立して科すことができる刑罰をいい、死刑・懲役・禁錮・罰金・拘留・科料がこれに当たる。付加刑とは、主刑を言い渡すときだけ科しうる刑罰をいい、没収

がこれに当たる。

> **行政罰**　違法行為を原因として科される苦痛であっても、形式上刑罰として規定されていないものは刑罰ではない。それらは通常行政罰とよばれており、4つの形態がある。第1は、**懲戒**または**懲罰**であり、国家公務員法82条以下に定める義務違反に対する懲戒処分（免職・停職・減給・戒告）などがその適例である。第2は、**過料**であり、独禁法7条の2が定める課徴金などがこれを定めている。第3は、**監置**であって法廷等の秩序維持に関する法律2条が定めている。第4は、**資格制限**であって、学校教育法9条、公職選挙法11条などが定めている。これらは刑罰ではないから、刑罰と併科しても憲法39条後段（二重処罰の禁止）に違反するものではない。もっとも、行政罰も対象者の法益を剝奪する点では実質上刑罰と変わらないから、刑事手続に準じた人権保障上の取扱いが必要となる。

V　非刑罰化

(1) 意義　非刑罰化（depenalization）とは、刑罰を軽減・緩和することをいう。非刑罰化の意義については、①刑罰に代えて刑罰以外の制裁を課すことをいうとする見解、②刑罰の緩和を前提として、従来の刑罰に代えて他の非刑罰的制裁を用いること、または、③刑罰自体を緩和することをいうとする見解とが対立している。思うに、非刑罰化は、非犯罪化の理念と共通した基盤に立つとともに、自由刑の弊害を回避するために提唱されたものであり、また、謙抑主義に立脚して刑事制裁を緩和する政策をいうものと解されるから、③の見解が妥当である。例えば、少年法で定める犯罪を行った少年への保護処分や保安処分も非刑罰化の例であると説かれることがあるが、その処分の内容が刑よりも実質上重い制裁である場合は、非刑罰化の理念に合致するものではなく、それこそレッテル詐欺になりかねないであろう。

(2) 非刑罰化の諸類型　非刑罰化は、立法、司法、行刑のいずれの段階においても行いうる。非刑罰化は制度として立法的に行うか、または有罪が確定した者について問題とすべきであるとする見解もあるが、捜査・訴追の段階においても認めるべきである。

（ア）　立法上の非刑罰化　立法段階において、法定刑の死刑を懲役刑

に、あるいは自由刑を罰金刑に改正する場合などがこれに当たる。犯罪を秩序違反に変え、刑罰に代えて行政罰を課す場合について、①これを非犯罪化とする説、②これを非刑罰化とする説が対立しているが、既に実体法上および手続法上も「犯罪」として扱われない以上、非犯罪化の場合と解する①説が妥当である（⇒94頁）。刑罰に代えて保安処分または保護処分を法定する場合は、原則として非刑罰化を認めるべきであるが、既述の保安処分のように必ずしも非刑罰化といえない場合が生ずることに注意を要する。もとより、犯罪防止にとって有効であり、かつ合理的根拠を有する場合は保安処分を法定することは許されるが、これは非刑罰化の問題とは別の次元で論ずべきであろう。

　（イ）　刑事司法上の非刑罰化　　刑事司法上の非刑罰化とは、警察、検察、裁判、行刑、保護などの刑事司法機関における非刑罰化をいう。警察における微罪処分、検察における起訴猶予など司法前処理によって刑事手続に乗せない ダイバージョン も非刑罰化にほかならない（⇒180頁）。いわゆる反則通告制度（⇒395頁）が非刑罰化に当たるかについて、ⓐこれに当たらないとする見解、ⓑこれに当たるとする見解とがあるが、所定の期間内に反則金を納入しないとき公訴が提起されるのは、対象者の人権を保護するためであるから、実質上は行政罰となっているものであり、ⓑの見解が妥当である。なお、交通法規違反そのものは犯罪であるから、行政罰と解しても非犯罪化されているわけではない。裁判における非刑罰化としては、執行猶予および宣告猶予があり、行刑の段階ではプロベーション（⇒288頁）、パロール（⇒276頁）、善時制、開放処遇、中間処遇などがある。

●第2節　死　　刑

Ⅰ　死刑の意義

　死刑は、生命刑すなわち受刑者の生命を剥奪する刑罰であり、かつては刑罰の中心として多用され、火焙（あぶり）、磔（はりつけ）、八裂、牛裂などその種類も多く残虐な執行方法が用いられてきた。しかし、現今の文明諸国では、人道的立場から残虐な執行方法が除去され、絞首、電気殺、銃殺、ガス殺、注射

殺などが用いられるようになっている。

　わが国の現行法は、内乱罪（刑77条1項）、現住建造物放火罪（108条）、殺人罪（199条）など**12種**の刑法犯および爆発物使用罪（爆取1条）など**6種**の特別刑法犯につき死刑を定めている。死刑は、刑事施設内で絞首して執行する（刑11条1項）。1873（明治6）年の**太政官布告**によれば、地上絞架式の絞首台を用いることになっているが、実際には**地下絞架式（掘割式）**を用いている。執行は法務大臣の命令による。この命令は、判決確定の日から原則として6か月以内にしなければならない（刑訴475条）。6か月以内に限ったのは、もともと、確定した刑が執行されないまま放置されるとその本旨に反することになるとともに、不当に長く死の恐怖にさらすことは残虐な刑罰禁止（憲36条）の趣旨から避けるべきだからである。**法務大臣の命令**があると、5日以内に死刑の執行をしなければならない（刑訴476条）。執行には、検察官、検察事務官および刑事施設の長またはその代理者が立ち会い、立ち会った検察事務官は執行始末書を作り、検察官および刑事施設の長またはその代理者とともに署名押印する。刑場には、検察官または監獄の長の許可を受けた者でなければ入ることができない。**死刑執行の非公開制**（密行主義）を採用する趣旨である（477条、478条）。

　死刑の言渡しを受けた者は、執行まで刑事施設に拘置される（刑11条2項、刑事収容178条1項1号）。言渡しを受けた者が拘禁されていないときは、検察官はこれを呼び出し、呼出しに応じないときは収監状を発して収監する（刑訴484条以下）。死刑の言渡しを受けた者が、①心神喪失の状態にあるとき、②女性であって懐胎しているときは、法務大臣の命令によって執行を停止し、心神喪失の回復後または出産後原則として6か月以内に法務大臣の死刑執行命令が発せられる（479条）。

> **執行すべき期間の徒過**　死刑囚より再審の請求ないし恩赦の出願がなされたなどの正当な事由がある場合には、6か月の期間に算入されない。ちなみに、6か月の期間は一種の職務期間にすぎないから、この期間を徒過したとしても執行命令は可能であると解すべきである（高田卓爾・刑事訴訟法二訂版〔1984〕589頁）。祝日、日、土、1月2日、3日および12月29日から31日には執行しない（刑事収容178条1項）。執行するときは、絞首の後死相を検し、5分を経過しなければ絞縄を解いてはならない（179条）。

II 死刑存廃論

(1) 死刑廃止論 死刑は、人の生命を奪う峻厳な刑罰であるため、ベッカリーア以来、死刑廃止論が主張され存置論との間で論争が交わされている。死刑存廃論の争点は区々であるが、わが国におけるその主たる論点は、①国家は犯罪者の生命を奪う権限を認められているか（法哲学的論点）、②死刑に一般予防機能があるか（刑事政策的論点）、③死刑は憲法36条にいう「残虐な刑罰」に当たるか（憲法的論点）、④誤判の可能性がある以上、取りかえしのつかない死刑を宣告することは適正手続に反しないか（適正手続的論点）に集約される。死刑廃止論は、このうちの全部もしくは一部を肯定して、死刑を刑罰制度から除去すべきであるとするのである。

第1の法哲学的論点に関しては、国は、生命の絶対的価値を前提として殺人行為を犯罪としておきながら、犯人の生命を剥奪するのは矛盾であるとされる。第2の刑事政策的観点に関しては、死刑に威嚇力があるかどうか不明であり、少なくとも疑わしきは使わずとする態度をとるべきであるとされる。第3の憲法的論点に関しては、死刑は現代の文明に照らしてみて「残虐な刑罰」に当たることは明らかであるとされる。第4の適正手続的論点に関しては、死刑は1たび執行されれば事態を回復することはできず、裁判に誤判の可能性がある以上、死刑の判決を下すことは適正手続に反するとされる。そして、このような理由を背景として、死刑を廃止した国も多数に及んでいる。特に、1983（昭和58）年7月15日、獄中から無罪を訴え続け、死刑囚として初めて再審の扉を開いた免田栄被告に、熊本地方裁判所八代支部の再審裁判で無罪の判決が言い渡されたことは、死刑問題を考える場合に忘れてはならないことである。その後、財田川事件、松山事件、島田事件の死刑囚につき再審無罪の判決が言い渡されたが、このように死刑囚につき再審での無罪が確定するということは、おそらく世界でも稀であろう。

様々な死刑廃止論 ベッカリーアは、社会契約のなかに生命を奪う「権利」を含ませることはありえないから、死刑は刑罰権を根拠づける社会契約の本旨に反するとし、また、死刑の威嚇力は、終身刑に劣るばかりでなく、人々に残酷な行為の手本を与えることで、かえって社会にとって有害

になるとして、**社会契約説**および**一般予防論**の見地から死刑廃止論を提唱し（ベッカリーア〈風早訳〉・犯罪と刑罰90頁）、多くの国々に甚大な影響を与えた。なお、本文以外の理由としては、死刑は残虐であること、死刑のもつ刑事政策的意味が犯罪者に対する完全な無害化にあるとすれば他にも方法があること、死刑は被害者に対する損害賠償の可能性を完全に奪ってしまうことなどが掲げられている。なお、わが国の代表的廃止論者である正木博士は、(1)人道主義的廃止論、(2)誤判を理由とする廃止論、(3)被害賠償を論拠とする廃止論に分けて論じておられる（正木・刑事政策汎論145頁）。

　死刑を廃止している主な国または州を挙げておこう。ポルトガル（1867年）、オランダ（1870年）、スイス（1874年）、ノルウェー（1905年）、スウェーデン（1921年）、メキシコ（1929年）、デンマーク（1930年）、スペイン（1932年）、ニュージーランド（1941年）、イタリア（1944年）、ドイツ（1949年）、フィンランド（1949年）、オーストリア（1950年）、イギリス（1965年）、フランス（1981年）など。アメリカ合衆国はミシガン（1846年）をはじめとしてウェスト・バージニア（1965年）など11州。なお、1989年12月15日に開かれた第44回国連総会は、「死刑廃止に向けての市民的および政治的権利に関する国際規約の第二選択議定書」を採択し、「当事国は死刑廃止のためのあらゆる必要な措置を講じなければならない」とし、1991年7月に10か国の批准を受けて発効したが、わが国はこれを批准していない（いわゆる「死刑廃止条約」）。なお、欧州連合（EU）加盟国は、欧州人権条約3条に基づき、軍法上で死刑制度を存続させているラトビアを除き、すべて死刑を廃止している。

(2) 死刑存置論　存置論の主張も区々であるが、主要な点は、①人を殺すなど凶悪な犯罪者に対しては、死刑をもって臨むべきであるということが国民の道義的・法的確信ないし国民感情になっていること（**応報的観点**）、②死刑には威嚇力があり、凶悪な犯罪から社会を防衛し法秩序を維持するためには、その威嚇力に期待しなければならないこと（**一般予防的観点**）、③極悪な犯罪者は生命剥奪によって社会から完全に隔離する必要があること（**特別予防的観点**）などである。もっとも、近年においては、死刑の威嚇力ないし犯罪防止効果を強調して、死刑を不可欠の刑罰として存置すべきであるとする見解は少数になり、むしろ**国民感情を根拠**にした**死刑廃止尚早論**が有力になっている。

死刑に関する国民感情　改正刑法草案は、死刑廃止を時期尚早として7種の罪（117条〔内乱罪の主謀者〕、122条〔外患誘致罪〕、123条〔外患援助罪〕、

> 170条2項〔爆発物爆発致死罪〕、255条〔殺人罪〕、328条〔強盗殺人罪〕、329条2項〔強盗強姦致死罪〕）に限定して死刑を存続したが、その理由として1967（昭和42）年の総理府全国世論調査の結果を掲げている。それによると、死刑存置は71％、死刑廃止は16％、「わからない」が13％であった（1989〔平成1〕年総理府調査＝存置66.5％、廃止15.7％、不明17.8％）。これに対し、2004（平成16）年12月内閣府世論調査によると、どんな場合でも廃止は6.0％、場合によっては死刑もやむをえないは81.4％、わからない・一概にいえないが12.5％である。

Ⅲ　死刑問題への対応

(1) 死刑の刑事政策的意義　刑罰の歴史をたどるとき、文明化とともに死刑は次第に制限されてきており、また、既に廃止している国も少なくないところから、将来、死刑は世界各国の刑罰制度から姿を消すことが予想される。そして、わが国においても、かつては、第一審の死刑言渡人員数が年間100人（1948〔昭和23〕年―116人）を超え、また、死刑執行人員数も40人に近づいた時代もあったが、1955（昭和30）年頃から急速に減少し、1969（昭和44）年以降の言渡人員はほぼ1桁台にとどまり、執行人員も1983（昭和58）年以降は1人から4人といったように激減している。もっとも、犯罪状況の悪化特に地下鉄サリン事件の影響などもあって、2000（平成12）年以降言渡人員が2桁台になっており、2007（平成19）年の執行人員は9名となっているが（ちなみに、中国470人、イラン317人、アメリカ42人である）、わが国の場合は、増加の兆しがみえているというものの、全体としてみれば大きな変化は認められない。このような死刑の言渡し・執行状況の推移からみて、死刑の存在意義はかなり乏しくなっているといってよい。他方、存置論が理由とする死刑の犯罪抑止力も、死刑を存置すべき積極的根拠にはなりえないように思われる。第1に、**死刑の威嚇力**については、死刑に特有の威嚇力が論証されないかぎり犯罪抑止上正当化されないが、その論証は不可能であろう。第2に、危険な犯罪者を死刑に処してしまえば、その再犯の可能性を完全に消滅させることができるから**特別予防の効果**は明らかであるが、再犯の可能性を消滅させる方法は終身刑など他にもありうるのであって、死刑が唯一絶対のものというわけではな

い。なお、死刑には威嚇力がないといわれることがあるけれども、そうすると刑罰一般に威嚇力がないということになるであろう。問題は、**死刑に特有の強烈な威嚇力**があるか否かにあるのである。

このようにして、犯罪対策の見地からしても、死刑を存置すべき積極的理由を見い出しがたいのであるが、それでは、死刑は刑事政策的意義を有しない不合理な刑罰ということになるのであろうか。既述のように、刑罰一般が正当化されるのは、犯罪抑止の目的を達成しつつ、究極においては社会秩序の維持すなわち国民の平穏な暮らしの確保を図るという点においてであった。そして、社会秩序維持のためには、当該社会の応報感情を満足させ、法秩序に対する国民の信頼感を保持することが極めて重要になるのである。そうすると、国民の一般的な法確信として、一定の極悪非道な犯人に対しては死刑を科すべきであるとする考え方が多数を占めるとすれば、これを無視することは刑事政策上妥当でない。現代における**死刑の刑事政策的意義**は、まさにこの点にあるというべきであり、死刑存廃の問題は、当該社会における国民の一般的感覚ないし法的確信に即して論じられなければならないのである。

わが国においては、第二次大戦後、個人の尊厳を基調とする人道主義的な考え方が浸透するとともに、平和的な社会の到来に伴って社会の意識も変動し、それに応じて死刑の適用数も減少してきたものと思われる。しかし、国民の一般的な法感情は、死刑廃止を肯定するまでには至っていないとみるのが妥当であり、現に国会の場で死刑廃止が本格的に論議されたことはない。憲法においても、13条、31条などにおいて死刑を容認しているところであり、最高裁判所も現行法上の死刑は、憲法36条の残虐な刑罰に当たらないとしている（最大判昭23・3・12刑集2巻3号191頁）。

セリンの研究　セリンは、アメリカ合衆国における死刑存置州と廃止州を対象にして、(1)他の事情が同じならば、殺人罪の頻度は死刑廃止州のほうが高率である、(2)殺人罪は、死刑を廃止すれば増加し、復活すれば減少する、(3)死刑の宣告または執行直後は、殺人率が低下する、(4)死刑存置州の警官は、より安全であるという仮説を立て、各種のデータを分析してこれらに当てはめてみたが、その仮説は論証されなかったとされる（田宮裕「犯罪と死刑」荘子＝大塚＝平松編・刑罰の理論と現実〔1972〕175頁）。この結論については、右の仮説の論証は、社会的条件、自然的条件などすべてが完

> 全に同じ場合に意味をもつので、威嚇力の有無を証明しうるものではないとの批判もあるが、少なくとも死刑に格別の威嚇力はないとする安治にはなるだろう（なお、墨谷葵「死刑の犯罪抑止力についての議論」平場安治還暦祝賀下巻〔1977〕319頁）。

(2) 今後の展望　わが国の国民感情が変化し、死刑が通常の人間感情に衝撃を与え、残虐性を感じさせるに至った時に死刑は廃止されるべきである。そして、死刑の適用数が著しく減少している現状に照らしてみると、死刑制度は、近い将来において廃止されるかもしれない。そして、廃止論者がいうように、誤判の可能性がある現在の裁判制度のもとでは、1たび死刑が執行されてしまうと、事態を回復することが困難となり救済が不可能になるばかりか、死刑に固有の威嚇力も実証できない以上、死刑の廃止に向けて一層の努力がなされるべきである。そして、死刑に代わるべき刑は、終身拘禁か、通常の無期刑よりも重い特別の無期刑以外にないであろう。この点に関連して、2008（平成20）年5月、自民、民主、公明、共産、社民、国民新の6党の幹部55人が出席して、「量刑制度を考える超党派の会」を発足させた。死刑と無期の中間に仮釈放を原則認めない終身刑の導入を検討しようというものである。死刑存廃論で妥協点を見つけ、裁判員制度（⇒200頁）における量刑を考えようとするものであり、今後の動向が注目される。

死刑の代替刑に関連して、改正刑法草案の審議過程で提案された死刑の執行延期に関する提案は注目に値する。すなわち、①裁判所が死刑を言い渡すべきものと決定した事案でも、裁判所の裁量で死刑の執行を5年間延期する旨の言渡しをすること、②死刑の執行を延期された者は、刑事施設に収容して矯正に必要な処遇を行うこと、③5年の延期期間が経過したときは、裁判所の判断で死刑を無期刑に変更すること、④無期刑に変更された者については、死刑判決確定の時から20年を経過しなければ仮釈放を許さないこと、などを内容とするものである。この案は、死刑の執行を延期するとともに、通常の無期刑よりも重い無期刑を設けて、間接的な方法で死刑の言渡しを減少ないし消滅させることを狙いとするものであるが、採択されるには至らなかった。反対理由は様々であったが、現に死刑の適用は極めて慎重になされていること、そのうえに死刑の言渡しを制限すれば

実質上死刑が廃止されたのと等しくなるという点が主たるものである。現行法上は、おそらく死刑の言渡しを慎重にすべきであるという以外に死刑の適用を制限する道はないのであろう。

> **死刑の執行猶予と死刑選択の基準**　中国刑法（43条・44条・46条・47条）は、死刑の執行猶予制度を設けており、死刑判決を受けその執行が猶予された者は、改悛の情によって無期または有期徒刑に減刑される。
> 　また、最判昭58・7・8は、「死刑制度を存置する現行法制の下では、犯行の罪質、動機、態様ことに殺害の手段方法の執拗性・残虐性、結果の重大性ことに殺害された被害者の数、遺族の被害感情、社会的影響、犯人の年齢、前科、犯行後の情状等各般の情状を併せ考察したとき、その罪責が誠に重大であって、罪刑の均衡の見地からも一般予防の見地からも極刑がやむをえないと認められる場合には、死刑の選択も許されるものといわなければならない」とする注目すべき判断を示した。実際に死刑が適用される犯罪としては、強盗致死罪（240条）が最も多く、殺人罪（199条）がこれに次ぐ。一方、最高裁第三小法廷判決（最判平5・9・21裁判集刑262号421頁）において、大野裁判官は補足意見を述べ、刑罰が残虐であるかどうかについて「この45年間にその基礎にある立法事実に重大な変化が生じていることに着目しなければならない」とし、「死刑が残虐な刑罰に当たると評価される余地が著しく増大した」として、一定期間実験的に執行を停止してはどうかという提案をしている。

●第3節　自　由　刑

I　自由刑の意義と種類

　自由刑は、受刑者を拘禁してその自由を剥奪することを内容とする刑罰である。その種類は国によって一様ではないが、わが国の現行法は、懲役、禁錮、拘留の3種類を定めている。懲役と禁錮とは、いずれも刑事施設に拘置することによって執行される点で同じであり、その相違は、懲役は拘禁のほかに「所定の作業」すなわち刑務作業が課せられるのに対し、後者はこれが課せられない点にある（刑12条2項、13条2項）。刑法典をみると、内乱に関する罪（77～79条）には禁錮だけが法定刑として定められ、あるいは過失犯に対して選択的に禁錮が法定されているのであるが、これは、一定の非破廉恥的動機に出た犯罪者または過失犯の犯罪者に対しては、通

常の犯罪者と異なった処遇をすべきであるとする趣旨に由来する。政治犯に対しては、その名誉を重んずる処遇の仕方で拘禁すべきであるとする名誉拘禁と同じ思想に基づくものである。もっとも、禁錮受刑者が作業に就くことを請うときは、これを許すことができる（刑事収容93条）。これを**請願作業**という。なお、請願作業を許された者は、正当な事由がなければやめることはできず、実質上懲役受刑者と同じ扱いを受ける。

　懲役および禁錮には、いずれも無期と有期の場合があり、有期の懲役および禁錮は1月以上20年以下、もしこれを加重すれば30年にまで上げることができ、また、減軽すれば1月未満に下げることができる（刑12条1項、13条1項、14条）。拘留は、懲役・禁錮に比べて軽い自由刑であり、主として軽犯罪法で用いられているもので、刑法典においては公然わいせつ罪（174条）、暴行罪（208条）、侮辱罪（231条）に対して規定されているにすぎない。刑期は、1日以上30日未満であり、受刑者を刑事施設に拘置して執行する（刑16条、刑事収容3条1項3号）。刑期が短い点で、制度上は懲役・禁錮と異なるが（なお、2条1項7号参照）、「所定の作業」が課されない点では禁錮と同じである。

> **自由刑の沿革**　自由刑の内容となる身柄の拘禁は、もともとは、裁判の執行確保を目的とするものであった。この制度が刑罰の内容となった時期については不明確であるが、懲役の原型は、16世紀から17世紀にかけてヨーロッパおよび英国に発生した懲治場ないし労役場にあると考えられており（⇒7頁）、その後17世紀から18世紀にかけて、それまでの火刑、身体刑、流刑などに代わって自由刑が**刑罰制度の中心**となった。その背景として、(1)生活条件の向上に伴って、自由の剥奪が刑罰として十分な苦痛を与えうるようになったこと、(2)自由刑は量的に段階をつけることができるから、応報刑としての罪刑均衡の要求を充たすのに適した刑罰であること、(3)手工業の発達により受刑者の労働力を必要としたこと、(4)カルヴィニズムの影響などが指摘されている（平野龍一・矯正保護法〔1963〕11頁）。わが国においても拘禁はもっぱら未決拘禁の目的に用いられ、江戸時代までの刑罰の中心は死刑のほか流刑（遠島）と追放刑（所払い）であった。懲役刑の萌芽は、既述の人足寄場の制度であり（⇒12頁）、明治維新後は、1870（明治3）年の新律綱領によって「労役苦使して悪を改め善に還らしむ」る徒刑（重労働刑）が採用され、1872（明治5）年に至って初めて懲役の制度が設けられたのである。なお、自由刑の種類として、フランス刑法は、重懲役、軽懲役、拘留、禁錮、徒役などの区別を設けていたが、1993

年の刑法典は懲役、禁錮、拘禁の3種の自由刑を定めている。ドイツ刑法は、重懲役、軽懲役、監禁、拘留の4種を規定していたが、1969年改正で「自由刑」として統一した。

Ⅱ　刑事政策上の意義と限界

(1) 意義　自由刑は、現在の刑罰体系の中心をなしているものであり、既述の刑罰の機能ないし目的を有するものであることは勿論である。第1に、応報の見地からみれば、身体的自由の拘束ないし強制的作業に伴う苦痛がその内容になっている。第2に、かかる苦痛が、法定刑、宣告刑および執行刑として現実化されるとき、一般人に対する威嚇力すなわち一般予防作用をもたらす。第3に、宣告刑ないし執行刑としての自由刑は、その対象者である犯罪者に対して感銘力をもつのであって、そこに特別予防作用を認めることができる。特に、特別予防作用に関して自由刑に期待されているのは、その執行における再犯防止機能（⇒439頁）である。再犯防止機能は、犯人の隔離および改善のための処遇によって達成される。すなわち、自由刑の執行は施設拘禁の実現を内容とするが、それに伴い犯人は社会から隔離されるから、その間、社会は犯罪者の社会的危険性から保護されることになるので、この隔離による無害化作用は、犯罪の抑止にとって重要である。しかし、自由刑の受刑者は、やがて社会に帰らなければならないのである以上、彼らを更生させ、再び罪を犯すことのない市民として社会に復帰させることは、刑事政策上極めて重要であるばかりか、個人の尊厳を重んずる人道主義の要請でもある。この社会復帰こそが自由刑執行の中心的目的であり、自由刑に固有の刑事政策的意義ということになる。

> **自由刑と改善思想**　改善思想は、自由刑と不可分の関係において展開されてきた。既に、アムステルダムの懲治場が改善目的を掲げていたが（⇒7頁）、監獄改良運動も、監獄事情が不潔・非人道的であり、むしろ悪風感染の場と化していることから、犯罪者を懲らしめて改善するという理念に反するということが、その出発点であった。そして20世紀のヨーロッパにおける改善刑論の展開とともに、自由刑の執行は、受刑者を改善し教育する「行刑」でなければならないとする考え方が一般的となり、その思想

的影響は、戦前のわが国にも大きな影響を与えた。一方、英米では「矯正」ないし「処遇」の思想が発展し、戦後の実務を指導した。ここでは、**科学的**ないし**医療的**な**改善**（**医療モデル**）が強調され、受刑者各人に応じた**個別処遇**による矯正・社会復帰が目指され、わが国の自由刑に対する考え方も、こうした英米の考え方の影響を受けているといえよう。もっとも、後に詳しく検討するように、1970年代のアメリカで社会復帰行刑に対する反発が強くなり、いわゆる正義モデルないし反社会復帰思想に基づく行刑改革が高唱されてきた（大谷「矯正・保護の将来」ジュリスト1000号〔1992〕249頁）。なお、自由刑の理念としての社会復帰に関連して再社会化という用語が用いられてきた。「矯正・社会復帰」は、アメリカの少年非行の専門家であるウィリアム・ヒーリーが1949年頃に最初に用い、その後犯罪学の分野で広く用いられたが、本来は医学上の用語であり、手術後の機能回復を図り徐々に社会生活に慣らすための療養をいうから、この用法は、犯罪者を治療するという「改善モデル」の処遇論を基礎としたものといえよう。「再社会化」は、社会学的な考え方を基礎とするもので、犯罪者になることによって社会から疎外された者が社会に再び受け入れられるような能力を身につけさせてやるというもので、ドイツ、スイス、オーストリアなどではこの語が用いられる。しかし、両者の語義は沿革の相違にすぎず、いずれも犯罪者を矯正し社会に復帰させることを自由刑執行の理念とする点では同じである（宮澤浩一「行刑思想の発展と動揺」現代刑罰法大系7〔1982〕9頁）。

(2) **限界** 自由刑の刑事政策的意義として特に期待されているのは、自由刑の執行によって、受刑者の社会復帰を積極的に図ることである。しかし、施設拘禁による矯正を通じた社会復帰には、次のような問題がつきまとう。

第1に、社会復帰の本旨にかんがみると、拘禁して社会生活の自由を奪うこと自体、矛盾ではないかという点である。施設への収容は、社会生活の中断をもたらし社会復帰の妨げとなるばかりか、犯罪者の市民としての自覚を失わせる結果、かえって犯罪傾向を進めさせる要因ともなりうるからである。そればかりでなく、他の受刑者と接触することによって**悪風が感染**し、新たに犯罪性を取得することもありうるのであり、刑事施設は一種の**犯罪学校**という側面ももっている。このように、自由刑は受刑者の社会復帰には本来適さない面をもっているのであり、**監獄破産論**さえ唱えられてきたほどである。したがって、その弊害を避けるために、できるかぎり自由刑を制限する必要があるとともに（**自由刑回避ないし非施設化**）、自由

刑の限界を克服するだけの施設の改善と処遇技術の開発・導入が必要になるであろう。

　第2に、自由刑の執行として行われる 矯正（作業、改善指導、教科指導）は、応報や一般予防など他の刑罰目的による制約を受ける。具体的にいうと、まず矯正のための処遇には、刑種または刑期による処遇上の枠ないし制約があり、それが自由刑の刑事政策上の限界になっているという点である。矯正処遇は、個々の犯罪者の人格に対応して社会復帰に有効な方法で行われなければならないが、現行法上は、懲役、禁錮、拘留の枠内で処遇を行わなければならないからである。また、処遇は宣告された刑の刑期によって制約を受けるから、処遇上不必要な刑であっても執行されなければならない場合がある。逆に、処遇上必要であっても刑期が満了すれば釈放しなければならない。自由刑の単一化、短期自由刑、不定期刑の問題が論じられるゆえんである。

　第3は、国家財政上の限界 である。一たび犯罪に陥った人を社会に復帰させるためには、施設および処遇面で多額の経費を要するのであるが、国家財政的見地からそれに必要な予算が確保できることは稀であり、社会復帰処遇の成否は、十分な財政的基盤に基づいた人的・物的設備の充実にかかっているといっても過言ではない。

　自由刑の再犯防止機能には、本質的および現実的な刑事政策上の限界がある。したがって、これらの限界を自覚し、自由刑の弊害を回避するとともに、自由刑の再犯防止機能を促進するためにその限界の克服につとめなければならないのである。

> **監獄破産論**　従来の拘禁・戒護中心の監獄制度は、受刑者の改善に適しないから、できるだけ早く廃止されなければならないとする主張をいい、20世紀初頭のドイツで提唱されたもので **監獄分裂論** ともいう。自由刑の弊害ないし限界を克服する方向としては、3つある。第1は、自由刑に代わる刑罰の開発である。第2は、自由刑自体の多様化であり、開放施設あるいは特別施設の設置がこれに属する。第3は、刑の執行自体の改善であり、処遇技術の開発、隔離作用がもたらす弊害の除去がこれに属する（松尾浩也「自由刑」刑事政策講座2巻76頁）。後二者については、犯罪者処遇の問題として後に扱う（⇒167頁）。

Ⅲ　自由刑単一化

(1) 単一刑論　　自由刑の法律上の種別を廃止して、単一の自由刑を採用すべきであるとする主張を単一刑論という。単一刑論に基づく自由刑単一化の問題は、1872年のロンドンにおける第1回国際刑法および監獄会議の議題として初めて取り上げられ、1878年のストックホルムにおける第2回会議において、これを肯定する決議がなされ、第二次世界大戦後の1951年にベルンで開催された国際刑法および監獄委員会において「犯罪の性質および軽重によって刑を区別することは廃止され、刑の個別化の必要に応ずる新しい分類を設けるべきである」とする決議がなされた。そして、このような国際的論議を背景として、古く1881年にオランダが自由刑の単一化を実現し、第二次大戦後は、イギリス（1948年）、スウェーデン（1965年）、ドイツ（1969年）など多数の国が自由刑を単一化した。わが国においても、旧刑法時代から単一刑論が主張され、第二次大戦後の刑法改正作業において単一化の是非が重要な論点の一つとなってきたのであるが、改正刑法草案は、結局、自由刑として懲役、禁錮、拘留の3種類を設け（32条）、単一化を見送ったのである。

単一化の論拠 は様々に主張されるが、その基調は、自由刑が受刑者の改善・教育を主要な目的とするものである以上、自由刑の内容を苦痛と考え、刑の種類に応じて苦痛の内容・程度を変えようとする考え方に立つ自由刑多元論は否定されるべきであるという点にある。また、作業の有無を自由刑種別の基礎とすることは、改善の方法としての作業の意味を無視するものであり、結局、懲役、禁錮、拘留などの自由刑は、いずれも受刑者の改善を目的とする点で同じなのであるから、自由刑の種別を設ける必要はないとする点にある。これに対し、**自由刑多元論** は、懲役・禁錮の区別は、伝統的に認められてきたところであり、禁錮はもともと非破廉恥的犯罪に対する名誉拘禁として誕生したものであるが、犯罪を破廉恥的なものと非破廉恥的なものに分けることは、現在においても国民の道義観念のなかに根差しているから、刑の種類においても、犯罪に対する道義的評価の差を明らかにする必要があると主張する。そして、改正刑法草案はこの見地に立って自由刑の種別を維持したのである。

単一刑論と多元論の論拠　単一刑の論拠は、本文のほか、(1)懲役と禁錮の区別を設けることは、受刑者の個性に応じた処遇すなわち処遇の個別化の理念に反する、(2)懲役は破廉恥犯、禁錮は非破廉恥犯といった道徳的評価を刑法にもち込むのは過度のモラリズムであるとともに、その区別自体が曖昧である、(3)懲役受刑者に破廉恥犯の烙印を押すことになり、彼の社会復帰の妨げとなる、(4)作業は受刑者の改善に役立っており、禁錮受刑者の意思で作業を免れうるとすると、国連基準規則71条に反することになる、(5)禁錮を軽い刑とするのは労働を苦痛とみる労働蔑視の思想に由来するとともに憲法27条の「勤労の権利・義務」規定にも反する、(6)禁錮受刑者の大部分が請願作業に従事している現状では、労働強制の有無を基準として懲役と禁錮を分ける意味がなく、懲役囚を別途に処遇する煩わしさを回避すべきであることなどである。**自由刑多元論の論拠**は、本文の理由のほか、(1)政治犯に特別の考慮を払う制度は、民主主義の基礎をなす政治的相対主義の帰結であること、(2)政治犯や過失犯の犯罪者のなかには作業強制に適さない者がおり、これを行刑担当者の裁量に委ねるのでなく立法および裁判の段階で区別しておくほうが、人権保障のうえから好ましいこと、(3)交通事犯の禁錮受刑者に対する集団処遇すなわち集禁処遇が有効であり、禁錮を懲役から区別しておくことは、依然として必要であることなどである。

(2) 単一化の是非　自由刑の執行においては、受刑者の改善・社会復帰がその目的とされるべきである。この見地からすると、改善・社会復帰のうえで個々の犯罪者に適した処遇がなされるべきであるから、破廉恥的犯罪者には常に懲役、非破廉恥的犯罪者には常に禁錮というように、法律上自由刑の種類を定めてしまうのは妥当でないといえよう。この意味で、法律の規定上自由刑を懲役と禁錮とに分ける現行法は、そのままの形では維持できないと考えられる。そうすると、単一刑論が適当ということになるが、その場合には、禁錮もしくは拘留を廃止して懲役として一本化すべきかどうかが問題となる。しかし、現行法のように「作業」が必然的に結びついている懲役を内容とする自由刑の単一化は、自由刑の社会復帰理念に照らしてみると、到底許されるものではない。たしかに作業は、改善・社会復帰にとって必要であり、これを犯罪者処遇の手段としない国はないが、受刑者によっては、それ以外の教育的、訓練的および医療的処遇に適する場合もあり、作業が改善のための不可欠の手段であるわけではないからである。

　このようにして、強制労働を課すことはできるが、「作業」を概念要素

としない自由刑を創設し、この自由刑に処せられた者に対しては、「作業を課し、その他矯正に必要な処遇を行なう」(改正刑法草案35条3項) ことができるようにすべきである。ところで、懲役をこのように変更するとしても、この自由刑を政治犯や過失犯にそのまま適用してよいかは別の問題である。もっとも、従来、政治犯と過失犯には禁錮を というように、両者を同じ非破廉恥犯の問題として扱う傾向が強かったが、過失犯を非破廉恥的なものとして一般の故意犯から区別するのは疑問であるとともに、不注意で処罰されるのと、政治的敗北者となったから処罰されるのとでは意味が異なり、両者を同一に扱う必然性はない。交通事犯禁錮受刑者に対する集禁処遇が一定の成果を上げたことでもわかるように、過失犯は「矯正に必要な処遇を行う」べき場合といってよい。過失犯は、上に述べた新しい自由刑で処遇するのに適しているのである。

これに対して、政治犯ことに確信犯については、その目的、動機および手段などからみて、その犯罪者の名誉を保護する必要があるとともに、矯正的処遇が政治的思想・信条改造の道具として悪用される場合がありうるところから、作業を課すことは無論のこと、その他改善のための積極的処遇も行うべきではない場合があると考えられる。したがって、名誉ある拘禁 (custodia honesta) としての自由刑 (＝禁錮) は、ごく限られたものではあろうが依然として必要である。もっとも、受刑者の請求がある場合には、強制的な思想改造の危惧はないから矯正に必要な処遇を行うべきである。こうして、政治犯には一般の自由刑とは異なる 特別の自由刑 が必要になると解されるが、その場合に、この種の自由刑を法定刑として定める必要があるか否かが次の問題である。

特別の自由刑を認める根拠が政治的信条ないし思想改造の危惧にある以上、裁判の段階で処遇の形態を明らかにしておくほうが人権保障のうえで好ましいから、法律によって定めておく必要があると解する。また、絶対的法定刑として特別の自由刑を法定すべきかも問題となるが、純粋の政治犯とすべき内乱罪の場合においても、目的のためには手段を選ばずといった形で行われる場合があり、そのような者の名誉を保護する必要はないから、禁錮は選択的に法定すればよいと考える。

改正刑法草案の規定　改正刑法草案は、「懲役に処せられた者に対しては、作業を課し、その他矯正に必要な処遇を行なう」(35条)と定める一方、「拘留に処せられた者に対しては、矯正に必要な処遇を行なう」(39条)と規定して、拘留の場合には作業以外の方法で矯正処遇が行えるものとし、さらに「禁錮に処せられた者に対しては、請求により作業を行なわせ、その他矯正に必要な処遇を行なうことができる」(36条)と定めた。結局、行刑の面からみると、現行法は2本立てであるが、これを3本立てにしようとするものである。

Ⅳ　短期自由刑

(1) 短期自由刑の意義と論点　刑期の短い自由刑を短期自由刑という。

(ア) 意義　短期自由刑の意義に関しては、どの程度の刑期を短期とするかの問題、および短期を定める基準を宣告刑または執行刑のいずれにおくかの問題が論じられてきたが、その解決は短期自由刑の問題性の捉え方によって異なってくるから、いずれが理論的に正しいという性質のものではない。しかし、従来、短期自由刑の弊害 の観点から、矯正処遇上必要な最低限度の刑期を下まわる自由刑は宣告すべきでないとされ、少なくとも 6月以上 なければ矯正効果は上がらないとする見解が有力となった。結局、宣告刑を基準として6月未満の自由刑を短期自由刑とする説が世界的に支配し、わが国の通説ともなってきたのである。現行法上の懲役および禁錮の下限は、ともに1月であるうえに(刑12条、13条)、これを減軽する場合には1月未満に下げることもできる(14条後段)ばかりか、拘留は1日以上30日未満の刑期であるから、現行法は短期自由刑を当然に予定するものである。そして、2007(平成19)年度に6月未満の懲役・禁錮を宣告される者は、全体の約3.5%というのが、実態である。

短期概念の相対性　短期自由刑の弊害が問題になった19世紀後半においては、3月以下の多数の自由刑受刑者が分類もされずに収容されていたという実態があり、この頃は3月説が有力であったが、第二次世界大戦後においては改善の面が強調され、矯正のためには3月では短かすぎるから、少なくとも6月を超える自由刑であることを必要とするという観点から、6月未満 をもって自由刑の短期とする考え方が有力になったのである。な

> お、1年説 も主張されているが（藤本・刑事政策概論140頁）、6月以上1年未満の自由刑が16.3％を占める現在、これを自由刑の特殊なグループとして論ずる意義は乏しいと考える。

（イ）　論点　　短期自由刑は、①「改善の効果もなければ威嚇力もない」、②受刑者が刑務所で他の受刑者から悪い影響を受ける、③受刑によって社会的な地位や職業を失うために短期自由刑の受刑者は再犯に陥りやすくなる、などの弊害があるとされてきた。こうして、古く1872年のロンドンにおける第1回国際監獄会議の議題とされて以来、短期自由刑の排除が叫ばれ、その方策として、自由刑の執行猶予の多用、罰金刑への転換などが提案されてきたが、1950年のハーグにおける第12回の国際刑法および監獄会議においては、**短期自由刑に代わる諸制度** の導入が勧告されたのであった。しかし、第1に、短期自由刑の弊害とされるもののほとんどは長期の自由刑にも当てはまるばかりか、長期の場合のほうが弊害は著しい。第2に、刑罰制度の人道化の要請により、20世紀以降ことに第二次大戦後には自由刑回避・緩和の傾向が認められ、あるいは自由刑の刑期が短期化しつつある。第3に、交通事犯者に対する短期自由刑の効用が認識されるとともに、短期自由刑の効果も見直されつつある。第4に、罪刑均衡ないし応報的正義の見地から、軽い犯罪には軽い刑罰を科すことが必要になる以上、短期自由刑を廃止することは許されず、また、これを廃止して執行猶予と罰金でまかなうとすれば、一般予防の見地からも疑問が残る。以上の理由により、短期自由刑を排除することは許されないといった見解が有力となってきた。

> **国際会議での弊害論**　　1950年のハーグにおける国際刑法および監獄会議で、短期自由刑は社会的・経済的・家族的見地から重大な弊害があるとされたが、具体的には次のような事項が指摘された。(1)期間が短かすぎて十分な教育ができない、(2)施設および職員が劣悪で、受刑者に心身上の悪影響をもたらす、(3)受刑者の多くは初犯者であって、彼らは短期間でも刑務所に拘禁されることによって拘禁に対する恐怖感を喪失し、自尊心を傷つけられて累犯者になりがちである、(4)受刑者の家族は、物心両面で深刻な打撃を受ける、(5)受刑者の社会的破滅をもたらし、その社会復帰を困難にする、(6)行刑実務の過大な負担となる、などである。

(2) 短期自由刑の改良　短期自由刑の弊害として指摘されてきたものの多くは、既述のように自由刑一般の弊害でもある。したがって、刑罰としての機能を損わないかぎり、自由刑自体を回避してその代替策を積極的に講ずべきであり、現にわが国においては、6月以上の自由刑についても執行猶予を多用するという形で、自由刑に伴う弊害の回避が図られてきた。しかし、刑罰の諸機能に照らし、自由刑を科さなければならない場合があることは勿論であり、また、犯罪と均衡した刑罰という罪刑均衡の要請上、軽い犯罪には軽い刑罰を科すことが必要となることも当然であって、短期自由刑を完全に刑罰体系から排除することは許されないと考えられる。現に、交通事犯などについて短期自由刑が多く用いられているのであり、このことは、短期自由刑の存在意義が実務上認められていることの証左でもある。

　問題は、6月未満の短期自由刑に関して、刑事政策上いかなる改良を加えるべきかにあるが、わが国の場合、短期自由刑に関しては2つの次元を異にする問題がある。その1は、短期自由刑が必要かつ不可欠のものであるとしても、そのなかに現行法の拘留のような制度を特に設ける必要があるかである。その2は、短期自由刑の処遇方法として特別のものを必要とするかである。自由刑の単一化を実現した国では、短期の自由刑を刑種として設けないのが普通であるが、わが国では、単一刑論者でも多くは拘留存続を認めている（部分的単一刑論）。

　思うに、軽犯罪法違反のごとき軽微な犯罪については、応報、威嚇、改善などの見地から、一般の犯罪と区別して類型的に軽い刑で処罰すべきであり、国民の処罰感情にも合致するであろう。その意味では、現行法の拘留制度は有意義であり、したがって短期自由刑のなかで特に短期のものを拘留として区別するのは妥当であるが、現行の拘留制度は、威嚇力もなければ改善の効果もない致命的欠陥をもっていると批判されている。そこで改正刑法草案は、その刑期を「1日以上90日以下」に延長することとし、受刑者を刑事施設に拘置して「矯正に必要な処遇を行なう」ものとしたのである（39条）。しかし、拘留は科料と並んで特に軽微な犯罪に適用される刑種であり、また、後述の資格制限も伴わないから、長期を90日とするのは重すぎると考えられ、刑期は現行どおり30日未満とすべきである。むしろ大切なことは、受刑者を刑事施設に拘置するだけで矯正上の処遇を全

く行っていない現状を改めることである。その意味で、改正刑法草案が矯正処遇の面から拘留の改良を図ろうとしたのは評価できる。

　従来、短期自由刑の弊害面ばかり強調されてきたきらいがあるが、最近はその長所に着目する傾向が著しくなっている。軽微な犯行を繰り返す犯罪者に対して、厳格かつ適切な生活指導、教育訓練を中心とする処遇を施すことには、改善教育上の意義があるとされるのである。改正刑法草案も、このような観点から拘留における矯正処遇の意義を認めるものであるが、そうだとすると、このことは単に拘留のみならず短期自由刑一般に妥当するはずであるから、拘留を含む短期自由刑に適した処遇形態を創設し、一般の受刑者と異なる施設での処遇をすべきであるという結論になる。具体的には、専用の施設ないし分界による個室収容、閉鎖的処遇と開放的処遇の併用などによって反省と責任感を喚起する処遇がなされるべきである。立法論としては、週日には通常の社会生活を営ませ、週末の休日のみを刑事施設に収容する週末拘禁、イギリスで行われている週末における出頭所出頭も一考に値しよう（⇒235頁）。

自由刑の代替手段　　従来、短期自由刑の代替手段として論じられてきたものは、むしろ自由刑一般の代替手段と考えるべきであり、例えば、1976年のヨーロッパ理事会決議において、(1)自由刑の回避、(2)財政上の支出の節約、(3)代替手段の創設がうたわれたのも、自由刑一般の回避ないし非施設化という考え方に基づいている。その代替手段としては、従来主張されてきた罰金、執行猶予のほか、宣告猶予、週末拘禁、半拘禁、損害賠償命令、社会奉仕命令などが考えられるが、その内容については該当の個所で述べる。一方、短期自由刑を評価する立場は、少年拘禁における処遇、ことにイギリスの青少年に対する短期収容所において、いわゆる３Ｓ主義に基づく処遇が一定の成功を収めたことに関連している。３Ｓ主義とは、短期間（short）の間に厳格で（sharp）衝撃を与える方法（shock）を用いて処遇することをいうが、この方法で原則として３か月の期間処遇することは有意義だとされた。なお、これと並行して、短期自由刑が本当に犯罪者の改善にとって有害かという点についての実証的研究もなされ、必ずしも有害とはいえないとの結論が得られている（朝倉＝小池＝山本「短期自由刑の効果に関する調査研究」法務総合研究所研究紀要〔1960〕、中河原＝井上＝藤野「短期自由刑の効果に関する研究」同〔1965〕、中河原＝西岡＝伊福部「短期自由刑受刑者の成行調査」同〔1960〕、瀬川晃「短期自由刑の一試稿㈠㈡」法学論叢98巻6号〔1976〕97頁）。

　拘留の現状に触れておくと、現行の拘留は禁錮と同じ性質をもち、刑期

> が1日以上30日未満である点で異なるにすぎない。戦前の1928〔昭和3〕年には10万人余の拘留受刑者がいたが、現在では、拘留を執行される者は年間数十名にすぎず、改善の処遇は望むべくもないといわれる。このように拘留が減少したのは、制度に欠陥があるからであるとされ、また、1928年頃に比べれば、現在の拘留制度は無きに等しいともいわれている。

V 不定期刑

(1) **不定期刑の意義** 自由刑の宣告においては、例えば懲役5年というように、刑期を定めて言い渡すのが原則であるが(定期刑)、刑期を不定とし、これを 行刑の経過に従って事後的に決定する制度 を不定期刑という。不定期刑には、刑期を全く定めないで宣告する 絶対的不定期刑 および刑期の長期(＝上限)と短期(＝下限)またはそのいずれかを確定して宣告する 相対的不定期刑 とがある。前者の場合は刑罰を法定しないことと同じ結果になり罪刑法定主義に違反するので、実際上問題になるのは後者である。

不定期刑は、特別予防ことに改善刑の思想に基づいている。犯罪者にいかなる刑期の自由刑を科せばその危険性が除去されるかは判決当時には予測できないから、刑の執行の経過に照らし、改善効果の有無によって事後的に刑期を確定すべきだとするのである。不定期刑の思想は、もともとヨーロッパにあったものであり、ことに近代学派によって理論化されたが、制度的にはアメリカで発展した。わが国では、主として近代学派の影響のもとに不定期刑の導入が図られ、1922(大正11)年の旧少年法において少年に対する不定期刑が創設されて、現行少年法(52条)もこれを踏襲した。これと並行して、成人の常習累犯者に対する不定期刑の導入が検討され、1927(昭和2)年の改正刑法予備草案以来、一貫して不定期刑の創設が提案されてきており、改正刑法草案(59条)もこれを採用している。

不定期刑は、アメリカの制度のように一般の犯罪者について問題となるものであるが、わが国ではヨーロッパと並んで、少年犯罪者および常習累犯者など特定の犯罪者に対する不定期刑が問題となってきた。不定期刑は、特に特別予防ないし改善の必要がある犯罪者に適用すれば足りるとする趣旨からである。しかし、わが国では刑法における 責任主義の観念 が支配し

ており、不定期刑は責任主義に反するのではないかという問題が論じられてきた。責任主義からは、責任に応じた刑罰として確定刑の宣告が原則だからである。こうして問題は、不定期刑と責任主義の関係いかんに帰着する。

> **不定期刑の沿革**　不定期刑の考え方はヨーロッパに古くからあったが、近代的な不定期刑制度は、1869年ミシガン州の**3年法**を嚆矢とする。この法律は売春婦について3年以下の不定期拘禁を許すものであった。続いて1877年にはニューヨーク州の**エルマイラ矯正院**（Elmira Reformatory）において、16歳以上30歳以下の受刑者に対する不定期刑制度が実施された。その後、不定期刑は諸州で採用されるようになり、いわゆる「改善モデル」を基礎にして、1946年には少年につき全米に普及し、成人についてもニューヨーク州など38州および連邦刑法がこれを採用した。しかし、ヨーロッパでは不定期刑制度は採用されておらず、わずかにスウェーデンとドイツが少年に対して実施したにすぎない。特にドイツでは、応報の観念は定期刑を要求するだけでなく、不定期刑は法治国家的保障の原則に反するとして、成人の常習累犯に対する不定期刑が否定され、むしろこれには保安処分をもって対処すべきだとされた。こうして、アメリカは不定期刑の祖国といわれてきたのであるが、改善思想の後退と応報刑論の台頭、実際に刑期を決定するパロール・ボード（Parole board—仮釈放委員会）の裁量権の不当な行使、それに伴う収容の長期化と刑期の不公平に対する批判などの理由により、1960年代の後半から不定期刑の廃止を求める運動が展開され、1975年には連邦矯正局が改善モデルからの後退を公式に認め、メイン州が不定期刑とパロール（Parole—仮釈放）を最初に廃止した。現在ではいわゆる「公正モデル」に立脚して27州が不定期刑の廃止に踏み切り（河野和子「米国における不定期刑法改正の動向」刑政〔1976〕87巻8号）、1984年に包括的犯罪規制法は、連邦レベルでパロールを廃止した。

(2)　**不定期刑と責任主義**　例えば、「1年以上10年以下」という相対的不定期刑を宣告する場合、その宣告刑は刑の量定基準つまり量刑基準に従って定められることになる。量刑基準は刑法理論における責任ないし刑罰の考え方によって様々であるが、一般には道義的責任をもって量刑の基準にすべきであると考えられている。すなわち、刑の量は「責任に応じて」、あるいは「責任を限度として」決定すべきだとされるのであり、これを **量刑における責任主義** という。不定期刑で問題となる責任主義は、この意味においてである。

改善刑論は、犯人の改善の見地から不定期刑を主張するが、上の意味で

の責任主義を量刑の原則とする以上は、不定期刑もまた責任に比例するか、責任を限度とするものでなければならないであろう。こうして、不定期刑と責任主義との関係を論ずる必要が生じ、責任には上限と下限を設定しうる幅があるとする、いわゆる「幅の理論」が提唱され、宣告刑における長期と短期はこの幅に対応するものであると主張されたのである。しかし、刑罰の諸目的を追求するためには、何よりも応報原理に立脚していなければならず、そのためには、犯罪と刑罰とが均衡を保つということ、すなわち宣告刑は当該犯罪の具体的な重さ、ことに非難の大小によって制約され、それを超える刑罰は罪刑の均衡上許されないとするのが責任主義の趣旨である。この非難は、必ずしも一義的に確定できず、また判断者によって異なるであろうが、しかし、その犯罪についてどれだけ非難できるかを具体的に判断する場合に、一定の幅があるとするのは許されないであろう。同一の犯罪について、2つの正義にかなう刑罰はありえないというべきだからである。結局、幅の理論は、責任を超過した量刑を容認するものというべきであり、不定期刑を責任主義から基礎づけることはできなかったのである。

幅の理論の中身　　幅の理論 (Spielraumtheorie) は、もともとドイツにおいて、責任主義においても、責任の幅の範囲で犯人の改善などの目的的考慮を導入できる、という観点から主張された（大谷「人格責任と幅の理論」人格責任論の研究〔1972〕296頁）。これを不定期刑の根拠としたのは、改正刑法準備草案理由書 (1961) であり「責任主義は、刑罰が行為者の道義的責任に相応するものであることを要求する。しかし、責任そのものには幅がある。必ずしも3年6月とか5年3月というような一定の動かせない数値を示すものではない。責任に相応する範囲において保安及び改善更生の目的上必要な相対的不定期刑を言い渡すことは、責任主義に反するものではない」(96頁) とした。さらに、「個別行為責任を問うだけでなしに、性格責任とか人格責任または行為者責任を問う」「短期はどちらかといえば、行為に対する責任を中心として保安の目的を加味した刑量ということになろう。長期は、保安の目的を中心としながら行為者に対する責任を考慮して定める」(荘子邦雄「不定期刑制度の意義と常習犯人の処遇」矯正論集〔1968〕57頁）ともされる。しかし、これでは2つの責任概念を認めるばかりか、結局は保安刑を容認することになり、責任観念を空洞化させてしまうことになる（西原春夫「不定期刑論の一批判」刑政82巻5号〔1971〕12頁。なお、この点に関する総合的研究として瀬川晃「不定期論の一考察」同志社法学

24巻4号〔1972〕113頁がある)。

(3) 不定期刑の刑事政策的意義　刑罰は責任と均衡していなければならないが、刑罰は応報のための応報として科されるべきではないのであった。むしろ、苦痛を通じて刑罰の諸目的を実現し、社会秩序の維持に奉仕しようとするものであるから、その目的の実現にとって不必要な刑罰を科すことは許されない。他方、刑罰の諸目的を実現するために、それがたとえ必要な刑罰であっても、犯人の行為に対する責任を超えて刑を科せば責任主義に反するというべきである。結局、責任の範囲内で刑事政策的目的を追求すべきであるということになり、これが量刑における責任主義である。

(ア) 少年不定期刑　少年に対する不定期刑は、少年法52条が定めるところであり、長期3年以上の有期の懲役・禁錮をもって処断すべきときには、短期は5年、長期は10年を超えない範囲で不定期刑を言い渡すものとされている。なお、刑の執行猶予の言渡しをする場合には定期刑を宣告する(同条3項)ほか、不定期刑の短期の3分の1を経過すれば仮釈放の資格を得ることができ、地方更生保護委員会の審理を経て仮釈放が認められる(少58条)。こうして、例えば、窃盗罪は1月～10年の法定刑であるから、極端にいえばこの範囲で不定期刑を言い渡すことができるとともに、ほとんどの重要な犯罪は処断刑が長期3年以上の場合であるから、少年に対する自由刑は不定期刑が原則であるといってよい。少年不定期刑の刑事政策的意義については評価が分かれるが、その趣旨は、少年は**可塑性に富み教育の可能性がある**ので、その教育の徹底を期し少年の健全育成を図る点にある。この趣旨から、責任に基づいて長期を定めるとともに、少年に希望をもたせて1日も早く改善し釈放することを目的として短期が定められているものと解される。このようにして、少年不定期刑において短期が定められているのは、できるだけ早期に釈放し改善・社会復帰を図る点にあると解すべきである。

少年不定期刑の言渡基準　第1説は**短期説**であって、短期が責任刑で長期は特別予防の必要によって定まるとする。しかし、少年についても責任主義は適用されるから、責任に基づかない長期は認められないであろう。第

> 2説は、本文の見解であり、これを **長期説** という。少年には短期の改善効果を期待できるとともに可能なかぎり社会で処遇すべきであると考える立場である。第3説は中間説であって、特別予防的考慮から、上下両方向に一定の幅をもたせたものと解するのであるが（小林充「少年に対する不定期刑の言渡基準について」家裁月報25巻12号〔1973〕1頁）、これでは責任主義の意味が失われるであろう。

（イ）常習累犯と不定期刑　わが国で問題となってきたのは、特に、常習累犯者に対する不定期刑である。改正刑法草案によれば、6月以上の懲役に処せられた累犯者がさらに罪を犯し、累犯として有期の懲役をもって処断すべき場合において、犯人が常習者と認められるときにこれを常習累犯とし（58条）、常習累犯に対しては、処断刑の範囲内で長期と短期を定めて不定期刑を言い渡し（59条）、不定期刑の執行を受けている者が、短期を経過し、または長期の3分の1を経過した場合には、仮釈放が可能となる（81条2項）というものである。この制度の刑事政策的意義は、犯罪的危険性の強い者に対し長期の自由刑を科すとともに、犯人の改善更生を図るという見地から **処遇を弾力化する** 点にあるとされる。常習累犯者の処遇については、後述するように種々の困難な問題があり（⇒441頁）、不定期刑の採用も1つの方策と考えられるが、これには次のような問題がある。

第1に、刑を長期化することによって改善効果が上がるかは疑問であり、ことに不定期刑の受刑者はいつ釈放されるかわからない不安定な立場におかれるため、受刑者の自暴自棄や偽善を招くことから、かえって **改善処遇上の障害** となる。第2に、釈放の時期が行刑職員の評価にかかっているため、彼らの専恣を招くとともに、アメリカの不定期刑制度で最も問題となった **不公平な釈放** の取扱いを生じさせる。第3に、責任を超えた **長期拘禁の道具** になりかねない。既述のように、少年不定期刑の場合には、責任刑である長期の範囲で早期に釈放することを狙いとするものであるが、常習累犯における不定期刑の長期は、明らかに予防を目的とする保安ないし予防刑であり、責任刑に反するというべきである。不定期刑における人権侵害が問題とされてきたゆえんである。そして、アメリカにおける経験に照らしてみても、不定期刑の改善効果にはみるべきものがないばかりか、行

政機関による刑期の確定に伴う弊害が明らかになった以上は、その立法化に対して消極的な態度をとるべきである。

> **仮釈放と不定期刑化**　現行法上、自由刑は宣告刑の3分の1の刑期が執行されれば仮釈放の対象となりうるから、実質的には不定期刑と同じだといわれることがある。しかし、この場合は、責任刑の枠内で早期に釈放するものであるから、宣告刑の段階で釈放の時期が確定しない場合があるという意味で不定的であるけれども、不定期刑にかかる人権上の問題は生じない。もっとも、仮釈放が行政機関の不当な裁量によって差別的に運用されるとすれば人権上の問題となりうる（⇒274頁）。

●第4節　財　産　刑

Ⅰ　総　説

　財産刑とは、犯罪者から財産的利益を剝奪する刑罰であり、現行刑法は、罰金、科料、没収の3種を設けている。このうち科料は、自由刑における拘留に相当し、軽犯罪法違反の罪など軽微な犯罪について法定されているものである。罰金と科料は **金額上の差** にすぎないので、ここでは両者を含む概念として罰金を用いることにする。なお、罰金・科料を完納することができないときは、労役場に留置される。没収は、付加刑として科される。**付加刑** とは、主刑を言い渡すときにだけ科すことのできる刑罰のことであり、現行法は没収だけを付加刑としている。没収は、一面で保安処分的性質をもっているが（⇒147頁）、犯罪によって得た物を剝奪する点では刑罰としての性質をもっており、財産刑の一種といえる。なお、没収すべき物が没収不能になったときは、それに代わるべき金額を国庫に納付すべきことを命ずる **追徴** の制度がある。反則通告制度は、比較的軽微な罪に対して科される罰金の代わりに、反則金を納付させるもので、ダイバージョン（⇒176頁）の一種とみることができる。

II 罰　金

(1) 罰金の意義　罰金とは、一定額の金銭を国庫に納付させる刑罰をいう。罰金の歴史は古いが、近代的な罰金は、自由刑ことに短期自由刑の弊害を避けるために、刑の執行猶予制度の発達とともに注目され、現今では多くの国で用いられているものである。わが現行刑法は、立法当初、罰金を20円以上とし（旧刑法15条）、科料は、10銭以上20円未満（旧17条）としてきたが、これらの金額は貨幣価値の変動に伴いほとんど無意味になったので、1947（昭和22）年の罰金等臨時措置法によって臨時の措置が講じられ、さらに1982（昭和57）年の改正によって金額の引上げが行われた。しかし、その後の貨幣価値の変動に伴い、罰金の財産刑としての機能が低下したことにかんがみ、罰金および科料の額を現在の経済事情に適合したものにするため、1991（平成3）年に「罰金の額等の引上げのための刑法等の一部を改正する法律」（平3・法律31号）が制定され、刑法等に定める罰金および科料の額等を原則的にこれまでの2.5倍（罰金4,000以上→1万円以上）に改める改正が行われた。これによって、罰金の額が低すぎるという従来の批判に、国はひとまず答えたのである。

　罰金・科料の裁判は、検察官の命令によって執行される。この命令は執行力のある債務名義と同じ効力を有し、その執行については民事執行法その他強制執行の手続に関する法令が準用される（刑訴490条）。税法や専売法などの違反によって言い渡された罰金は、その言渡しを受けた者が判決確定後に死亡した場合にも、相続財産についてこれを執行することができる（491条）。罰金を科す場合としては、①罰金だけを科す場合（例—刑209条）、②他の刑と併科する場合（例—刑256条2項）、③他の刑と選択的に科す場合（例—刑92条）がある。

　罰金・科料を完納することができない者は、労役場に留置される。留置の期間は、罰金の場合は1日以上2年以下、科料の場合は1日以上30日以下であり、併科の場合には、罰金の併科または罰金・科料の併科のときは3年、科料の併科のときは60日を超えることができない（18条1～3項）。罰金・科料の留置期間の範囲内で具体的に裁判官が留置の期間を定め、罰金・科料の言渡しと同時にこれを言い渡す（4項）。労役場留置は、裁判

確定後罰金については30日内、科料については10日内は、本人の承諾がなければ執行することが許されない（5項）。罰金・科料の言渡しを受けた者が、その一部分だけを納めたときは、罰金・科料の全額と留置日数との割合に従い、納めた金額に相当する日数を控除して留置する（6項）。留置期間内に罰金・科料を納めたときは、同様の割合で残日数にあてる（7項）。留置1日の割合に満たない金額を納めることはできない（8項）。罰金を言い渡す場合には、「被告人を罰金〇〇円に処する。ただし、右罰金を完納することができないときは、金〇〇円を1日に換算した期間被告人を労役場に留置する」という形式で行う。なお、留置1日に相応する金銭の換算率は、勤労の報酬額と同率に決定されるものではない（最大判昭24・10・5刑集3巻10号1646頁）。したがって、労役場留置を定めた刑法18条は、罰金の代わりに自由を剝奪する換刑処分を認めたものと解すべきである。

　罰金は、過失犯および行政犯の増加によって、極めて数多く用いられ、現在では刑罰の種類のうちで最も多用されているものである。2008犯罪白書によると、2007（平成19）年度に有罪の確定裁判を言い渡された者は61万5,389人であるが、そのうち罰金（科料も含む）を言い渡された者は、53万3,950人であって、確定裁判を受けた者全員の約87％に達しているのである。また、通常手続によって罰金を言い渡された者は極めて少なく、そのほとんどが略式手続によるものである。

罰金の変遷　　罰金は自由刑よりも古い歴史をもつといわれる。古代ローマ法やゲルマン古法および中国の古代法においては、加害者が被害者に支払う私刑的な贖罪金の制度があったが、ギリシャ法やローマ法において国家が贖罪金の支払いを強制し、これを罰金として国庫に帰属させその一部を被害者に支払う制度が生まれ、贖罪金は公刑的な罰金としての性質をもつようになった。中世では公共団体の平和金として罰金が制度化され、軽微な犯罪に対する刑として用いられてきたが、罰金が注目されるようになったのは、20世紀に入ってからである。すなわち、19世紀以降、刑罰制度においては自由刑が中心となってきたが、特に短期自由刑の弊害が問題となり、これを避ける方策として罰金による代替が唱道され、1925年のロンドンにおける第9回国際監獄会議において罰金刑適用の拡大が決議された。また、ヨーロッパの刑法においては、例えば、1975年西ドイツ改正刑法47条2項「法律が罰金を規定していないときであって、6月またはそれを超

える自由刑が問題となる場合において、1項によって自由刑を科することが不可欠でないときは、裁判所は罰金を科すものとする」というような自由刑の罰金への**転換規定**が設けられるに至っている。わが国においても、かつて転換規定の創設が提案されたが（改正刑法準備草案56条）、起訴猶予と執行猶予によって目的が達成できるとの立場から、改正刑法草案では規定されなかった。かくして、わが国では、罰金刑が多用され、最近ではその濫用を危惧する見解すら現れているほどである（河上和雄「現在の刑罰は機能しているか」判例タイムズ609号〔1986〕16頁）。

(2) **罰金の刑事政策的意義**　罰金は、犯罪者の金銭を剝奪することによって生ずる苦痛を手段として、一般人を威嚇するとともに、財産上の損害を受けたという心理的ショックないし訓戒的作用によって受刑者の規範意識を覚醒させ、その将来の犯罪を予防することを目的とするものである。罰金刑には、他の刑罰に比べいくつかの長所があるとされているが、その最たるものは、何といっても自由刑ことに**短期自由刑の弊害**を回避できる点にある。自由刑の執行は、受刑者を社会生活から引き離し、家庭やその他の関係者に苦痛を与え、国家にも多額の費用と労力を費やさせるのに、受刑者の改善については多くを期待できないばかりか、かえって「刑務所帰り」といったレッテルを貼ることになり、社会復帰を困難にすることすらある。これに反し罰金は、その執行に多くの費用を要せず、上記のような社会的コストもないから国庫の収入も大きい。こうして、罰金の刑事政策的意義は、自由刑の弊害を回避し、犯罪者を社会においたまま刑罰の犯罪抑止効果を発揮させることにある。

　もっとも、罰金は自由刑に代わりうる刑罰としての機能を有するか、という問題はある。ことに罰金は、財産上の利益を剝奪するだけで受刑者の全人格に作用するものではないから、一般には苦痛の程度が軽く、その特別予防機能は、刑罰を科された者の規範意識に作用しないかぎり効果を発揮しないので、規範意識の鈍麻した犯罪者には無力である。また、損益計算のもとで行われる犯罪に対しての一般予防効果も期待できないであろう。ここに罰金の限界があるのであり、その意味では、罰金が刑罰としての機能を果たしうる犯罪または犯罪者に対してのみ罰金を科すようにすべきであり、そうでなければ寛刑化の弊害が生ずることになる。

> **罰金刑の長所**　罰金刑は、本文で述べた自由刑の弊害の回避のほか、(1)盗品等に関する罪や賭博罪のような利欲的動機に基づく犯罪に対して有効である、(2)法人に対する刑罰として意味がある、(3)受刑者の資産、収入、性格などに応じ弾力的運用が可能であるなどの点において長所がみられると指摘されている。ドイツの犯罪学者ゲッピンガー（Hans Gäppinger, 1919〜?）は、長所として匿名性、誤犯の救済可能性、執行費用の軽微、社会経済上の損失がない点を掲げ、短所としては罰金支払いのために新たな犯罪においやる、苦痛の不平等、ある種の犯罪に対しては効果がないとしている（松尾浩也「刑」刑法改正の研究Ⅰ〔1972〕248頁参照）。ちなみに、2006（平成18）年の刑法改正により、窃盗罪（235条）と公務執行妨害罪（95条）の法定刑に罰金が加えられた。

(3)　**罰金の合理化**　罰金には、以上に述べたような長所があるが、無資力者に対する執行の困難、および受刑者の財産状態による刑罰効果の不平等という本質的な短所がある。そして、罰金を完納できない場合には**労役場留置**という換刑処分に付されるため、受刑者の貧富の差によって著しい不公平が生ずることになる。他方、わが国においては、特に罰金の刑としての威嚇力または感銘力の低下の問題がある。罰金合理化の方途が求められてきたゆえんである。

> **刑罰の一身専属性の問題**　刑罰は、個人責任の原則に従い有責な者に対して科されなければならない。これを刑罰の一身専属性という。罰金の場合、受刑者以外の者が払わないという保証がないところから、(1)第三者による支払いを認めない、(2)数人の連帯責任を認めない、(3)原則として相続は認めず本人の死亡により消滅するとしなければならない。このような性質を**罰金の一身専属性**という。

（ア）　**罰金の執行猶予、分納・延納**　罰金を完納できなければ、労役場留置という実質的な自由刑を科されるから、これを可能なかぎり避け、財産状態に応じた平等な科刑を図る必要が生ずる。

　(a)　**罰金の執行猶予**　科刑の合理化の対策の1つとして、ドイツやスイスで提案された**自由労働による償却**（Tilgung durch frei Arbeit）がある。これは、罰金刑の執行が不可能と認められるときは、その犯人を官公営の職場または農場において労働させ、その賃金の一部を納付させるというものである。しかし、この種の労働を確保するのは実際上困難であるため、

わが国ではこの制度は理想論であるとして、その創設を提案する者は現在ではいない。わが国では、**罰金についてその執行猶予を認める**という世界的に稀な方法で、この面の合理化を図った。すなわち、50万円以下の罰金に執行猶予が認められ（刑25条）、罰金の合理化が図られたのである。もっとも、罰金の執行猶予率は自由刑に比べて著しく低い。

> **罰金の執行猶予率**　自由刑の執行猶予率は、懲役で50〜60％、禁錮で70〜94％の間を推移しているのに対し、罰金の場合は1％前後を推移している。そこで、自由刑に比べ罰金の執行猶予率はいかにも低すぎるとする批判がある（森下・刑事政策大綱77頁など）。しかし、わが国の罰金の宣告刑は一般に低く（10万円未満の罰金に処せられる者は、総数の87％を超える）、また、罰金の受刑者には社会的なスティグマが加えられることはほとんどないから、執行猶予を多用したのでは罰金刑の効果が期待できない。罰金の執行猶予は、罰金を納付させることによって、受刑者の経済生活に深刻な悪影響を与えるなどの特別な事情がある場合にかぎって認められるべきであろう。また、例えば傷害罪につき懲役を選択された場合と罰金を選択された場合とで執行猶予率が著しく異なるのは不均衡であるとの見解もあるが、前者の場合には執行猶予の取消しの可能性といった負担を課されるだけでなく、社会のスティグマにおいても後者と異なるので、両者を同一次元で比較するのは妥当でないと思われる。

(b)　**罰金の延納・分納**　この制度は、罰金完納の不能な事態を回避し、ひいては労役場留置への換刑を避けるため、一定の期間罰金の支払いを猶予するか（延納）、罰金を分割払いとする（分納）制度である。この制度は、ドイツ、スイスなどで認められており、例えば、ドイツ刑法のごとく裁判所が支払いの猶予・分割払いを認める制度、スイス刑法のごとく罰金の執行機関がこれを認めるなどの立法例がある。わが国においても、この制度の創設が論議され、また、それに賛成する見解が有力であるけれども、実務においては、延納・分納は、検察庁法32条に基づいて定められている徴収事務規程に基づく納付延期の許可（同規程17条）、または一部納付許可（16条）の制度によって実施されているばかりか、規定を創設すると延納または分納の申立件数が急増し、犯人の資産等を調査して正式に許否の決定をしなければならなくなり、罰金の徴収事務が複雑かつ困難となるであろう（改正刑法草案説明書125頁）。

> **草案と延納・分納規定**　改正刑法準備草案45条は、この規定を導入し、また、法制審議会刑事法特別部会の審議において「罰金の言渡があった場合において、犯人の資産、収入その他の事情により、直ちにこれを完納させることが著しく困難であると認めるときは、期間を定めて、その延納又は分納を許可することができる」とする提案がなされたが、本文のごとき理由で改正刑法草案には採用されなかった。なお、スイス刑法49条3項では、刑の言渡しを受けた者が自己の責によらないで罰金を納付できない旨を立証したときには、裁判所は、判決もしくは事後の決定において換刑を免除することができるとする労役場留置の免除の制度が規定されており、わが国においてもこの制度の導入を提唱する見解がある（森下・刑事政策大綱77頁）。

（イ）　日数罰金制　この制度は、裁判所が行為者の財産状態すなわち支払能力を考慮して、1日分を金額に換算し罰金を日数によって科するものである。第1に、刑の量定の一般原則に従って、例えば「30日」というように日数が定められる。この制度の狙いは、同じ犯罪（の重さ）には同じ処罰という性格を罰金に与えることにあるから、この段階では行為者の支払能力ないし財産状態は考慮されず、同一の犯罪の重さであれば同じ罰金日数が定められることになる。第2に、日数が決まった段階で、行為者の支払能力を考慮して、1日当たりの金額が定められる。例えば、甲が1日当たり2,000円であり、乙の支払能力が甲の2倍であるとすると、乙の日額は4,000円という勘定になる。このように、まず、行為責任を基準として日数を定め、次いで支払能力の差異を考慮して日額を定め、判決においては日数に日額を乗じた罰金総額を言い渡す制度が日数罰金制である。

この制度は、一面で刑罰効果（苦痛）の不平等の是正を図るとともに、無用かつ有害な換刑の防止を狙いとするものであり、罪刑の均衡ないし行為責任の観念を維持しながら、被告人の支払能力を考慮して苦痛の平等化を図り、納付できない者の発生を防止しようとするものである。既にスウェーデン（1931年）を嚆矢として、オーストリア（1974年）、ドイツ（1975年）、フランス（1984年）などの諸国において制度化されている。わが国では、改正刑法準備草案および改正刑法草案の審議過程で制度の創設が論議され、一応の案が示されたが、いずれにおいても採用されなかった。犯人の資力に関する正確な調査が困難であること、現在でも、ある程度までは

犯人の資力を加味した量刑が行われていることなどが、その主な理由であった。

　日数罰金制については、現在においても賛否両論の対立が著しい。しかし、この制度が前述のような趣旨に基づくものである以上、その採用に向けて努力すべきであると思われる。問題は、反対論がいうように、被告人の財産状態や支払能力の調査および確定の方法いかんにある。税金額や給与でその人の財産状態を判断することはできないからである。そこで、収入とか資産だけでなく、社会的地位に応じた生活費を基準にすべきであるともいわれるが、それで果たして公正を期することができるか、また、その程度の配慮であれば現行法上の実務でも行っていると思われる。結局、被告人の財産状態を十分に把握できる方法を考案することが最も肝要であり、それができない段階においては、日数罰金制の趣旨を生かすことが困難であるというべきであり、むしろ、量刑資料に具体化された財産状態を十分に考慮したうえで、罰金の量刑を弾力的に行うべきであるというほかはない。もっとも、ドイツにおいては通常警察の捜査を基礎として収入額の確定が行われ、捜査で明らかにならないときは、その職業上の地位を重視してその地位の者の通常の収入を基礎として裁判所が決定するものとされており、この方法で支障なく運用されているという報告もある。

> **日数罰金制度の案**　法制審議会刑事法特別部会では「①罰金は、日数をもって科する。但し法律に特別の定めがある場合は、この限りでない。②罰金は、第1級、第2級及び第3級とする」と定め、1級罰金30～360日、2級罰金30～180日、3級罰金30～60日として、罰金日額は、200円以上500円以下において定めるという案が示された。しかし、日数罰金制については、本文の反対論のほか、(1)経済力の大小によって差別的取扱いをするのは憲法14条に違反する、(2)この制度を採用しても法定の上限と下限の間で罰金額が決まるので、苦痛の平等化は達成できないなどの批判があるが、経済力の大小によって苦痛の不平等が生じないようにすることが平等の原則に即するゆえんなので、この批判には理由がない。なお、科料を廃止して罰金ないし過料と併合すべきであるとする見解がある。しかし、人の資格制限に影響を及ぼさない財産刑は、自由刑における拘留の存続と同じ理由で依然として存続しておく必要があり、また、もし過料に組み入れるとすれば労役場留置を伴わないから、その実効性は完全に失われるであろう。

（ウ）　反則通告制度　　これまで述べてきた制度とは趣旨を異にするが、反則通告制度も罰金合理化の１つの方策である。反則通告制度には、国税犯則取締法や関税法等における通告制度があるが、代表的なものとしては、道路交通法上の交通反則通告制度がある（⇒395頁）。この制度は、自動車の増加に伴って激増した大量の道路交通違反事件に対処するため、1968（昭和43）年から実施された制度であり、道路交通法違反の罪のうち無免許運転者など悪質かつ危険性の高い者以外の者を反則者とし、この者に対しては、反則行為を認知した警察官が反則切符によって「告知」をなし、その旨の報告を受けた警察本部長が定額の反則金納付を通告し、通告を受けた者が11日以内にこれを納付すると、当該違反行為について検察官は公訴を提起することが許されなくなるというものである。

　この制度は、罰金に関する刑事手続の簡略化によって刑事司法の効率化を図る点に刑事政策上の意義があるが、特に罰金を一種の行政罰化するところからダイバージョンの効果をもたらし、多数の国民を前科者とする結果を回避するとともに、罰金としての刑罰を多用しているという印象を払拭し、罰金本来の威嚇力・感銘力を維持する点に意義が認められる。こうして、道路交通法違反事件の大部分は、この制度によって警察段階において処理され、全道路交通法違反事件のうち反則告知件数の比率は約92.8％に達しているのである。

　（エ）　罰金の威嚇力強化　　罰金の威嚇力ないし感銘力は、他の刑罰に比べて弱い。特に、わが国の場合は、毎年126万人もの人間が罰金を科されているところから、罰金刑に処せられても刑罰一般に付随する社会的非難が伴うことは稀であり、行為者においても罪を犯して有罪になったという自覚や反省が乏しく、ただ罰金を払えばことが済むぐらいにしか考えていない場合が多い。罰金の威嚇力ないし感銘力が弱くなっている理由として、次の２点が指摘されてきた。第１は、罰金のほとんど（88.1％）は略式手続によって機械的に処理されてしまうため、犯人が自己の犯行について法廷で非難される機会がなく、そのために罰金を科されても、後悔や反省が生じないという点にある。第２は、罰金額が全体として低額であったため、刑罰としての威嚇力を失っているとされてきた。しかし、この点については近年、改善されつつあり、特に法人処罰における罰金の法定刑が

大幅に引き上げられつつあるなど、大きく変わりつつある（⇨409頁）。

そこで、当面、罰金の威嚇力強化については、反則通告制度を拡大することによって行政罰化することが必要になろう。また、略式手続の適用を制限し、例えば他人が罰金を支払うことが予想される場合には公判を請求するといった工夫が必要になる。そして、①貨幣価値の変動に見合った罰金の法定、②罰金で対応できない犯罪については社会奉仕命令、資格制限など罰金に代わる制度の創設で対処すべきであろう（⇨307頁）。

Ⅲ 科　　料

罰金と科料の差は、①罰金には執行猶予を付しうるが科料には認められない、②資格制限について原則として科料には規定がない、③公訴時効および刑の時効に差がある、④科料にのみ処せられる犯罪の教唆・幇助は処罰されないなどの点で異なった扱いを受けるが、実際上は、金額の差にすぎない。そのため、両者を刑種として区別する実益はないという有力な見解もある。しかし、科料は自由刑における拘留に対応するものであり、軽微な犯罪に対する制裁として資格制限に影響を及ぼさない刑として意味があると解すべきであるから、拘留を残しておく以上は、科料も存続させるべきである。

Ⅳ 没収・追徴

(1) 没収の意義　没収とは、物の所有権を剥奪して国庫に帰属させる処分をいう。制度的には有罪とは独立の処分とすることもできるが、わが刑法は付加刑として、主刑が言い渡される場合に同時にそれに付加して言い渡されるものとしている。それゆえ、現行法上没収は**刑罰にほかならない**が、例えば、刑法19条2項の定める第三者没収は刑罰とはいいがたく、その意味で現行法上の没収は、刑罰的性質と保安処分的性質の両面を併せもっていると解されている。ちなみに、没収に関する一般的規定は、裁判官の裁量によって行う任意的没収として刑法総則（19条）におかれているが、同時に刑法各則（197条の5）および特別法（関税118条、酒税54条4項、

覚せい剤取締41条の5）においては、必要的没収も規定されている。

> **没収制度の沿革**　没収の思想的基盤としては、3つのものがある。第1は、犯罪者に対しては**権利能力を認めない**とする考え方である。ローマ法における刑罰としての一般的または分割的財産の没収、ゲルマン法における平和喪失の制度から発展した財産没収、イギリス普通法上の全財産没収などがあり、わが国の没収は、イギリスの没収制度に該当する。第2は、犯罪の用などに供された物自体を犯罪視する考え方である。ローマ法における特定物件の没収、わが国における祓具の没収などがこれに該当する。第3は、犯罪による利得を認めないとする考え方である。ローマ法における不道徳な原因による利得の返還請求の制度から発展した不法利得の剥奪は、これに該当する（谷口正孝「没収及び追徴の研究」司法研究報告書8輯4号〔1955〕1頁）。第1に属する没収は、現在でも一部の立法例にみられるが、これは犯罪を理由にするものであるから明らかに刑罰である。第2に属する没収は、物それ自体を犯罪視するものであるから、その危険性に着目した保安処分——対物的保安処分の考え方に立つもので、イタリアをはじめ多くの国が没収を対物的保安処分として位置づけている。第3に属する没収は、犯罪による不法利得は受益者の手から剥奪するという衡平の思想に基づくもので、この場合は、物の国庫帰属というよりも対人的な色彩が濃い。没収不能の場合に追徴が認められるのもその趣旨からで、この種の没収は、いずれの立法例にもみられる（臼井滋夫「財産刑」大塚＝宮澤・刑事政策332頁）。

(2)　現行法上の没収　没収の対象となる物は動産・不動産を問わず、以下の4種について認められる。第1は、犯罪行為を組成した物すなわち**組成物件**である（刑19条1項1号）。例えば、わいせつ物頒布罪におけるわいせつ文書がこれに当たる。第2は、犯罪行為に供し、または供しようとした物すなわち**供用物件**である（2号）。例えば、殺人に用い、あるいは用いようとしたピストルなどの凶器である。第3は、①犯罪行為から生じた物すなわち**産出物件**、②犯罪行為によって得た物すなわち**取得物件**、または、③犯罪行為の報酬として得た物すなわち報酬物件である（3号）。①は、例えば文書偽造罪における偽造文書である。②は、例えば賭博によって得た財物である。③は、例えば殺人の報酬として払われた殺し料である。第4は、第3に掲げた物の対価として得た物すなわち**対価物件**である（4号）。以上の4種の物について没収が可能であるが、拘留・科料のみに当たる罪については、組成物件を除き、特別の規定がなければ没収は許され

ない（20条）。軽微な犯罪にまで没収を認めるのは、苛酷にすぎるという趣旨からである。

現実に没収が認められるためには、さらに **2つの要件** が充たされなければならない。第1に、上記の物件が現に存在していることを要する。その物が消費、紛失、破壊などによって存在しなくなったとき、または混同、加工等によってその物の同一性が失われたときは **没収不能** となり、後述の追徴の問題となる（⇒151頁）。第2に、その物が犯人（共犯者も含む）以外の者に属しているときは、原則として没収は認められない（19条2項）。ただし、裁判の時点において犯人以外の者にその物が属しているときでも、その者が犯罪後に情を知ってその物を取得した場合には、例外的に没収が認められる（同項ただし書）。これは、事情を知っていながら没収の対象物を取得した場合には、犯罪に何らかの意味で関係したのであるから、財産上の不利益処分を受けても止むをえないとする趣旨に基づくものであるが、一種の第三者没収である。第三者没収とは、犯人以外の者に属する物を没収することをいい、関税法などでは善意の第三者に属する物に対する没収すなわち無差別没収も認められている。これは、犯人（他人）の行為を理由として自己の物の所有権を剥奪されるという刑罰を受けるのであるから責任主義に反するものであり、したがって第三者没収は、もはや保安処分以外の何物でもない。なお、第三者没収に対する手続的保障のために「刑事事件における第三者所有物の没収手続に関する応急措置法」（昭38・法律138号）が制定されている。

刑法総則の定める没収は、裁判所の裁量による **任意的没収** である。これに対し、賄賂罪について犯人が収受した賄賂は必要的没収である。また、特別法に定められている没収も多くは必要的である。そこで **任意的没収と必要的没収** の関係が問題となるが、特別法としての必要的没収は、一般法としての任意的没収の適用を排除するものではないから、必要的没収の対象とならない物件も任意的に没収できる。没収の裁判によってその物の所有権は国庫に帰属するのである。

> **第三者没収の違憲性** 最高裁判所は、被告人以外の所有物の没収を規定した関税法118条1項に関し、第三者の所有物を没収する場合には、その

> 没収について所有者に告知、弁解、防御の機会を与えることが必要であるところ、同法にも刑事訴訟法その他の法令にも設けられていない以上、右各条項による第三者の所有物の没収は、憲法31条・29条に違反するとした（最大判昭37・11・28刑集16巻11号1577頁）。この趣旨に基づき、被告人以外の者の所有物を没収するには、その所有者を被告事件の手続に参加させ、権利を擁護する機会を与えるべきものとしたのが先の応急措置法である。

(3) **没収の刑事政策的意義**　現行法は刑罰として犯罪行為に関連する特定の物件を没収の対象としているが、刑事政策の観点から、こうした没収制度に問題がないだろうか。1つの論点として、かつてわが国でも認められていた所領の没収のごとき一般財産の没収制度つまり **一般没収** を復活すべきかどうかの問題がありうるが、この種の制度は、犯罪者の権利能力を否定する思想に由来するもので、個人の尊厳の見地からみて到底支持できない。そこで問題は、特定物件の没収すなわち **特別没収** をいかなる範囲で認めるのが刑事政策上必要かである。この点に関連して論じられているのが、①行為者の犯罪行為に対する責任を問うために、いかなる範囲の物件を没収するのが妥当かという問題、②行為者の責任を超えて、犯罪予防の見地から、どの範囲の物件を保安上必要なものとして没収するのが妥当かの問題である。

①の **刑罰としての没収** について検討してみよう。現行法は犯罪行為に関連する物件に限定して没収の対象とし、組成物件、供用物件、産出物件、取得物件、報酬物件および対価物件の6種を定めている。これらはすべて保安的見地から没収されるのだとする見解（保安処分説）もあるが、後二者は、むしろ、有責に不法な利益を取得したことに対する制裁を科し、犯罪行為による不法利得を受益者の手に残さないということを教え、間接的に犯罪の一般予防および特別予防を図ろうとするものである。その意味で、**没収の相手方** は犯人ないし知情取得の第三者に限られるのである。このように、刑罰的な没収の趣旨は、犯罪行為による不法利得は受益者の手からすべて剥奪するという点にあるのだから、仮に没収不能となった場合には、受益相当額の追徴が必要となる次第である。現行法の任意的没収とされているもので、刑罰的な没収に該当する場合には没収を科すべきであろう。

②の **保安処分としての没収** を考えてみよう。組成物件として偽造文書や

供用物件としての殺人用のナイフが没収されずに被告人または第三者の手許に残っているとすれば、それが再び犯罪に用いられる可能性があるから、そのまま放置しておくことは、犯罪防止の見地からみて妥当でない。そうすると、犯罪行為の罪責とは無関係に、物自体が将来の犯罪発生の危険性をもつかどうかを基準にした没収が必要となる。こうして、いわゆる対物的保安処分が必要となるのであり、現行法は、組成物件、供用物件および産出物件を対象として保安処分としての没収を定めるとともに、これらについては追徴の制度を適用しないこととしたのである。そして、この種の没収は、保安上必要と認められるかぎり、何ぴとに対しても科すべきであるから、一般的に第三者没収を認めてよいことになる。

このようにみてくると、現行刑法のように没収を付加刑として一元的に把握することは妥当でなく、刑罰的な性格を有する **対人的な没収** と、保安処分的な性格を有する **対物的な没収** とに分けて規定し、前者については追徴を認めるのに対し、後者については保安上の必要性を要件として、一般的に第三者没収を認める改正が必要となろう（町野＝林（幹）編・現代社会における没収・追徴〔1996〕119頁）。

(4) 没収と被害回復給付金　被害回復給付金とは、「組織的な犯罪の処罰及び犯罪収益の規制等に関する法律」（「組織犯罪処罰法」と略す）により財産的被害を受けた者に対して、没収・追徴された犯罪被害財産の回復のため、一定の金額を被害者等に給付することをいう。組織犯罪処罰法違反の罪による没収・追徴によって得られた犯罪被害財産等については、当該事案の被害者等の財産的被害の回復に充てることが適当であるとの趣旨から設けられた制度である。

> **改正刑法草案の没収規定**　第1に、保安処分的没収と刑罰的没収とを併せて独立の処分とし、前者については、保安上の必要を要件とする無差別没収を規定した。第2に、没収に代えて使用不能処分ができるものとし、第3に、行為者が責任無能力であるという理由により犯罪の成立が否定される場合でも没収等が可能であるとしたのである（これに対する批判として、平野龍一「没収」刑法改正の研究Ⅰ〔1972〕297頁）。

(5) 追徴　犯罪による不法の利得を受益者に保持させないとする趣旨に基づく制度であり、刑法においては、初め賄賂の罪に関して設けられて

いたが、1941（昭和16）年の改正によって、19条の2が創設されたのである。追徴とは、没収すべき物が没収不能となった場合に、それに代わるべき一定の金額を国庫に納付すべきことを命ずる処分である。刑罰ではないが、没収の裁判の執行ができない場合の 一種の換刑処分 として刑罰に準ずべき性質をもつ。没収すべき物の全部または一部について没収することができないときは、裁判所はその価値の追徴を言い渡すことができる（19条の2）。「没収することができないとき」とは、犯人が費消し、紛失し、毀損し、混同させ、加工することにより物の同一性を失わせたことなどの事由によって、判決の当時において没収できないことをいう。追徴の価額 は、没収できない場合にそれを金銭に換算した金額をいうが、その算定基準はその行為の時点すなわち物の授受・取得当時の金額とせざるをえないであろう。その後の物の価額の増減は、行為とは別個の原因に基づくものだからである。

無形の財産的利益に対する没収　没収の対象となる3号物件、4号物件が存在しない場合の無形の財産的利益に対して追徴が可能かという問題がある。例えば、賭博で得た金銭を犯人名義の銀行預金口座に振り込ませた場合はどうか。一説によると、197条の5の「賄賂」に関する没収の追徴は有形物であることを要しないのであり、かつ、19条の2は、19条を前提としてあとから追加されたもので、197条の5の場合とその趣旨を同じくするのであるから、19条の2は「単に19条1項3号および4号の物を没収することができないときに相当額の追徴ができる」と読むべきであるとする。いわゆるキャッシュレス時代に適した解釈として傾聴に値する。ただ、賄賂の場合には、金銭に換算しうる無形的利益は賄賂に含まれるから、その追徴ということは当然ありうるが、19条の2の定める「物」のなかにこのような無形的利益を直ちに含ませてよいか、また、どの範囲のものを無形的利益としうるかにも若干の疑問が残るであろう。このようにして、不法利得を犯罪者の手に残さないとする没収の趣旨から、無形の財産的利益に対する没収を可能にする法改正が必要となる。なお、追徴価額の算定基準について、学説のうえでは、没収不能時説、裁判時説も提唱されているが、最大判昭43・9・25刑集22巻9号871頁（「収賄者は賄賂たる物を収受することによってその物のその当時の価額に相当する利益を得たものであり、その後の日時の経過等によるその物の価額の増減の如きは右収受とは別個の原因に基づくものにすぎないのであるから、没収に代えて追徴すべき金額はその物の授受当時の価額によるべきものと解するのが相当である」）が採用する行為時説に説得力があると思われる。

●第5節　資格制限

> **Ⅰ　総　　説**

(1)　資格制限の意義　資格制限とは、犯罪者の社会生活上の権利または地位を剥奪ないし制限することをいう。資格制限は、社会生活上の権利・地位の剥奪または制限によって、その人格に対する社会的評価を低下せしめるところから、名誉刑の一種であると考えられてきたが、むしろ、端的に、社会生活上の地位ないし権利を剥奪することを内容とする資格制限刑と解すべきである。資格制限は、比較法上広く刑罰の一種として、主刑ないし付加刑の形式をもって刑法に規定されているが、わが国の刑法はこれを刑の一種としては定めていない。したがって、**資格制限は現行法上の刑罰ではない。**しかし、一定の犯罪について刑に処せられた場合、これに伴う付随効果として法律上種々の資格制限が設けられている。これらは、いずれも犯罪の成立を要件として科されるものであるから、刑として裁判所が宣告しない場合であっても、実質上は刑罰の一種と解することができる。

> **名誉刑の意義**　名誉刑とは、一般に、犯罪者の名誉を剥奪する刑罰をいうものとされ、公衆の面前で恥辱を加え名誉感情を害する**恥辱刑**および**資格制限刑**を含むものと解されている。このうち恥辱刑は、先進国では廃止されているが、軽微な犯罪につき軽恥辱を加える**譴責**ないし**戒告**の形で一部に残存している。わが国では、行政上の懲戒処分の一種として譴責ないし戒告の処分が行われているが、必ずしも有罪判決に伴うものではないから刑罰ではない。こうして、通説は名誉刑と資格制限を同視するのであるが、資格制限を受けることによって名誉が失われるということよりも、権利・地位を剥奪または制限されること自体が苦痛の内容になっていると解すべきである。

(2)　現行法上の資格制限　旧刑法においては、剥奪公権、停止公権、禁治産などの資格制限が付加刑として定められていたが、現行刑法の制定に際し、この種の規定は特別法に譲ることとされた。そして、特別法においては種々の形で多数の資格制限が設けられている。例えば、①禁錮以上の刑に処せられ、その執行を終るまでまたは執行を受けることがなくな

までの者（執行猶予を言い渡された者も含む）は、国家公務員（国公38条2号）、地方公務員（地公16条2号）、裁判官（裁判46条）、検察官（検察20条）、弁護士（弁護6条）、公証人（公証14条）などにはなりえない（必要的欠格事由）。②禁錮以上の刑に処せられたときは、その執行を終り、または執行を受けることがなくなっても、なお、一定の期間職に就きえない場合がある。例えば、司法書士は2年（司書4条）、公認会計士は3年（公認会計士4条2号）である。また、罰金以上の刑に処せられた場合、裁量によって医師（医師4条2号）、薬剤師（薬剤師5条2号）などになれないことがある（裁量的欠格事由）。公職選挙法に関連して、選挙権または被選挙権を喪失する 公民権停止 の制度がある。一般の犯罪により禁錮以上の刑に処せられ、その執行を終るまでの者、禁錮以上の刑に処せられその執行を受けることがなくなるまでの者（執行猶予中の者を除く）、および所定の選挙犯罪により罰金以上の刑に処せられた者は、選挙権および被選挙権を有しないものとされている（公選11条1項2～4号、252条1～4項）。さらに、道路交通法による運転免許の取消し・停止等の行政処分も、この場合の資格制限を含んでいる（道交90条、103条等）。

> **ドイツ刑法における資格制限刑** ドイツ刑法は、保安処分としての運転免許の取消し（69条）などのほかに付加刑として「運転禁止」を定め、また資格制限刑として公務に就くことの制限および被選挙権・選挙権の喪失について規定している（45条、45条a、45条b）。

Ⅱ 資格制限の刑事政策的意義

資格制限は、もともと名誉刑の一種であると考えられてきたことからも理解できるように、犯罪者が一般的な市民権を奪われるのは止むをえないという 社会の応報感情 を基礎としている。しかし、それが刑罰として是認されるためには、犯罪抑止のうえで意義をもつものでなければならない。そこで、改善刑の論者は、資格制限は社会における名誉、権利および地位を奪い、社会復帰を困難にするから、これを刑罰から排除すべきであると主張したのである。一方、資格制限は、犯罪者の市民生活の否定を意味す

るばかりか、再犯防止にとって有害となるから、刑としては認めるべきでなく、むしろ、保安処分としてこれを把握し、その者の資格を制限しなければ再び同種の犯罪を反復するおそれがある場合にかぎり、資格制限が許されると主張する見解が有力である。

　たしかに、ドイツ刑法における運転免許の取消しのように、保安処分としての資格制限が必要な場合はありうる。この意味で、資格制限は、当該犯罪者に対する特別予防の機能を営む点に刑事政策的意義を認めることができる。そして、資格制限が、もし特別予防の機能にとどまるとすれば、既述の欠格・制限事由となる場合の多くは正当化されないことになるであろう。それにもかかわらず、例えば、窃盗を犯して有罪となり刑を言い渡された裁判官は、一定の期間は裁判官としての地位を剥奪されることに異議を唱える者はいないであろう。人を裁く者が自ら法を破ったことについての非難は、単に、その者に言い渡された懲役では充たされない場合があるからである。一定の範囲について、刑としての資格制限を認めることは許されると解すべきである。こうして、第1に、資格制限は刑罰として社会の応報感情を満足させうること、第2に、公職ないしその他一定の職業に関係する者に対する一般予防効果を認めうること、これら2つの点において刑事政策的意義を認めることができるのである。もっとも、これをドイツ刑法のごとく刑法総則に規定し、一般的に裁判所が「刑」として言い渡す必要があるかどうかについては一考の余地がある。現行刑法の刑の付加的効果として資格制限を認める場合には、刑としての烙印性が弱められ、科刑のスティグマづけに伴う弊害が避けられるからである。現行法上の資格制限は、行政上の目的からとはいえ無用のものというべき場合が多く、制限の必要性の見地から整理する必要があろう。また、執行猶予の言渡しを受けた者について一律に資格を制限するのは、具体的な事情によっては酷にすぎる場合がありうるので、その場合には裁判所の裁量によって、資格の制限に関する法令の適用を排除することができるようにすべきである。

> **資格制限の排除**　　改正刑法草案70条は「裁判所は、刑の執行猶予を言い渡す場合において、必要と認めるときは、刑に処せられた者に対する人の資格制限に関する法令の適用を排除する旨の言渡をすることができる」と規定している。

●第6節 保安処分

I 保安処分の意義と沿革

(1) **保安処分の意義** 保安処分とは、特定の者の犯罪行為に対して、その者の 将来の犯罪の危険性 のために、刑罰を補充し、または、刑罰に代替するものとして、裁判所が言い渡すところの、自由の剥奪または制限を伴う隔離・治療、改善を内容とする処分をいう。したがって、第1に、保安処分は、特定の者の犯罪行為の存在を前提とし、その行為者に向けられた処分であって、一般人を対象とするものではない。第2に、刑罰が責任を根拠として科されるのに対し、保安処分は、行為者の有する将来の犯罪の危険性を根拠として言い渡されるところに、刑罰と本質的な違いがある。第3に、保安処分は、近代学派のいうように、単なる性格の社会的危険性を根拠とするものではなく、罪を犯す危険が高いのに刑罰では対応できない場合に、刑罰を補充し、あるいは刑罰に替えて適用するものであるから、刑法上の措置として、あくまでも刑事裁判の枠のなかで適用するものである。

(2) **保安処分の沿革** 保安処分の必要性は、既に18世紀末にドイツの刑法学者 クライン（Ernst Ferdinand Klein, 1743～1810）によって主張されたといわれるが、具体的な制度としてこれが提案されるに至ったのは、19世紀末期の犯罪の増加現象に対処するために、応報主義的な刑罰を補充する制度の必要性が自覚されたからである。スイスの シュトース（Carl Stoos, 1849～1934）は、世界で初めて刑罰と並べて保安処分を採用する1893年の スイス刑法予備草案（いわゆるシュトース草案）を起草したのであった。このように、刑法のなかに刑罰と保安処分を別個のものとして並べて規定する立法主義が 二元主義 である。シュトース草案の公表は、その後多くの国の立法に影響を与え、二元主義は、1930年のイタリア刑法、1932年のポーランド刑法、1933年のドイツ改正刑法、1937年のスイス刑法などにおいて採用され、次第に一般化した。なお、ベルギー、スペインのように刑法典以外の特別法（ベルギー1930年社会防衛法、スペイン1933年浮浪者法および非行者法）において保安処分を規定し、二元主義を採用した国も

ある。これに対し、刑罰の観念を捨て保安処分一元論に立つ**一元主義**を採用したのは、1921年の**イタリア刑法草案**（フェリー草案）および1926年の**ソビエト・ロシア刑法典**であり、刑罰に代えて前者は制裁、後者は社会防衛処分の観念を用いたのである。なお、イタリア刑法草案は立法化されなかったし、また、1960年にソビエト刑法は二元主義を採用したから、現在では二元主義が世界的傾向となっているが、スウェーデン刑法典は、刑罰と保安処分を統合する制裁の観念によって一元主義を採用している。一方、わが国の現行刑法は、責任無能力者の行為は不可罰とし、限定責任能力者の行為は刑を減軽すべきものとしているところから、応報刑論を基礎としているものと考えられ、刑罰は保安処分とは異質のものであるとする前提すなわち一元主義に立っている。しかし、2003（平成15）年に心神喪失者等医療観察法が制定され（⇒428頁）、刑罰を補充し、代替する制度が導入されたことにより、刑法典自体は一元主義に立っているが、法制度的には二元主義になったものと解される。

> **英米刑法と保安処分**　英米法系の国には保安処分の観念はないが、刑法は二元主義に依拠していると考えてよい。すなわちイギリスにおいては、精神障害のために無罪とされた者に対し、裁判所は刑罰に代えて精神病院への入院を命ずることができるなどの制度があり、アメリカにおいても、精神障害のために無罪とされるべき被告人に対し、裁判所はその者に危険性が認められるときは、保安施設に収容することができるという制度がある（例えばニューヨーク州）。

II　保安処分の種類

(1) **自由剝奪を伴う保安処分**　被処分者を一定の施設に収容し、その治療・改善とともに社会の保安を図る保安処分をいう。これには隔離処分、改善処分がある。前者は、改善困難な常習犯人を拘禁し、隔離によって社会防衛の効果を上げることを主たる目的とする保安処分である。**保安拘禁**、**予防拘禁**などがこれに当たる。後者は、対象者を施設に収容して改善のための処遇を行うことを主たる目的とする保安処分である。①精神障害者に対する治療処分、②アルコール中毒者または薬物中毒者に対する禁絶処分、

③労働嫌忌者、乞食、浮浪者等に対する労働所収容処分、④若年の危険な累犯者および精神病質者に対する社会治療処分がこれに当たる。

(2) 自由制限を伴う保安処分　被処分者を施設に収容しないで、自由の制限にとどめる保安処分をいう。これにも、隔離処分、改善処分がある。隔離処分は、対象者に対して自由を制限することによって、犯行の機会を与えないことを主たる目的とする保安処分である。①職業禁止、②居住制限、③飲酒店出入禁止、④国外退去、⑤運転免許の取消しなどがある。改善処分は、対象者に対して自由を制限することによって、主としてその改善効果を期待する保安処分である。①善行保証、②行状監督、③保護観察などがこれに当たる。

(3) 対物的保安処分　物に対する保安処分をいう。例えば、①没収、②営業所閉鎖、③法人の解散または業務停止などである。

> **対物的保安処分の概念は不要か**　森下・刑事政策大綱98頁は、従来対物的保安処分といわれてきたものは、「物自体に再犯の危険性があるわけではないので、刑罰にも保安処分にも属しない独立の処分と解するのが妥当であろう」とされる。しかし、第1に、対人的保安処分は、特定の人に向けられている点で物自体を目的とする対物的保安処分とは異なるから、両者を区別する意義はある。第2に、独立の処分であるとすると刑罰でも保安処分でもないのであるから、処分の実質的根拠を失うことになるであろう。もっとも、森下・前掲駿河台法学1号230頁は「刑（罰）的性格をもつものと保安処分的性格をもつものとに分けられるであろう」とされている。

Ⅲ　保安処分の基礎

(1) 犯罪反復の危険性　保安処分は、危険な者から社会を防衛することを目的とするものであるから、広義の保安処分は、その者に社会的危険性が認められれば足りる。これに対して、刑法上（狭義）の保安処分は、行為者が構成要件に該当する違法な行為をした場合において、行為者が将来再び犯罪を行うおそれがあるときに、その危険性に対して特別予防の措置を講ずるものであるから、保安処分の基礎は、**行為者が将来犯罪を行うおそれがある**ということすなわち対象者の犯罪反復の危険性である。それゆえ、被処分者が精神病者であるためその治療が必要であるとしても、行

為者に犯罪反復の危険性が認められないかぎり、保安処分は許されない。保安処分は犯罪反復の危険性を要件とするから、その危険性が消滅すれば保安処分を終了させなければならないが、逆に、危険性が存続しているかぎり、その性質上保安処分を継続させる必要があり、必然的に処分の期間は不定期となるのが原則である。

> **保安処分と治療・改善**　保安処分は、もともと被処分者の危険性に対する社会防衛のための措置として考案されたものであるが、第二次世界大戦後は、保安よりもむしろ被処分者の治療・改善に力点がおかれるようになってきた。これは、危険性の予測のもとに予防的措置を講ずることの人権侵害性を懸念し、保安よりも積極的な治療・改善に正当化の根拠を見出そうとしたためであろう。そして、わが国では特に、治療の見地から狭義の保安処分を治療処分として正当化しようとする見解が有力となっているが、もし、この立場が治療の必要性を保安処分の要件とするのであれば、これは刑事政策としての保安処分の枠組を逸脱するものと評すべきである。保安処分を正当化するのは、あくまで被処分者の危険性でなければならない。

(2) 保安処分の法定　保安処分の基礎は危険性にほかならないが、その危険性は将来の犯行の予測を基礎とするものであるから、必ずしも客観的に判断できるとはかぎらない。そして、保安処分は被処分者の人権の剥奪・制限を内容とするものであって、人権侵害のおそれが大であり、その点に関する配慮が必要になることは刑法の場合と同様である。ことに、刑法の場合は罪刑均衡の原理がはたらくから、それ自体人権保障に寄与するのに対し、狭義の保安処分は、自由剥奪を内容とする強制処分であるにかかわらず、その原因となる危険は将来の予測に基づくものであるとともに、処分は刑と異なって性質上不定期とならざるをえないのであるから、人権侵害の可能性を本質的に内包しているのである。したがって、対象者の人権を保護するために、保安処分を法律で定め、社会防衛の目的との調和を図る必要がある。これを保安処分法定主義といい、保安処分の法定に関しては、被処分者の人権にかかわる社会的危険性、保安処分の種類、内容、期間などについて規定する必要がある。特に、犯罪反復の危険性の要件を可能なかぎり客観化するために、現実に一定の犯罪行為がなされたことを要件とすべきである。そして、その宣告も、行政機関ではなく裁判所が行うべきである。こうして、保安処分をもって、刑事裁判所によって言い渡さ

れるところの、**隔離・治療・改善などを目的とする自由の剥奪・制限処分と定義する見解** が通説となっている。このほか、類推解釈の禁止および不遡及の原則など、被処分者の人権にかかわる事項については、罪刑法定主義の派生原則が適用されると解すべきである。

> **保安処分の期間**　　保安処分の趣旨からすれば、**期間** を定めて保安処分を宣告することは背理となるが、危険性自体の判断に不確定的な要素が含まれている以上、一定の期間を設けて、その期間内で危険性の除去につとめるべきである。ドイツ刑法62条は、刑罰と同様に **均衡の原則** によって期間の限定を行うべきことを定めている。そして、人権保障のためには、保安処分の言渡しを裁判所が行う必要があるとともに、それを継続する必要性について、司法的審査を行う必要がある（ヨーロッパ人権条約5条。三宅孝之「精神障害犯罪者の処遇規準」沖縄法学11号〔1983〕35頁）。これと関連して、被処分者の将来の危険性を予測することは困難であるとの見解がある。そして、もし、それが真実であるとすれば、保安処分の制度自体が成り立ちえないし、裁判所も処分を言い渡さないであろうが、明らかに犯罪を実行するおそれがあるために精神病院に収容されている人は、少数ながら実際にいるのであって、これは、危険性の判断が可能であることを物語るものである。また、危険性の判断や治療・改善のための収容期間の判定については、人権保護の見地から専門家の意見が反映されるように配慮されるべきであるとともに、**保安処分の手続** についても明確な法律上の規定を設けるべきである。さらに、被処分者の人権保護との関係では、**執行猶予** が問題となるが、社会的危険性のゆえに保安処分に付せられるのである以上、執行猶予は本来認められない。しかし、アルコール、薬物中毒患者などに対する禁絶処分や自由剥奪を伴わない保安処分は認める余地があろう。**仮釈放** は、治療・改善の効果に応じて当然に認められる。**時効** については問題がある。保安処分の言渡し後、一定の期間が経過しても、なお、社会的危険性が認められる以上は保安処分を執行すべきだからである。

Ⅳ　保安処分と刑罰との関係

　二元主義に立脚した場合、刑罰と保安処分を並列して規定することになるから、例えば、限定責任能力者に対して刑を減軽する一方、その将来の再犯の危険性に対しては、施設収容の保安処分が必要になるというように、同一人に対して自由刑と狭義の保安処分との両者を科すべき場合が生じる。

　(1) 併科主義　　刑罰と保安処分とは、元来、異質の制度であるとする

二元主義の考え方をとれば、責任に関しては刑罰を科し、危険性に関しては保安処分に付するというように、両者を併科すべきことになる。これを刑罰と保安処分との併科主義という。この場合、理論的には刑罰を先に執行する 刑罰先執行主義 も可能であるし、逆に、保安処分を先に執行する 保安処分先執行主義 も可能である。併科主義は二元主義の純粋な帰結であるが、一方の執行によって他方の目的が達成しうる場合にもなおそれを執行しなければならないということは、刑事政策的に妥当性を欠くのみならず、必要以上に個人の人権を剥奪するという欠陥をもつ。さらに、併科主義は保安処分の非刑罰的性格を形式上明確にするものであるが、刑罰と保安処分は 自由剥奪という苦痛の点 では差異がなく、併科主義は、まず刑罰（保安処分）の名目で科し、その後、保安処分（刑罰）の名目でまた同じものを科するものであって、レッテル詐欺 にほかならないと批判されてきた。これには理由があるとすべきである。

> 立法例　　刑の先執行の併科主義—イタリア刑法211条1項、保安処分の先執行の代替主義—ドイツ刑法67条、保安処分先執行の必要的代替主義—スイス刑法42条1項。

(2)　**代替主義**　　併科された刑罰および保安処分のいずれか一方を先に執行し、それによって必要のなくなった限度で他方の執行を免れさせる制度をいう。これには、代替を任意的なものとする 任意的代替主義 と、必要的なものとする 必要的代替主義 とがある。思うに、代替主義は、宣告の段階では二元主義を守りながら執行面において一元主義を採り、刑罰と保安処分が特別予防の点および自由剥奪の点で類似していることを正面から認めるものであって、実際上便利であるのみならず、施設における犯罪者の処遇において、両者の目的が異なるものでないことを具体化するものとして意味がある。被処分者の自由を不必要に剥奪しないために、必要的代替主義を採用すべきである。

(3)　**択一主義**　　判決言渡しの段階でいずれか一方を選択するものであり、言渡しにおける代替主義 ともいう。実際には、刑罰に代えて保安処分を言い渡した以上は、もはや、刑罰を言い渡し執行することはないとするもので、保安処分を刑罰に代替させる制度である。

V　現行法上の保安処分

　既述のように、わが刑法には、刑罰一元主義を採るから、形式上保安処分制度は存在しない。ただし、実質上刑罰を補充し代替する制度は存在している。

　(1) 補導処分　狭義の保安処分に相当するものとして売春女性に対する補導処分がある。これは売春防止法が定めているもので、売春の勧誘などの罪を犯した20歳以上の女性に対して、懲役または禁錮の執行を猶予するときは、これを補導処分に付することができるという制度である（17条）。補導処分は婦人補導院に収容し、更生に必要な生活指導および職業訓練を行い、その更生の妨げとなる心身の障害に対する医療を行う（17条。婦人補導院2条1項）。補導処分の期間は6月であり、地方更生保護委員会によって仮退院を許され、その残期間中は保護観察が付される。

　(2) 更生保護　保護観察とは、対象者を指導監督し、補導援助することによって、一般社会のなかで、その者の改善更生を図ることを目的とする制度である。保護観察には、終局処分としての保護観察（独立処分型）（更生48条1号。少24条1項1号）、刑の執行猶予に付随して付される保護観察（プロベーション型）（更生48条4号）、少年院からの仮退院および矯正施設からの仮釈放に伴って付される保護観察（パロール型）（更生48条4号）などがある。このうち少年法上の保護観察は、後述の保護処分であり保安処分ではない。保護観察は、無用な刑罰の執行を回避しつつ、社会内において積極的な改善更生を図るために付されるものであるが、詳細は後述する（⇒267頁）。

　(3) 心神喪失者等医療観察　裁判所は、①心神喪失または心神耗弱の状態で、殺人、放火、強盗、強制わいせつおよび傷害に当たる行為をした者であり、かつ、②公訴を提起しない処分を受けた者、心神喪失を理由に無罪の確定裁判を受けた者もしくは心神耗弱を理由に刑を減軽する旨の確定判決を受けた者について、検察官の申立てにより審理し、社会復帰を促進するために、医療を受けさせる必要があると認めるときは、指定医療機関への入院ないし通院を決定することができる。犯罪行為について裁判所が入院または通院の措置を講ずることができるものとされたのである（⇒

428頁)。

(4) **精神障害者に対する入院措置**　都道府県知事は、精神障害者が医療および保護のため入院させなければその精神障害のために自身を傷つけ他人に害を及ぼすおそれがあると認めたときは、2人以上の指定医の診察を経てその結果が一致した場合、本人または保護義務者の同意なくても指定病院に入院の措置を講ずることができる（⇒426頁）。

(5) **団体の規制処分**　破壊活動防止法7条が定める暴力主義的活動を行った団体に対しては、公安審査委員会は、当該団体が継続または反復して、将来さらに団体活動として暴力主義的破壊活動を行う明らかなおそれがあると認めるに足りる十分な理由があるときは、当該団体の活動を禁止し、また、当該団体に対して解散の指定を行うことができる。

> その他の処分　一定の外国人に対する上陸拒否および退去強制（出入国管理令5条）、運転免許の取消し・停止（道交103条）、営業停止・禁止（食品衛生22条）などの処分も、実質上保安処分であるが、直接には個々の行政目的に奉仕するものであるから、保安処分とはその趣旨を異にする。

Ⅵ　わが国における保安処分問題

(1) **刑法改正と保安処分**　わが国では、現行法に狭義の保安処分に関する規定がなく、そのため1926（大正15）年の「刑法改正の綱領」以来、保安処分の刑法典への導入が検討されてきており、改正刑法仮案、改正刑法準備草案、改正刑法草案いずれにおいても、処分の内容に違いがあるとはいえ、一貫して保安処分の創設がうたわれてきたのであった。

ところで、**改正刑法草案**は、保安処分として治療処分および禁絶処分の2種類を定め、裁判所がこれを言い渡すものとしている（97条）。**治療処分**は、責任無能力者または限定責任能力者が、「禁固以上の刑にあたる行為をした場合において、治療及び看護を加えなければ将来再び禁固以上の刑にあたる行為をするおそれがあり、保安上必要があると認められるとき」（98条）、**禁絶処分**は「過度に飲酒し又は麻薬、覚せい剤その他の薬物を使用する習癖のある者が、その習癖のため禁固以上の刑にあたる行為をした

場合において、その習癖を除かなければ将来再び禁固以上の刑にあたる行為をするおそれがあり、保安上必要があると認められるとき」（101条）に言い渡す。刑と保安処分は併科する（併科主義）ことを原則とし、一定の限度で刑と保安処分の代替（代替主義）も認める。施設への収容の期間は、治療処分については原則として3年であり、一定の要件のもとに更新を認める（100条）。禁絶処分については、原則として1年とし、2回に限り更新を認める（103条）。退所後は、一定期間、療護観察に付される（106条）。なお、行為者につき訴追がなされない場合においても、独立の手続（保安処分手続）でその言渡しができる（97条）。

以上が改正刑法草案の保安処分の概要である。これに対しては、①保安上の必要性を優先させ治療・改善を無視している、②危険性の予測は可能か、また、治療・改善の名目で自由を剥奪することが許される程度に科学は発達しているか、③保安施設に拘禁して治療が可能か、むしろ政治的弾圧の手段になるのではないか、④保安処分の導入は、精神障害者に対する差別と人権侵害を増大させるなどの批判が向けられた。

(2) 制度創設の視点　思うに、狭義の保安処分の対象者は、わが国においては主として精神障害犯罪者であり、この対象者が社会復帰上困難である原因が、主として精神障害という精神医学的な問題にあることは明らかである。そうすると、精神障害によって不幸にも犯罪に陥った者が社会に復帰できない以上、保安処分という形で刑事司法の対象とする以前に、医療保護の観点から社会復帰を図ること、すなわち**精神保健福祉上の施策**において問題の解決を図るのが本筋である。この意味において、精神障害者の再犯防止については、精神保健福祉行政の見地から対策が講じられるべきである。しかし、現代の精神医療の枠内で処遇することが困難とみられる精神障害犯罪者が存在するともいわれており、それらの者が、現代のわが国における精神医療のシステムに入りきらず再犯に陥っている実態があるとしても、まずは精神保健福祉法上の施策だけで問題を解決できるかどうかを考えるべきであろう。

それが不可能である場合に、初めて保安処分の要否が検討されるべきことになる。その際に、第1に留意されなければならないことは、対象者は元来医療保護の必要な者であるという点である。すなわち、医療的観点を

中心にして刑事政策との調和を図らなければならない。第2に、保安処分は、性質上人権侵害の可能性を内包していることは既述のとおりであり、鑑定制度の確立、対象者の人権が保障できる言渡手続と収容手続、施設・医療スタッフの整備、収容期間の限定など、人権侵害の危険を払拭し、医療的処遇を可能にする施策が必要となる。この見地からみると、改正刑法草案の保安処分規定は、なお検討が必要であったが、上記の要請に応えるものとして制定された法律が「心神喪失等の状態で重大な他害行為を行った者の医療及び観察等に関する法律」（平15・法律110号。以下、「心神喪失者等医療観察法」と略す）である（⇒428頁）この制度については、後に詳しく論ずることにする。

●第7節　保護処分

Ⅰ　保護処分の法的性質

　保護処分とは、家庭裁判所が非行少年（犯罪少年、触法少年、ぐ犯少年）に対して行う処分であって、少年の健全育成を目的とし、矯正および環境の調整等に関する教育的・社会福祉的な措置をその内容とするものをいう（藤本・全訂第5版刑事政策概論〔2007〕204頁）。

　保護処分は、ドイツ法的な立場からは保安処分の一種と解されており、わが国においても、それが通説となっていた。たしかに、保護処分も、自由を剥奪・制限しながら本人の改善更生を図り、社会防衛の効果を期待する点、また、処遇期間の不定期的性質の点などにかんがみると、保安処分の枠組みに入るようにもみえる。しかし、保護処分は、少年の保護の必要性つまり**要保護性**を中核とするものであり、社会防衛の思想ではなくて、少年を成人の刑罰ないし社会から守るという少年防衛の思想に由来するのである。それゆえ、例えば、犯罪少年がいったん保護処分に付された以上は、いわゆる一事不再理の効力が認められ（少46条）、後に刑罰を受けることはない。すなわち、少年については**保護処分優先主義**が採られているのであり、保護処分は、以下の点で保安処分と異なる。

　第1に、保安処分も保護処分も社会的危険性を基礎にするが、前者は保

安的要請、後者は福祉的要請に基づいている。第2に、保安処分は刑罰の補充・代替手段であるのに対し、保護処分は刑罰による責任追及を回避するところに成り立つ。第3に、保安処分は、専ら犯罪反復の危険性の除去を目的として加えられるのに対し、保護処分は少年の健全育成の見地から必要な保護が加えられる。

Ⅱ　保護処分の対象

保護処分の対象となる者は、①罪を犯した少年（犯罪少年）、②14歳に満たないで刑罰法令に触れる行為をした少年（触法少年）、③その性格または環境に照らして、将来、罪を犯し、または刑罰法令に触れるおそれのある少年（ぐ犯少年）である。これらの少年に対する保護処分として、ⓐ保護観察所の保護観察に付すること、ⓑ児童自立支援施設または児童養護施設に送致すること、ⓒ少年院に送致すること、ⓓ刑法上没収の対象となるような物件の没取、ⓔ保護処分を決定するため必要があると認めるときは、決定をもって、相当の期間、家庭裁判所調査官の観察に付し、遵守事項を定めてその履行を命じ、あるいは条件をつけて保護者に引き渡すか、または適当な施設、団体または個人に補導を委託することができる（少24～25条）。

Ⅲ　法処分の手続

保護処分の審判は、家庭裁判所がこれを行う。家庭裁判所は、審判に付すべき少年についての通告、報告、送致を受けたときは、事件について調査し保護処分を行うが、刑事処分が相当と認められるときは検察官に送致するのである（⇒356頁）。

第4章 犯罪者の処遇

● 第1節 総　説

I　犯罪者処遇の意義

　犯罪者の処遇とは、犯罪の抑止および犯罪者の社会復帰を容易にする目的で、犯罪者に対して加えられる国家的処置の総体をいう。犯罪者の処遇には、3つの種類がある。第1は、**司法的処遇**であって、刑事司法手続における警察、検察および裁判（審判）の段階における処遇をいう。第2は、**施設内処遇**であって、刑務所等の刑事施設における処遇をいう。第3は、**社会内処遇**であって、社会での生活を維持させながら行う処遇をいう。

　司法的処遇においては、①犯罪者を刑罰、保安処分、保護処分等のいずれに処すべきかという**処遇の選択**、②どの程度の刑罰または処分に付すべきかという**処遇の量の決定**が中心となる。施設内処遇は、司法的処遇によって決定された自由刑等の施設における処遇の執行を内容とする。社会内処遇は、仮釈放者に対する保護観察や自由刑の執行を終了した者に対する施設内処遇に引き続いてなされる処遇、および裁判所が言い渡す保護観察のような司法的処遇に引き続いてなされる更生保護を内容とする。

> **犯罪者処遇の観念の変遷**　犯罪者の処遇（treatment, Behandlung, traitement）の観念は、19世紀中葉以後の近代刑法学派の改善思想とともに誕生したが、この観念が一般に普及したのは、1950年代以後、ことに1955年にスイスのジュネーヴで第1回の「犯罪の防止および犯罪者の処遇に関する国連会議」が開催されてから後のことである。その後、「犯罪者処遇」の観念は「犯罪者の改善更生ないし社会復帰に必要な取扱い」を意味するものとして、犯罪者および非行少年などに対し、再犯を防止し社会復帰を容易にする目的でその人格にはたらきかけるところの、社会学的、教育学的、医学的、心理学的処置をいうものと解されている。しかし、犯罪防止

> および犯罪者の処遇を合理化するためには、刑罰の執行段階の改善措置にとどまらず、それ以前の警察、検察および裁判段階での取扱いも重要となる。こうして、刑事司法手続の段階でなされる処置すなわち司法的処遇は、犯罪者の再犯防止と社会復帰にとっても極めて大切であることが認識されるに至ったのである。なお、犯罪者処遇は、社会復帰モデルが支配するのに対して、「司法的処遇」においては、刑事手続における人権保障などが重要となるので、犯罪者処遇のなかに司法的処遇を含ませるべきではないとする見解もある（加藤久雄・刑事政策学入門〔1991〕211頁）。

Ⅱ 犯罪者処遇の理念

(1) **犯罪者処遇の原則**　犯罪者の処遇は、司法的処遇、施設内処遇および社会内処遇に分かれるが、そのいずれにおいても以下の3つの原則が支配する（⇒16頁）。

第1は、**人道主義**の原則である（⇒18頁）。国連人権規約B規約は、人道主義につき「何人も、拷問又は残虐な、非人道的な若しくは品位を傷つける取扱い若しくは刑罰を受けない。特に、何人も、その自由な同意なしに医学的又は科学的実験を受けない」（7条）と定め、さらに「自由を奪われたすべての者は、人道的にかつ人間の固有の尊厳を尊重して、取り扱われる」（10条1項）と規定している。人道主義から導かれる犯罪者処遇の指導理念を**処遇の人道化**という。

第2は、**法律主義**または法治主義の原則である（⇒17頁）。これは、犯罪者の処遇は自由・行動の制限など対象者の人権剥奪を伴うのが通常であるから、憲法31条の趣旨に従い、手続のみならず実体的に適正な法律を根拠としなければならないとする趣旨である。また、法律主義の当然の要請として、憲法14条1項の平等主義に立脚して、同一の事情にある犯罪者に対しては同じような処遇を行わなければならないという原則が支配する。これを特に**公平の原則**という。国際人権規約B規約26条も、「すべての者は、法律の前に平等であり、いかなる差別もなしに法律による平等の保護を受ける権利を有する」と定めている。法律主義から導かれる犯罪処遇の指導理念を**処遇の法律化**という。

第3は、**個別処遇の原則** であり、犯罪者の改善・社会復帰のためには、犯罪者が罪を犯すに至った環境的背景を明らかにし、個々の犯罪者の資質や人格的特性を考慮して、その者の改善・社会復帰に適した処遇の方法を選択し実施しなければならないとする趣旨である。この見地から導かれる犯罪者処遇の指導理念を**処遇の個別化**という。

> **法的地位に相応する処遇**（treatment appropriate to legal status）　国際人権規約B規約は「被告人は、……有罪の判決を受けていない者としての地位に相応する別個の取扱いを受ける」（10条2項）、「少年の犯罪者は、成人とは分離されるものとして、その年齢及び法的地位に相応する取扱いを受ける」（10条3項）と定めており、このような**法的地位に相応する処遇**を犯罪者処遇の原則の1つに数える見解（森下・刑事政策大綱131頁）もある。

(2)　刑事司法の各段階における犯罪者処遇の理念　犯罪を抑止するために、現実に犯罪に陥った者を刑事司法の各段階においてどのような理念に立脚して処遇するのが妥当か。この問題については、従来、犯罪者の社会復帰を理念とする社会復帰思想ないし**改善モデル**が強調されてきた（⇒14頁）。しかし、犯罪抑止の対策においては、単に特別予防だけではなく、報復機能および一般予防機能を併せ考慮し、犯罪抑止にとって当該犯罪者に特定の処遇を加えるのが必要かつ不可欠かの問題が核心となる。この見地からすると、ひとたび罪に陥った者であっても、刑事手続に乗せて刑事上の処分をする必要のない場合があろう。これを刑事司法の各段階について考察することにする。

　まず、訴追の段階においては、一般予防、特別予防の見地からみた**処遇の必要性と不可欠性**が刑事処分の要否を判断する基準となる。次に、裁判による有罪の確認および処遇の選択の段階においては、刑事処分の必要性と不可欠性を前提として、一般予防効果の確保ばかりでなく再犯の防止も重視されるから犯罪者処遇の個別化も考慮されるが、ここでは、むしろ応報的正義の満足すなわち応報的見地に立脚した**公正な処遇**が中核となる。③法の具体化としての刑の執行段階においては、当該犯罪者の再犯防止が直接の課題となるから、特別予防すなわち**処遇の個別化**の原則が前面に出てくる。なお、特別予防は犯罪者の再犯防止を目的とするので、保安の面だけを重視すれば足りるともいえる。しかし、犯罪原因の1つとして社会

的要因を数えることができる以上は、犯罪者を改善し社会に復帰させるよう努力することは**国家の責務**であるとともに、犯罪者を人間として尊重するという人道主義の要請でもある。すなわち、施設内処遇および社会内処遇においては、個々の犯罪者が罪に陥った環境的原因を解明し、その者の人格的特性を診断して、いかにすれば本人が改善更生の意欲をもち社会に復帰できるかという犯罪者の社会復帰を理念とし、それに必要な指導・援助ないし医療を行い、その再犯防止を図るべきである。

社会復帰モデルと公正モデル　社会復帰モデル（rehabilitative model）とは、犯罪者処遇の理念を犯罪者の改善・社会復帰に求める思考の型式である。**改善モデル**ともよばれる。社会復帰モデルのうち処遇を病人に対する医療と同じように考える立場は**医療モデル**（medical model）を提唱し、アメリカでは、このモデルを基礎として不定期刑とパロール（parole）を処遇方式の中心に据えてきた（⇒133頁）。しかし、不定期刑の上限と下限の幅があまりにも広いこと、釈放に関する裁量権が大きく、その手続も適正を欠くといった制度上の問題のほか、いわゆる反社会復帰思想の影響もあって、1960年代から70年代にかけて医療モデルは批判にさらされ（⇒14頁）、これに代わって、**公正モデル**（justice model）が主張された。公正モデルとは、犯罪者の処遇を正当で当然な報い（just desert）すなわち応報の観念に立脚して、公平に扱うという処遇の思考型式である。このモデルに従って、改善・治療の理念を捨てて犯罪者に対する不介入主義を採り、刑罰は、犯罪者を処罰するだけにとどめるべきであるから定期刑に転換すべきだとされた。こうして、医療モデルは後退し、不定期刑とパロールの廃止がアメリカの多くの州に及んだのである。アメリカで犯罪者処遇方式が激変した理由として、(1)不定期刑制度自体の固有の問題、(2)犯罪の増大に伴う刑務所における過剰拘禁と刑務所増設のための財政問題、(3)矯正の効果の問題（矯正ペシミズム）などを掲げることができよう。以上のようなアメリカにおける動向を背景として、わが国においても公正モデルおよび反社会復帰思想を強調する見解がみられるが、第1に、責任主義が支配し定期刑制度を採用している点、第2に、犯罪の増加による過剰拘禁の現象はアメリカほどではない点など、わが国の行刑はアメリカのそれと事情を異にする。そのため、わが国では受刑者への過剰介入を批判しながらも社会復帰への処遇を全面的に否定する学説は少数説であり、むしろ社会復帰は受刑者の同意と納得のもとに実施しないかぎり処遇の効果を期待できないという見地（**自主性促進の原則**）から、できるだけ受刑者本人の同意と納得を得るようにして処遇をする必要があるという見解が支配している。

● 第 2 節　司法的処遇

第 1 款　司法的処遇の概観

　司法的処遇とは、犯罪の認知に始まり刑の執行ないし更生保護で終了する一連の刑事司法の流れのうち、捜査による犯人の特定および刑事裁判による処遇の決定が行われる段階までの犯罪者の処遇である。以下、図 3 に従って処遇の流れを概観する。

　国家機関が犯罪者とかかわるのは、捜査からである。捜査を行うのは捜査機関である検察官と司法警察職員である警察官であり、捜査機関は「犯罪があると思料するとき」には、直ちに捜査を開始する（刑訴189条 2 項）。捜査は、証拠が収集・保全され犯人の身柄が確保されれば終了し、微罪事件（犯情の軽微な事件であって、警察が検察庁に対し月報として報告すれば足りるとした事件）および交通反則通告制度による反則金の納付のあった事件を除き、事件はすべて検察官に送致される。検察官は、警察から送致を受けた事件および自ら認知した事件につき捜査を行い、捜査が終結すると公訴の提起の要否すなわち起訴にするか不起訴にするかの決定をする。その際、訴訟条件を欠く場合および嫌疑が不十分な場合等には不起訴処分とすることは当然であるが、犯罪の嫌疑があっても、「犯人の性格、年齢及び境遇、犯罪の軽重及び情状並びに犯罪後の情況により訴追を必要としないとき」は、公訴を提起しないことができる（248条）。このような起訴猶予制度のもとで、検察官は広大な裁量権が与えられているのであり、実質上有罪・無罪を決定しうる準司法的役割を演じているのである。

　公訴の提起によって事件は裁判所に移る。裁判所は、捜査機関の行う逮捕、勾留、捜索、差押え等の人的・物的な強制捜査について司法的なコントロールを行うとともに、通常、公判を開いて起訴された事実につき審理し、有罪・無罪などの判決を下す（公判手続）。有罪の裁判は、死刑、懲役、禁錮、罰金、拘留および科料に大別される。また、 3 年以下の懲役、禁錮、50万円以下の罰金については、情状により、一定期間刑の執行が猶予されることがあり、その場合、猶予の期間中、保護観察に付されることがある（刑25条、25条の 2 ）。こうして裁判所は、犯罪者の処遇の選択およ

図3　刑事司法における犯罪者（成人）処遇の流れ

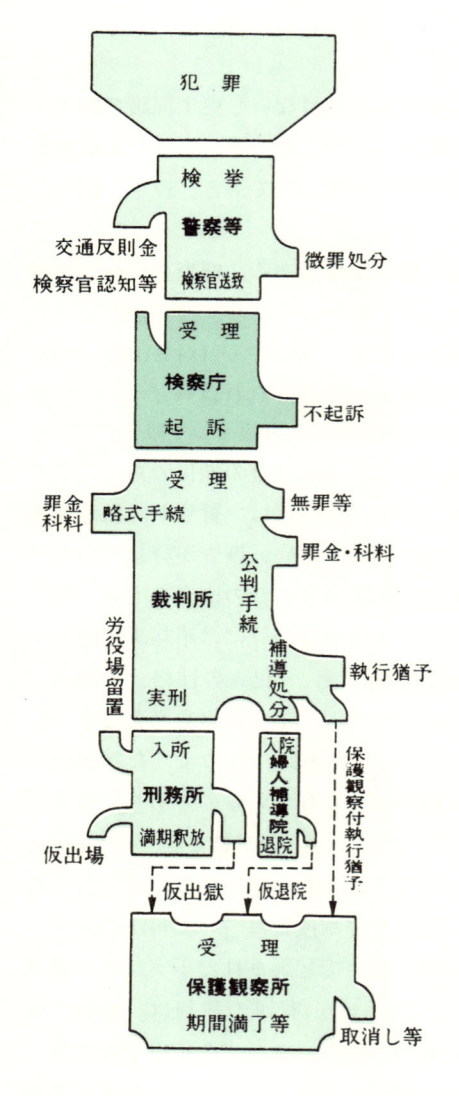

```
                犯罪
                 │
         検挙
         警察等────徴罪処分
交通反則金   検察官送致
検察官認知等
                 │
         受理
         検察庁────不起訴
         起訴
                 │
         受理
罪金   略式手続────無罪等
科料         ─────罪金・科料
         裁判所
         公判手続
労役場   補導
留置    処分  ────執行猶予
     実刑
      │  │    │
     入所 │    │
     刑務所 入院  保護観察付執行猶予
     満期釈放 婦人補導院
              退院
仮出場  │    │
     仮出獄 仮退院
         │
         受理
         保護観察所────取消し等
         期間満了等
```

2008犯罪白書42頁

び処遇の量を決定するのである。なお、裁判の手続としては、ほかに **略式手続** がある。略式手続とは、軽微な事件に対し簡易迅速な書面審理によって一定額の財産刑を科す裁判手続をいい、大量的・画一的な事件を能率的に処理するためのもので、主に交通事件の処理に用いられる（⇒394頁）。

一方、少年事件の処理は、成人の場合と著しく異なる。少年事件の処理は家庭裁判所が中心となって行うのであり、すべての事件は家庭裁判所に送られる。家庭裁判所は、事件につき調査し、審判不開始で事件を終結させ、あるいは審判を開いて不処分または保護処分の決定をするが、さらに刑事処分が相当と判断するときは、事件を検察官に送致することができるとされている。検察官に送致された後は、ほぼ通常の刑事手続に従って処理される（⇒第3編第1章）。

以上は、わが国における刑事手続の概略であるが、それらは単なる手続にとどまるものではなく、犯罪の抑止および犯罪者の社会復帰を図り、究極において犯罪防止を目標とする制度でもあり、したがって、ここにおいても人道主義、

法律主義および個別処遇の原則が支配すべきであることは勿論である。以下においては、この見地から、警察、検察、裁判において犯罪者をいかに処遇すべきかについて検討を加える。

第2款　警　　察

I　警察と刑事政策

　警察は、犯罪の予防・鎮圧および捜査や被疑者の逮捕など、犯罪に関する諸活動を行い、公共の安全と秩序の維持に当たることをその任務としている（警2条）。犯罪に関する警察活動は、犯罪の予防と捜査である。予防は、犯罪の発生を事前に防止するための警察活動であって、警戒体制を敷いたり、犯罪行為を制止し、あるいは犯罪の誘引となるものを除去するなどの防犯活動を内容とする。捜査とは、犯罪が発生した場合に、証拠を収集し、被疑者の身柄を確保して裁判に備える準備活動をいう。犯罪者の処遇が問題となるのは、この捜査の場合である。

　捜査は、主として司法警察職員である都道府県警察の警察官によって行われるが（刑訴189条）、このほかに特別司法警察職員（例―麻薬取締官・労働基準監督官）、および特別司法警察職員ではないが捜査を行う者（例―国税庁査察官）によっても行われる（190条）。また、検察官は、警察官から送致を受けた事件および告訴・告発を受けるなどして自ら認知した事件について捜査を行う。捜査は、犯罪の発生を警察等が認知することによって開始される。

　認知の端緒は、大きく2つに分けることができる。第1は、受動的認知というべきものであって、一般からの通報、被害の届出、告訴および告発、自首などがある。第2は、能動的認知というべきものであって、警察官の現認、職務質問、変死体の検視のほか、聞き込み、うわさ、新聞記事、捜査中の他の事件の探知などがある。ちなみに、犯罪捜査規範は「警察官は、新聞紙その他の出版物の記事、匿名の申告、風説その他広く社会の事象に注意するとともに、警ら、職務質問等の励行により、進んで捜査の端緒を得ることに努めなければならない」（59条）と定めている。

捜査は、証拠が収集・保全され、犯人の身柄が確保されれば事実上終了する。これを **検挙** という（ただし、法律上の用語ではない）。なお、問題となった事件が犯罪として成立しえないことが明らかとなった場合は **解決** とよばれている。犯罪の認知件数と検挙件数との関係を示すものとして検挙率の概念が用いられる。**検挙率** は、【検挙件数÷認知件数×100】の式から算出した百分比をいい、警察の犯罪捜査能力を判断する指標として用いられる。わが国の検挙率は、1930（昭和5）年以降はおおむね60％前後の水準であったが、1990（平成2）年頃から急激に低下し、2001（平成13）年には19.8％と、戦後最低を記録した。しかし、2002（平成14）年以降は上昇し、2007（平成19）年には31.7％を記録し、1999（平成11）年以来7年ぶりに30％台に回復した。

検挙率をめぐる論点　　一般に、検挙率が高いほど捜査活動が優れているといえるが、次の点に留意する必要がある。第1に、**認知件数** には暗数があるから、必ずしも犯罪および捜査の実態を反映したものではないという点である。既述のように、(1)犯罪が行われても、被害者または第三者に認知されない場合（例えばキセル乗車や贈収賄等）、(2)一定の事情があるため警察に届出がなされず認知されない場合（例えば少額の財産犯、強姦罪等）などがあるからである。第2に、検挙率が高いことは、常に捜査活動の成功を意味するわけではないということである。例えば贈収賄や道交法違反の罪のように、犯人を検挙することがすなわち犯罪の認知の端緒になるような場合には、検挙率が極めて高くても捜査活動が優れているとはかぎらない。検挙率の以上のような問題点を踏まえ、検挙率の算出は無意味であり、これに代えて **犯罪処理効率** の観念を用いるべきであるとする提案がある（吉岡一男「警察の犯罪統計における検挙率について」同・刑事制度の基本理念を求めて〔1984〕238頁）。すなわち、検挙率は、犯罪処理のために投入される警察力に左右されるほか認知の端緒にも影響されるから、罪種別の検挙率の比較は無意味であるとし、分母としての認知件数から警察による能動的認知（警察官現認、職務質問、変死体の検視など）を除き、届出のあった犯罪だけを分母とし、検挙した事件数を分子として割合を示すべきであるとする。この主張は、認知件数が犯罪の実相を反映するものではないことを指摘し、検挙率の虚偽性を突くものとして注目すべきであるが、暗数の比率が毎年大きく変わるわけではないとともに、能動的認知も犯罪の実態を反映する点では届出などと変わるところがないから、認知と検挙が不可分となる賄賂罪や特別刑法犯を除けば、検挙率を用いて犯罪捜査活動の良否を判断することは許されると解すべきである。

II　捜査の刑事政策的意義

　捜査は、犯罪抑止システムとしての刑事司法運営の出発点というべきものであり、犯罪の防止および犯罪者の社会復帰にとって極めて重要な意義を有する。すなわち、検挙率が高ければ、それだけ一般予防効果が増大すること勿論であるが（検挙に勝る防犯なし）、それと関連して以下のような波及効果をもたらす。第1に、一罰百戒的な厳罰主義を回避することができる。検挙率が低い場合には、たまたま検挙された犯人をスケープゴートとして厳罰に処するきらいがあるからである。第2に、処遇を容易にすること、ことに改悛を促すことに効果が認められる。検挙率が低ければ犯人は運が悪くて検挙されたという不公平感を抱くために、刑事司法手続の各段階で、ことさらに反抗的態度に出ることなど、更生意欲を削ぐおそれがあるからである。第3に、一般予防目的の大半が達成できるから、あえてすべての事件を起訴する必要もなく、真に処罰に値する犯人のみを起訴すれば足りることになる。第4に、刑事司法に対する国民の信頼が得られるため、防犯活動への市民参加を促すことが容易となる（敷田稔「司法的処遇の変貌と自由刑」日本の矯正と保護1巻〔1980〕83頁）。このようにして、検挙率は、刑事司法の死命を制するといっても過言ではない。

III　微罪処分

(1) 微罪処分の意義　司法警察員は、犯罪の捜査をしたときは、原則として速やかに書類および証拠物とともに事件を検察官に送致しなければならないが、検察官が指定した事件については例外とされる（刑訴246条）。犯罪捜査規範は、「捜査した事件について、犯罪事実がきわめて軽微であり、かつ、検察官から送致の手続をとる必要がないとあらかじめ指定されたものについては、送致しないことができる」（195条）としている。これが、微罪処分である。微罪事件の指定は、各地方検察庁の長である検事正が管轄区域内の司法警察職員に対して行うが、被疑者が逮捕された事件および告訴・告発・自首のあった事件は除かれる。指定される事件は地方により異なるが、一般に、軽微な窃盗、詐欺、横領、盗品等譲受け等、賭博

が微罪事件とされている。微罪処分がなされた場合には、その処理年月日、被疑者の氏名、年齢、職業および住居ならびに犯罪事実の要旨を、1月ごとに一括して検察庁に報告する（196条）。報告を受けた検察官が微罪処分不相当と考える場合を除き警察段階において当該事件の処理は終了することになる。微罪処分の制度は、**微罪不検挙・微罪不起訴**の方針のもとで、明治の初期から実質上行われていたものであるが、現行法上は、起訴猶予制度と併せて裁判上の処理以前に事件を処理する裁判（司法）前処理制度、または**ダイバージョン**の一種として法律上認められるに至っている。検挙した事件を検察官に送致するという原則に対する例外として、微罪処分のほかに、国税犯則取締法や関税法等における通告処分制度、また、その一種としての交通反則通告制度があり、これも広い意味ではダイバージョンに基づくものであるが、その直接の目的は罰金の合理化にある（⇒142頁）。

> **ダイバージョン**（diversion）　ダイバージョン（ディバージョンともいう）とは、刑事事件処理の流れを、通常の刑事司法手続のルートから外す（脇にそらす）ことをいう。この観念は、犯罪の増大と施策の貧困を解消する目的で設置されたアメリカ大統領諮問委員会が1967年に公刊した報告書において、初めて登場したものである。その狙いは、刑事司法手続の範囲を縮小し、非公式手続ないし行政的処理の範囲の拡大を奨励することによって、刑事司法機関の負担を軽減し、同時に犯罪者を刑事手続に乗せることによって生じるラベリング等の弊害を回避することにあった。これに基づき、一方では、性的犯罪の非犯罪化、他方では、刑事手続への「ふるい分け」が目指され、例えば公判審理前の被告人に職業訓練等の処遇を行い、効果があった者には公訴を取り消すとか、少年手続を青少年サーヴィス局の設置によって縮小するといった施策が試みられつつある。ダイバージョンは、アメリカにおいて一般に好意的に受け入れられているとされるが、刑事手続から外して犯罪者をどう扱うかが問題であり、むしろ社会統制を拡大する危険をはらむとの指摘もある（松尾浩也「ディヴァージョンについて」平場安治還暦祝賀下巻〔1977〕33頁）。もっとも、ダイバージョンの観念はなかったが、わが国では、性的犯罪に謙抑的であるとともに、微罪処分や起訴猶予処分による「ふるい分け」は広範に行われているのであり、執行猶予、保護観察さらに交通反則金制度もこの範疇に属するところから、ダイバージョンの観念に基づく刑事政策の改革を推進すべき状況は少ない。むしろ、その適正な運用を確保することが大切である。

(2) 刑事政策的意義　　微罪処分の刑事政策的意義は、2つの面から考えられる。第1は、消極的意義であって、犯罪とすべき事実が存在していても、犯罪抑止上処罰に値しないものは速やかに刑事司法手続から外し、その手続に要するコストの負担を回避し、それを他の犯罪抑止策に振り向けるとともに、検察段階にまで事件を取り込むことによって受ける犯人の不利益、ことに犯罪者としてのスティグマが一層色濃く押されることによって生じる弊害を回避し、その社会復帰を容易にする効果を目指すものである。第2は、積極的意義であって、犯罪捜査規範は、微罪処分をする場合には、①被疑者に厳重な訓戒を加えて、将来をいましめ、②被害の回復や被害者に謝罪することなどをすすめ、③親権者や雇主などを呼び出し、将来の監督につき必要な注意を与え、もって再犯防止を図るべきであるとしているところである（197条）。なお、警察にこのような裁量権を認めるのは妥当でないとの見解もあるが、犯罪捜査規範に基づいて裁量が行われるかぎり刑事政策上の問題はない。

第3款　検　　察

I　検察と刑事政策

　検察官は、検察権を行う国家機関である。検察権の内容は、①捜査を行い（刑訴191条以下）、②公訴を提起し、③裁判所に法の正当な適用を請求し、④裁判の執行を監督する（検察庁4条）ことである。検察官の行う事務を統括する官庁を検察庁といい、最高裁判所に対応する最高検察庁、高等裁判所に対応する高等検察庁、地方裁判所に対応する地方検察庁、簡易裁判所に対応する区検察庁がある。検察官は、捜査から公訴の提起さらに刑の執行というように、刑事司法手続の全過程に関与するのであるから、刑事訴訟における当事者たる地位にとどまらず、刑事政策においても極めて重要な役割を演ずるのである。

　　わが国の検察制度　　わが国は、明治初期にフランスの検察制度を導入したが、1890（明治23）年の裁判所構成法は、ドイツ法の影響のもとに裁判所に検事局を「附置する」建前をとり、同時に司法行政の面で裁判所と検

事局双方とも司法大臣の監督のもとにおかれた結果、検事も広義の司法官と考えられた。第二次大戦後アメリカ法の影響を受けて、検察庁はいわゆる司法部から離れて行政部に属することが明らかにされ、犯罪捜査に関しては司法警察職員が第一次的な捜査機関であり、検察官は第二次的ないし補充的な捜査機関であるとされた（刑訴189条2項、191条2項）。検察官の主な任務は、公訴を行うことにあるとされたのである。

II 起訴猶予

(1) **意義** 起訴猶予とは、検察官が起訴・不起訴を決定するについて、公訴を提起するに足りる嫌疑および証拠があり、かつ訴訟条件を具備している場合において、検察官の裁量によって起訴しないことを許す制度をいう。わが国では、治罪法および明治刑訴法のいずれも起訴猶予を認めていなかったが、監獄経費の増大に悩んだ政府は、1885（明治18）年頃から微罪不検挙の名のもとに微罪の不起訴を奨励するに至り、実務上起訴猶予が行われるようになった。この政策は次第に確固たるものとなり、起訴前の捜査を綿密にして、再犯のおそれなどを考慮しながら起訴・不起訴が決定されるようになった。そして、旧刑訴法は法律上の制度としてこれを正面から認めるに至り、特に再犯防止のための有効な手段として意識的に多用されるようになったのである。現行刑事訴訟法248条は、「犯人の性格、年齢及び境遇、犯罪の軽重及び情状並びに犯罪後の情況により訴追を必要としないときは、公訴を提起しないことができる」と規定しており、この規定によって公訴を提起しない処分が現行法上の起訴猶予である。なお、法律上公訴が提起できない場合（被疑事実が犯罪とならないとき、証拠が揃わないときなど）に起訴しないことを狭義の不起訴といい、法文上「公訴を提起し、又はこれを提起しない処分」（例―刑訴260条）という場合は、起訴猶予を含めた広義の不起訴を意味する。

起訴法定主義・起訴便宜主義 公訴を提起する要件を具備するかぎり、必ず公訴を提起すべきものとする立法主義を起訴法定主義といい、そのような場合にも裁量によって起訴しないことができるという立法主義を起訴便宜主義という。したがって、起訴便宜主義とは起訴猶予を認める立法主義

図4 罪種別起訴率の推移

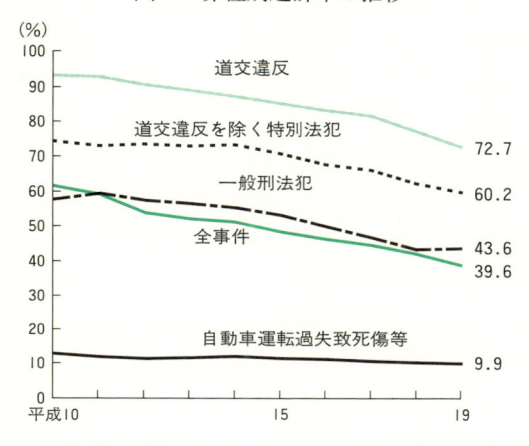

(%)
- 道交違反 … 72.7
- 道交違反を除く特別法犯 … 60.2
- 一般刑法犯 … 43.6
- 全事件 … 39.6
- 自動車運転過失致死傷等 … 9.9

(平成10〜19)

注 検察統計年報による。

といってよい。

(2) **起訴猶予の運用** 検察官は、警察等によって被疑者が逮捕されて身柄付きで検察庁に送致された事件および検察庁で被疑者が逮捕された事件等を取り調べ、①犯人に関する事項(犯人の性格、年齢および境遇―素行・性癖・知的能力、生活史・健康状態・前科前歴の有無・年齢・家庭環境・職業・交友関係など)、②犯罪自体に関する事項(犯罪の軽量および情状―法定刑の軽重、被害の大小、加重減軽事由の有無・共犯の有無・犯行の動機および方法・犯罪による利得の程度・被害者との関係・犯罪の社会的影響など)、③犯罪後の諸般の事情(犯罪後の情況―改悛の情の有無・被害の回復および謝罪の努力・示談の成否・時間の経過・社会状況の推移・法令の改廃・犯人の生活状況・身柄引受人の有無など)を考慮して、起訴・不起訴の裁量権を行使すべきものとされる(松尾浩也・刑事訴訟法上巻〔新版〕〔1999〕149頁)。起訴猶予の運用については、㋑微罪処分型(軽微な犯罪を速やかに刑事手続から外す)、㋺起訴留保型(被害の弁償など事件後の状況に応じて起訴を留保する)、㋩保護観察付起訴猶予型(起訴前の保護観察によって特別予防を図る)、㊁起訴放棄型(事件がある程度重大であっても諸般の事情から起訴しない)などの諸類型が認められるが(三井・後掲183頁参照)、そのいずれの類型も、

特別予防、一般予防の見地から適正な裁量が行われるかぎり認めるべきである。裁量を直接に行うのは担当の検察官であるが、判断の適正および事件処理の統一を図るために、検事正など上席の検察官が決裁するものとされている。

事件処理の状況をみると、2007（平成19）年における終局処理人員は、190万5,951人であり、その内訳は、公判請求12万5,787人（6.6％）、略式命令請求55万8,696人（29.3％）、起訴猶予95万7,907人（50.3％）であり、極めて高い割合で起訴猶予が行われているといえる。逮捕・拘留された被疑者が起訴猶予になった場合、必要とあれば更生保護法に基づく更生緊急保護が受けられる（更生85条1項5号）。被疑者からの請求があるときは、公訴を提起しない処分をした旨を速やかに本人に告知する（刑訴259条）。なお、いったん不起訴処分にした事件であっても、その後の事情変更によって公訴を提起することができる。

(3) **刑事政策的意義**　　起訴猶予の刑事政策的意義については争いがあるが、犯罪防止上、公訴を提起して処罰するのが不必要とみられる犯罪を裁判前に処理し、もって刑事司法手続の効率的運用を図り、併せて刑事司法過程のもつレッテル貼り（labeling）作用の弊害などを回避して、犯人の社会復帰を容易にすることにあり、ダイバージョンの一種であると解すべきである。すなわち第1に、刑事司法は、適切な犯人の処罰による一般予防および特別予防を通じて社会秩序の維持を図ることを目的とするものであるから、現実に犯罪が行われても処罰に値しない以上、速やかに刑事手続から外し、真に処罰に値する犯罪だけを刑事手続に乗せるのに役立つ。第2に、わが国では、上の見地から無駄のない公訴提起が行われているため有罪率（例年約99.99％）が高いことから、いったん起訴されると一般社会からは有罪という烙印が押され、また、本人は被告人として訴訟対策に追われるほか、起訴休職や資格制限などの不利益を蒙るため、社会復帰が困難になる。起訴猶予は、このような起訴がもたらす社会復帰上の弊害を回避し、犯人の更生を図ることによって再犯を防止する点に刑事政策上の意義を有する。

刑事政策上の意義に関する見解　　刑事訴訟法上の弾劾的捜査観に立脚する

見解は、起訴猶予をもって一種の微罪処分と解し、一般予防上処罰の必要が乏しい軽微な犯罪を刑事手続から外す制度であるとする。これに対し、特別予防を重視する見解は、起訴猶予は、起訴がもたらす更生上の弊害を除去し、犯人の社会復帰を図る制度であるとする。しかし、起訴猶予の運用において、犯人に関する事項、犯罪自体に関する事項、犯罪後の諸般の事情を考慮すべきものとされているのであるから、そのいずれか一方だけに由来するものではなく、本文のごとく両者を踏まえた刑事政策上の効果を狙いとする制度と解すべきである（三井誠「猶予制度(1)」刑事政策講座1巻〔1972〕304頁参照）。

(4) **起訴猶予の問題点**　起訴猶予の刑事政策上の意義を否定する者は少ない。また、罪を犯した者すべてを処罰する必要はないというように、わが国には法の完全な実施を必ずしも支持しない国民感情があり、起訴猶予はこの国民感情に合致するものとして一般国民からも支持されているといえよう。しかし、この制度にも問題がないわけではない。

(ア) **再犯防止との関係**　第1は、起訴猶予と再犯防止との関係についてである。起訴猶予の処分を受けた者が2年ないし3年以内に再犯に陥った割合は、業過を除く全刑法犯について約18.9％、窃盗20.7％、詐欺33.3％、恐喝26.5％に達するとされる（井正＝佐藤「起訴猶予処分に付された者の成行に関する研究」法務総合研究所研究紀要〔1978〕1頁）。この割合から、起訴猶予の再犯防止効果を論ずることは困難であるが、しかし、それ以上刑事手続を進めていれば再犯を防止できたといえる部分もあるし、いったん刑事手続に乗った以上、そのまま放置するのが妥当かという問題は残る。こうして、更生保護法は「訴追を必要としないため公訴を提起しない処分を受けた者」（85条1項5号）について、更生緊急保護の制度を設け、本人の申出があった場合に（86条）、金品の給貸与、帰住あっ旋等の一時的な保護などを行うものとしている。この点に関連して、更生緊急保護措置付起訴猶予の制度が注目される。

更生保護措置付起訴猶予は、1961（昭和36）年における横浜地方検察庁をはじめとして、主として25歳以下の若年犯罪者を対象として実施されている。この措置は地方によって異なるが、例えば旧更生緊急保護法における横浜方式は、起訴猶予者の申出に基づき保護観察所との協働のもとに、主として刑法犯中の25歳以下の財産犯・粗暴犯の被疑者を選択して起訴猶予

処分に付し、保護観察官と保護司の補導に服させるが、この措置の効果がなく再犯のおそれがあるときは起訴されることがありうるというものである。この措置については、その法的根拠がなく、刑事訴訟の当事者である検察官が保護観察に相当する処遇の主役となるのは妥当でないなどの批判があったが、更生保護法の制定によって、消極的ながら法的根拠が与えられることになった。

(イ) 訴訟法上の問題　第2は、起訴猶予制度に固有の訴訟法上の問題である。起訴猶予を合理的に運用するためには、犯罪の嫌疑については勿論のこと、公訴の提起を必要とする諸般の事情についても十分な資料を収集する必要が生ずるため、公訴提起の段階において被告人の罪責の確定が既に終了してしまうといった事態が生ずる。有罪率が99.99％であることは、このことを物語っている。こうして、①検察官がこのような裁判官としての役割を演じてよいか、②捜査機関に、このような多大な労力を要求するのが妥当かが問題とされてきた。①については、起訴裁量が恣意的にならないための方策を絶えず追求する必要がある。現行法上は、その方法として、告訴人等への不起訴処分およびその理由の告知、検察審査会制度（⇒336頁）、および裁判上の準起訴手続が定められているところである。②については、広範な起訴裁量が認められていることの当然の結果であり、検察官がこの負担に耐えうる能力を確保することが先決である。なお、起訴裁量を大幅に検察官に認めると、捜査の対象となる被疑者に過重な負担を課すことになるから、起訴猶予は軽微事件にのみ適用することとし、それ以外の場合には、あっさりとした捜査 に基づき起訴すべきであるとする見解もあるが、前述のような起訴猶予の刑事政策的意義にかんがみれば、軽微事件にのみ起訴裁量を適用すべしとすることは許されず、結局、被疑者の人権侵害に至らない限度で捜査を行うべきであるというほかはない。

第4款　裁　　判

I　裁判と刑事政策

公訴が提起されると、事件は裁判所に係属する。管轄違い、公訴棄却、

免訴の裁判によって手続が打ち切られないかぎり、裁判所は実体を審理し、有罪または無罪の判決を下さなければならない。また、有罪の裁判をする場合は、必ず刑（または刑の免除）の言渡しをしなければならない。では、裁判と刑事政策とは、いかなる点で関連するのであろうか。この関連については、特に、以下の3つの点が注目される。

　第1は、**公判手続**との関連である。刑事手続の適正な運用は刑事訴訟法の理念であるが、同時に刑事政策上も重要である。不適切な手続は、将来犯罪者として処遇すべき被告人に不満感・抵抗感を植えつけ、矯正処遇ないし社会内処遇を困難にするからである。さらに、手続の適正を欠く裁判は、一般社会の司法に対する信頼感を害し、刑事司法の適切な運用にとって重大な弊害となる。

　第2は、**判決**との関連である。手続を終結させる裁判の形式には、判決・決定があるが（刑訴43条）、ここで重要なのは有罪・無罪の判決である。わが国の有罪率の高さは他国の追随を許さぬものがあり、2007（平成19）年に裁判が確定した者は61万5,389人に達するが、無罪の判決を受けた者はわずかに117人であった。このような有罪率の高さは、公判廷における自白の高率をもたらし受刑者の心理に好影響を与える。有罪率が低ければ、被告人は何とかして無罪を勝ち取ることに専念するであろうし、有罪となれば刑罰を免れた者との対比において不均衡感を抱き、自己の服罪に反抗的となろう。

　第3は、**刑の量定**（＝量刑）との関連である。有罪の裁判をする場合は、必ず刑（または刑の免除）の言渡しをしなければならない。有罪・無罪の決定については裁判所の裁量の余地はほとんどないが、刑の量定に当たっては、刑種の選択、任意的な法律上の減軽、酌量減軽、宣告刑の決定、執行猶予の許否、保護観察に付するかどうか、さらに労役場留置などの付随処分の決定などにつき、裁判所は大幅な裁量権を与えられている。これは、検察官の起訴猶予における裁量権と並んで法律上の処遇の個別化とよばれている。刑の量定は、刑事司法の諸機能が集約的に具体化される場面であり、刑事政策上極めて重要な意義を有するから、どのような原理に立脚して量刑判断を行うかが問題となる。しかし、法律は、裁量権行使の基準をほとんど定めていない。刑の量定の問題が論議をよぶゆえんである。

> **有罪率の波及効果**　有罪率が高ければ、起訴された以上のがれられないという心境になり、公判廷での自白に結びつき、反省・改悟の念を生じさせる。「反省悟改の念は、自己の罪責の明確な認識から始まる。この認識を明確にさせ得なければ、規範意識の覚せい……は行い得ない」（敷田・前掲論文84頁）。

II　刑の量定

(1)　法定刑・処断刑・宣告刑　裁判官は、適用すべき刑罰法規の定める法定刑（例えば、刑199条「死刑又は無期若しくは5年以上の懲役」）あるいは加重減軽した処断刑の枠内で、自らの裁量によって刑の種類とその量を決定する。このように、具体的に言い渡すべき刑の種類と量を決定することを 狭義の刑の量定 という。すなわち、法定刑として2種以上の刑が選択的に規定されている場合（例えば、95条―懲役と禁錮、96条―懲役と罰金）は、刑種の選択が必要になる。次に、加重減軽の事由がある場合には、加重減軽を施すことになるが、その順序は法定されていて、再犯加重、法律上減軽、併合罪加重、酌量減軽の順である（72条）。加重のうち、再犯加重は有期懲役の場合に限られ、累犯の要件を充たすときは（56条）、長期が2倍以下となる（57条。ただし最高30年―14条）、併合罪加重は、有期の懲役・禁錮および罰金について行われ、それぞれ長期を1.5倍（47条―最高30年）または多額を合算額とする（48条）。刑の減軽は、すべての刑種について行いうる（68条、70条）。

　法定刑に加重減軽を施して得られたものが 処断刑 である。処断刑が死刑または無期の懲役もしくは禁錮であれば、それが宣告刑となるから刑の量定の問題は生じないが、それ以外の場合は処断刑に幅があるから、その範囲内で一定期間の自由刑（例えば、懲役10年、禁錮5年。なお、例外として少52条）、または一定額の財産刑（例えば、罰金10万円、科料2000円）を宣告する。これが 宣告刑 である。なお、裁判所は、刑の宣告に際して執行猶予、保護観察、未決通算および労役場留置などの付随処分を言い渡す場合がある。こうして裁判所は、刑種の選択、任意的な法律上減軽（例えば、刑43条本文）、酌量減軽（裁判上の減軽事由）、宣告刑の決定、執行猶予の許否、

表3　全事件裁判確定人員

(平成10年〜19年)

年次	総数	有罪										無罪	その他
		死刑	無期懲役	有期懲役			有期禁錮			罰金	拘留	科料		
					執行猶予	執行猶予率		執行猶予	執行猶予率					
10年	1,076,329	7	45	63,576	40,034	63.0	2,350	2,251	95.8	1,006,000	69	3,757	57	468
11	1,090,701	4	48	67,067	42,039	62.7	2,613	2,464	94.3	1,016,822	81	3,514	59	493
12	986,914	6	59	73,184	45,117	61.6	2,887	2,708	93.8	906,947	81	3,141	46	563
13	967,138	5	68	75,582	46,523	61.6	3,003	2,805	93.4	884,088	71	3,713	44	564
14	924,374	3	82	80,201	49,250	61.4	3,510	3,277	93.4	837,144	77	2,752	73	532
15	877,070	2	117	84,900	52,772	62.2	4,017	3,763	93.7	784,515	38	2,774	80	627
16	837,528	14	115	85,815	52,856	61.6	4,215	4,001	94.9	743,553	51	3,014	94	657
17	782,471	11	134	85,020	51,446	60.5	3,904	3,655	93.6	689,972	26	2,829	66	509
18	738,240	21	135	80,802	47,085	58.3	3,696	3,459	93.6	650,141	21	2,868	82	47
19	615,389	23	91	74,395	43,271	58.2	3,548	3,337	94.1	533,950	13	2,842	117	410

1　2008犯罪白書49頁
2　「その他」は、公訴棄却、免訴等である。

保護観察の要否、付随処分の要否および程度につき、自らの裁量によって決しなければならない。これを広義の刑の量定といい、この裁量の基準を刑の量定基準――**量刑基準**という。

> **第一審の科刑状況**　2007（平成19）年中の第一審裁判所における刑法犯の終局処理人員のうち有罪人員6万9,763人中、死刑は14人、無期懲役は74人であり、有期懲役・禁錮の科刑状況は、刑期1年未満の者全体の16.3％、1年以上2年未満の者42.3％、2年以上の者30.0％、3年を超え5年以下の者5.1％、10年を超え15年以下の者0.5％、15年を超え20年以下の者0.2％であり、自由刑の刑期は1年以上2年未満が主力である（2008犯罪白書55頁）。罰金は20万円以上30万円未満が多く、全体の48.2％を占める（同57頁）。

(2)　**量刑の考え方**　刑の量定に関する最も重要な問題は、その基準を何に求めるか、いいかえると、何を考慮の対象とし、いかなる原則に基づき刑の量定を行うべきかという点である（原田国男・量刑判断の実際〔増補版・2004〕4頁）。この問題は、刑罰論と表裏をなすから、刑罰の本質および目的の捉え方いかんによって多様に考えられるが、刑罰は、その本質を応報におきつつ、一般予防および特別予防の目的を達成すべきものであるから、これらに関連する事項はすべて考慮の対象になる。問題は、それら

の事項をいかなる基準に基づいて刑の量定に結びつけるかにある。この点についてのヨーロッパの立法例は、例えば、「裁判官は、犯人の責任に応じて刑を量定する。裁判官は、犯人の動機、経歴及び個人的関係を斟酌する」（スイス刑法63条。なお、ドイツ刑法46条1～3項参照）と規定し、行為責任を中心として他の要素を考慮に入れるとしているものがある。

わが刑法は、「情状により」（刑25条1項）とか「情状に酌量すべきもの」（66条）というように、断片的な指針を示しているにすぎず、刑の量定の基準に関する包括的規定をおいていない。もっとも、刑事訴訟法は、起訴猶予にするかどうかを決定する際に考慮すべき事項として、「犯人の性格、年齢及び境遇、犯罪の軽重及び情状並びに犯罪後の情況」を掲げており（248条）、刑の量定においても同様の事項が考慮されるべきものと一般に解されているが、この規定によっても何が量刑の基準となるのかは明らかにならない。このようにして、刑法全面改正の問題として、刑の量定に関する基準の創設が提案され、改正刑法草案は、刑の量定の一般基準として「犯人の責任」を最も重視するとともに、「犯罪の抑制及び犯人の改善更生」すなわち一般予防および特別予防という刑事政策的な目的をこれに加味すべきことを明らかにした。

> **改正刑法草案の量刑基準**　48条（一般基準）「①　刑は、犯人の責任に応じて量定しなければならない。②　刑の適用にあたっては、犯人の年齢、性格、経歴及び環境、犯罪の動機、方法、結果及び社会的影響、犯罪後における犯人の態度その他の事情を考慮し、犯罪の抑制及び犯人の改善更生に役立つことを目的としなければならない。③　死刑の適用は、特に慎重でなければならない」。

(3)　**量刑基準**　刑罰の目的を追求する場合に重要なことは、その目的の追求が刑罰の本質である応報原理に立脚していなければならないということであった。そして、刑罰が応報であるためには、犯罪と刑罰とが均衡を保っていること、すなわち宣告刑が当該犯罪の具体的な重さ、ことに非難の程度と均衡したものであることが必要だろう。刑罰という苦痛を正当化できる根拠には、究極においては行為者に非難を帰しうるということにほかならないからである。しかしながら、刑罰は、応報のための応報として科されるべきではなく、むしろ、苦痛を通じて刑罰の諸目的を実現し、

社会秩序の維持に奉仕すべきものであるから、その目的の実現にとって不必要な刑罰を科すことは許されない。責任があれば必ず刑を科すという考え方（いわゆる積極的責任主義）は、妥当ではないのである。他方、刑法の諸目的を実現するために、それがたとえ必要な刑罰であっても、犯人の行為に対する責任を超えて刑を科せば均衡の原則に反することになる。結局、刑罰の目的は責任を限度として追求すべきであるということになり、量刑の一般的な指針は犯人の行為責任であると解すべきである（量刑における責任主義）。

　このようにして、行為責任を目安としつつ、一般予防および特別予防を考慮して、裁判官は自らの判断で量刑を行うのであるが、その量刑の基礎となる事実が情状である。情状には、犯罪事実に属するもの（犯情）と犯罪事実に属さないもの（狭義の情状）とがある。前者は、「犯罪の動機、方法、結果及び社会的影響」であり、主として犯人の責任と一般予防の見地から重要となる事項である。後者は、「犯人の年齢、性格、経歴及び環境」および「犯罪後における犯人の態度」であり、犯人の社会的危険性または改善可能性を判断するための事実であって、主として特別予防の観点から重要となる事実である。犯罪後における犯人の態度は、例えば、悔悟したかどうか、被害弁償に努めたかどうか、さらに被害者との和解の有無など、責任の評価と刑事政策的考慮の両面にまたがる事実である。なお、裁判官は、適法に知りえた情状はこれをすべて量刑上考慮すべきであるから、例えば犯行後の社会事情の変化など、上述の2つの場合に入らない「その他の事情」も当然に考慮すべきである。

　量刑基準や情状が明らかになっても、実際の刑の量定を行うのは個々の裁判所であるから、裁判所または裁判官の考え方によって量刑に差が出てくることは十分に予想できる。そして、類似の情状であるのに著しい量刑の差が生じるとすれば、法の下の平等を論ずるまでもなく不当であり、刑事政策上も好ましくない。わが国では、検察官の求刑や上訴審の審査などによって量刑相場を形成し、刑の標準化が図られているが、なお、量刑の地域差のような量刑の不統一が問題となっており、量刑の計量化などによる改善の余地がある。

求刑の引上げ問題　検察官が論告において刑の量定に関する意見を述べることを **求刑** という。求刑は刑の量定に関する裁判所の目安を提供するという意味で意義を有するし、検察官一体の原則に基づき求刑が統一化されているから、量刑の統一化にも役立つ。そして「求刑3割減」といったように、求刑は量刑相場の形成に大きく寄与している。さらに、一歩進めて、量刑の計量化が問題となっている。**量刑の計量化** とは、ある事件につき、平均的な裁判官の量刑を事前に計量的に明らかにすることをいう。例えば、Xの傷害事件について、平均的な裁判官であれば、罰金か懲役か、実刑判決か否か、実刑判決であればどの程度の懲役の期間または罰金の額を言い渡すかを明らかにすることである。その方法としては、確定裁判例のなかから調査対象として適当なものを選び出し、一定数の事例についてカイ自乗 (x^2) テストを行い、量刑に密接な相関関係のある因子を選び得点を割り出すというものである（前田俊郎「死刑と無期懲役の分水嶺」ジュリスト787号〔1983〕）。なお、アメリカでは、社会復帰思想の退潮とともに不定期刑が批判され、応報モデルのもとに公平な量刑が目指されて、いわゆる **量刑基準表** (sentencing guidelines) の導入が図られている（リース〈宮澤=川本訳〉「アメリカ合衆国における量刑政策と実務」ジュリスト834号〔1985〕75頁）。

(4)　**量刑の資料**　裁判所が量刑に際して具体的に考慮すべき情状を量刑の資料という。量刑の資料は、検察官から提出されるものとしては、例えば、被告人の供述調書に含まれている経歴、資産、家族の状況、生活状態、交友関係、前科前歴に関する記載、前科調書、逮捕歴に関する指紋照会回答書、被害者などの情状証人などがある。被告人からのものとしては、示談書、嘆願書、上申書などがある。訴訟中の被告人の態度、ことに 自白と否認 を量刑資料としてよいかには刑事訴訟法上の問題があるが、自白は、被告人の反省や悔悟に基づいている場合が多いから、これを被告人に有利な情状として考慮することは当然許される。また、犯罪事実が明らかであるのに頑強に否認し続ける場合には、改悛の情が認められないのであるから被告人に不利な情状となる。

余罪と量刑　起訴されていない犯罪事実を裁判上余罪として認定し情状として量刑資料とすることは、十分な資料による適正な量刑という観点から、刑事政策上の意義がある。最高裁判所も、「余罪を単に被告人の性格、経歴および犯罪の動機、目的、方法等の情状を推知するための資料として考慮する」ことは許されるとしている（最判昭41・7・13刑集20巻6号609頁）。

Ⅲ 判決前調査制度

(1) 判決前調査制度(presentence investigation)**の意義**　量刑に関する情報を総合的に調査・収集し、量刑資料を充実させる目的で考案されたものが判決前調査制度である。すなわち、判決前調査制度とは、起訴後の刑事手続において、適切な処遇決定および量刑を行うために必要な資料を裁判所調査官に収集させる制度をいう。この制度は、アメリカにおいてプロベーション適格の判断資料の収集として発達したが、処遇の科学化・個別化の考え方から、やがて処遇決定一般の調査活動も行うようになり、判決前調査制度として発展した。そして、スウェーデン、ノルウェーなどの北欧諸国がこれを採用し、わが国でも1955（昭和30）年頃に具体的に制度創設の可否が検討されたが、アメリカのように公訴事実の存否に関する立証と、量刑の資料すなわち情状の立証との段階を分ける 手続の二分化 が確立していないわが国では、手続上の混乱を招くこと、被告人に不利な資料が組織的に収集され刑が重くなる可能性があること、量刑に関する弁護権の実質的制限につながること等の反対論があり、現在のところその採用は見送られている。

> **わが国における動き**　わが国では、一種の判決前調査制度として、少年審判における 家庭裁判所調査官制度 がある（少8条。⇨359頁）。成人の刑事事件について初めて導入を企てたのは、1950（昭和25）年に最高裁判所に非公式に設置されたアダルト・プロベーション制度調査委員会の議決であり、執行猶予の可否を決する資料の調査を裁判所職員にさせるべきであるとした。同年8月にハーグで開かれた第12回国際刑法および監獄会議における判決前調査制度採用の決議に即応するものであった。1951（昭和26）年には、法制審議会がその必要性を答申し、1958（昭和33）年には、売春防止法の補導処分に関連して裁判所側からその創設が提案された。売春防止法案の審理に当たって衆参両院の法務委員会はその法制化について附帯決議をし、同年10月には最高裁判所に判決前調査制度協議会が設けられ、同会は 判決前調査制度要綱 を採択した。法務省でも判決前調査制度研究会が設けられ、研究結果がまとめられたが、1959（昭和34）年2月に日弁連は「職権主義に復せんとするきらいがある」として、これに反対した。1968（昭和43）年には、少年法改正問題に関連して、少年刑事手続における判決前調査制度の創設が少年法改正要綱に盛られたが、その後においては目立った動きはない（鈴木茂嗣「判決前調査制度」刑事政策講座1巻

〔1971〕257頁）。

(2) 判決前調査制度の刑事政策的意義　量刑の科学化・合理化は、犯罪者処遇の個別化の出発点となるものであり、刑事政策上極めて重要な意義を有する。そして、量刑の科学化および合理化にとって最も大切なことは、裁判所が刑事政策上重要な情報を十分に収集するという点である。ところが、当事者主義的訴訟構造が導入された現行法のもとでは、量刑資料として裁判所に提出される証拠に制限があるばかりか、刑事政策的見地から裁判官が情状証拠を収集することは、制度上ばかりでなく裁判官の能力の面からも限界がある。このようにして、量刑の資料を組織的に調査・収集し、量刑の科学化・合理化を図るとともに、調査の過程で環境調整ないし犯罪者の自立更生を図る点に判決前調査制度の刑事政策的意義を認めることができる。

　この制度は、改善刑思想の高揚とともに提唱されてきたものであるが、改善更生の理念と切り離しても意義があることは、応報刑思想への復帰を図るアメリカで、依然として判決前調査制度が重視されていることでもわかる。問題は、手続の二分化が確立していないのにこの制度を採用した場合、困難はないかである。刑の量定に関する調査結果が事実認定に影響を及ぼしたり、その逆の場合もありうることが予想されるとともに、調査結果によって刑の量定が左右される場合、その点に関する当事者の関与は許されなくなり、著しく職権主義化することは避けられないように思われる。したがって、この困難を回避するためには、手続の二分化を確立する必要があり、現状のもとでは、判決前調査はせいぜい被告人が調査に同意している場合か、有罪を自認している場合に限られるであろう。そして、その場合でも、調査結果の閲覧など手続を適正化する必要がある。

> **アメリカの取扱い**　アメリカでは、1954年頃から、一定の刑に処する場合には判決前調査報告を必要とする制度が採用され、現在では約4分の1の州がこの制度を用いているといわれる。また、公正モデルに依拠する1984年の包括的犯罪規制法（Comprehensive Crime Control Act）も、判決前調査制度の一層の充実を図っている（鈴木義男・刑事司法と国際交流〔1986〕271頁）。なお、前述のとおり1958（昭和33）年10月に最高裁判所は判決前調査制度協議会を設け、**判決前調査要綱**を採択した。この要綱は、

本文の立場から、被告人が犯罪事実について「有罪である旨を陳述し」または「調査させることについて被告人に異議がないとき」にかぎり判決前調査を認めるものとした。そのほか、調査は、裁判所調査官が医学、心理学、社会学その他の専門的知識を活用して行うこと、調査報告書は、犯罪事実の存否に関する取調べが行われたあと裁判所に差し出されるものとし、その取調べは公判期日において行うことなどが定められている。さらに、量刑を合理化する試みとして、**量刑委員会**がある。量刑の科学化・合理化の一環として、法律家および犯罪学の専門家により組織化される量刑のための委員会を量刑委員会（sentencing board）といい、1940年代のアメリカで提案され一部の州で採用されたものであるが、量刑は人権の問題に直接かかわるから、究極において法律的判断を必要とするものであり、裁判官が最終責任を負うべきであるなどの理由から、一般の支持を受けるに至っていない。

Ⅳ　執行猶予と宣告猶予

(1)　**総説**　裁判所は、有罪の裁判をする場合、必ず刑の言渡しをしなければならないが、刑を言い渡すに当たって、情状によって必ずしも現実に刑を執行する必要がない場合には、自らの裁量によって一定の期間その執行を猶予することができる。これが**執行猶予制度**である。一方、裁判所が被告人の有罪を認定した場合でも、情状によって一定期間有罪判決の宣告または刑の宣告を猶予するほうが、刑事政策上良好な結果をもたらすこともありうる。この見地から、英米および大陸諸国で採用されているのが宣告猶予制度である。この2つの制度は、ともに裁判所の裁量によって運用される点ばかりでなく、刑罰の弊害を回避しつつ、犯罪者の社会復帰を目的とする点で共通するものであるから、ここでは両者を併せて検討する。なお、執行猶予および宣告猶予は、同じような理念に立脚する微罪処分、起訴猶予処分と併せて、猶予制度として統一的に理解する必要がある。

> **猶予制度**　やや重複するが、ここでまとめて概観しておくと、**微罪処分**は、刑事訴訟法246条ただし書に根拠を有するもので、検察官が微罪処分事件として指定したものは、事件を検察官に送致しないで司法警察職員において処分できるというものである。犯罪の軽微さを唯一の要件とし、犯罪事実の存在は認められるが刑罰には値しないものとして処理される（犯

罪捜査規範195条参照）もので、**警察段階**の猶予制度である。起訴猶予は、これに対し**検察段階**の猶予制度である。**起訴猶予**とは、「犯人の性格、年齢及び境遇、犯罪の軽重及び情状並びに犯罪後の情況により訴追を必要としないときは、公訴を提起しないことができる」（刑訴248条）場合の不起訴処分をいう。無用な裁判による刑の言渡しの弊害を避け、刑事司法の運用を具体的に妥当ならしめるための制度である。刑の執行猶予と宣告猶予は、いわば**裁判段階**の猶予制度である。

(2) **執行猶予**　刑の執行猶予とは、刑の言渡しをした場合において、情状によって一定期間内その執行を猶予し、その期間を無事経過したときは刑の言渡しはその効力を失うとする制度をいう。

（ア）**意義**　執行猶予制度の刑事政策的意義は、科刑による弊害を避けるとともに、条件に違反した場合には刑が執行されるという心理強制によって、犯人の自覚に基づく改善更生を図ることにある。その趣旨は、刑の言渡しによる応報的効果を維持しながら、無用の刑の執行を避け、刑の目的ことに犯罪者の自力更生の促進を合理的に追求する特別予防を図る趣旨である。その意味で、形式的には執行猶予は刑ではなく刑の付随処分にほかならないが、実質上は1個の独立した刑事処分としての性質・機能をもっているのである。

執行猶予の沿革　この制度は、19世紀の中頃から宣告猶予制度としてイギリス、アメリカにおいて発達し、次いでヨーロッパに継受され、執行猶予として採用されたものである。わが国では、古く旧刑法時代に「刑の執行猶予に関する件」（明38・法律70号）によって刑の執行猶予制度を採用し、現行刑法はそれを拡大する形で導入したが、第二次世界大戦後は新しい刑事政策的要請のもとに数次の改正がなされた。すなわち、1947（昭和22）年の刑法一部改正では、執行猶予を付しうる刑の範囲が「2年以下の懲役又は禁錮」から「3年以下」へと拡大され、さらに、**罰金刑**にも執行猶予が認められるに至った。1953（昭和28）年には、再度の執行猶予を認める刑法25条2項が追加されて、その適用がさらに拡大されるとともに、保護観察付執行猶予制度が導入され、1954（昭和29）年には、それを初度目の執行猶予にも拡げたのである（25条の2）。執行猶予制度の趣旨は、短期自由刑の弊害を回避する点にあると解されてきたが、わが国の制度の展開をみると、むしろ犯罪者の自力更生の促進に重点が移りつつあるといってよいであろう。

（イ）**執行猶予制度の内容**　現行法の執行猶予の要件は、初度目の場

合と再度目の場合とに分けられる。

　(a) **初度目の場合**　　初度目の要件としては、①執行猶予を言い渡す判決の前に被告人が禁錮以上の刑に処せられたことがないこと、②前に禁錮以上の刑に処せられたことがあっても、その執行を終った日またはその執行の免除の日から5年以内に禁錮以上の刑に処せられたことがないこと、③前に禁錮以上の刑に処せられたことがあってもその執行を猶予された者が1年以下の懲役または禁錮の言渡しを受け、情状に特に酌量すべきものがあり、5年以内に禁錮以上の刑に処せられたことがないことが必要である。この場合には、3年以下の懲役・禁錮または50万円以下の罰金の言渡しを受けたときにかぎり情状によって執行猶予が認められる（刑25条1項）。

　(b) **再度目の場合**　　再度目の要件は厳格となる。再度目というのは、猶予中の者が、さらに罪を犯しその刑の執行を猶予される場合のことである。この場合は、第1に、1年以下の懲役・禁錮が言い渡された場合にかぎって認められる。したがって、この場合には罰金の執行猶予は認められない。第2に、情状が **特に酌量すべき場合** であることを要する。第3に、刑法25条の2第1項の規定により保護観察に付され、その期間内にさらに罪を犯した者については執行猶予は認められない。もっとも、保護観察の期間内であっても保護観察の仮解除を受けたときは、それが取り消されるまでの間は保護観察に付されなかったものとみなされる（25条の2第3項）。

　(c) **執行猶予の期間**　　執行猶予の期間は、裁判確定の日から1年以上5年以下であり（25条1項）、その範囲内で裁判所の裁量によって具体的な期間が定められる。その長短については、言い渡された刑の軽重に比例する必要はない。執行猶予は、刑の言渡しと同時に判決または略式命令によって言い渡される（刑訴333条2項・461条、交通事件即決裁判手続3条）。なお、1個の刑の一部分だけについての執行猶予は許されないが、1個の判決で2個以上の刑を言い渡すときは、そのうちの1個についての執行猶予を与え他を実刑にすることは、執行猶予の本旨に必ずしも反しないだけでなく、このような措置を禁止する規定もないから、学説上は異論があるけれども、その措置は許されると解する。

　(ウ) **保護観察付執行猶予**　　刑法25条の2は、初度目の執行を言い渡

された者については裁判所の裁量により、また、再度の執行猶予を許された者については必要的に、保護観察に付するものとしている。保護観察とは、対象者を指導監督し、補導援助することによって、一般社会のなかで、その者の改善更生を図ることを目的とする制度である。保護観察には、終局処分としての保護観察（独立処分型（少24条1項1号））、刑の執行猶予に付随して付される保護観察（プロベーション型）、矯正施設からの仮釈放に伴って付される保護観察（パロール型）などがあり、これら全体については改めて検討することにして、ここでは執行猶予に付随して付される保護観察について述べることにする（⇒288頁）。

保護観察付執行猶予の制度は、1953（昭和28）年の刑法一部改正によって、無用な刑罰の執行を回避しつつ社会内において積極的な改善更生を期するために採用されたものである。すなわち、執行猶予に保護観察を結びつけることによって個別処遇を行い、特別予防の効果を期待するものである。なお、保護観察の方法等については、更生保護法が定めており、犯罪者には本来自助の責任があることを認めて、これを補導援護するとともに、遵守事項を遵守するよう指導監督することによってこれを行うものとされている（更生2条）。保護観察は保護観察官が行うものとされているが、実際には民間篤志家から選任された保護司が大部分を担当している。

保護観察は、行政官庁である地方更生保護委員会の処分で、仮に解除することができる（81条1項）。仮解除があったときは、刑法25条2項ただし書および26条の2第2号の規定の適用については、その処分の取り消されるまでの間は、保護観察に付されなかったものとみなされる（刑25条の2第3項）。仮解除をした地方更生保護委員会は、本人の行状によって再び保護観察相当の判断に達したときは、決定で仮解除の処分を取り消すことができる。仮解除が取り消されれば、執行猶予期間の満了まで保護観察を受けることになる。

（エ）　刑の執行猶予の取消しと効果　　刑の執行猶予は、次の場合に検察官の請求に基づき裁判所の決定によって取り消される（刑訴349条）。取消しには、必要取消しと裁量的取消しがある。

　　（a）　必要的取消し　　①執行猶予の期間内にさらに罪を犯して禁錮以上の刑に処せられ、その刑につき執行猶予の言渡しがないとき、②執行猶

予の言渡し前に犯した他の罪につき禁錮以上の刑に処せられ、その刑につき執行猶予の言渡しがないとき、③執行猶予の言渡し前に、他の罪につき禁錮以上の刑に処せられたことが発覚したときには、刑の執行猶予は取り消される（刑26条）。ただし、刑法25条1項2号に記載した者および26条の2第3号に当たる者は除かれる。発覚 というのは捜査機関がこれを知るに至ったことをいう。

　(b)　裁量的取消し　　①執行猶予の期間内にさらに罪を犯し罰金に処せられたとき、②25条の2第1項の規定により保護観察に付された者が遵守事項を遵守せず、その情状が重いとき、③執行猶予の言渡し前、他の罪につき禁錮以上の刑に処せられその執行を猶予されたことが発覚したときに取り消される（26条の2）。

　(オ)　執行猶予の効力　　執行猶予の要件を充たすことにより、刑の執行は猶予される。猶予 とは、一定の期間刑の執行を実施しないことをいう。この場合においても刑の言渡しが確定している以上は、国の刑罰権は発生したのであるから 刑に処せられた ことに当たる。それゆえ、資格制限など刑の言渡しに伴う法律上の不利益を免れるものではなく、法令による一定の資格制限、刑の執行猶予の制限等の事由となる。刑の執行猶予の言渡しを取り消されることなくして 猶予の期間を経過したとき は、刑の言渡しはその効力を失う（27条）。猶予期間内に取消原因が生じても、現に取り消されないかぎりその効力を失うのである。刑の言渡しの失効の結果その刑に処せられなかったことになり、刑の言渡しに伴うすべての効果は消滅する。

　(カ)　執行猶予の現状　　1960（昭和35）年以降における懲役・禁錮の執行猶予率（第一審で有期の懲役・禁錮に処せられた者のうち執行猶予に付された人員の占める率）をみると、有期懲役では、51.5％から60％の間を推移しており、また、有期禁錮では70％から95％の間を推移している。2007（平成19）年の第一審終局処理人員においては、執行猶予率は59.1％である。罪種でみると執行猶予率の高いのは、贈賄、収賄、公務執行妨害の順であり、低いのは、強盗（13.7％）、殺人（18.9％）、放火（39.8％）である。執行猶予の期間では、最も多いのが3年以上、次いで4年以上、2年以上、5年、1年以上の順となっている。懲役・禁錮の刑期では、1年以下が半

第4章　犯罪者の処遇

数以上であり、次いで6月以下、2年以下、3年以下の順となっている。執行猶予の取消率すなわちある年次において執行猶予の取消しを受けた人員をその年次の執行猶予人員で割った値についてみると、2007（平成19）年の取消率は14.7％である。取消事由は、必要的取消事由である再犯が圧倒的多数を占めている。

(キ) 執行猶予の問題点　執行猶予は、実刑特に短期自由刑に伴う弊害、例えば悪風の感染、家族の困窮化、本人の社会復帰および被害者に対する賠償の阻害などを回避することに刑事政策的意義があるが、より積極的な意義は、刑の執行を担保として心理的に威嚇しながら、善行保持による言渡しの失効という希望をもたせて、犯人の自力更生を図る点にある。ことに、保護観察付執行猶予は、犯罪者の社会内処遇として位置づけられるものである。そこで、この見地から現行の執行猶予を眺めるとき、以下のごとき問題点を指摘することができる。

　第1に、再犯率との関連で問題がある。単純執行猶予の再犯率は、例年10％前後にとどまっているが、保護観察付執行猶予の再犯率は35％前後であり、2006（平成18）年は34.2％である。これは、再犯の危険性が高い者を保護観察に付していることを反映しているにすぎないから、保護観察の効果とは関係ないともいわれるが、しかし、35％前後という数字はいかにも高率といってよく、かつて犯罪白書は「保護観察付執行猶予者の再犯率が依然として高率を示しているのは、問題があるように考えられる」(1980犯罪白書311頁) と指摘したが、現在でも同じことがいえる。その原因は、保護観察など社会内処遇の不備にもあろうが、対象者選択上の問題に帰因する場合もあろう。判決前調査制度の導入が提唱されるゆえんである（西岡正之「保護観察付執行猶予の現状と課題」現代刑罰法大系7〔1985〕317頁）。そして、適切な対象者の選択がより一層推進されれば、単純執行猶予者の再犯率をさらに引き下げることも可能になると思われる。

　第2に、資格制限に関連する問題がある。執行猶予の効果として資格制限を伴う場合があるが、折角執行猶予が付けられたのに、犯情の軽い者でも職場を失うといった苛酷な結果を招きがちである。改正刑法草案は、「裁判所は、刑の執行猶予を言い渡す場合において、必要と認めるときは、刑に処せられた者に対する人の資格制限に関する法令の適用を排除する旨

の言渡をすることができる」（70条）としたが、この種の規定を設ける必要があると思われる。

　第3に、執行猶予の取消しについても問題がある。刑の執行猶予は、それが取り消されると、過去に言い渡された刑がそのまま科されることになるが、これでは犯罪後の状況など量刑において考慮すべき情状が考慮されず不当な結果になる場合がありうる。また、あらかじめ刑を量定すると、どうしても警告的な意味で刑を重く量定することになるので、そのまま執行するのは妥当でない場合もある。これに関連して、保護観察付執行猶予の場合にも問題がある。保護観察も一種の自由の制限であるから、取消し後にかつて言い渡した刑をそのまま執行すると、二重の苦痛を科すことになるからである。取消しの段階で弾力的な取扱いを可能にする方法を講ずる必要がある。もとより、執行猶予の刑事政策的意義は十分評価すべきであるが、以上の問題点を考慮して対応する必要がある。

> **執行猶予の改良**　　現行の執行猶予の問題点についての対策として、(1)執行猶予の可能な自由刑の最高限（3年）の引上げと拘留刑への適用、(2)消極的要件としての前科の撤廃ないし前科による制限の緩和、(3)猶予期間（1年以上5年以下）の短縮ないし弾力化、(4)必要的取消事由の廃止および取消しの場合裁量による刑の執行の一部免除を認める規定の新設などが指摘されているが、これに反対する意見もあり、それらのうち取りたてて対応すべきものは、現在のところないように思われる。

(3)　宣告猶予
　執行猶予と似て非なるものに宣告猶予がある。

　(ア)　意義　　宣告猶予とは、裁判所が被告人の有罪を認定した場合において、一定の条件のもとに、一定期間有罪判決の宣告または刑の宣告を猶予する制度をいう。前者を判決の宣告猶予または有罪の宣告猶予とよび、これには事実認定の手続自体を停止する場合と事実認定を済ませておく場合とがありうる。後者は、刑の宣告猶予といい、有罪の宣告はするが刑の言渡しを猶予する制度であって、これにも刑の量定を済ませておく場合と、そうでない場合とがある。

　宣告猶予は、英米を中心として発達した制度であり、現在ではベルギー、スウェーデンなどのヨーロッパ諸国においても採用されているが、わが国では採用されていない。もっとも、1926（大正15）年の「刑法改正ノ綱

領」以来宣告猶予制度の導入が検討され、1972（昭和47）年の改正刑法草案（いわゆる部会草案）においては、事実認定、刑の量定、判決書の作成まで終了したうえで判決の宣告を猶予する判決の宣告猶予制度が採用されたが、1974（昭和49）年の改正刑法草案では採用されなかった。

> **宣告猶予制度の沿革** この制度は、19世紀中期以来イギリスの裁判上の慣習法として形成され、犯情が軽微で再犯のおそれがないと認められる被告人を、有罪の認定の後、善行を保証させて釈放し、刑の宣告を後日に留保することが行われた。このように宣告猶予は、社会内処遇と結びついて誕生した。この制度はアメリカに渡り、宣告猶予は保護観察を実施するための手段と考えられるようになり、宣告猶予と保護観察を結びつける法制が確立した。現在では、ベルギー、デンマーク、スウェーデン、ノルウェー、イギリス、カナダ、アメリカなどが、**刑の宣告猶予制度**を採用している。なお、イギリスでは1972年刑事裁判法で**刑の宣告延期制度（deferred sentence）**を創設したが、これは延期期間内の態度を考慮して刑の量定を行うというもので、宣告猶予とは趣旨を異にしている（大谷・刑法改正とイギリス刑事法〔1975〕84頁）。

（イ） 制度導入の是非 宣告猶予の刑事政策的意義は、執行猶予の場合と同じように、刑罰の弊害を回避しつつ社会内処遇による犯罪者の改善更生を期することにある。それでは、執行猶予に代えて、あるいはこれと併せて宣告猶予を採用する必要があるであろうか。

宣告猶予の**長所**としては、一般に以下の諸点が指摘されている。①宣告猶予は、執行猶予に比べて犯罪者という烙印性が弱く、資格制限も伴わないので犯人の社会復帰を促進する効果が大きい。②公訴を提起された犯罪者のうちにも、その犯情が極めて軽く、刑の言渡しをしたうえでその執行を猶予するまでの必要はない者がいる。③宣告猶予は、刑の言渡しがなされる執行猶予よりも再犯防止に向けての心理的抑制力が強い。④執行猶予の場合には実刑を科する場合よりも重い刑期が言い渡されているから、執行猶予が取り消された場合本人に不利であるが、宣告猶予はその点の不都合を回避できる。

このようにみてくると、宣告猶予を否定すべきいわれはなく、刑事上の処分を多様化して犯人の個性に応じた処遇の選択を図るうえでも、むしろ宣告猶予の導入を図るべきだということになろう。さらに、起訴猶予との

関連で、公判に現れた軽い情状が起訴当時にわかっていれば起訴猶予となりえたような場合には、宣告猶予で事件を終結させることができること、宣告猶予と保護観察が結びつけられれば、現行法上起訴猶予となっている犯罪者も保護観察に付することができることなどの利点がある。

　問題は、**判決の宣告猶予か刑の宣告猶予**かにある。部会草案は前者を採用したのであるが、たしかに判決の宣告猶予は、有罪か無罪かを明らかにしないのであるからラベリングを回避できる点で優れるなどの長所がある。しかし、宣告猶予者は原則として保護観察に付されるから、正式に有罪の宣告がなされていないのに被告人を保護観察に付する結果となり、デュー・プロセス違反の問題が生ずると思われる。次に、刑の宣告猶予を導入するとして、執行猶予と併用すべきかが問題となる。刑の宣告猶予は、刑の宣告を行わないのであるから、一般予防の効果は執行猶予の場合と比べて弱いばかりでなく、犯人に対する再犯防止のための心理的強制力も弱いとみなければならない。刑の宣告猶予は執行猶予に代わりうるものではなく、いわば執行猶予と起訴猶予の中間に属する対象者を射程におく制度と考えるべきであり、その意味で**執行猶予と刑の宣告猶予は併用**すべきである。わが国の実務家は、必ずしもこの制度の採用に積極的ではないようであるが、創設に向けて検討を続けるべきである。なお、刑の宣告猶予を採用する場合、有罪確定後の情状を考慮する必要があるから、刑の量定は済ませずに刑の宣告を猶予すべきである。

> **部会草案の制度**　　部会草案は、刑の量定を済ませたうえで、「判決の宣告を留保する」というものであり、判決の猶予期間中保護観察に付する旨を命ずるとしている。これは、既に刑の量定を済ませたうえで有罪の宣告を猶予するという特異な制度である。行為責任を量刑の基礎とするかぎり、猶予期間中の行状によって刑の量定を行うことは許されないということを根拠とするものであるが、これによると判決の宣告猶予自体の問題のほかに、猶予期間中の情状を量刑上考慮できないという不都合が付け加わることになろう。改正刑法草案は、部会草案を採用しなかったが、これは以下のような実務家の意見を反映したものである。(1)執行猶予と起訴猶予が弾力的運用によって活用されており、宣告猶予の必要性が乏しい、(2)公訴の提起は慎重になされており、宣告猶予にすべき事案はない、(3)更生緊急保護による一時保護で起訴猶予者の処遇は足りる、(4)宣告猶予の場合は裁判を受けさせることになり、ラベリングなどの点で犯罪者の改善にとって問

題である、(5)宣告猶予の導入によって、刑事処分がますます寛大なものになる。

V　裁判員制度と刑事政策

(1) 裁判員制度とは　　裁判員制度は、国民が刑事裁判の手続に参加し、裁判の内容に国民の健全な社会常識がよりよく反映されるようにすることによって、刑事司法に対する理解と支持が深まり、司法がより強固な国民的基盤を得ることを目指し、裁判員の参加する刑事裁判に関する法律（平16・法律63号。以下「裁判員法」という）によって創設された制度である。

裁判員の参加する刑事裁判を 裁判員裁判 という。裁判員裁判においては、原則として、職業裁判官3人および一般国民から選ばれた裁判員6人とで刑事裁判の審理に当たり、9人の合議体の過半数の裁判官と裁判員のそれぞれ1人以上の賛成する意見によって、事実の認定、法令の適用 および 刑の量定（以下「量刑」という）を決めることになる。

この制度の対象となる事件は、原則として、①死刑または無期の懲役・禁錮に当たる罪の事件、②死刑、無期もしくは短期1年以上の懲役・禁錮に当たる罪の事件（法定合議事件〔裁判所法26条2項2号〕）であって、故意の犯罪行為により被害者を死亡させた罪にかかる事件に限られる。国民が特に関心をもつであろう重大事件だけを扱う趣旨である。

裁判の国民参加の形態には、①有罪・無罪の事実認定を専ら国民の代表者に委ねる方式（陪審制）、②有罪・無罪の事実認定を裁判官と国民の代表者とで合議して決める方式（参審制）、③事実認定と刑の量定のいずれも裁判官と国民の代表者と合議して決める方式（参審制）があり、英米法系の国々では①の方式を採るものが多いが、ドイツ、フランスや北欧の国々では、②または③の方式を採っている。日本の裁判員制度は③の 参審制 を採ったものである。

(2) 裁判員制度と犯罪者の処遇　　裁判員裁判においては、有罪・無罪に関する事実の認定の他に、量刑に関する事実も認定する。また、事実がどの法の条文に当たるかについての法令の適用および量刑について、裁判

官3人と裁判員6人の合議体で評議し、裁判官および裁判員の双方の意見を含む合議体の員数の過半数の意見によって評決する。したがって、例えば、評議の結果、6人の裁判員が全員無罪で3人の裁判官が有罪の意見であるときは、「疑わしきは被告人の利益に」の原則により、被告人は無罪となる。一方、ある殺人事件で、①4人が懲役10年、②3人が懲役7年、③2人が懲役5年の場合は、いずれも過半数に達しなかったのであるから評決に至らず、被告人に最も不利な意見つまり①に当たる4人の意見を②の意見に加えて評決をする。そうすると、懲役7年の者が7人となって過半数に達するから、刑の量定は、「懲役7年」という評決となる。評決が決まれば、その内容を判決で被告人に言い渡す。

裁判員制度については、司法制度のあり方や刑事手続に関して、多くの論議が交わされている（ジュリスト特集刑事訴訟法60年・裁判員法元年〔2009〕1370号）。しかし、刑事政策の観点から問題になるのは、裁判員裁判における量刑である。量刑については、裁判所の判断と被害者や国民の常識との乖離が問題となり、しばしば裁判批判の対象となった。その意味で、有罪か無罪かという事実の認定ばかりでなく量刑も裁判員との評議で決めることは、国民の常識に即した量刑という観点からみれば、裁判員が刑の種類や量の決定に参加する方式に問題はない。しかし、他方で、裁判員裁判においては、一般的に刑が重くなるのではないかといった危惧があることも事実である。世論や被害者の応報ないし報復感情は、総じて厳しいものがあるからである。

しかし、既に述べてきたように（⇒186頁）、量刑の基準は、「犯罪に動機、方法、結果および社会的影響」および「犯人の年齢、性格、経歴および環境および犯罪後における犯人の態度」などの情状を総合して判断すべきであり、裁判員としても構成裁判官と同じように独立して判断し、自らの意見を述べなければならない。その際、裁判員としては、結果の重大性や社会的影響特に被害者の感情に重大な関心を抱くことになろうと思われる。社会的影響や被害感情を量刑上考慮すべきことは当然であるが、それに応えるだけが刑罰の目的でないことは、既に述べたとおりである（原田国男・量刑判断の実際〔2004〕37頁）。そこでは、おそらく構成裁判官が量刑の趣旨・指針を明らかにして裁判員と議論し、評議を進めることになると

思われ、**構成裁判官の役割は大きい** ものがある。他方、裁判員法は、施行後3年を経過した段階で「見直し」を行うものとされているが（裁判員附則8条）、裁判員として最も難しい判断に迫られるのは量刑判断であると思われる。裁判員に量刑の判断を求めることの「是非」が、大きな課題として問われることになろう。

●第3節　施設内処遇

第1款　施設内処遇と被収容者の法的地位

Ⅰ　施設内処遇の意義

　施設内処遇とは、犯罪行為および非行に関連する強制収容施設に収容して処遇することをいう。強制収容施設は、刑事施設、保安施設および保護施設に分かれる。**刑事施設** とは、刑罰法令に基づいて設置される施設、例えば、①懲役・禁錮等の刑の言渡しを受けた者を収容する刑務所や少年刑務所、②未決拘禁者、被疑者など刑事訴訟法に基づいて勾留される者を収容する拘置所がある。**保安施設** とは、保安処分を言い渡された者を収容し、処遇する施設をいい、現行法上は婦人補導院があるにすぎない。**保護施設** とは、非行少年を保護するために収容する施設、例えば、少年院、少年鑑別所をいう。これらの強制収容施設に収容されている者を **被収容者** という（⇒205頁）。

Ⅱ　被収容者の法的地位

　(1)　法律主義　　被収容者はアウト・ローであり、何らの自由も認められないと考えられた時代もあった。施設内収容ないし拘禁の法的性格は、道路や水道などの営造物の利用関係である公法上の **特別権力関係** に基づくものであり、被収容者の権利義務は、営造物権力によって **包括的に制限** することができると解されたのである。しかし、日本国憲法のもとでは、このような考え方は認められない。**憲法31条** は、「何人も、法律の定める手

続きによらなければ、その生命若しくは自由を奪はれ、またはその他の刑罰を科せられない」と定めている。この規定は、単に刑法および刑事訴訟法における法律主義を定めただけでなく、刑の執行および拘禁の実施における法律主義をも含む趣旨である。被収容者の法的地位は 法律関係 として把握されなければならないのである。被収容者の権利義務は、国会の議決を経た狭義の法律にその根拠を有することが必要であり、その意味で、施設における拘禁ないし収容関係も法律的な 権利義務関係 として捉えられる必要がある。

> **特別権力関係の理論**　　特別権力関係の理論とは、刑事施設は公法上の営造物であり、営造物利用関係には公法上の特別権力関係の理論が適用されるから、被収容者は刑務所長などの刑事施設の長によって包括的に支配される関係にあるとする理論をいう。この理論によると、施設の長は、施設の設置目的を達成するために必要な範囲において、被収容者に対して法律によらずに命令し、強制や懲罰を加えることができることになる。しかし、営造物利用関係のなかでも、公立学校における学習関係などでは営造物の利用につき一定の支配関係を認めることができるにしても、強制収容関係においては、法的に苦痛の場に拘禁され、その利益は被収容者にはなく、専ら公共の福祉にあるのであるから、特別権力関係の理論をこれに適用するのは、被収容者の基本的人権を無視するものとして、憲法31条等に違反すると解すべきである。特別権力関係の理論は、もともとドイツで展開されたが、同じような考え方として、アメリカでは ハンズ・オフ理論 (hands-off doctrine) があった。「裁判所は刑務所運営を監視したり刑務所規則、規制に介入すべきではない」、つまり「犯罪者の処遇に司法は介入しない」(不干渉の原則) というものである。その根拠は、裁判所には刑務所運営についての専門的知識がないこと、裁判所の介入を認めると司法権と行政権の対立を生じさせることになるとされたが、1960年代に入って被拘禁者の権利が重視されるようになり、現在ではこの原則は修正されている（吉田敏雄・行刑の理論〔1986〕46頁）。なお、ハンズ・オフ理論への復帰傾向を指摘するものとして、増本弘文「囚人組合について」犯罪と刑罰5号〔1988〕55頁がある。

(2) **被収容者の権利の制限**　　被収容者は、収容の目的に従い法律上の根拠に基づいて拘禁され、生命、自由を制限ないし剥奪される。では、この施設収容関係において、被収容者の基本的人権はいかなる範囲で保障され、あるいは制限されるべきであろうか。基本的人権を拘禁関係の観点から整理してみると、以下のように分けることができる。

第1は、**性質上**法律によっても奪うことができない人権であって、例えば、信教の自由（憲20条）、思想および良心の自由（19条）、奴隷的拘束を受けない自由（18条）などがこれに当たる。これらの自由については、施設内処遇において制限することは許されない。第2は、拘禁関係から生ずる**反射的効果**として奪われざるをえない人権であって、集会・結社の自由（21条）、居住・移転・職業選択の自由（22条）などがこれに当たる。第3は、拘禁目的を達成する上で法律を根拠として**制限可能な**基本的人権であって、例えば、苦役からの自由（18条）、集会・結社・表現の自由、通信の秘密（21条）などがこれに当たる。

　施設収容関係においては、上記のように法律に基づいて一定の基本的人権を制限することができるのであるが、基本的人権の侵害である以上、被収容者の権利の制限は、拘禁目的に即した**必要最小限**のものにかぎられるべきであり、その限度を超えたり濫用にわたる場合には、憲法31条等に違反すると解される。現行法上は、新たに制定された「刑事収容施設及び被収容者等の処遇に関する法律」（⇒205頁）を中心として、被収容者の地位を保障する法律がおかれている。しかし、法律に明文の規定がない場合であっても、被収容者の個人の尊厳など憲法の基本原理に基づいて権利制限の運用に当たるべきである（店橋秀夫「被収容者の法的地位」日本の矯正と保護〔1981〕1巻299頁）。

　国連最低基準規則　1955年に開催された犯罪防止及び犯罪被害者処遇に関する第1回国際連合会議（コングレス）において採択された「被拘禁者処遇に関する国連最低基準規則」をいう。非拘禁者の人権保障のために処遇の最低基準を定めたものであり、被拘禁者の**権利の章典**とよばれている。この規則は、一定水準の居住設備、衣類等の保障、医療の保障、残虐な刑罰の禁止、施設等への不服申立ての権利、家族との通信・面会の権利、受刑者処遇の目的を社会復帰とすることの確認、処遇の個別化等、被拘禁者の処遇および施設の管理について各国共通の最低基準を提示したものである。また、1990年の国連総会においては「被拘禁者処遇基本原則」が採択され、さらに同年の第8回国連犯罪防止会議では、「社会内処遇のための最低基準規則」（東京ルールズ）が採択され、刑事司法のすべての段階において「拘禁に代わる社会内処遇」の検討を促している。一方、ヨーロッパ理事会が1973年に制定した「ヨーロッパ非拘禁者処遇最低基準規則」（以下、ヨーロッパ基準規則と略す）は、自由の剥奪は「人間の尊厳に対する尊敬を確保することのできる物質的並びに精神的条件において行われなければならな

い」(22条) とするなど、国連基準規則よりも人権尊重の精神を一層強く打ち出している（芝原・刑事司法と国際準則〔1980〕54頁）。なお、わが国では、国連基準規則、ヨーロッパ基準規則の影響のもとに監獄法の改正が問題となり、2006（平成18）年に刑事収容施設法が制定・公布され、2007（平成19）年に施行された。

Ⅲ　刑事収容施設法の制定とその概略

(1)　刑事収容施設法の制定　　2006（平成18）年5月24日、「刑事施設及び被収容者等の処遇にする法律」（平18・法律10号――以下、「刑事収容施設法」と略す）が可決・成立した。この法律は、被拘禁者処遇の国際的動向を踏まえ、旧監獄法下において従来あいまいであった刑事収容施設の管理運営の適正化を図ったものである。また、被収容者、被留置者および海上保安被留置者の「人権を尊重し、これらの者の状況に応じた適切な処遇を行うことを目的」（1条）とし、戦後一貫して主張されてきた近代化、法律化および国際化を立法の理念とした。さらに、受刑者の改善更生および円滑な社会復帰を行刑の理念とし、被収容者の権利義務および職員の権限の明確化、受刑者の生活水準の保障および拡大のほか、刑事施設視察委員会設置による行刑運営の透明性の確保および不服申立て制度の整備など、多くの課題を立法的に解決したものである。こうして、わが国においても、個人の尊厳を基本とした本格的な改善更生および円滑な社会復帰を実現する法整備が、実現することになったのである。

　刑事収容施設法によると、第1編「総則」においては、法律の目的や定義のほか、刑事施設、留置施設、および海上保安留置施設の基本および管理運営に関する事項を規定し、第2編「被収容者の処遇」においては、施設の区分ごとに、①被収容者の処遇の原則、②刑事施設における被収容者の処遇、③留置施設における被留置者の処遇、③海上保安施設における被留置者の処遇についてそれぞれ規定し、第3編「補則」においては、留置施設について代替収容されている者についての規定を中心に規定している。

監獄法から刑事収容施設法へ　　わが国の近代の刑事施設に関する法は、

1872（明治 5 ）年の**監獄則**を嚆矢として，1881（明治13）年の改正監獄則および1889（明治21）年の監獄則と続き，1908（明治41）年に改正前の「**監獄法**」が制定された。**監獄法** は、全文75条にわたるもので、**監獄の管理と拘禁に重点をおいた法律** であり、その時代遅れが指摘され、1976（昭和51）年 3 月、法務大臣から法制審議会に監獄法の改正につき諮問があり、改正の指針として、行刑の **近代化、国際化、法律化** の 3 つの原則が示された。その諮問に基づいて「監獄法改正の骨子」が答申され、1982（昭和57）年に「**刑事施設法案**」が 3 度にわたり国会に提出されたが、衆議院の解散等に伴い廃案となり、監獄法改正問題は頓挫した形になっていた。そうしたなか、2001（平成13）年頃、名古屋刑務所内で受刑者の死傷事件が発生し、これを契機として、行刑のあり方を抜本的に見直す動きが活発となり、「**国民に理解され、支えられる刑務所**」を目指した「行刑改革会議」が法務省に設置され、その提言に基づいて、2005（平成17）年に「刑事施設及び受刑者の処遇等に関する法律」が成立したのである。しかし、同法においては、①未決拘禁者の処遇について規定されなかったこと、②特に警察留置場を監獄に代用することができる **代用監獄制度** について規定がおかれなかったことにかんがみ、代用監獄制度の存廃等にかかる「有識者会議」が設置され、その提言を踏まえて、政府は、「刑事施設及び被受刑者の処遇に関する法律の一部を改正する法律案」を提出、「刑事収容施設及び被収容者の処遇に関する法律」が成立し、**約100年ぶり** に監獄法が全面改正されたのである。

(2) 刑事施設と留置施設 　刑事収容施設法は、「刑事収容施設」という新しい用語を作り、刑事施設、留置施設、海上保安留置施設を総称するものとした。すなわち、**刑事施設** とは、①懲役、禁錮または拘留の刑の執行のために拘置される者、②逮捕された者であって留置される者、③勾留される者、④死刑の言渡しを受けて拘置される者、⑤法令の規定によって刑事施設に収容される者、これら 5 つの類型の者を収容する施設である。刑事施設は、刑務所、少年刑務所および拘置所である。**刑務所および少年刑務所** は、主として懲役、禁錮または拘留の刑に処せられた者を、刑の執行のために収容し、処遇する施設である。**拘置所** は、未決拘禁者（被逮捕者、被拘留者）、死刑確定者、その他未決のものとして勾留されている者を収容する施設である。**刑事施設の内部組織** は、法務省設置法（ 9 条 3 項）に基づき、刑務所、少年刑務所および拘置所組織規則によって定められている。

一方、刑事収容施設法14条は、都道府県警察に **留置施設** を設置すること

とし、その根拠規定を設けて、①被逮捕者として留置される者、②代替収容される被勾留者、③その他の被留置者を留置して処遇することとした。さらに、同法15条は、懲役受刑者や死刑の言渡しを受けて拘置される者など一定の者を除き、本来刑事施設（拘置所）に収容すべき者をこれに替えて留置施設に留置できるものとした。いわゆる代用監獄に当たる **代用刑事施設** については、これを設けるべきでないとの有力な見解があったが、刑事収容施設法は、従来の実務の運用を肯定し、それに法律上の根拠を与えたわけである。なお、刑事収容施設には、さらに、**海上保安留置施設** が含まれる。これは、海上保安官が逮捕する者または海上保安官による被逮捕者を留置するための施設である。

> **被勾留者の留置施設への代替収容**　本来、刑事施設（拘置所）に留置すべき被疑者を留置施設に代替収容することは、旧監獄法時代から認められてきたが、捜査機関である警察の留置施設に被疑者の身柄を拘束・収容すると、自白強要等の違法な捜査が行われやすく、**冤罪と人権侵害の温床** につながるとの立場から、新法の制定に当たっても賛否両論が沸騰した。しかし、犯罪現場や関係者の勤務ないし居住地域に近い警察の留置施設に留置することによって、捜査の迅速・効率化が図られて真実発見に寄与するところ大であり、被疑者本人を含む関係者の負担軽減にもつながるところから、違法な捜査などが行われないよう運用面で考慮する必要があるというものの、刑事収容施設法15条の規定は妥当であると考える（⇒261頁）。

第2款　受刑者の処遇

I　受刑者処遇の意義

(1) 刑事収容施設法の構成　刑事収容施設法は、第2編「被収容者の処遇」を規定し、受刑者、未決拘禁者および死刑確定者それぞれについて処遇の原則や処遇の態様等について定めているが、①それぞれの対象者の収容目的が異なること、②犯罪抑止の観点からすると、受刑者の処遇が最も重要であること、③刑事収容施設での処遇の基本は、受刑者の処遇にあることにかんがみ、まず、受刑者の処遇を明らかにしたうえで、未決拘禁者と死刑確定者の処遇について検討することにする。

図5　受刑者処遇の流れ

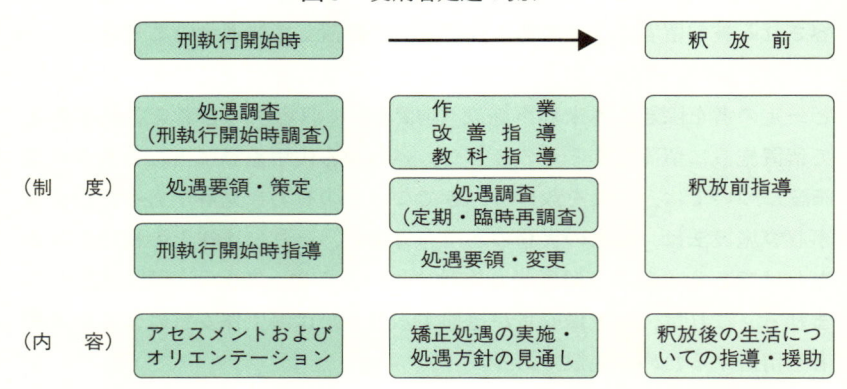

（制　度）	刑執行開始時	→	釈　放　前
	処遇調査 （刑執行開始時調査）	作　　業 改 善 指 導 教 科 指 導	釈放前指導
	処遇要領・策定	処遇調査 （定期・臨時再調査）	
	刑執行開始時指導	処遇要領・変更	
（内　容）	アセスメントおよび オリエンテーション	矯正処遇の実施・ 処遇方針の見通し	釈放後の生活につ いての指導・援助

2008犯罪白書62頁

　刑事収容施設に関する立法形式としては、その対象となる **被収容者の違い** を前提に章立てをして立法するのが本来のやり方であったろう。かつて、平野龍一博士は、監獄法改正に関連して、受刑者と被勾留者との相違を前提に、**施設と処遇を分けて立法する** のが望ましいとされた（平野龍一「未決拘禁法要綱案について」法曹時報32巻9号〔1980〕146頁）。しかし、今回の立法では、初めに受刑者の処遇について施設と処遇を分けた「刑事施設および受刑者の処遇に関する法律」を作り、あとから、**未決拘禁者についての施設と処遇** に関する規定を入れて、受刑者に関する規定と並列的に章立てしたために、体系性を欠き、非常にわかりにくく複雑な構成になってしまっているように思われる。本書で、**受刑者の処遇** を軸に叙述するゆえんである。

　(2)　**受刑者処遇の概略**　　刑事収容施設法の施行により、受刑者の処遇は大きく変わった。受刑者処遇は、矯正処遇として、その者の資質および環境に応じ、その自覚に訴え、改善更生の意欲の喚起並びに社会生活に適応する能力の育成を図ることを旨として、作業、改善指導および教科指導を実施するものとされた（刑事収容30条）。受刑者処遇の流れを図示すると上記のようになる（図5）。

　矯正処遇は、刑の執行開始時点から釈放前まで実施されるが、処遇を効果的にするため、刑事施設の長は、受刑者の資質および環境の調査結果に

基づいて処遇の目標とその基本的な内容および方法を定める **処遇要領**（⇨225頁）に基づいて処遇が実施される。また、矯正処遇は効果的な実施を図るため、必要に応じて受刑者を集団に編成して行うこととされる（⇨225頁）。これを **集団編成** という。処遇要領の策定および集団編成は、医学、心理学等の専門的知識に基づいた **処遇調査** に基づいて実施される。

矯正管区ごとに **調査センター** を指定し、指定された調査センターにおいては、新たに刑が確定した受刑者について精密な処遇調査を実施し、その結果に基づき、受刑者ごとに **処遇目標** を指定して、本人に適した矯正処遇の重点方針が決定することになる。

刑の執行に当たっては、まず、執行の開始時にオリエンテーション等の指導がなされ、そのうえで矯正処遇の内容である①作業、②改善指導、③教科指導が実施される。処遇の過程では定期または臨時の処遇調査が行われ、必要に応じて処遇方針などを見直しながら矯正処遇が実施され、最後に釈放後の生活について指導・援助して釈放へと導くのである。

(3) 受刑者の法的地位　受刑者とは、自由刑の執行のために刑事施設に収容される者をいう。現行法の自由刑には、**懲役**、**禁錮** および **拘留** の3種があり、刑法は、その内容について、「懲役は、刑事施設に拘置して所定の作業を行わせる」（刑13条2項）、「禁錮は、刑事施設に拘置する」（13条）、「拘留は、1日以上30日未満とし、刑事施設に拘置する」（16条）と規定している。これらの規定は、自由刑の執行において受刑者が刑事施設に収容され、自由を剥奪されるべきこと、また、懲役については、「所定の作業」に服すべき義務のあることが示されている。

自由刑の執行を **行刑** という。行刑は、受刑者を刑事施設に拘置することによって執行される。受刑者は自由刑を科されるものとして、当然に自由を剥奪される。こうして、国と受刑者との間に拘禁関係が生じ、受刑者は被拘禁者としての **法的地位** を取得するのである。受刑者を拘置する主要な目的は、収容を確保しつつ改善更生および円滑な社会復帰を図ることにあり、この目的を達成するために、国は受刑者に対して一定の措置を講ずることができる。この改善更生および円滑な社会復帰を図るための受刑者に対する処遇を **矯正処遇** という。自由刑の目的は、伝統的に、矯正処遇を行うことにより犯罪者を社会復帰させることにあると考えられてきた。国連

最低基準規則は、「拘禁刑の目的は、究極的には、犯罪からの社会の防衛にあり、これを犯罪者を社会復帰させることにより行う」と規定しているところである。刑事収容施設法は矯正処遇について、作業、改善指導および教科指導の3つをその内容としているが（⇒247頁）、それらの処遇が受刑者の改善更生および円滑な社会復帰にとって合理的なものであるかぎり、国は、受刑者に対し法律に基づいて強制する権限を有し、受刑者はそれに従う義務がある。受刑者は、このようにして 処遇の客体 としての法的地位を有することになる。

> **矯正ペシミズム**　　自由刑の処遇理念に関して、刑事施設における受刑者の改善更生を目指す矯正処遇の効果を否定するか、これに懐疑的な考え方が矯正ペシミズムである（吉岡一男「監獄法の改正と処遇理念」法学論叢95巻5号〔1975〕1頁）。国連基準規則以来、処遇に対する国際的な考え方は、矯正処遇を中心とする 医療モデル（medical model）ないし 社会復帰モデル が支配してきたが、1960年代の後半からアメリカで叫ばれ、次第にイギリス、北欧へと波及し、アメリカの多くの州で立法化された応報ないし 公正モデル（justice model）が定着しつつある。この見地からは、矯正処遇は再犯防止の効果がなく、ことに累犯防止に無力であること、応報的な行刑よりも処遇上の強制が多く、受刑者に余分な負担を課すことなどから、矯正処遇を止めて公正モデルに立脚した「無害化」（incapacitation）路線を推進すべきであるということになる（藤本・概論222頁）。拘禁以外に方法がない犯罪者だけを施設に収容し、他の犯罪者に対しては社会内で犯罪防止の働きかけを実施すべきであるとも主張される。いわゆる 社会内処遇の強化 である。受刑者は処遇の客体であってはならないとか、国家の処遇権を否定し受刑者の処遇拒否権を認める見解（中山研一「受刑者の権利と義務」法律時報53巻5号〔1981〕93頁）も、矯正ペシミズムの結論である。しかし、わが国では、少なくとも受刑者の処遇に関しては社会復帰モデルが主流であり、実務もその考え方に立って運用されている（宮澤浩一「行刑思想の発展と動揺」石原他編・現代刑罰法大系7〔1982〕3頁、川出敏裕「監獄法の改正と今後の課題」ジュリスト1298号〔2005〕25頁）。

(4) 受刑者処遇の原則　　刑事収容施設法30条は、「受刑者の処遇は、その者の資質及び環境に応じ、その自覚に訴え、改善更生の意欲の喚起及び社会生活に適応する能力の育成を図ることを旨として行うものとする」と定めた。これは受刑者処遇の原則を掲げたものであるが、この原則からは、その解釈として、次の4つの原則、すなわち、①社会復帰の原則、②

個別処遇の原則、③自主性尊重の原則および④受刑者処遇の社会化の原則が派生すると考える。

　（ア）　社会復帰の原則　　受刑者の処遇は、受刑者の **改善更生および円滑な社会復帰** の理念に立って整備され、運用されなければならないとする原則である。受刑者処遇の理念については、既述のように社会復帰モデルと公正モデル間の対立がみられたが、監獄法下においては、実務的には、社会復帰モデルに立って、受刑者の改善更生の意欲を喚起し、社会生活に適応する能力の育成を目指して行刑が実施されてきたと考える。刑事収容施設法30条は、このことを受刑者処遇の原則として明確に規定し、現行の実務に法律上の根拠を与えたものである。いわゆる **処遇行刑** の法的裏づけがなされたわけである（安部哲夫「行刑時代への期待と課題」犯罪と非行155号〔2008〕15頁）。

> **国連基準規則と社会復帰の原則**　　国連基準規則は、「拘禁刑またはこれに類似する自由剥奪処分の目的および理由は、究極的には、犯罪に対して社会を保護することにある。この目的は、犯罪者が社会に復帰した後、単に遵法的かつ自立的な生活を進んで送ろうとするばかりでなく、さらに、その能力を有するようにするために拘禁期間をできるだけ利用することによって始めて達成される」（58条）とし、国際人権規約Ｂ規約10条2項は、「行刑の制度は、被拘禁者の矯正及び社会復帰を基本的な目的とする処遇を含む」として、社会復帰原則を掲げている。刑事収用施設法は、これらの国際的な規定を踏まえて社会復帰理念を法定したのである。

　（イ）　個別処遇の原則　　矯正処遇は受刑者の特性に応じて行わなければならないという原則をいう。刑事収容施設法30条は、「その者の資質及び環境に応じ」と規定して、受刑者の特性に応じて、その受刑者にとって最も適切な処遇を行わなければならないとした。これを処遇の個別化ともいう。**処遇の個別化** のためには、受刑者の特性を調査・発見することが必要であるから、本規定は、その調査・発見の義務をも含む趣旨であろう。この観点から、処遇調査の制度が設けられた。**処遇調査** は、医学、心理学、社会学その他の専門的知識および技術に基づいて、面接、診察、検査、行動観察等の方法によって、受刑者の精神状況、生育歴、犯罪歴、家族その他の生活環境、職業・教育等の適性および志向、将来の生活設計等の事項について行うものとされている。矯正処遇は、刑事施設の長が受刑者ごと

にその資質および環境の調査結果に基づき作成した処遇要領に基づいて行われるとされているところである（刑事収容61条2項、3項）。

　（ウ）　**自主性尊重の原則**　　主体性尊重の原則ともいい、受刑者の処遇においては、受刑者の自主性ない主体性を尊重しなければならないとする原則である。行刑上受刑者は処遇の客体であるが、矯正処遇においては受刑者は自由意思の主体として、人間としての誇りや自信を取り戻し、自発的な改善更生および社会復帰の意欲をもつことが大切であり、そのためには受刑者は単に矯正処遇に参加するだけでなく、積極的かつ主体的に参加するのでなければならない。ドイツ行刑法は、「処遇の計画立案については、その受刑者と討議するものとする」（6条3項）と定め、また、「受刑者は、その処遇の形式および行刑目的の達成に協力するものとする。これに対する受刑者の心構えを喚起し、および助長しなければならない」（4条1項）と規定している。刑事収容施設法も、自主性尊重の精神を法律上明確にするため、「その自覚に訴え」としたものと解される。

　（エ）　**受刑者処遇の社会化**　　刑務所を社会一般に近づけ、社会に開かれたものとしなければならないとする原則をいう。矯正処遇の目的は、受刑者の改善更正の意欲を喚起し、社会生活に適応する能力を育成することによって社会復帰を図ることにあるから、矯正処遇は、それ自体受刑者の社会化を目指すといっても過言ではない。社会化の内容としては、①刑務所内の生活条件を一般社会のそれに可能なかぎり近づける生活水準の社会化、②受刑者の外部交通、開放処遇の促進など、受刑者の生活を一般社会と接触しうるようにする生活様式の社会化、③受刑者処遇への社会一般人の参加を促進する処遇の担い手の社会化が考えられる。

> **行刑の社会化の理論**　　来栖宗孝「行刑処遇の社会化と開放化」現代刑罰法大系7・25頁は、行刑の社会化として、①受刑者の生活水準を社会のそれに近づけること、②受刑者の生活を社会の生活様式に近づけること、③行刑の管理運営において社会に開かれたものとすること、④社会資源の活用による受刑者処遇、⑤施設管理に対する第三者機関による規制を挙げている。なお、行刑の社会化を強調するものとして、森本益之・行刑の現代的展開（1985）225頁が注目される。

　（オ）　**諸原則の適用範囲**　　受刑者処遇の原則は、刑事収容施設法の定

める施設および施設管理など行刑全体に及ぶものであるから、作業や改善指導、教科指導を内容とする狭義の矯正処遇ばかりでなく、物品の自弁、医療、書籍の閲覧などの広義の矯正処遇にも適用があるものと解される（名取俊也「刑事施設および受刑者の処遇に関する法律の概要」ジュリスト1298号〔2005〕14頁）。

Ⅱ 刑務所における生活

(1) 刑務所生活の特質 受刑者は、刑務所または少年刑務所において矯正処遇を受けるのであるが、刑務所は受刑者の改善更生にとって必ずしも適当な場所ではない。その原因は、主として、刑務所における保安と規律秩序の問題にある。刑務所は自由刑を執行するための施設であるから、当然に収容を確保するために逃走の防止措置を講じなければならない。また、逃走を防止することは、社会の安全を守るゆえんでもある。他方、刑務所は自由刑の執行として受刑者に集団生活を営ませる場所であるから、刑務所における規律および秩序が厳正に維持されなければならない。ことに、受刑者のなかには自己中心的であるうえに粗暴かつ忍耐心に欠ける者もおり、拘禁生活の苦痛や不満から、刑務所の規律に違反し、秩序を乱す行為に走る者も少なくない。こうして、刑務所運営の眼目が保安と規律秩序維持におかれ、閉鎖施設と厳格な監視体制の整備が刑務所の一般的な姿になってきた。このような刑務所の特質のため、刑務所生活は一般の社会生活と比べ顕著な特徴をもつに至っている。

　第1は、監視された生活であるという点であり、職員による監視は刑務所のすみずみまで行きわたり、受刑者は絶えず職員の目の届く範囲にいることを要求される。プライバシーはないに等しく、常に職員および他の受刑者の目を意識した生活を強いられるから（柳本・刑事政策読本197頁）、受刑者は強いストレスを感じるか無気力になり、改善更生の意欲を失いがちになる。第2は、集団生活であるという点であり、受刑者は生活のあらゆる面で集団行動が要求される。一斉に食事をし、作業し、休憩し、運動し、入浴し、就寝する。ここでは、個人として扱われることは特別の場合であって、普通は皆が集団の一員として扱われるのである。第3に、規則づく

めの生活 であるという点であり、受刑者の生活は、他律的・受動的なものにならざるをえないのである。アルコールはもちろん煙草などの嗜好品が禁止されているため、欲求不満に満ちた生活となるほか、異性関係が完全に封じられているから、退行現象や同性愛が稀でなくなる。第4に、独特の 副次文化 を形成するという点である。フォーマルな価値観や社会規範に対抗して、受刑者がつくるインフォーマルな価値や規範すなわち 副次文化 (sub-culture) が生まれる。

　以上のような刑務所社会の特徴は、従来の刑務所のいずれにおいても存在するのであり、それらが矯正処遇の効果に悪影響を与えていることは、つとに指摘されてきたところである。このことから、矯正処遇のユートピア論 が生まれ、いわゆる社会内処遇への転換が叫ばれているのであるが、しかし自由刑が現存し、またそれを廃止することも容易でなく、さらに閉鎖施設と規律秩序は今のところ絶対に必要であるとすれば、刑務所の施設と規律秩序を絶えず点検し、それが受刑者の改善更生にとって弊害となっていないか、集団生活の秩序を保ち逃走を防止するのに必要な限度を超えていないかを検討すべきである。刑事収容施設法73条は、その点に配慮して、「刑事施設の規律及び秩序は、適正に維持されなければならない」と、規定しているところである。したがって、保安と規律秩序の維持に片寄らず、刑務所内の生活をできるだけ一般社会の生活様式に近づけ、受刑者が権利・義務の主体であることを可能なかぎり認め、主体的に更生する意欲をもちうる環境をつくり出すために、不断の努力が必要となる。受刑者処遇の社会化の原則が打ち出されるゆえんである。

自由刑純化論　ドイツのフロイデンタール（Berthold Freudenthal, 1872～1929）の提唱にかかるもので、自由刑は、できるかぎり自由の剥奪のみにとどまるべきであって、それが身体刑になったり財産刑としての性質をも併有するものであってはならないとする主張をいう。これは、17世紀から18世紀における刑務所が劣悪な場所となっており、受刑者は苛酷な労働を強いられて病気になるようなケースが多く、その結果として家族を困窮に陥れるといった事態があったことから、刑務所における法治国の理念に基づいてその改善を図ろうとする趣旨に基づく主張であった。自由刑純化論は、現代においても刑務所改革の指導理念となるべきであるとする見解がある（宮澤浩一「自由刑（二）」大塚＝宮澤編・演習刑事政策〔1972〕242頁）。

> 自由刑の執行は、単に自由の剥奪だけにとどまり、受刑者は一般の社会人と同様の生活を保障されるべきであるというのであれば不当であるが、改善・社会復帰を目指すのであれば受刑者に不必要な負担を課すべきでなく、また、社会復帰にとっては一般社会に近い生活をさせる必要があるという見地から主張されていると思われるので、もとより妥当である（森下・刑事政策大綱211頁は「ユートピア行刑を夢見るのでない限り、自由刑の純化は、行刑施設の現状を認識した上で論ぜられなければならない」とする）。

(2) 規律および秩序の維持　　受刑者の法的地位は、究極において、自由刑の執行に際して受刑者の基本的人権をどこまで制限できるかという問題に帰着する。刑としての人権の制限のほかに、刑事施設における保安ないし規律および秩序の維持の問題がある。

　(ア) 保安　　ここで保安というのは、刑事施設の安全および規律・秩序を維持する作用のことである。既に「刑務所内の生活の特質」に関して述べたように（⇒213頁）、保安は、拘禁を確保するために集団生活の秩序を維持し、予想される施設内の犯罪や事故の防止を図るために不可欠のものである。そして、刑務所のあらゆるプログラムは、保安すなわち安全で規律が守られ平穏な状態が維持されてはじめて実現が可能となるのであるから、保安は受刑者の処遇を円滑に行うための基盤であるといってよいであろう。

　一方、保安のために刑務所の規律および秩序を過度に厳格にして監視を強化すれば、人権を不当に制限するだけでなく、一般の社会生活とは極端に異なった生活環境をつくり出すことになり、そうした生活に慣らされて社会に出れば、一般社会の生活に円滑に溶け込むことが困難となってしまい、社会復帰にとって悪影響をもたらすことになる。刑務所の保安も拘禁目的すなわち改善更生および円滑な社会復帰と調和する限度において維持することが大切であり、不必要な保安の厳格化は許されないのである。国連最低基準規則は、「安全な拘禁および秩序ある施設内生活のために必要な限度」にとどめなければならないとしている。刑事収容施設法73条は、「刑事施設の規律および秩序は、適正に維持されなければならない」（1項）とし、その目的を「達成するため執る措置は、被収容者の収容を確保し、並びにその処遇のため適切な環境及びその安全かつ平穏な共同生活を

維持するため必要な限度を超えてはならない」（2項）と定め、法律上、適正な規律および秩序の維持を求めたのである。

　受刑者に規律および秩序の遵守を強制する手段としては、間接強制と直接強制とがある。間接強制の手段としては、遵守事項の設定とその違反に対する懲罰による抑止があり、直接強制の手段としては戒護がある。

　（イ）　懲罰　　刑事施設の目的を達成するためには、施設内の規律および秩序が適正に維持されていなければならない。従来、「規律」とは、刑事施設において受刑者が守らなければならない行為規範の一切をいうと考えられてきた。法令、施設の長または職員の命令および指示ばかりでなく、条理上の規範などもこれに当たると解されてきたのである。しかし、受刑者の法的地位にかんがみ、規律および秩序維持の目的を達成するための措置は、被収容者の収容を確保し、その処遇のための適切な環境およびその安全かつ平穏な共同生活を維持するためのものであり、それに必要な限度を超えてはならないのである。同時に、強制の対象となる行為は、行政上の措置とはいえ、叱責、文書・図画の閲覧禁止、作業報償金の削減などの懲罰の対象となるものであるから、罪刑法定主義の精神に照らし、ある程度明確なものであることを要する。

　従来、規律および秩序の内容が必ずしも明らかでなかったが、刑事収容施設法は、刑事施設の規律および秩序を維持するために遵守事項を法定し、刑事施設の長は、その範囲で具体的な遵守事項を定めることとした。①犯罪行為をしてはならないこと、②他人に対し迷惑行為等をしてはならないこと、③自傷行為をしてはならないこと、④刑事施設の職員の職務を妨げる行為をしてはならないこと、⑤自己または他の被収容者の収容の確保を妨げてはならないこと、⑥刑事施設の安全を害するおそれのある行為をしてはならないことなど、11項目に及ぶ遵守すべき抽象的事項を定めた。具体的には、刑事施設の長が定める遵守事項がその内容となる（刑事収容74条）。そして、これらの遵守事項を守らせるために、刑事施設の長は、遵守事項を遵守せず、または規律秩序を維持するための職員の指示に従わなかった場合は、懲罰を課することにした（150条。⇒262頁）。

　（ウ）　戒護　　武器・戒具の使用を含む実力行使による直接強制をいう。刑事施設においては、多数の受刑者が、互いに様々な接触をもちながら集

団生活を営んでいるから、単に遵守事項に違反するだけでなく、ときには他の受刑者から危害を加えられたり、自傷他害におよぶ者も稀ではない。これらの者については、従来、隔離および保護房収容の措置を講じ、**昼夜独居拘禁**を実施してきた。しかし、昼夜独居房収容は、受刑者等の心身等に悪影響を及ぼすにもかかわらず、それぞれの要件等について明確な規定がなかった。そこで、刑事収容施設法は、隔離および保護室への収容について、それぞれの要件を明確に法定し、受刑者の健康状態について刑事施設の職員である医師の意見を聴取する義務を規定したのである（76条、79条）。

戒護手段としては、**隔離・保護室収容**のほか、受刑者等の有害行為に関して、①身体検査による所持品等の取り上げ（75条）、有害行為の制止または行為者の拘束（77条）、捕縄、手錠、拘束衣の使用（78条）、刑務官による武器の携帯および使用（80条）など、物理的強制を必要とする場合がある。しかし、矯正処遇のための「適切な環境及びその安全かつ平穏な共同生活を維持するため必要な限度を超えてはならない」（73条2項）のである。

(3) **生活条件**　刑務所内における受刑者の生活条件は、既述のような拘禁目的による制約のため、一般人のものと比較することはできない。しかし、受刑者処遇の原則を受刑者の「自覚に訴え、改善更生の意欲の喚起」等におく以上は、生活条件を苛酷なものにして受刑者を苦しめることは許されないし、拘禁目的に反する人権の剥奪は人権尊重の原則に反する。刑務所内の生活条件であっても、社会一般の実情に照らし、人たるの生活に値する最低の生活基準に達していることを必要とするのである。

(ア)　**物品の給貸与**　日常生活のために必要な最低限の物品としては、居室、衣類その他の日用品がある（居室については⇒231頁）。衣類その他の日用品は、被収容者の健康を保持するに足り、しかも一般社会の実情に照らし、人間としての尊厳を害しないものでなければならない（国連基準規則17条1項）。刑事収容施設法40～43条は、①衣類、食事、日用品など、②日常生活に必要な物品の貸与または支給など、受刑者に給貸与する物品の範囲等を法律上明確にした。受刑者の自弁（自ら費用を負担すること）についても、下着以外の衣類や食料品、飲料など、自弁できる物品の範囲を

大幅に拡げ、また、自弁の要件についても、従来は「管理運営上支障を生ずるおそれがなく、かつ、その者の改善更生に資すると認める場合」としていたものを、刑務所長が、「処遇上適当と認めるとき」（刑事収容41条）と変更した。

　(イ)　**給養**　　受刑者が人間らしい最低限の生活を営むためには、十分な食糧が与えられなければならない（国連基準規則27条1項）。**給食**は、A食（1日当たり男子2,000Kcal）、B食（同じく1日1,700Kcal）、C食（同じく1日1,600Kcal）の3種類とする。一方、副食のKcalを増やして、例えば、成人の男子が工場で作業に従事する場合、A食が与えられ、副食と併せて1日2,890Kcalとされている。なお、米麦の混合は重量比で米70対麦30とされている。1日の食費は受刑者1人当たり約421.50円（少年受刑者―489.73円）である（法務省矯正局「矯正の現状」法曹時報60巻6号〔2008〕25頁）。受刑者の飲料は、白湯、麦湯または茶を用い、健康上必要な場合には他の適当な飲料を用いることができる。しかし、酒・煙草は許さない。酒の禁止は、施設内の規律秩序を維持するうえで当然であるが、喫煙は認めるべきだとする有力な見解がある（平野・矯正保護法86頁）。違法な喫煙を防ぐうえで有益であるという理由からであろうが、禁煙場所が一般社会でも広がっている折から、受刑者の健康を保持する見地に立って喫煙を禁止しても問題はなかろう。

　(ウ)　**保健衛生・医療**　　刑事施設内の生活は、多数人による集団生活であり、保健および衛生に関する配慮は、刑事施設における基本的要請である。受刑者が人間らしい最低の生活を営むためには、刑務所内での保健衛生および医療が確保されなければならない。こうして、法律は、「刑事施設においては、被収容者の心身の状況を把握することに努め、被収容者の健康及び刑事施設内の衛生を保持するため、社会一般の保健衛生及び医療の水準に照らし適切な保健衛生上及び医療上の措置を講ずる」（刑事収容56条）ことは、刑事施設の責務であることを明らかにした。

　　(a)　**保健衛生**　　受刑者の健康保持にとって運動は欠かせない。従来、入浴日および免業日時を除いた週に2日ないし3日、30分程度の運動の時間を設けていたが、刑事収容施設法57条は、日曜日や祝日等を除き、できるかぎり戸外で、その健康を保持するため適切な運動を行う機会を与えな

ければならないとした。原則として、毎日その機会を与えるとする趣旨である。また、受刑者は、身体、着衣および所持品並びに居室その他日常使用する場所を清潔にしなければならない（58条）。刑事施設の長は、被収容者が居室その他日常使用する場所を清潔に保つよう注意を払うとともに、必要があると認めるときは、①衣類または寝具の洗濯および乾燥、②食器その他の物品の洗浄・消毒、③居室等の清掃・消毒の措置を講ずることとされている（法務省矯医訓3239号3条）。また、保健衛生上適切な入浴を行わせる（刑事収容59条）。入浴回数および時間は、気候、矯正処遇等の内容その他の事情を考慮して、刑事施設の長が決めることとされた。さらに、受刑者の調髪・髭剃について定め（60条）、刑事施設の長は、男性の受刑者については、原型刈り、5分刈りおよび中髪刈りとし、女性の受刑者については、華美にわたることなく、清楚な髪型でなければならないとしているが、自弁の髪型については、衛生の保持ないし規律・秩序の維持に支障がないかぎり、本人の希望する髪型とすると定めて、自主性を認めている（刑事収容則24～26条）。

　　(b)　診療等　　受刑者は、収容の開始後速やかに健康診断を受け、また、毎年1回の定期健康診断を受けなければならない。そして、健康診断の実施のために必要な採血およびエックス線の撮影等を拒むことはできない（刑事収容61条）。傷病者は当該の刑務所の病舎で治療を受けるほか、八王子医療刑務所、城野医療刑務所など全国に4つの医療専門施設で診療が実施されている。しかし、刑務所では適当な治療を行うことができないときは、傷病者を仮に病院に移送することができる。病院に移送された受刑者は、在監者とみなされる（62条3項）。なお、傷病者が外部の医師を指定し、自費で治療を補助させたい旨請求した場合には、必要に応じてこれを許すことができる。刑事収容施設法63条は「刑事施設の長は、負傷し、又は疾病にかかった被収容者が、刑事施設の職員でない医師等を指名して、その診療を受けることを申請した場合において、傷病の種類及び程度、刑事施設に収容される前にその医師等による診療を受けていたことその他の事情に照らして、その被収容者の医療上適当であると認めるときは、刑事施設内において、自弁によりその診療を受けることを許すことができる」と定め、また、外部入院についても「必要に応じて」施設の長が決定する

と定めている。

　(c)　診療および栄養補給の強制　　刑事収容施設法62条は、①「負傷し、若しくは疾病にかかって」おり、その者の生命に危険が及んでいるとき、または、②飲食物を摂取しない場合において、「その生命に危険が及ぶおそれがあるとき」は、その者の意思に反して治療し、飲食物を補給することができる旨を定めている。この規定は、一方で「負傷し、若しくは疾病にかかっているとき」には、本人の意思に反して治療を強制することがないこと、言い換えると患者の同意がないかぎり、刑事施設であっても医療を強制されることがないことを定めるとともに、他方で、生命に危険が及ぶおそれがあるときは、本人の意思に反して治療し、栄養の補給をすることができる旨を定めたものと解される。強制治療および強制栄養補給すなわち強制医療を認めたものである。

　強制医療とは、拒食（ハンガー・ストライキ）ないし診療を拒否している受刑者に対し、その抵抗を実力で排除し、栄養補給または診療を強制することをいう。刑事収容施設法には強制医療に関する直接の規定はないが、「収容者絶食せし」場合の取扱いについて定めた通達（大正15年11月行刑局長通牒）があり、①「諭示、訓戒を加え其の非違を悟らしめ」、②この訓戒等が聞き入れられないときは「懲罰処分」を行い、③「若し長きに亙り絶食を続行する」ときは、「例えば準病者として病者に収容し先ず送口給食、鼻道給養の方法により栄養を供給し」「専ら体力保持の為最善の手段を講じ此の間にありても適当の機会を捕え訓戒を加え非違を改めしむること」とされている。

　問題は、受刑者の自己決定権をどの範囲で認めるべきかに帰着するが、国は、拘禁目的を達成するために受刑者の生命・健康を保護する義務があるから、受刑者の生命または健康に対する危険が認められるときは、対象者の抵抗を実力で排除し、医療を加えることができるものと解すべきである。ただし、人身上の拘束を伴うものである以上、強制医療に関する法律上の規定をおく必要があるため、刑事収容施設法62条が規定されたところである。

> **世界各国の対応**　　刑事施設内におけるハンガー・ストライキは、1970年代に反体制運動家によって世界各国に多発した。インド、スペイン、ソビ

> エト・ロシア、アラブ、イスラエル、ドイツ、イギリス、フランスなどでは、強制医療によって対処したが、イギリスでは1974年にこれを実施しない旨決定し、一方、ドイツ1977年行刑法は「医療上の検査及び治療ならびに栄養補給は、受刑者の生命の危険、健康に対する危険がある場合にかぎり、強制的に行うことができる」(101条)と定めた(詳細については、大谷「矯正施設における医療」現代刑罰法大系7・167頁参照)。

第3款 矯正処遇

I 矯正処遇の施設

(1) 刑事施設の現況 矯正処遇を実施する場所は刑事施設である。わが国における刑事施設の数は、2007(平成19)年末現在、本所76(刑務所62、少年刑務所7、拘置所7)、支所112(刑務支所8、拘置支所104)である。188の刑事施設の収容定員は、8万5,214人であり、このうち、既決の収容定員は6万7,996人である。これに対し、収容人員は7万9,809人であって、刑事施設全体の収容率(収容定員に対する収容人員の比率)は、93.7%であったが、既決の収容人員は7万992人であり、収容率は104.4%であった。なお、未決の収容率は51.2%であった。

2007(平成19)年12月31日現在において、収容人員が**収容定員を超えている刑事施設**は、本所75施設中48施設(64%)となっている。**図6**が示しているように、収容定員の増加が図られたために既決の収容率が低下したというものの、2000年以降の既決の収容率は100%を超える**過剰収容**の状況にある。**過剰収容**は、刑務職員の業務負担を増加させ、また、刑事施設内の規律秩序の維持のみならず、肝心の矯正処遇の効果にも悪影響を及ぼすことが必定であり、その解消が図られなければならない。

(2) 新しい刑事施設(刑務所)——社会復帰促進センター 犯罪情勢の悪化等を背景とした被収容者の増加により、多くの刑事施設が深刻な過剰収容となったことから、その状況を緩和し、新しい刑事施設の運営の在り方を模索するなどの観点から、「民間資金等の活用による公共施設等の整備等に関する法律」(平11・法律117号。いわゆる PFI〔Private Finance Ini-

図6　刑事施設の収容率の推移

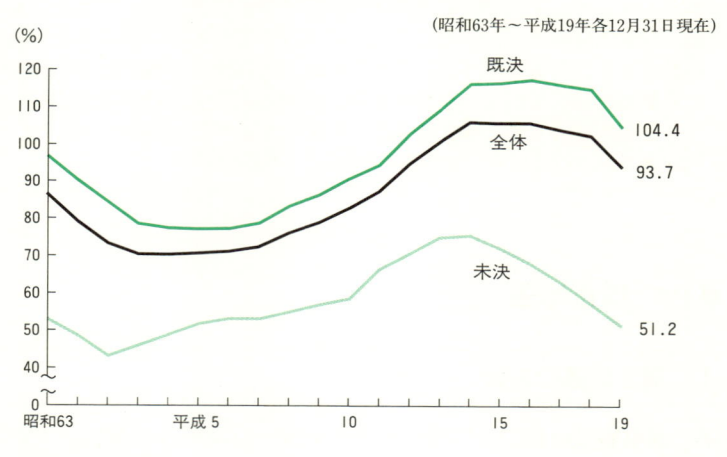

(昭和63年～平成19年各12月31日現在)

(2008犯罪白書61頁)

tiative）促進法）に基づいて、2007（平成19）年4月、官民協働によって運営される新しい刑務所が山口県美祢市に **美祢社会復帰促進センター**（収容定員―男性受刑者2,000人）として誕生した。また、同年10月には栃木県さくら市（収容定員―男性受刑者2,000人）および兵庫県加古川市（収容定員―男子受刑者1,000人）に、さらに2008（平成20）年10月から島根県浜田市（収容定員―男子受刑者1,000人）に、それぞれ社会復帰促進センターが設置された。これによって、パイロット・プロジェクトとして、6,000名を収容する官民協働の刑務所が誕生したのである（吉野智「PTI手法による官民協働の新たな刑務所の整備について」ジュリスト1333号〔2008〕2頁）。

　PFI促進法に基づく刑務所運営については、運営業務のすべてを包括的に民間に委託する **民営刑務所** 方式（British-Style）と保安業務は政府が直接行い、給食、刑務作業、教育などのサービス業務を民間に委託する方式（French-Style）とがある。わが国では後者の方式を採ることとし、構造改革特別区域法に基づいて、戒具の使用や武器の使用、逃走した被収容者の逮捕など刑事施設に係る法令上実力行使を内容とする業務、収容の目的を達成するために直接に義務を課す業務もしくは権利を制限する等の業務は、政府が管掌することとした。これに対し、所持品の検査や収容監視、健康診断、改善指導および教科指導の実施などは、民間に委託すること

した。また、これに伴い、可能なかぎり保安面を後退させ、行動規制を緩やかにして家族や面会者とのコミュニケーションの確保や地域との交流を促進するための改善を図る試みがなされつつある。さらに、民間人の創意工夫によって、できるだけ早く社会内処遇に移行させるための教育プログラムの内容の実施並びに充実が図られつつある。

PFI 促進法に基づく社会復帰促進センターについては、営利団体である民間事業者が受刑者の改善、教育および社会復帰を目的とする刑務所運営に参加することは適当かといった疑問が一部で提起されているが（山口直也「刑事施設に関する日本版 PFI 構想の問題点」龍谷大学矯正・保護研究センター研究年報〔2005〕26 頁）、PFI 事業を通じて、①刑務所の過剰収容の緩和、②刑務官の不足と職員負担の増大の解消、③刑務所運営の透明性の向上、④民間事業者や地方自治体を含む社会一般が受刑者に対する関心を抱くようになること、④出所受刑者に地域での就労の機会を与えうること、以上の諸点の効果が期待できることから、社会復帰促進センターの存在意義は大きなものがあると考える。

(3) 刑事施設の組織と設備　　刑事施設は、法務行政機関として法務大臣の管理に属する。刑事施設に関する行政事務を管掌する中央機関は **法務省矯正局** であり、矯正に関連する法務省の付属機関としては **矯正保護審議会** がある。刑事施設とその現場における運営管理は、刑事施設の長を頂点として、総務部（庶務課・会計課・用度課）と管理部（保安課・作業課）および所長直属の教育課、分類課、医務課が当たり、**法務大臣の指揮監督** のもとに、刑事施設の長が施設の管理運営を指揮監督する。なお、所長の諮問機関として刑務官会議があり、施設の管理および被収容者の処遇について諮問がなされる。

刑事施設は、普通高い外塀で囲まれ、逃走を防止するための設備が整えられている。内側には、舎房、工場、講堂、教室、運動場などが配置されているほか、分類センター、開放施設、職業訓練施設が設けられている刑事施設もある。施設の建築様式としては様々な基本型があり、わが国では放射翼型、扇型または十字型が一般であったが、火災防止のため並列型が採用されるようになり、戦後に建築された施設は、すべての舎房が南面した片側廊下型すなわち南側単房並列型が多くなっている。

刑務所建築様式　　刑務所の建築様式としては、ベンサムのパノプチコン型が有名であり、これは1つの点からすべての居房を監視できるように工夫されたドーム型である。アメリカでは、電柱型、自閉型などが試みられている（なお、以上の点につき特に佐藤安俊「刑事施設の現況」佐藤＝森下編・犯罪者の処遇〔1976〕75頁を参照）。

Ⅱ　矯正処遇の制度

(1) 集団処遇　　受刑者の処遇は、個々の受刑者の人格的特性および環境的・社会的問題に応じて、それぞれに最も必要かつ適切な処遇を行わなければならない。これが 処遇の個別化 である。処遇の個別化は、受刑者の改善更生および円滑な社会復帰にとって最も大切なものであり、刑事施設における処遇の基本原則である。

一方、分類処遇 とは、個々の受刑者の人格的特性、環境条件等に応じて受刑者を分類して処遇することをいう。分類処遇は累進処遇と並んで（⇒225頁）、わが国における受刑者処遇の基本原則であったが、刑事収容施設法の施行に伴って廃止された。

日本で分類処遇制度が導入されたのは、個別処遇を推進していたアメリカの強い影響に基づいている。すなわち、アメリカの指導のもとで1949（昭和24）年に 受刑者分類調査要綱 が制定され、「個々の受刑者について最も適切な取り扱いおよび訓練の方針を確立するために科学的な分類を行う」としたものである。これが1972（昭和47）年の 受刑者分類規程 となったのであり、監獄法下においては、この受刑者分類規程（法務大臣訓令）によって分類処遇が行われていた。すなわち、個々の受刑者の人格的特性、問題性および保護環境等に応じて受刑者を分類し、分類した受刑者に対してより効果的な処遇を行うこととされていた。分類調査の結果に基づき、収容すべき施設または施設内の区画を区分する 収容分類級 と、処遇の重点方針の基準である 処遇分類級 によって収容される施設が決定され、特に、収容分類級を中心として施設が決められ、処遇されてきたのである。

分類と個別処遇の関係　　「分類は第1に個々の受刑者についての分析診断

> にはじまり、第2に受刑者の配置指定によって教育と治療が開始され、第3に収容中の指導監督の結果に基いて再分類及び処遇の是正が行われ、最後に第4の更生に関する処置がとられる。このように分類の根本は個別処遇のための手続なのである」（佐藤晴夫「行刑における処遇の個別化」現代刑罰法大系7・33頁。なお、この項については、ほかに吉永豊文「累進制と分類制」日本の矯正と保護1巻90頁）。

　しかし、①分類処遇制度は、入所当時、すべての受刑者を 最下級の段階 に位置づける点において、受刑者個々の特性や条件に応じた処遇を行うという個別処遇の理念に反していたこと、②現実の運用面においても、受刑者個々の特性や条件に応じた処遇を行おうとする理念に反していたこと、③進級制度と仮釈放（⇒274頁）との結びつきが乏しく、刑期に応じた一定の期間の経過など形式的行動評価によって進級するという 画一的な取扱い となっていたことなどから、分類処遇は受刑者の改善更生の意欲を向上させるものにはなっていないと批判されたのである（2003〔平成15〕年12月22日行刑改革会議提言）。これとの関連で、分類は受刑者に対する 悪質なレッテル貼り であるし、また、分類に即した処遇技術がないのに分類処遇するのは、分類あれど処遇なし ということに尽きるといった批判もあった。

　思うに、受刑者の処遇は、刑事施設というかぎられた場所で実施されるものであるから、受刑者1人ひとりを対象にして処遇するということは現実には不可能であり、当然、一定の集団を編成して指導せざるをえない。また、矯正処遇の中心が、教科指導、改善指導といった指導の面にあるから、集団における共同生活を通じて処遇したほうが効果的であると考えられる。こうして刑事収容施設法は、「その効果的な実施を図るため、必要に応じ、受刑者を集団に編成して行うものとする」（86条1項）と定め、分類処遇に変わって、新しく 集団処遇 の観念を打ち出したのである。

　(2)　**集団処遇と処遇要領**　　受刑者分類規程に基づく収容分類級および処遇分類級は、刑事収容施設法の施行とともに廃止され、これら分類に代わるものとして、受刑者の処遇は、個々の受刑者の資質および環境の調査を行い、その結果に基づいて定められる 処遇要領 によって実施されることになった（84条1項）。処遇要領というのは、刑事施設の長が、矯正処遇の目標並びにその基本的な内容および方法を受刑者ごとに策定するもので

表4　処遇指標の区分および符号

1　矯正処遇の種類および内容

種　類	内　　　　容		符　号
作業	一般作業		V 0
	職業訓練		V 1
改善指導	一般改善指導		R 0
	特別改善指導	薬物依存離脱指導	R 1
		暴力団離脱指導	R 2
		性犯罪再犯防止指導	R 3
		被害者の視点を取り入れた教育	R 4
		交通安全指導	R 5
		就労支援指導	R 6
教科指導	補習教科指導		E 1
	特別教科指導		E 2

2　属性

属性および犯罪傾向の進展	符　号
拘留受刑者	D
少年院への収容を必要とする16歳未満の少年	J t
精神上の疾病又は障害を有するため医療を主として行う刑事施設等に収容する必要があると認められる者	M
身体上の疾病又は障害を有するため医療を主として行う刑事施設等に収容する必要があると認められる者	P
女子	W
日本人と異なる処遇を必要とする外国人	F
禁錮受刑者	I
少年院への収容を必要としない少年	J
執行すべき刑期が8年以上である者	L
可塑性に期待した矯正処遇を重点的に行うことが相当と認められる26歳未満の成人	Y
犯罪傾向が進んでいない者	A
犯罪傾向が進んでいる者	B

2008犯罪白書63頁

ある（2006〔平成18〕年5月23日「受刑者の処遇要領に関する訓令」）。すなわち、刑事施設の長は、個々の受刑者の資質および環境調査等の処遇に必要な基礎資料を得るために、医学、心理学、教育学、社会学その他の専門知識を活用して**処遇調査**を行い、その結果に基づき、集団編成の基準、処遇指標の指定、施設ごとの処遇区分などを定めた処遇要領を策定する（**表4**）。処遇要領には**矯正処遇の目標**を定め、1年ごとに1回、目標達成状況の評価を行うこととした（松村憲一「受刑者処遇の基本制度はどのように変わったか」法律時報80巻9号〔2008〕16頁）。

⑶ **累進処遇制度とその廃止**　**累進処遇制度**とは、受刑者の自発的な改善への意欲ないし努力を促すために、自由刑の執行の過程にあらかじめ数個の階級ないし段階を設け、入所当初の最下級からその行刑成績に応じて順次その段階を進め、上級になるにしたがって、漸進的に優遇し、**拘束度を緩和**して社会生活に近づけるとともに、共同生活における責任を自覚させることによって社会生活への適応を図る制度である。

累進処遇制度は、1791年にイギリス海軍のマコノキー（Alexander Maconochie, 1787~1860）大佐が点数制による進級方式を採用したのが始まりで、これを**イングランド制**という。一方、1856年には、アイルランドのクロフトン（Walter Crofton, 1815~1897）が、点数制に仮釈放を結合させて、仮釈放者を中間刑務所に収容する**アイルランド制**を開始した。わが国では、行刑累進処遇令（1933年）で、「受刑者の改悛を促しその発奮努力の程度に従って処遇を緩和し、受刑者をして漸次、社会生活に適応せしめる」（1条）目的で、**1級から4級**までの階級を設けて、すべての受刑者をして、作業の成績、操行の良否、責任観念・意志の強弱に応じて進級させ、やがて仮釈放に結びつけるという**考査制度**を採用した。しかし、①画一的な進級方法は処遇の個別化に反すること、②施設内の秩序維持に利用されやすいこと、③累進性が仮釈放の許可と結びついていないことなどから、受刑者収容施設法の施行に伴って廃止され、新たに以下に述べるような**優遇制度**が設けられた。

⑷ **制限の緩和**　「制限の緩和」とは、受刑者に自主性や自立性を身につけさせるために、受刑者の生活や行動に対する制限を改善更生の意欲および社会生活に適応する能力に応じ順次緩やかなものとする制度をいう（刑事収容88条1項）。刑事施設の長は、第1種から第4種までの制限区分を設け、刑の執行開始時指導（85条）を終了した後、速やかに受刑者に**制限区分**を指定する。第1種が最も緩和された区分であり、通常は第3種から始まるようであるが、累進処遇制度と異なり、第4種から順次進級するのではなく、受刑者によってはいきなり第1種に指定され、開放的施設で処遇されることもありうる。具体的には、犯罪の責任の自覚、悔悟の情、改善更正の意欲の程度、勤労意欲の程度、職業上有用な知識および技能の習得状況、社会生活に適応するために必要な知識および生活態度の習得状

況、受刑中の生活態度の状況、心身の健康状態、社会生活の基礎となる学力の有無などを総合的に判断し、刑事施設の長が決定するのである（松村・前掲論文14頁）。受刑者は、指定された区分に応じた処遇を受けることになるが、定時または臨時に見直しが行われ、その結果進級することもあれば降級することもある。

2008（平成20）年4月10日現在の制限の緩和における制限区別人員は、第1種525人（0.8%）、第2種2,289人（3.3%）、第3種5万6,132人（81.6%）、第4種3,552人（5.2%）、指定なし6,330人（9.2%）であった。

(5) 優遇措置　改善更生の意欲を喚起するため、受刑態度の良好な受刑者に よりよい待遇 を与える制度である（89条）。受刑者は、6月ごとの評価機関による受刑態度の評価に応じ、第1類から第5類までのいずれかの 優遇区分 に指定され、当該区分に応じた処遇を受ける。具体的には、外部交通の回数の増加、衣類、食事、日用品・筆記具などの支給・貸与の増加、自弁使用できる物品の範囲の拡大などが実施される。

2008（平成20）年4月10日現在の優遇区分別人員は、第1類174人（0.3%）、第2類5,652人（8.2%）、第3類3万805人（44.8%）、第4類8,238人（12.0%）、第5類9,536人（13.9%）、指定なし1万4,415人（20.9%）であったとされる（2008犯罪白書64頁）。

第4款　拘禁の形態

Ⅰ　拘禁形態の変遷

拘禁の形態とは、自由刑における拘禁の形式すなわち 独居制・雑居制、開放処遇 などを指す。受刑者の拘禁形態は、矯正および社会復帰思想の展開に伴い、拘禁だけを目的とする厳重な隔離から改善更生を目的とする拘禁へと移り、さらに社会復帰のために拘禁を緩和し、社会との接触を可能にする方向へと推移しつつあるといってよいであろう。既に述べたように、アムステルダムの懲治場においては、男性、女性、少年を分けて収容したし（⇒7頁）、ベルギーのガン監獄でも厳格な収容区分を設けて処遇したのであって、そこには改善処遇のための収容分類の発想が芽生えていた。

しかし、啓蒙時代までの一般の監獄は、ジョン・ハワードが暴露したように、厳格に隔離された無秩序な雑居拘禁の形式を採るのが一般であった。彼が、施設の改善と併せて、犯罪や年齢・性別による分類および独居拘禁を主張して監獄改良運動を展開したゆえんである。

監獄改良運動は、イギリス（ホーシャム、ペットワース、グロースター）に独居監獄を誕生させるとともに、アメリカにも波及し、クェーカー教派の宗教思想を背景にして、ベンジャミン・フランクリン等によって組織的な運動が展開され、1790年にはフィラデルフィア監獄法が成立し、独居監房が建設された。これは厳格独居制とよばれたもので、受刑者を昼夜の別なく独房に拘禁し、聖書以外の読書は認めず、また作業もさせず、反省と悔悟を求めるものであった。しかし、厳格独居制は孤独による発狂などの弊害が生じたため、1818年以降は、独房での昼夜作業を認め、職員と牧師の独房訪問を必要とする監獄がつくられるようになった。この形態の監獄をペンシルヴァニア制（Pensylvania System）という。ニューヨーク州でも、1816年に設置されたオーバーン監獄における厳格独居制が改良され、1824年にオーバーン制（Auburn System）が採用された。これは、昼間は雑居の工場作業に就かせ、夜間は独居房に拘禁するというものである。アメリカでは、その後、この制度が一般化したが、ヨーロッパでは、ドイツ、スウェーデン、ノルウェー、デンマークなどがペンシルヴァニア制を採用し、イギリスのペントンヴィル制も、これに改良を加えたものである。

ペンシルヴァニア制が普及したのは、受刑者の反省・改悛を促すとともに、独居拘禁の苦痛による威嚇力が認められたことによる。しかし、無言のうちに独居させる独居拘禁は、心身の障害をもたらすばかりか人間の本能を奪う反人道的なものであるという理由から、19世紀後半より20世紀にかけて次第に後退し、再び雑居拘禁が一般的になってきた。そして、既述のような処遇理念の普及に伴って、隔離から開放へと拘禁形態が発展することになるのである。

Ⅱ　独居拘禁と雑居拘禁

(1) **独居拘禁制**　独居拘禁とは、収容者を独房（単独室）に拘禁する

拘禁形態をいい、これには厳格独居制と緩和独居制とがある。厳格独居制は、昼夜とも独房に拘禁し、他の収容者から隔離する拘禁形態であるのに対し、**緩和独居制**は、昼夜独居を原則とし、作業は房内で行わせるが、戸外運動、入浴、教育などは他の収容者との雑居を認める拘禁形態である。

独居拘禁制は、①厳格な自由の剥奪によって刑罰の苦痛を教え、②精神を鎮静させるとともに自己反省の機会を与え、③他の受刑者からの悪風感染を防止し、職員等の影響によって更生意欲の喚起を狙いとするものである。しかし、第1に、独居拘禁制はそのための施設および職員を必要とするため行刑の運営費が莫大になる、第2に、人間性を無視するものであるから拘禁性の精神障害の原因となる、第3に、構内作業の実施に適しないなどの欠点がある。結局、受刑者の処遇というよりも、例えば懲罰執行中の場合、あるいは集団生活困難な場合のように、本人または他の受刑者の保護もしくは秩序維持のために存在理由があるといってよく、そのかぎりでこの制度は存在する意義がある。

(2) 雑居拘禁制 　雑居拘禁とは、複数の収容者を共同室に雑居させる拘禁形態をいい、これには昼夜雑居、昼間雑居・夜間独居がある。**昼夜雑居**は、受刑者を昼夜とも雑居させ、受刑者は昼間は工場で就業するなどして生活し、夜間は舎房に雑居して生活する拘禁形態である。**昼間雑居・夜間独居**は、昼間は雑居させ夜間は独房に拘禁する拘禁形態である。一般に雑居拘禁という場合は昼夜雑居を指す。雑居拘禁制は、①財政上の負担が軽くてすむこと、②作業の実施にとって便利であること、③一般社会に近い生活形態であることなどの長所があるため、現代まで廃止されることなく用いられている。特に、施設の収容人員が増加し過剰拘禁になれば、雑居拘禁は避けられない。しかし、受刑者の改善更生にとって、雑居拘禁は必ずしも適したものではないとされる。①**悪風感染の弊害**があり、国の費用をもってさらに犯罪者をつくり出すという皮肉な結果になりかねないこと、②プライバシーがなく、また内省の機会を得にくいこと、③収容者の対人関係のもつれや葛藤が生じ、改善更生の意欲を削ぐなどの欠点があるからである。

たしかに、雑居拘禁制には重大な欠点があることは否定できないが、しかし、これらの欠点の原因が、主として夜間雑居にあることは明らかであ

る。そこで、その改良方法としては、雑居拘禁を原則としつつ、夜間就寝時と休業日の休息に独居房を用いる夜間独居制が採用されるべきであろう。これによれば、悪風感染の機会は少なくなり、本人のプライバシーを確保でき、余暇時間を活用できるばかりか、被収容者間のあつれき・葛藤を予防できる。さらに独居房であれば逃走や反則も少なくなるであろうから、夜間の職員の人員節約にもなる（柳本・刑事政策読本206頁）。夜間独居制を採用するためには膨大な予算を必要とするため、この制度の導入は１つの理想にとどまるともいえるが、徐々にその実現を図るべきである。

(3) **現行の拘禁形態**　刑事収容施設法38条は、「各種被収容者の居室は、処遇上共同室に収容することが適当と認める場合を除き、できる限り、単独室とする」と規定している。これによると、わが国の拘禁形態は、理念上は独居拘禁が原則であるが、刑務所人口が定員を上回っている現在、実際上は雑居拘禁が原則となっている。なお、拘禁の場所は、単独室と共同室に分かれる。刑事収容施設法は、独居房を単独室、雑居房を共同室と改めたのである。これまでの拘禁の考え方を後退させ、被収容者が主として休息および就寝のために使用する場所という意味で「居室」の語が用いられたものである（刑事収容４条３項）。

III　開放的処遇

(1) **意義と沿革**　開放的処遇とは、施設の物的逃走防止設備（周壁、錠、鉄格子）および人的逃走防止措置（武装看守、特別保安看守など）における拘禁度を緩和し、受刑者の自律心および責任感に対する信頼を基礎とした拘禁形態をいう。その趣旨は、拘禁の弊害を少なくし、人間の尊厳を尊重することによって受刑者に改善更生の意欲をもたせ、また、社会との接触を通じ、もって改善更生および円滑な社会復帰を容易にすることにある。物的人的な逃走防止措置を講じていない施設を開放施設という。そして、通説は開放施設における処遇を開放的処遇と解しているが、本書では、週末・休日・断続拘禁、外部通勤、外出・外泊も開放的処遇の理念に基づくものと解し、これらを併せて開放的処遇とよぶことにする。

開放的処遇は、19世紀半ばのアイルランド制における中間監獄の処遇の

ような形で古くからあったが、その発展の歴史をみると、労働力の利用、過剰拘禁の緩和策など、社会的・経済的な必要から実施されてきた。例えば、わが国における開放的処遇の一例とされる第二次大戦中の造船隊や飛行場建設は、受刑者の労働力利用という国策がもたらしたものであって、受刑者の改善更生を目標とするものではなかった。開放的処遇が矯正処遇の一形態として注目されるようになったのは、第二次大戦後においてである。ことに1950年のハーグにおける第12回国際刑法および監獄会議と1955年のジュネーヴにおける第1回犯罪の防止および犯罪者の処遇に関する国連会議において、その必要性と有用性が強調されてから急速に世界的な関心事となり、世界各国において著しい発展を遂げており、今や行刑の進歩は、開放的処遇を受けている収容者の割合によって測定されるとまでいわれるようになった。わが国においては、従来から構外作業（⇒236頁）の形式で開放的処遇がなされてきたが、本格的に実施されるようになったのは、交通事犯受刑者が急増した1960（昭和35）年頃からであり、豊橋刑務支所（1961〔昭和36〕年開始）を皮切りに全国8施設で交通事犯の禁錮および懲役受刑者に開放的処遇が実施されているほか、1970（昭和45）年から構外作業の形態などによって、一般の受刑者に対しても実施されつつある。

> **開放的処遇の概念**　本文の定義と異なり、開放施設における処遇と構外作業だけを開放的処遇とし、週末拘禁などは中間処遇または半自由処遇として分類する見解（石原ほか・刑事政策220頁）、あるいは前者を狭義の開放処遇、後者を広義の開放処遇として分類する見解もある（来栖宗孝「行刑処遇の社会化と開放化」現代刑罰法大系7・115頁）。

(2)　刑事政策的意義　開放的処遇の刑事政策的意義は、閉鎖処遇の欠陥を是正し、犯罪者処遇の理念である受刑者の個人の尊重と改善更生および円滑な社会復帰の推進に合致するとともに、行刑経済の効率化に寄与する点にある。すなわち、開放的処遇は、拘禁中心の処遇がもたらす苦痛を除去する点で人道主義に即し、受刑者の生活を一般社会の生活条件に近づけ、また、社会と接触させることによって受刑者の心身に好影響を与え、受刑者と職員間の信頼関係を育み矯正教育を可能にする点で社会復帰の理念に合致する。さらに、警備の人的・物的設備に関する経費節減をもたら

す。もっとも、開放的処遇の矯正効果を証明するデータはなく、また、逃走を思いとどまらせるだけの処遇をしようとすれば、非常に経費が高くつき決して経済的でないとする見解もある。しかし、行刑を社会化および人道化することによって、受刑者の改善更生の意欲を引き出すとともに、社会的適応性を身につけさせることは可能であろう。また、逃走と経済性の問題は対象者の選定を精密化することによって解決を図るべきである。いつの時代でも、厳格な拘禁を必要とする受刑者は存在するのであって、開放的処遇はその必要のない者に有用な処遇方法を提供しようという制度にほかならない。

(3) **問題点**　開放的処遇の刑事政策的意義を認めるにしても、この制度には、理論上および実施上の問題があることに注意を要する。

(ア) **理論上の問題点**　第1に、開放的処遇は自由刑の執行といえるかという問題がある。刑法12条2項は「懲役は、刑事施設に拘置して所定の作業を行わせる」とし、同13条2項も「禁錮は刑事施設に拘置する」として、自由刑の執行は「刑事施設に拘置する」ことを内容とするものと定めている。拘置とは、一定の期間、人の身体を一定の場所に拘束し、本人の意思で当該の場所から出ることを許さない状態をいうから、理論上、開放的処遇は自由刑の執行に相当しないのではないかが問題となる。たしかに、現行刑法の制定当時には、厳格な拘禁をもって拘置と解してきたことは明白であるが、そもそも拘置とは、人の身体を国の実力的支配下におくことを意味し、錠をかけて監視するのは拘置を確保する1つの手段にすぎないと解されるから、国の戒護下にあり逃走は許されないという 拘禁の実質が担保 されているかぎり、拘置に当たると解すべきである。開放的処遇を受けている受刑者も拘置されているのであり、受刑者としての法的地位およびそれに伴う権利義務を取得することになる。開放的処遇は、行刑上の分類に基づく矯正処遇の一環と考えられる。

第2に、開放的処遇は取扱 平等の原則に反する のではないかという問題がある。受刑者を公平に扱うことは犯罪者処遇の原則であり、開放的処遇のために、一定の者を選別し特典を与える裁量権の行使は、この原則に反する疑いがあり、ひいては受刑者の不平・不満の原因となって、刑務所における処遇を困難にしかねないというのである。たしかに、アメリカの行

刑改革の発端となったものが、司法・行政当局の裁量権の行使に対する受刑者間の不平等感にあったことにかんがみれば、その裁量は慎重になされるべきであろう。しかし、受刑者のニーズに応じた処遇が法治主義の原則に反しないことは明白であるから、できるだけ適正な手続に基づき、いやしくも受刑者間に不平等ないし不公正感を与えることのないように配慮し、開放的処遇を少しでも広げるよう努力すべきである。

(イ) 実施上の問題点　第1に、適格者の選定 の問題がある。受刑者のなかには自律的行動の期待できない者が多く、このような受刑者を開放的処遇の対象者とすれば、逃走その他の事故を招き、社会からの指弾を受けるばかりか、本人の社会復帰にとっても有害となる。こうして、適格者の選定が重要となるが、現在のところ、精神医学、心理学、社会学等の専門的知識による逃走の予測技術が十分に発達しているとはいいがたい。したがって、予測技術の発達 が開放的処遇拡大の要諦になるとともに、現段階では、例えば、刑事収容施設法88条2項の定める制限の緩和が予定している開放的施設の処遇のように、閉鎖的処遇から徐々に拘束の制限を緩和し、順次開放化を図るという段階的な移行を必要とする場合が多いであろう。第2に、社会の理解と協力 の問題がある。開放的処遇が行刑の社会化として社会との連携のもとに実施されるものである以上、それが可能な施設の立地条件を必要とするとともに、社会の理解と協力がなければ成功はありえない。したがって、社会一般から受け容れられるような形で実施すること、および開放的処遇に対する社会一般の理解を得られるよう不断の努力が必要となろう。この制度の刑事政策的意義に関する十分な理解を得るための社会一般に対するはたらきかけが必要になる。

> 逃走防止と制裁　　逃走防止のために、逃走した受刑者を処罰するのはやむをえないと思われる。「刑罰威嚇の下での開放処遇ということが、開放処遇の理念と調和するものかが疑問であろう。刑罰威嚇に頼って逃走を防ぐというのでは、受刑者の自律心および責任感に全幅の信頼を置くという開放処遇の本来のあり方をゆがめる」(鈴木茂嗣「逃走及び蔵匿の罪」刑法改正の研究2〔1973〕179頁)とする見解もある。しかし、逃走の弊害は開放処遇の実施にとって極めて大きいから、これを刑罰によって抑止すべきであるとともに、「全幅の信頼を置」いているのにこれを裏切るのであるから、逃走罪として処罰に値すると思われる。一方、担当の職員を懲戒の

> 対象にすべきかは、悩ましい問題である。物理的に拘束不可能な状態にある者に対して逃走に関する責任を問うのは論理的に成り立ちえないはずである。それにもかかわらず、受刑者が逃走したなら懲戒処分にするというのであれば、担当の職員は責任追及を恐れて開放化に消極的にならざるをえないであろう。一方、逃走について「法務省の職員が誰ひとり責任を取らないということでは済まされそうにない。……職員はこの場合、その選定に責任があること、収容者の指導に問題があり、一種の結果責任を負わざるを得ない」(柳本正春「開放処遇」日本の矯正と保護1巻〔1981〕280頁)ともいえる。

(4) 開放的処遇の形態　開放的処遇には、開放施設における処遇のほか、半自由的処遇、中間施設における処遇などがある。

　(ア) 開放的施設における処遇　開放的施設とは、受刑者の逃走を防止するための物的設備と人的措置における **拘禁度を緩和した施設** をいい、開放的施設（open institution）と半開放的施設（semi open institution）とに分かれる。前者は、逃走の物的防止設備および人的措置を用意していない施設をいい、後者は、それらが緩和されている施設をいう。

　わが国における開放的施設は、いわゆる交通事犯禁錮受刑者に対する **集禁（集中拘禁）処遇施設** として、1961（昭和36）年に豊橋刑務支所、1963（昭和38）年には習志野刑務支所（後に市原刑務所として独立）および加古川刑務所の3施設に設けられ、その後、**交通事犯懲役受刑者** も収容して開放的処遇を実施するようになった。このほか一般受刑者に対する開放的施設として、1970（昭和45）年に喜連川刑務支所が開設され、農業土木の職業訓練を中心に開放的処遇が実施されるようになったが、刑事収容施設法の制定に伴い、交通事犯者に対する集禁処遇施設は、原則として廃止され、一般受刑者とともに、特別改善指導としての交通プログラム（⇒248頁）が実施されることになった。88条2項により、制限の緩和としての開放的施設が法律上初めて認められたものである（⇒402頁）。

　(イ) 半自由（中間）処遇　受刑者に対し、刑事施設外での行動の自由を認めつつ、一定の期間施設に拘禁する処遇の形態を半自由処遇または **中間処遇** という。これには、週末拘禁、外部通勤、外出・外泊などがある。

　　(a) **週末拘禁**　週末拘禁とは、自由刑の執行方法として、週末すなわち土曜日と日曜日を刑の執行に当てる制度をいう。休日を当てる場合に

は **休日拘禁**、断続的に1日ないし数日拘禁する場合を **断続拘禁** という。その起源は、1943年のドイツ少年裁判所法の少年拘禁であるとされており、短期自由刑の悪風感染と失業という弊害を回避する自由刑の執行形態として発達したものであり、一般の短期自由刑の分割執行方法として用いている国もあるが、わが国では今のところ採用されていない。この制度を採用すれば、失職や学業への悪影響を回避できるし、休日における怠惰な生活の代わりにカウンセリングなどの処遇を受けることができるといった利点があるが、専門職員の確保が困難であること、週末ないし休日だけの執行であるところから、まかないうる刑期に限界があり、せいぜい1月ないし2月以下の自由刑にしか適用できないこと、わが国の場合、2月以下の自由刑が適用されることは少ないなどにかんがみ、週末拘禁制の刑事政策的意義は大きくない。

(b) **外部通勤作業** 　外部通勤作業とは、受刑者を監視なしで施設外の事業所に通わせ、一般人とともに同一の勤務条件で就業させ、終業後は施設に帰らせ拘禁する制度をいう。この制度はアメリカで今世紀の初めに採用され、その後ヨーロッパにおいて普及したものであり、わが国においても構外作業の一種として実施されてきたが、刑事収容施設法の成立に伴い、法律上の制度として新設されたものである。すなわち、刑事収容施設法は、「その円滑な社会復帰を図るため必要があるときは、刑事施設の職員の同行なしに、その受刑者を刑事施設の外の事務所に通勤させて作業を行わせることができる」と定めたのである。この制度は、正常な勤労生活の意義と価値を受刑者に理解させるとともに、社会人として最も必要な職場における学習を可能にし、併せて受刑者の自律心と責任感の涵養に役立つものである。問題は、執行場所として民間企業などの適当な事業所をいかにして確保するかである。

> **構外作業** 　構外作業は、もともと刑務所が管理する刑事施設以外の作業場における監視下の作業をいうが、犯罪白書などでは外部通勤に準じたものも構外作業とよんでいる（1995犯罪白書84頁）。

(c) **外出・外泊** 　外出とは、開放的施設において処遇を受けているなどの一定の要件を備えた受刑者が、一定の用務等を行う必要がある場合、

1日のうちの時間を定めて、刑事施設の職員の同行なしに施設から外出することを許す制度をいう。外泊とは、一定の期間、刑事施設の職員の同行なしに刑事施設の外に宿泊することを受刑者に許す制度をいう。外出・外泊中も受刑者としての法的地位は継続しているから、その期間中刑期は継続していることは勿論である。外出・外泊の制度は、受刑者が社会の実情を直接見聞し、また、近親者との愛情・信頼関係を維持または復活させ、さらに釈放後の生活設計に関係のある者と接触するなど、社会復帰のための努力を促すものとして処遇上の意義がある。刑事収容施設法106条は、このような意義を踏まえ、外出・外泊制度を導入した。仮釈放を許すことができる期間を経過した受刑者が、刑事施設の外において、①釈放後の住居または就業先の確保その他一身上の重要な用務を行い、②更生保護に関係のある者を訪問し、③その他その釈放後の社会生活に有用な体験をする必要があると認められるときは、刑事施設の長は、外出・外泊を許可することができることにしている。なお、外出は日帰り、外泊は7日以内とされている。この制度においても、外出・外泊中に受刑者が犯罪などの事件を引き起こした場合の責任問題がある。

(ウ) 中間施設　　施設内処遇と社会内処遇との中間に設けられた釈放準備のための施設をいい、中間施設における処遇を中間処遇という。中間施設は既述のアイルランド制にみられる中間刑務所にその起源があるとされるが、現在では、イギリスの**ホステル** (hostel)、アメリカの**ハーフウェイ・ハウス** (halfway house) などによって代表されるものである。中間刑務所には2つの型があり、1つは、刑事施設から社会に復帰する途中に属するタイプの施設で、どちらかといえば刑務所に近いものであり、ハーフウェイ・ハウスというときは、通常はこの場合を指す。もう1つは、保護観察よりも規律・監督は厳しいが、どちらかといえば保護観察に近いもので、アメリカの釈放前指導センター (prerelease guidance center) がこれに当たる。ハーフウェイ・ハウスにあっては、受刑者は私企業などに自由に通勤するが、夜間と休日は施設に収容されるのであり、イギリスのホステルもこの種の施設である。後者は、わが国の更生保護法人の施設に近いもので、刑期の最後の数週間を居住し、社会復帰に備えるための施設である。いずれも、社会復帰にとって必要な施設であることは改めて述べるま

でもないであろう。現行法上は中間施設は認められていないという見方もあるが、ただし、長期間にわたって刑事施設に収容されていた無期刑および8年以上の長期刑の仮釈放者については、円滑な社会復帰を図るため、更生保護施設に居住させる制度があり、中間施設に近いものといってよかろう（⇒296頁）。

第5款　矯正処遇の内容

I　処遇の個別化の内容

　受刑者の矯正処遇は処遇の個別化を基軸として制度化され実施されるべきであるが、問題は、その処遇の内容を、いかなるものにすべきかである。処遇の個別化の内容をめぐっては、個別処遇と集団処遇に分けて考察すべきである。

　(1)　**個別処遇**　個別処遇とは、調査によって発見された受刑者の特性に応じて行う処遇をいう。個別処遇には、医学的方法と心理学的方法とがある。**医学的方法** としては、精神病患者で医学的治療を要する場合には、医療刑務所に収容して必要な精神療法を実施するほか、一般の施設において実施される精神科医療がある。また、形態的な欠陥が劣等感の原因となって犯罪を行ったとみられる場合には、整形外科的治療が行われ、また、文身（いれずみ）の除去も行われる。ただし、身体に障害を有する場合、その障害の除去および治療等が、必ずしも矯正処遇上必要なものでない場合は、受刑者の意思に反して実施することは許されないと解すべきである。この種のクリニカル・サービスに従事する職員は、通常、医師ことに精神科医、臨床心理学者、ケースワーカー、看護師など特別な訓練を受けた技術者であることを要するものとされている。**心理学的方法** としては、カウンセリング、ケースワークなどによって犯罪者の態度と行動を変え、改善・社会復帰を図るため心理療法が実施される。

　個別処遇は、処遇の科学化つまり医療モデルの処遇理論に立脚するものであるから、医療モデルと運命を共にするが、個別処遇は、元来、受刑者個人のニーズにできるかぎり応えようとするものである。したがって、治

療的活動にとどまらず、後述の刑務作業、教育活動等においても可能なかぎり個別化すべきである。

(2) **集団処遇**　集団処遇とは、矯正処遇および刑執行開始時等の指導等の効果的な実施を図るため、必要に応じて受刑者を集団に編成して行う処遇をいう（刑事収容86条）。集団処遇においては、集団心理療法と集団教育指導とがある。集団心理療法は、個人の問題性を引き出して、それを解決するためにグループダイナミックスを利用する方法によるものであり、現在ほとんどの施設がこれを用いている。集団教育指導は、団体生活が更生への意欲を生み出す契機となるような集団をつくり、その集団を単位として積極的に教育指導に当たる方法によるものである。

心理療法と教育指導とを混合したものとして、矯正体育および短期収容施設への収容がある。矯正体育は、団体競技種目のスポーツを行わせ、それを通じて行動・態度の変容を試みようとするものである。短期収容施設への収容は、短期かつ集中的に個人ならびに集団に対し心理療法および生活訓練を実施し、社会的適応性を養うもので、わが国では交通短期処遇として、1969（昭和44）年に交通短期少年院が実験的に設けられ、現在では少年院の運営改善通達によって全国で11か所の少年院に短期処遇課程が設置されるに至っている。

(3) **個別・集団処遇の問題点**　処遇の個別化は、個別処遇および集団処遇として実施されるが、いずれも、科学的・合理的な処遇の実施という点で、一般的には支持されて然るべきである。しかし、第1に、現行のように作業を強制している場合、作業の実施を通じて1人ひとりの個性に即した処遇が求められる。しかし、受刑者の特性に応じた作業を個々に与え、更生の意欲を引き出すことは、かなり困難である。第2に、より根本的には、処遇技術の未熟さをいかに打破し、処遇効果をあげるかに帰着する。そのためには、施設が治療共同体ないしカウンセリングの場でなければならないという意見もあるが、現時点では、行動科学自体が揺籃期にあることを自覚し、いたずらに科学主義に走ることなく、いかにすれば個々の受刑者が改善更生および円滑な社会復帰の意欲をもちうるかについて、創意・工夫をこらすことが肝心である。

> **治療共同体（therapeutic community）**　イギリスの精神科医 M. ジョーンズが1947年につくった社会復帰病棟に由来するもので、医師・職員と患者がそれぞれ責任をもち一体となって治療に参加する体制をいう。これは、やがてアメリカの矯正医療に波及し、また、精神障害犯罪者の収容施設として有名であったデンマークのヘルシュテッドヴェスターの治療方法にも影響を与えた。なお、処遇の個別化については、特に安香＝麦島編・犯罪心理学（1975）410頁、佐藤＝森下編・犯罪者の処遇（1976）83頁を参照した。

Ⅱ　刑務作業

(1)　刑務作業の意義　刑務作業とは、刑事施設において受刑者に行わせる作業をいい、単に「作業」ともいう（刑事収容92条）。現行法上は、懲役刑の内容として受刑者に「所定の作業」（刑12条2項）を強制することが中心となるが、労役場留置者に強制する作業、禁錮受刑者、拘留受刑者および未決拘禁者の出願による 請願作業 も刑務作業であり、2008（平成20）年3月現在、禁錮受刑者の88％が作業に従事している。被収容者が自己の収支で行う 自己契約作業 については異論があるが、これも刑務作業の一種と解すべきである。刑務作業は、古くは労働資源として考えられ（例えば古代エジプト）、あるいは懲らしめのための苦役（無目的な罪石の運搬や踏み車—treadmill）として捉えられていたが、改善刑思想の展開とともに、刑務作業が受刑者の改善更生および円滑な社会復帰に資することを目的とするものであるとされるようになり、この考え方は、刑事収容施設法において正面から取り入れられた。国連基準規則71条1項も「与えられる作業は、できる限り、受刑者が釈放後正しい生活を営む能力を維持し、又はこれを増進させるようなものでなければならない」と規定している。

> **自己契約作業**　刑事収容施設法39条は、自己契約作業について定め、被収容者に対し、刑事施設の規律および秩序の維持その他管理運営上支障を生ずるおそれがないかぎり、余暇時間帯において自己契約作業を行うことを許すものと定めた。監獄法下では、懲役受刑者および禁錮受刑者の行状および作業成績が優良で、その処遇上害がないと認められたときは、作業時間終了後の余暇時間帯で1日につき2時間以内において、自己のために

する作業を許すことができるとしていた。自己契約作業は被収容者の内職であるから刑務作業には含まれないとする見解が有力であるが（藤井武彦「刑務作業」日本の矯正と保護1巻122頁）、刑務作業が受刑者の改善・社会復帰を目的とする以上は、受刑者の勤労意欲を高め、収入を得させることもその目的に資するものであるから、自己契約作業を刑務作業から除外するいわれはない。

(2) 刑務作業の目的と機能　刑務作業は、懲役刑の内容であるとともに、受刑者の改善更生および円滑な社会復帰を図るために必要な改善指導、教科指導と並ぶ矯正処遇の柱の1つである（刑事収容84条）。一面において苦痛としての側面を有し、それが一般予防効果をもたらすことは否定できないが、その主たる機能は矯正処遇にある。すなわち、第1に、その **積極的側面** としては、刑務作業を通じて受刑者に規則正しい勤労生活を行わせることにより、その心身の健康を維持し、勤労意欲を養成して規律ある生活態度および共同生活における自己の役割・責任を自覚させるとともに、職業的技能および知識を習得させることによって、その者の改善更生および円滑な社会復帰を図ることにある。第2に、その **消極的側面** としては、刑事施設内の単調な生活における無為徒食が生みだす心身の荒廃を防ぐことにある。

　刑務作業は、受刑者の改善更生および円滑な社会復帰の効果を目標として実施されるが、これに付随するものとして2つの機能がある。その1は、刑事施設の **規律秩序維持の機能** であり、何らの労働もせずに多数の者が拘禁生活をおくれば、精神的荒廃を招き、やがて刑務所暴動など規律秩序違反行為に発展することは必定である。したがって、適当な作業を準備し、刑務作業の運営を活発にすることは、規律秩序の維持にとって有意義である。その2は、**国家経済面における機能** であって、刑務作業によって収益をあげることができれば、それ自体として国の財政に寄与することは明らかである。同時に、受刑者が職業技術を身につけ、社会に出て働くことも間接的な経済的効果ということができる。このようにして、刑務作業には規律秩序維持および国家経済の両面における機能が認められるのであるが、それはあくまで刑務作業の矯正教育的機能の副次的・反射的効果として生ずるものであって、それ自体を刑務作業の目的とすべきでないことは勿論

である。

　以上から明らかなように、刑務作業は矯正処遇の根幹をなすものとして必要である。刑務作業を矯正処遇の一環として把握することを否定する見解があるが妥当ではない。刑務作業も矯正処遇の一環であるとすると、その処遇に適しない受刑者に対しては別の処遇が実施されるべきであるから、行刑施設の側は、受刑者の希望を考慮しつつ、できるだけ各受刑者に適した種類・内容の作業を選び、個別処遇の理念に従って刑務作業を行わせるべきである。

> **刑務作業の目的に関する学説**　　刑務作業目的に関連して、以下の6説が主張されている。第1は、刑務作業は受刑者の労働力を国家的に利用するという考え方であるが、これは受刑者処遇の今日の理念からあまりにもかけ離れたものである。第2は、刑罰としての苦痛を受刑者に課するために刑務作業が必要であるとする考え方である。たしかに、刑務作業に苦痛としての側面があることは否定できないが、それだけにとどまるというのは改善更生および円滑な社会復帰の理念に反する。第3は、社会に迷惑をかけた犯罪者は無為徒食を許されないから、刑務所維持の経費は受刑者の労働によってまかなうべきであるとする考え方で、刑務所自給の原則を主張するものである。しかし、犯罪者は身体や行動の自由を拘束されることによって罪のつぐないをしているのであって、その費用まで負担すべきであるとする根拠は薄弱である。第4は、規律秩序維持のために必要だとする考え方であるが、これはあくまで刑務作業の副次的効果にすぎない。第5は、受刑者は、拘禁される以外は一般国民と同様の権利を享受すべきであるから、刑務作業も一般国民の労働と区別する根拠はないとする考え方である。たしかに、受刑者の生活を社会一般のそれに近づける必要はあろうが、それは矯正処遇上必要だからであって、国の作業による処遇権を否定することは許されない。このようにして、第6に、本文の考え方が主張されるのである。

(3)　刑務作業の形態　　わが国の刑務作業は、生産作業、職業訓練および自営作業の3つに分けられる（昭和49年法務大臣訓令「刑務作業事務取扱規程」）。**生産作業**とは、木工、印刷、洋裁、金属等、クリーニングなど市場性のある商品の生産またはサービス作業をいう。**職業訓練**とは、職業訓練法で定める職業訓練の課程を実施することをいい、総合職業訓練施設に指定された施設で実施される**総合訓練**、特定施設に他施設の受刑者を一時的に移送して実施する**集合訓練**、自庁の受刑者から訓練生を選定して実施

する **自庁訓練** の３つの形態がある（昭和31年法務大臣訓令「受刑者職業訓練規則」）。**生産作業と職業訓練** は、生産に用いる原材料の一部または全部を国が負担する製作収入作業と受刑者の労務のみを提供する賃金収入作業とに分かれる。**自営作業** とは、刑事施設の維持管理および被収容者の衣食住に関して行われる作業をいい、炊事、洗濯、清掃、看護等の経理作業と新営・改修等の営繕作業とに分かれる。訓練修了者のうち、総合訓練施設において年間1,400時間以上の訓練を修了した者には、履修証明書が発行される。このほか、刑務所が管理する作業場または民間企業の協力を得て一般事業場において実施される **構外作業** がある。

構外作業に類似するものとして、新たに設けられた制度として注目すべきは、**外部通勤作業** である。これは、刑事施設の職員の同行なしに刑事施設の外の事業所に通勤させるもので、受刑者の自立心と責任感に基づきその行動を規制することにより、円滑な社会復帰を図る制度である（96条）。

(4) **刑務作業の現状**　　刑務作業の運営については、**自給自足の原理** が重んじられているが、特に1983（昭和58）年会計年度から、国の行政改革の方針に沿って、製作収入作業を要する原材料費（年間約40億円）を削減し、これに代わって財団法人矯正協会刑務作業協力事業所が国に原材料を提供し製品を販売するという、いわゆる **第三セクター方式** による作業（事業所作業）が開始された。2007（平成19）年度の作業による歳入額は約58億円であり、１日平均約６万7,500人が就業している（2008犯罪白書58頁）。

刑務作業は、懲役受刑者および労役場留置者の強制作業と、法律上は強制されない禁錮受刑者・未決拘禁者等による請願作業が含まれる。請願作業の就業率は、禁錮受刑者で約87.7％である。就業条件は、旧法では１日につき８時間、１週間につき40時間と定められていた。しかし、このように作業時間を固定すると、作業の時間を一律に確保しようとするあまり、教育や運動のための時間を確保できないとする反省から、刑事収容施設法では、刑事施設の長が法務省令で定める基準に従い、１日の作業時間および作業を行わない日を定めることとした（59条１項）。具体的には、１日につき８時間を超えない範囲内とされている。

(5) **作業報奨金**　　刑務作業の収入は国庫に帰属するが（刑事収容97条）、作業に従事した者については、その種類のいかんを問わず作業報奨

金が支給される (98条2項)。作業報奨金は、労働の対価としての賃金ではなく **恩恵的・奨励的** なもので、受刑者の行状、作業成績等を斟酌して定められ、2006 (平成18) 年度の1人当たりの平均月額は4,098円である。報奨金は、原則として釈放時に支給されるが、必要があるときは、刑事施設に収容されている間に支給される (同条4項)。2007 (平成19) 年度の出所受刑者が出所時に支給された作業報奨金の金額は、5万円を超える者が25.8％であり、1万円以下の者が26.3％であった。なお、国は、刑務作業を実施するに当たり、労働安全衛生の法令に準じた措置を講ずることとしているが (95条2項)、就業者が作業上不測の事故により死亡した場合は、その遺族に対し、また、その身体に障害が残ったときは、その者に対し、**手当金** が支給される (100条)。

  (6) **刑務作業の課題**　　刑務作業の課題については、①刑務作業の矯正に果たす役割、作業の確保と特に処遇困難者が多い属性Bの施設での刑務作業の意義を見直すべきであるとする見解、②職業訓練を充実すべきであり、特に技術革新に即した訓練が必要であるとする見解、③作業の確保と運営の合理化・近代化が必要であるとする見解、④外部通勤制度の採用が必要であるとする見解などがある (宮本恵生「行刑における刑務作業の意義」現代刑罰法大系7〔1980〕108頁)。しかし、最も重要な課題として掲げられているのは、**作業報奨金の増額** である。

  作業報奨金は、既述のように就労の対価としての賃金ではなく、作業を奨励するために **恩恵的** に与えられるものである。それゆえ、その金額についての基準は特にないとするのが従来の考え方であった。しかし、国は刑務作業によって収益をあげていながら、極めて僅少の作業報奨金を与えるにすぎないとすれば、受刑者は国による搾取と受け取り、勤労意欲も湧かないのが人情であろう。そして、現在1人1か月当たりの金額が平均4,098円程度であるとすると、実質上作業奨励の意味もなく、全く名目上のものに終っているといっても過言ではない。作業報奨金は、現行制度が目指す奨励的な意義も有していないといわざるをえない。ところで、刑務作業は受刑者の改善更生および円滑な社会復帰の手段として認められるべきなのであった。そうすると、作業によって得られる金銭が、少なくとも社会復帰に役立つ程度の金額であることが望まれるであろう。どれくらい

の金額が必要かはいちがいに断定できないが、理想からいえば一般社会における労働賃金に準じたものであることが必要となろう。そうすれば、受刑者の勤労意欲を高め、作業の能率や成果を向上させることが可能となり、さらに家族への送金や被害者への弁償も不可能ではなく、出所後の更生資金を貯えるなど、受刑者に社会人としての自覚を促すことができるであろうから、改善更生および円滑な社会復帰にとって、極めて有益と考えられる（大塚仁「行刑の運営と受刑者の権利義務」現代刑罰法大系7・63頁参照）。しかし、独立採算制を前提として刑務所経営の合理化を図ろうとする近年の財政当局の姿勢にかんがみ、作業報奨金を一般の賃金に準じたものとすることは不可能事に近い。作業報奨金を更生資金に役立てようとするのであれば、「1～2年の収容生活を送った者が出所する際に、少なくとも1ヶ月程度は生活しうるくらいの『生活資金』を手にできるよう配慮すべきではないか」（宮澤・演習刑事政策〔1972〕172頁）と思われる。現行の作業報奨金は、社会復帰にもあまり役立たないといわざるをえない。刑務作業の最大の課題は、いかにして作業報奨金の金額を引き上げるかにあるといってよいように思われる。

(7) **作業賃金制**　作業報奨金の増額に関連して提唱されたものが、刑務作業における賃金制すなわち作業賃金制である。**作業賃金制**とは、受刑者の労働に相応する報酬が対価として支払われ、受刑者はこれを権利として請求することができる制度をいう。この制度は、作業報奨金制に対する批判として19世紀後半にドイツで主張され、主として近代学派によって「自立自営の意識を昂揚せしめる」（正木・刑事政策汎論399頁）という改善目的の観点から推進されたものであるが、近年においては、**自由刑純化論**または受刑者の法的地位の見地から、受刑者が奪われるべきものは自由のみであるから、提供された労働は一般社会における労働と同じ性質のものであり、それゆえ勤労の権利（憲27条）の基本的要素である賃金請求権の対象になると主張されている（吉岡一男・法学論叢88巻2=3号〔1970〕253頁。なお、大塚・前掲70頁）。そして、すでに欧米の一部では賃金制ないし賃金制に類似した**作業報酬制**を採用するに至っている。それでは、作業賃金制を採用すべきであろうか。

　(ア)　**理論上の問題**　作業賃金制の理論的根拠は、国民の労働権は国

家の刑罰権によっても奪うことはできないという点に帰着する。憲法27条は、「すべて国民は、勤労の権利を有し義務を負ふ」と規定しているところから、その勤労の権利の基本的要素である賃金請求権は、刑務作業においても保持されなければならないというのである。しかし、この考え方には疑問がある。そもそも刑務作業は、既述のような観点から受刑者の矯正処遇の一貫として公法上国が強制するものであり、受刑者は作業の義務を負うのであるから、実際上はともかくとして、理論上は労働の対価としての賃金という観念を入れる余地はないと解される。国の処遇権を否定したときに、初めて労働の権利が理論的に認められることができるのである。もっとも、以上の見解は、作業が矯正処遇上必要であるということを前提とするものであるから、作業を必要としない禁錮・拘留受刑者・未決拘禁者の請願作業については、理論上作業賃金制を導入すべき余地がある。しかし、請願作業も本人の希望に基づくとはいえ許可によるものであり、広い意味では処遇の一環として行われるものであるから（刑事収容93条）、この場合にも賃金請求権ないし作業賃金制という観念を容れる余地はないものと思われる。

　（イ）　実際上の問題　　作業賃金制を理論的に徹底すると、①国は受刑者に就業の機会を保障することが義務づけられるとともに、②一般社会と同じ賃金の支払義務を負うこととなり、③受刑者もまた一般の労働者と同じように納税、衣食費、医療費などを負担する義務を負うことになる。しかし、①については、刑務作業の確保ことに営利性を伴う刑務作業を常時用意することは不可能に近い。②については、刑務所の生産性は民間企業に比べ格段に低く、一般社会の労働賃金に準じた報酬を与えようとすれば、国庫から多額の援助を余儀なくされるのは必定であり、そうなれば受刑者を特に優遇することとなって平等主義に反する。③については、賃金を十分に得られないから、実際上生活保護を受けるほかはなくなり、作業賃金制によって社会復帰を促進させるという目的は達成できないという批判が可能である。

　（ウ）　結論　　作業賃金制には理論上および実際上の困難が伴うのであり、受刑者の労働権および賃金請求権を前提とする制度は、是認すべきでないと考える。しかし、そもそも作業賃金制は、犯罪者の改善更生の観点

から主張されたものであり、また、作業賃金制によってもたらされる刑事政策的効果は無視できない。そうである以上は、労働の対価としてではなくても、労働の質ないし量に応じた報酬の観念を導入し、更生資金として活用しうる程度の金銭を支給する措置を講ずべきである。そして、国は改善更生および円滑な社会復帰の名目で労働をさせ収入を得ているのであるから、それを受刑者の社会復帰のために提供するのは国の義務であるということも不可能ではない。刑事収容施設法は、作業賞与金の名称を作業報奨金と改め、その額に関する基準は「作業の種類及び内容、当該作業に要する知識及び技能の程度を考慮して」(98条1項) 定めるとしたにすぎず、刑事収容施設法においても特段の措置は構じられなかった。

> **作業賃金制の根拠** 作業賃金制は、古くは改善更生上の必要性を根拠に提唱されてきたが (正木・刑事政策汎論399頁)、近年においては、「一般的な労働権の囚人への適用」という点にその根拠を求める見解 (吉岡一男・刑事制度の基本理念を求めて〔1984〕27頁) も有力になっている。この見解は、自由刑の純化を前提とするが、大塚・前掲72頁は、国の処遇権を前提にしながら受刑者にも労働権があるということを根拠にして作業賃金制を是認する。

Ⅲ 矯正指導

(1) 意義 矯正指導とは、刑務作業に従事する時間と寝食等の生理的必要時間以外の時間帯において実施される種々の指導的活動をいう (ただし、教科教育は作業時間に通算できる)。指導的活動は、行刑の人道化、矯正処遇の発展に伴って重視されてきたものである。改善指導、教科指導、刑の執行開始時の指導および釈放前指導の4つを併せたものである。改善指導および教科指導は、受刑者に対して指導を受けることを義務づけることができる (⇒248頁)。

矯正指導については、近年 **公正モデルの台頭** に伴って、強制収容下で受刑者を教育することは可能か、むしろ教育の名目で新たな強制を課すことになっているといった批判があった。たしかに、矯正指導が単なる受刑者への便宜供与や刑務所内の秩序維持にのみ利用されるものであるとすれば

この批判は的中するであろうから、それぞれの指導活動が受刑者の改善・社会復帰にとって有意義なものか否かを絶えず点検する必要があろう。その意味では、対象者の自主性・主体性を重んじ、本人の同意と納得に基づく教育活動に配慮する必要があるが、それを前提にすれば、教育活動は改善更生および円滑な社会復帰にとって有意義であり、極めて重要な処遇の方法であるというべきである。

(2) **内容** 矯正指導としては、刑の執行開始時指導、改善指導、教科指導および釈放前指導がある。

(ア) **刑の執行開始時指導** 新たに刑務所に入所した受刑者に対して、受刑等の意義、処遇要領に定める処遇目標および目標を達成するための方法や生活心得、遵守事項等の所内の規則、釈放後の生活設計の教示・指導を行う。その期間は原則として2週間である。入所時の精神の安定を図るとともに、有意義な受刑生活を送り、社会に復帰するために必要な心構えをもたせることを目的とするものである。

(イ) **改善指導** 受刑者に対し、犯罪の責任を自覚させ、健康な心身を培わせ、社会生活に必要な知識および生活態度を習得させるために行う指導をいい、一般改善指導および特別指導がある（刑事収容103条1項、2項）。改善指導は、旧法下においても実施されてきたが、法律に明確な根拠を有するものではなく、指導を受ける義務を受刑者に負わせるものではなかったことなど、必ずしも十分なものではなかった。そこで、改善指導として、受刑者に犯罪の責任を自覚させ、健康な心身を培わせ、社会生活に必要な知識、生活態度を習得させるために、新たに明文規定をおいたものである。

一般改善指導は、講話、体育、行事、面接、相談助言などの方法により、①被害者感情を理解させ、罪悪感を養うこと、②規則正しい生活習慣や健全な考え方を教え、心身の健康の増進を図ること、③生活設計や社会復帰への心構え、社会適応に必要なスキルを身に付けさせることを目的として行う指導である。

特別改善指導とは、①薬物依存指導、②暴力団離脱指導、③性犯罪防止指導、④被害者の視点を採り入れた教育、⑤交通安全指導、⑥就労支援指導など、特別の事情により、改善更生および円滑な社会復帰に支障がある

と認められる受刑者に対し、それら特別の事情の改善に資するよう特に配慮した指導をいう。この種の指導が効を奏するためには、きちんとしたプログラムに基づいて合理的に実施するものでなければならない。現在、改善指導を効果的なものとするため、当局においては、科学的・体系的なプログラムの整備が図られているところである。なお、2007（平成19）年度において、全国の刑事施設のうち、特別改善指導を実施した施設は、①薬物依存離脱指導74施設、②暴力団離脱指導35施設、③性犯罪防止指導20施設、④被害者の視点を採り入れた教育75施設、⑤交通安全指導48施設、⑥就労支援指導44施設であったという。

（ウ）　教科指導　　社会生活の基礎となる学力を欠くことによって改善更生および円滑な社会復帰に支障があると認められる受刑者（104条1項）、その他学力の向上を図ることが円滑な社会復帰に特に資すると認められる受刑者に対し（同条2項）、学校教育に準ずる内容の指導を行うことをいう。2項に規定する受刑者については、高等学校等の学科または教科に準ずる内容の指導が行われている。

2007（平成19）年度において、法務省と文部科学省とが連携し、刑事施設においても高等学校卒業程度の認定試験を実施している。同年第1回試験では80人が受験し、認定合格者22人、科目合格者が5人であった。同年度第2回試験において、88人が受験し、認定合格者13人、科目合格者73人であった。

（エ）　刑執行開始時の指導　　刑執行開始時の指導は、刑事施設に新たに入所した者に対し、受刑等の意義、処遇要領に定める個別の目標およびその目標を達成するための方法や生活上の心得等について、理解させるために行う。その期間は原則として2時間である（85条1項1号）。

（オ）　釈放前指導　　釈放前の受刑者に対しては、満期釈放者に対して実施する指導を行う。原則として2週間、釈放後の社会生活において直ちに必要となる知識等を理解させるために行う指導を内容とする。講話、個別面接その他の方法により、社会復帰後の就職や保護観察その他更生保護（⇒288頁）に関する知識などを指導する（85条1項2号）。

Ⅳ　外部社会との接触

　外部社会との接触とは、閉鎖的処遇を受けている受刑者の外部社会との接触をいう。これには、外部交通、外出・外泊および行刑における市民（公衆）参加がある。受刑者が社会の実情を把握し、家族との関係を維持するとともに、出所後の生活設計のための活動を可能にするという点で、外部社会と接触することは、受刑者と社会とをつなぐ重要なきずなとなるものであり、拘禁生活の弊害を回避するためばかりでなく、改善更生および円滑な社会復帰を図るうえで極めて大切なものである。

　(1)　外部交通　外部交通には直接的方法と間接的方法の２つがある。直接的方法による外部交通としては、面会（刑事収容111条ないし114条）および通信（126条ないし133条、146条）があり、間接的方法による外部交通としては、マス・メディア（新聞・図書・ラジオ・テレビなど。69条ないし72条）の享受がある。旧監獄法は、外部交通の手段を一切刑事施設側の許可によらしめ、個別的および累進級別にこれを緩和するという考え方に立っていた。しかし、外部交通の手段としての通信やマス・メディアの享受は、表現の自由および知る自由（権利）としての憲法上の基本権として保障されるものであるから、その制限は、法律によることを要するとともに、これらの人権の性格と当該収容関係の設定目的との比較衡量に基づき、合理的な範囲にとどめられなければならない。そして、外部交通としての知る権利や表現の自由は、民主主義の根幹にかかわるだけでなく人間の尊厳の保持において欠くことのできないものであるから、それを許すことによって拘禁目的あるいは刑事施設の正常な管理運営にとって放置することのできない程度の障害が生ずる相当の蓋然性が認められるときに限り、制限が許されるものと解される（最判昭58・６・22判例時報1082号３頁）。

　このように、受刑者の外部交通はその権利としての観点から把握されるが、同時に、受刑者の社会復帰を促進するため、社会の実情を知り、あるいは良好な家族的・社会的関係を維持させ、またはその円滑化ないし改善を図らせるため、極めて重要な手段である。新法はこの点を明らかにして外部交通を規定したのである（110条）。

　(ア)　直接的方法（面会・通信）　面会（＝接見）の相手方については、

旧監獄法は原則として親族に限るものとしていたが、刑事収容施設法は、親族のほか、婚姻関係の調整など重大な用務処理のため面会が必要な者や面会が改善更生に資すると認められる者については面会を許すことができることとした（111条）。また、信書の発受については、犯罪性のある者への発信を除き、基本的にはこれを認めるとしている（113条）。

　面会および信書の発受の回数等については、刑事施設の長が、刑事施設の管理運営上必要と認めるときは、制限できるものとしている。面会については月2回（114条）、信書の発受については月4通という最低保障を認めている。また、監獄法では原則として、面会立会いを行うとしていたが、刑事収容施設法は、刑事施設の長が規律秩序の維持等の必要上立会いが必要であると認めるときに立会いを認めることと改めている。無立会面会に関しては、その間の性行為を認めるべきか否かが問題となるが（いわゆるconjugal visit——夫婦面会制度）、これには賛否両論があろう。また、配偶者のための特別面会ないし宿泊制度は、受刑者と配偶者間の正常な生活関係の維持・発展という見地から検討されるべきであろうが、刑事収容施設法はいずれも認めていない。

　通信の手段としては、電話、録音テープ、ビデオ等が考えられるが、刑事収容施設法は、信書に限って認めている。電話は緊急の場合以外は不要であるとともに、通話の内容を規制するのが困難であるところから、通信手段としては原則として認められないのである。しかし、開放処遇を受けている受刑者については、例外的にこれを認めることとされた（146条）。

　（イ）間接的方法　外部交通の間接的方法は、新聞、図書等の印刷物およびラジオ・テレビ、映画等の視聴覚機器によるものである。これらの外部交通は、既述のごとく知る自由および学ぶ自由といった憲法上の基本権にかかわるとともに、矯正処遇にとっても意義があるから、原則としては制限すべきでない。監獄法は、「新聞紙及び時事の論説を記載するものは、其の閲読を許さず」などと定め、新聞・図画等の差入れ・閲読を禁止していた。しかし、大阪地判昭33・8・20（行裁例集9巻8号1662頁）が「国民に知る権利を保障する憲法の精神に違反し無効」と判示したため、1966年にこれらの規定が改められ（法務省令47号）、監獄法下ですでに図書・新聞の閲読は原則として認められていた。刑事収容施設法は、「被収

容者が自弁の書籍等を閲覧することは、……これを禁止し、又は制限してはならない」(69条)とし、書籍、雑誌、新聞紙その他の文書図画の閲覧 が権利的性格をもつものであることを正面から認め、「刑事施設の規律及び秩序を害するおそれ」または「矯正処遇の適切な実施に支障を生ずるおそれ」があるときにのみ制限できるものとしている。逃走、暴動等の刑務事故を具体的に記述したもの、犯罪の手段・方法を詳細に伝えたもの、その他受刑者の教化上不適当なものなどが規制の対象となる。

テレビ、ラジオについては、その受信器の所持を許すべきか否かが問題となる。内容についての規制ができない点からみれば、一般的には許可すべきでないともいえるが、刑事収容施設法は、「できる限り、主要な時事の報道に接する機会を与えるよう努めなければならない」(72条)と規定した。

(2) **外出および外泊**　外出および外泊については、既に拘禁の形態の項で述べた (⇒236頁)。外部社会との接触の観点では、受刑者が社会の実情を把握し、家族との関係を維持するとともに、出所後の生活設計のための活動を行うことは、円滑な社会復帰を図るために有益なことである。外出および外泊は、仮釈放を許すことのできる期間を経過していること、開放施設において処遇を受けていることなどを条件に、釈放後の住居または就業先の確保その他一身上の重要な用務等を行い、更生保護に関係のある者を訪問し、その釈放後の社会生活に有用な体験をする必要がある場合に許すことができるという制度である (106条1項)。

(3) **市民(公衆)参加**　市民参加とは、市民が犯罪者の改善・社会復帰のための処遇に参加・協力することをいう。

(ア) **市民参加の刑事政策的意義**　犯罪者処遇の究極の目的は、犯罪者の改善更生および円滑な社会復帰にある。しかし、この目的を達成するためには、犯罪者がやがて復帰する社会の理解と協力が絶対に必要となる。すなわち、受入態勢のない社会において犯罪者が社会に復帰することは困難であるから、関係機関と市民が共同して、社会復帰への援助と受入れのための態勢づくりが必要となる。わが国においては、明治時代の民間人の手になる釈放者保護団体、大正時代の民間篤志家による嘱託少年保護司の制度などがあり、犯罪者処遇への市民参加の伝統があるが、国は社会復帰処

遇のために官民が一体となってことに当たる必要性を自覚し、刑事政策の一環として、この **市民参加を推進する必要** がある。現在わが国で行われている市民参加としては、警察における少年補導員制度、更生保護における保護司制度、更生保護法人、更生保護婦人会、協力雇用主、BBS会、その他非行活動防止のための社会を明るくする運動などがあるが、これらについては該当の個所で述べることとし（⇒272頁）、ここでは特に行刑への市民参加としての篤志面接委員、教誨師その他の民間協力者について述べる。

（イ）篤志面接委員　篤志面接委員とは、1953（昭和28）年の法務事務次官通達によって発足した制度で、個々の受刑者や少年在院者の精神的悩み、家庭、職業、将来の生活設計などについて、それらの者の求めに応じ指導・助言する者（ボランティア）をいう。学識経験者、宗教家および更生保護関係職員等のなかから刑事施設の長が推薦し、矯正管区長が委嘱するもので、任期は2年であり再委嘱を妨げない。2006（平成18）年度の篤志面接委員は1,151人であり、その内訳は、教育・文化関係者440人、更生保護関係者120人、法曹関係者83人、宗教・商工・社会福祉関係者230人、その他278人である。面接回数は1万4,862回にも及び、内訳は、趣味・教養等の指導、家庭・職業に関する指導等であった。

（ウ）教誨師　教誨師とは、信仰を有する者、宗教を求める者および宗教的関心を有する者の求めに応じ、宗教的要求を充足するための民間篤志家である。教誨師制度は1881（明治14）年に発足し、教誨師は官吏として施設に常駐していたが、日本国憲法の制定に伴い宗教の自由を保障する見地から、教誨は民間篤志家に委ねられた。現在、仏教、キリスト教、神道など各宗派の教誨師がおり、宗教上の説話、宗教行事、読経等を行い、精神的救済や心情の安定をもたらすなど、行刑施設や少年院で活動している。2007（平成19）年度の教誨師数は1,637人であり、集団に対する教誨が9,377回、個人に対する教誨が8,377回であったと報告されている。

（エ）その他の民間協力　矯正目的を達成するために、特に民間人の協力を必要とする場合が多い。教育行事（講演、演劇など）の援助、刑務作業の指導、医療・衛生のための援助などがその内容であり、これらの協力・援助は、すべて民間協力者自身の好意によるもので、その経費は、ほ

とんど民間の人々の善意に依存している。

V 矯正職員

(1) **矯正職員の意義** 矯正職員とは、行刑施設に勤務する職員をいい、公務員としての常勤職員および非常勤職員（医師・作業指導員等）を含む。わが国では、約1万8,517人の常勤職員が全国188か所の行刑施設に勤務しており、保安課に勤務する看守部長・看守（以下、刑務官と略す）および庶務・会計・用度・作業・分類・教育・医務などの業務部門の職員がいる。

自由刑の執行を現実に運営していくのは刑務官である矯正職員であり、また、これまで述べてきたように受刑者の処遇は複雑化しつつあり、矯正処遇のうえで矯正職員の果たすべき役割は、ますます重要になってきた。行刑は人なりといわれるゆえんである（藤木英雄・刑事政策講座2巻〔214頁〕参照）。特に、刑務官は、法に従って自由刑を執行するという保安職員としての立場と、日常の接触を通じて受刑者を改善する処遇者としての立場にまたがった任務を負わされているところから、その職務を円滑に遂行するためには、その能力の養成と職務意識の高揚に努める必要がある。

(2) **刑務官の養成** 刑務官は刑事施設に勤務する国家公務員であり、法務大臣が法務事務官から指定して任命する。刑務官の階級には、矯正監、矯正長、矯正副長、看守長、副看守長、看守部長、看守の7つがある。行刑施設の管理運営を円滑にし、受刑者の処遇を効果あらしめるためには、第一線の刑務官の人材を確保しその質を向上させることが必須の条件である。すなわち、第1に、健全な身体と優れたパーソナリティを備え、矯正に熱意のある適格者を採用することが必要である。わが国では刑務官採用試験によって、高卒、短大・大学卒の者を採用しているが、ほかに縁故者等を通じて採用する選考採用もある。第2に、刑務官に対する継続的・組織的・計画的な教育・研修の実施が必要である。現在は、研修機関として中央に矯正研修所をおき、各矯正管区内に支所をおいて、初級と上級に分けて研修を実施する研修所研修、外部機関への委託研修および職場で行う職場内研修の3つが行われている。研修制度については、①実務修習が十分でない、②研修所研修に参加できる機会が少ない、③研修内容が管理技

術に片寄りがちであるといった批判があり、改善の余地がある。

> **研修と現場職員**　現場の職員は、新任用職員は施設の定員の枠外で一括採用し、同期入校を原則とし、1年程度の研修を行い、その修了者を各施設に配置すべきであるとしている（森本益之・行刑の現代的展開〔1985〕204頁）。

(3) 職務意識の高揚　刑務官の職務は、社会から隔離された閉鎖施設内で遂行されるものであるばかりか、ある意味では危険な仕事である。刑務所社会は、それ自体として不快なものなのである。現に、青年刑務官の多くは、勤務時間の改善、職場の環境や設備の改善、働き甲斐のある職場づくりなどの希望を表明している。もし刑務官が処遇への意欲を失い、組織の一歯車として施設の管理運営にのみ関心を払うにすぎないとすると、いかに処遇の理念を掲げて技術を開発したとしても、処遇の成果を期待することはできないであろう。したがって、第1に、刑務官の仕事が犯罪者の改善・社会復帰にとっていかに重要であるかを刑務官が自覚しうるように努めるべきである。第2に、各人の創意・工夫が反映されうるような管理体制をつくりあげる必要がある。第3に、勤務時間および勤務体制の改善など、社会一般のそれと比べて妥当なものとなるように改善すべきである。もっとも、わが国の刑務官の質は高く、その真面目な勤務態度は十分評価に値するといわれている。

第6款　死刑確定者の処遇および各種被収容者の処遇

I　死刑確定者の処遇

(1) 死刑確定者の法的地位　死刑の判決が確定した者を死刑確定者という。死刑確定者は、その執行に至るまで刑事施設に拘置される（刑11条2項）。この拘置は、その者の逃走・自殺等を防止し、死刑の執行を確実ならしめるための死刑の執行に必然的に随伴する 一種独特の拘禁 である。また、この拘置は、死刑の裁判の一部執行を意味するから、いかなる理由であれ解除されることはない。死刑確定者は、その法的地位からみると一

種の受刑者であるが、矯正処遇の対象となるものではない。

死刑確定者は法務大臣の命令によって死刑が執行されるまで刑事施設に拘禁される。この命令は、判決確定の日から6か月以内にこれをしなければならないが（刑訴457条）、上訴回復もしくは再審の請求、非常上告または恩赦の出願等があった場合には、その手続が終了するまでの期間はこの期間に算入されず、また、刑事訴訟法457条の規定は義務規定でなく注意規定と解されるから、正当な理由に基づき死刑執行を遅延させても法律上問題は生じない。ただし、正当な理由がなく死刑執行期間を徒過した後に死刑を執行した場合には、憲法36条の残虐な刑罰に当たると解される（大谷「死刑判決確定後拘置されたまま30年を経過した場合と刑の時効」法律のひろば38巻11号〔1985〕65頁）。

死刑確定者も拘禁目的に反しない限度でその権利が保護されるべきであるから、自由刑受刑者と同様の生活条件を保障されるほか、面会、信書の発受および通信についても同じ扱いを受ける（刑事収容120〜122条、139〜141条）。旧監獄法上は、面会および信書の発受は原則として禁止され、施設の長の許可によって個別的に許可することになっていた（監45条1項・46条1項）。

(2) 死刑確定者の処遇　　死刑確定者は矯正処遇の対象ではないから、原則として後述の未決拘禁者に準じた処遇を受ける（⇒258頁）。ただし、死刑を待つ者の苦悩を少しでもやわらげることは人道主義の要請である。刑事収容施設法は、死刑確定者の処遇の原則を法定し、「処遇に当たっては、その者が心情の安定を得られるようにすることに留意するものとする」（32条1項）とした。こうして居室内処遇を原則とし、死刑確定者がおかれている地位の特殊性にかんがみ単独室で処遇される（32条）。刑事施設の長は、必要に応じて民間の篤志家の協力と援助を求め、相談助言、講話の実施、その他心情の安定に資する措置を執るべきである（同条2項）。死刑は、死刑の執行場（東京拘置所、大阪拘置所、宮城刑務所ほか）において執行される。その執行方法については既述した（⇒115頁）。なお、ある犯罪についての死刑確定者が余罪について被疑者または被告人として勾留されている場合についても、以上述べたことが原則として妥当する。

Ⅱ　各種被収容者の処遇

(1) 意義　被収容者とは、法令の規定によって刑事施設に収容すべきこととされる者、および収容することができることとされる者で、現に収容されている者をいう。このうち、自由刑の執行のために拘置されている者（受刑者）、死刑確定者および刑事訴訟法の規定により勾留されている者（未決拘禁者）を除いた被収容者を各種被収容者という（刑事収容2条）。各種被収容者の種類は数多いが、主として刑事手続に関連する被収容者なので後述の未決拘禁者の処遇と併せて述べることにし、ここでは受刑者に準ずべき労役場留置者、および監置に処せられた者の処遇について触れるにとどめたい。

(2) 労役場留置者の処遇　労役場は、罰金または科料を完納することができない者を留置する施設で、行刑施設に付設されているものである。労役場留置は、罰金の代わりに自由を剝奪する換刑処分を認めたものであるから、作業を行わせるほか、現行法のもとでは懲役受刑者に準じた処遇がなされている。ただし、衣類寝具等の自弁が原則として認められるとともに、受刑者との雑居禁止など受刑者と異なった扱いをされる（4条1項2号）。もともと罰金は短期自由刑を回避する点に1つの刑事政策的意義があったのであるから、罰金滞納を理由に自由を奪うのは妥当でないだろう。むしろ、社会奉仕命令など自由の剝奪を伴わない代替措置ないし新しい処遇形態を開発する必要があろう（⇒309頁）。

(3) 監置に処せられた者の処遇　監置とは、法廷等の秩序維持に関する法律2条の規定に基づく制裁をいう。監置は、刑事施設に付設される監置場に拘禁することによって執行される。20日以下の短期収容処分であり、実質上は拘留に類似するが、法律上は刑罰でなく、いわゆる秩序罰としての行政罰にほかならない。専ら法廷等の秩序を維持するために科されるものであるから、積極的な処遇が行われるわけではない。その処遇は、面会、通信、糧食の自弁および自衣の着用の制限を除いて、未決拘禁者に準じて行われるが、近年の監置例は年に数件である。

Ⅲ　婦人補導院における処遇

　婦人補導院は、刑事施設とは別に、売春防止法5条の罪を犯して補導処分に付された満20歳以上の女性を収容する矯正施設の1つである。売春の勧誘等の罪を犯した女性に対し、懲役または禁錮の執行を猶予するかわりに婦人補導院に収容し、その更生のために補導を行うものである（売春17条1項、26条1項）。この補導処分は、一種の 保安処分 であり、刑事施設における処遇と異なるが、施設において改善更生のための処遇を行う点では一種の矯正処遇とみることができる。

　補導処分の収容期間は6か月を限度とし、その間、規律ある明るい環境のもとで、社会生活に適応させるために必要な生活指導と職業補導を行い、併せて更生の妨げとなる心身の障害を除去するための医療を施すことになっている。もっとも、適用例がほとんどない現在（2001〔平成13〕年以来の新入人員は2007〔平成19〕年の1人）、その存在意義は極めて乏しくなりつつある。婦人補導院が活用されていない理由としては、①売春勧誘等の方法が巧妙になり検挙数が減少したこと、②常習者が懲役の実刑に処せられることが多くなったこと、③施設収容を回避する傾向がみられること、④補導処分の期間が短いため処遇効果を期待できないことなどが指摘されている。

第7款　未決拘禁者の処遇

Ⅰ　未決拘禁者の意義と法的地位

　未決拘禁とは、捜査・公判の目的のために被告人および被疑者を拘禁することをいう。未決拘禁者は、拘置所または刑務所もしくは少年刑務所において、受刑者等と分離されて収容される（刑事収容4条1項2号）。被告人の拘禁を未決勾留、被疑者の拘禁を逮捕留置という。未決勾留 は、刑事手続上の勾留裁判の執行として行われるもので、これによって刑事施設に拘禁されている者を 被勾留者 といい、また、刑事訴訟法の規定に基づく逮捕留置によって拘禁されている者（刑訴203条、211条、216条など）を 被留置者 といい、両者を併せて 未決拘禁者 とよぶ。未決拘禁は、刑事手続の円

滑適正な進行を確保するため、被疑者または被告人の罪証隠滅および逃亡の防止を主たる目的として行われる強制処分であり、刑の執行ではないから（60条・204～206条）、未決拘禁者が身柄の拘束による自由の制限は、拘禁目的を達成するために必要な限度にとどめなければならない。刑事収容施設法31条は、「未決拘禁者の処遇に当たっては、未決の者としての地位を考慮し、その逃走及び罪証の隠滅の防止並びにその防衛権の尊重に特に留意しなければならない」と定めて、処遇の原則を掲げている。したがって、未決拘禁者の法的地位は、次の3点において受刑者のそれと異なっている。

第1に、未決拘禁者は無罪を推定されているのであるから、それにふさわしい処遇を受ける（国連基準規則84条2項、刑事収容31条）。すなわち、未決拘禁者の居室は、そのプライバシーおよび名誉感情を保護するため受刑者から分離されるとともに、単独室 であることを原則とする（刑事収容施設法案35条）。また、原則として衣類寝具および食料の自弁、自費治療を許され、さらに、自由な時間を有意義に過ごすことができるようにするために、訴訟の進行ならびに施設の規律および秩序にさしつかえない範囲で、読書、学習その他の活動（自己契約作業）につき援助が与えられる（刑事収容39条）。

第2に、未決拘禁者は刑事手続上の被疑者または被告人であるから、その 防御権 が保障されなければならない。すなわち、「身体の拘束を受けている被告人又は被疑者は、弁護人……と立会人なくして接見し、又は書類若しくは物の授受をすることができる」（刑訴39条1項）。ただし、「検察官、検察事務官又は司法警察職員……は、捜査のため必要があるときは、公訴の提起前に限り、第1項の接見又は授受に関し、その日時、場所及び時間を指定することができる」（同条3項）。もとより防御権は未決拘禁者の権利であるから、被疑者が防御の準備をする権利を不当に制限するものであってはならない（同条3項ただし書）。したがって、未決拘禁者の接見・交通権の制限は法律によることを要し、かつ、必要やむをえない限度にとどめられるべきである。

第3に、未決拘禁者はその逃走および罪証の隠滅の防止を目的として拘禁されるのであるから、その目的を達成するために必要な限度で国が自由

の制限をすることは許される。そのかぎりで被収容者として受刑者と同様の法的地位が与えられる。弁護人以外の者との面会には立会いを行い、信書の内容を制限あるいは検査をすることはできるのである。なお、未決拘禁者の単独室拘禁は、一面において罪証隠滅の防止をも目的とするものである。

> **未決拘禁法独立論** 受刑者と未決拘禁者とはその法的地位を異にするから、未決拘禁者の拘禁は、受刑者の拘禁とは別個独立の未決拘禁法によって行うべきであるとする見解が有力であった。問題は、未決拘禁者の法的地位を明確にし、それにふさわしい規定がおかれているかどうかにあるから、必ずしも独立の法律をつくる必要はないが、少なくとも受刑者に対するものと異なった規定を置く必要はある。イギリスは監獄規則のなかで、また、フランスは刑事訴訟法のなかで未決拘禁に関する独立の条文を設けているが、これらは先の考え方に立つものであり、わが刑事収容施設法も同様である。

II 未決拘禁者の処遇

(1) **未決拘禁者の生活と外部交通** 未決拘禁者の居室は単独室であることを原則とするものとし（刑事収容41条2項）、給養については大幅に自弁を認め、調髪については衛生および規律にさしつかえないかぎり、本人の負担において所定外の髪型を許している（70条1項）。未決拘禁者の作業は、禁錮受刑者等と同様の請願作業であり、作業報奨金も受刑者と同額が支給される。

間接的外部交通としての図書・新聞の閲読については、罪証隠滅に利用するおそれのあるもの、逃走・暴動等の刑務事故を具体的に記述したもの、所内の秩序紊乱をあおりそそのかすもの、犯罪の手段・方法を詳細に伝えるものなどを除き、許される。なお、保安については、被収容者として受刑者と全く同じ扱いを受ける（1966（昭和4）年12月13日法務大臣訓令「収容者に閲読させる図書新聞取扱規程」）。

直接的外部交通すなわち面会および信書の発受については、旧監獄法は原則としてこれを禁止し、例外的に許可するという考え方に基づき、その制限を広く省令に委ねていた。刑事収容施設法は、面会については、弁護

人等については、立会いなしで面接を原則として許すものとしている（刑事収容217条）。一般人との面会については原則として職員を立ち会わせ、面会の状況を録音、録画させることができるとしている（218条）。また、信書の授受および通信については原則として内容の検査が行われ、拘禁の目的または施設の規律秩序を害する相当の蓋然性がある場合にはこれを制限できるとしている（134～136条）。ただし、外部交通は、拘禁の目的に反しないかぎり未決拘禁者の権利なのであるから、その制限は法律に基づかなければならない。

(2) **代用刑事施設**　刑事収容施設法は都道府県警察に留置施設を設置し、刑事施設に収容することに代えて留置施設に収容することができることとした。そして、被留置者については刑事施設の被収容者に準ずる処遇を定めているのであるが、被勾留者等については、刑事施設に代えてこの留置施設に留置することができるとされた（代替収容）。旧監獄法下の「代用監獄」が刑事収容施設によって「代用刑事施設」として存続したのである。起訴されていない段階の未決拘禁者（被勾留者）はこの留置施設に収容される場合が多いといわれ、2007（平成19）年度の1日平均収容人員は、前年度（1万3,106人）より少し減って、1万1,901人であった。

代用刑事施設については、被疑者が捜査官のもとに四六時中おかれることになるので、自白の強要や防御権の侵害に結びつきやすいという批判があることについては、既に指摘した。刑事収容施設法の解決は致し方ないとしても、この制度が危惧されているような結果にならないように、留置施設における取調べの可視化などを検討するとともに、個々の捜査についても、適切な運用が堅持されるように、十分な警戒が必要であるように思われる。

> **代用刑事施設をめぐる論議**　旧監獄法時代から引き続いて、代用刑事施設への被疑者の勾留について、深刻な対立があった。代用刑事施設の設置を認める見解は、犯罪現場や関係者の勤務ないし居住地域に近い留置場に勾留することによって、捜査の迅速・効率化が図られ、真実発見に寄与するところ大であり、被疑者本人を含む関係者の負担軽減にもなるとする。これに反対する見解は、(1)被疑者が捜査官のもとに四六時中留め置かれることになるので、自白の強要や防御権の侵害が生じやすい、(2)施設での生活条件も悪い、(3)拘禁目的を超えて積極的な捜査目的に利用するのは違法で

> ある、といった法的問題とも相まって、その弊害が著しいとする。存廃論いずれにも一理あるが、今後の方向としてはできるかぎり拘置所の増設に努力するとともに、それが実現するまでは、生活条件を改善し、施設および処遇等において拘置所と同等のものにすることが要請されるであろう（1992〔平成4〕年日弁連「刑事被拘禁者の処遇に関する法律案」参照）。なお、勾留の場所を定めるのは裁判官であり、いわゆる移監には裁判官の同意が要求されているのであるから（刑訴規80条・302条）、この規定を活用して被疑者の防御権の確保を図るべきである（長沼範良「刑事収容施設及び被収容者等の処遇に関する法律の意義と今後の課題」ジュリスト1139号〔2006〕）65頁参照）。

第8款　懲罰および不服申立て

I　懲　罰

(1)　懲罰の趣旨　懲罰とは、受刑者が刑事施設内で規律および秩序に違反した場合に科される 懲らしめの罰 である。刑事施設内の規律および秩序を維持するためには、これを乱す行為に及んだ受刑者に対し、適切な懲罰を科する必要がある。懲罰がなければ刑事施設が大混乱に陥るのは必定であり、懲罰が刑事施設の規律および秩序維持・回復に果たす役割は、極めて大きいのである。各国の刑事施設で懲罰が科されているゆえんである。一方、懲罰は 行政罰 であって刑罰ではないけれども、受刑者の権利や自由を制限する不利益処分をその内容とするから、罪刑法定主義に準じて、懲罰を科すための要件や手続を明確にしておく必要がある。旧監獄法は、「在監者紀律に違ひたるときは懲罰に処す」（59条）と定めていただけで、①「紀律」の内容、②懲罰を科すべき事由、③懲罰を科す手続について規定するところがなかったことから、それらについての規定が求められていた。そこで、刑事収容施設法は、これらについて明確な規定をおいたところである。なお、2007（平成19）年度において懲罰を科された受刑者は、6万8,070人であった。また、正当な理由なく作業を怠たる怠役が23.5％、受刑者に対する暴行が7.9％であった。

(2)　懲罰の要件　①受刑者が 遵守事項、②外部通勤作業等の場合の 特

別遵守事項、③74条３項に基づく刑事施設の職員の指示に違反すること、以上の３つが懲罰の要件である（刑事収容150条１項）。ただし、懲罰を科するに当たっては、反則行為をした受刑者の年齢、心身の状態および行状、反則行為の性質、軽重、動機および刑事施設の運用に及ぼした影響、反則行為後における受刑者の態度、懲罰がその者の改善更生に及ぼす影響などを考慮しなければならず、反則行為を規制するのに必要な限度を超えてはならない（150条３項）。厳格な適用を図る趣旨である。

(3) **懲罰の種類** ①戒告、②10日以内の刑務作業の停止、③15日以内の自弁の物品の使用・摂取の停止、④30日以内の書籍等の閲覧の停止、⑤報奨金の削減、⑥30日以内の閉居がある。なお、閉居罰については、居室内で謹慎させ、書籍の閲覧、信書の発受等の行為を停止することとしている。

(4) **懲罰の手続** 刑事施設の長は、受刑者が反則行為をした疑いがあるときは、速やかに調査をし（154条）、その結果、受刑者に懲罰を科そうとする場合には、職員のなかから３人以上の職員（懲罰員）を指名する。懲罰員は、書面で、弁解をすべき日時、懲罰の原因となった事実の要旨等を対象者に通知しなければならない。対象者には、「補佐すべき者」（補佐人）が付けられる。懲罰員は、懲罰を科すことの適否、科すべき懲罰の内容について協議し、これらの事項についての意見および受刑者の弁解の内容を記載した報告書を、刑事施設の長に提出しなければならない（155条）。

(5) **懲罰の執行** 刑事施設の長は、受刑者に対し、懲罰の内容、認定した事実の要旨を告知したうえ、直ちに執行する。なお、閉居罰の執行に当たっては、受刑者の健康状態について、医師の意見を聴かなければならない（156条）。

II　不服申立制度

(1) **不服申立ての趣旨** 不服申立てとは、広くは、行政庁の処分に対し、不服従または苦情を申し出ることをいうが、刑事施設における不服申立ては、刑事施設の長ないし職員の行為に関して、審査および再審査の申

請、事実の申告および苦情の申出 をすることをいう。受刑者は、刑事施設に強制的に収容され、生活の全般にわたって厳格な規制を受けており、刑事施設の処遇に対して様々な苦情や不平・不満、不服をもちやすい状況にある。したがって、受刑者に対して不平・不満、不服を訴える機会を与えることは、処遇を円滑に実施するという意味で、矯正上有益である。また、受刑者の権利や自由の制限は、規律・秩序の維持および改善更生の範囲に限られるべきであり、それを超えて権利を制限された場合は、迅速かつ適切に 救済する制度 が確立されていなければならない。旧監獄法では、法務大臣または巡閲官に対する情願および所長面接が認められていたにすぎず、行政不服審査法に基づく不服申立制度は、認められていなかった。刑事収容施設法は、行政不服審査法 に従い、新たな制度として、①審査の請求および再審査の申請、②事実の申告、③苦情の申出 を設け、不服申立てを 受刑者の権利 としたのである。

　(2)　**審査の請求等**　　救済の必要性等を総合的に考慮して定められた刑事施設の長の措置、すなわち書籍等の閲覧の禁止・制限、隔離、作業報奨金の支給に関する処分、懲罰など16事項に関して不服のある者は、矯正管区の長 に対し、書面で 審査の請求 ができる（刑事収容157条）。請求を受理した矯正管区の長は、職権で審査に必要な調査をし、できるかぎり90日以内に裁決するよう努めなければならない（161条）。審査の申請の裁決に不服がある者は、書面で 法務大臣に再審査の申請 をすることができる。審査庁である矯正管区の長または法務大臣の措置としては、明文の規定がないが、処分の取消しまたは事実の撤廃が行われる。

　(3)　**事実の申告**　　受刑者は、刑事施設の職員によって、①身体に対する違法な有形力の行使、②違法または不当な捕縄、手錠、拘束衣の使用、③違法または不当な保護室への隔離のいずれかを受けたときは、矯正管区の長 に対し、その事実を申告することができる（163条）。申告を受けた矯正管区の長は、申告に係る事実の有無について確認し、その結果を申告者に通知する。また、必要がある場合は、再発防止の措置またはその他の措置を執るものとされている（184条4項）。なお、通知の内容に不服があるときは、書面で法務大臣に事実を申告することができる。

　(4)　**苦情の申出**　　苦情の申出は、法務大臣に対するもの、監査官に対

するもの、刑事施設の長に対するものに分かれる。苦情とは、自分が他の者から害を受けているという不平・不満の気持ちをいう。①受刑者は、刑事施設の長の措置その他自己が受けた処遇について、書面で、法務大臣に対し、苦情の申出をすることができる。法務大臣は、これを誠実に処理し、申立者に処理の結果を通知しなければならない（166条）。②受刑者は、刑事施設での処遇について、口頭または書面で実地監査を行う監査官に対し苦情の申出をすることができる。③受刑者は、刑事施設での処遇につき、口頭または書面で、刑事施設の長に対し、苦情の申出をすることができる。なお、刑事施設の長は、受刑者が上記の不服申立てをする際に、その内容が施設の職員に秘密にすることができるように、必要な措置を講じなければならない（169条）。また、審査の申請等にかかる書面を検査してはならない。さらに、刑事施設の職員は、審査の申請等を理由に、受刑者に対して不利益な取扱いをしてはならないとされている（170条）。受刑者の不服申立てを促すためである。

第9款　行刑運営の透明性の確保

I　刑事施設委員会の設置

刑事施設委員会は、行刑改革会議の提言を受けて、新たに設置された制度である。従来、行刑の運営については、受刑者の社会からの隔離、被収容者のプライバシーの保護等を過度に意識するあまり、閉鎖的で外部からの目が届きにくいという指摘がなされてきた。また、刑事施設においては、過剰収容をはじめとして様々な問題に直面しており、こうした状況のもとで行刑運営の充実を図るためには、閉鎖的になりがちな刑事施設を外部からチェックし、透明性を確保する仕組みを設け、刑事施設と地域社会との連携を深めることが必要である。さらに、刑事施設の運営に関し、国民の常識を反映した意見を述べることによって、刑事施設の改善向上に資することが期待される（名取・前掲論文ジュリスト1298号12頁）。

このような観点から、刑事収容施設法の制定に伴い、刑事施設に刑事施設視察委員会をおき、委員会はその刑事施設を視察し、その運営に関し、

刑事施設の長に対して意見を述べることとしたのである（刑事収容7条）。こうして、地域の住民のほか、弁護士、医師等を構成員とする刑事施設委員会が設置され、行刑運営の透明性の確保、刑事施設の運営の改善向上、刑事施設と地域社会との連携などの一層の推進が図られたのである。

II　委員会の組織

委員会は、**委員10人**以内で構成する。委員は、人格識見が高く、かつ、刑事施設の運営の改善向上に熱意を有する者のうちから、**法務大臣が任命**する。委員の任期は1年であり（再任を妨げない）、委員は非常勤である。ちなみに、委員の人選はその性質上かなり難しいと思われるが、委員会の目的・役割に照らし、**人選が恣意的にならないように**すべきである。実際には、地域の医師会、弁護士会、地方自治体、地域の学校法人、商工業者の団体などを推薦母体とし、そこから委員が選出されているようで（寺崎昭義「府中刑務所視察委員の1年」8刑政118巻8号〔2007〕27頁）、もとより妥当な方法であると考える。

III　委員会の活動

委員会の**責務**は、「刑事施設を視察し、その運営に関し、刑事施設の長に意見を述べる」（刑事収容7条）ことである。したがって、委員会の活動は、個々の受刑者の不服申立てを処理するためのものではなく、**施設全体**の運用の是非、改善向上について意見を述べ、行刑の適切な運営を目指すものである。

委員会は、刑事施設の運営に関して意見を述べるために運営の状況についての的確な情報を把握しておく必要がある。情報は運営全般にわたるものであるが、例えば、施設の収容状況、施設内で発生した事故なども当然含まれる。刑事施設の長は、定期的に、または必要に応じて、委員会に対して、**情報を提供する**ものとされた（9条1項）。また、刑事施設の運営状況を的確に把握するため、刑事施設を視察することができるとともに、必要に応じ、委員による受刑者の面接の実施についても協力を求めることが

できることとした（9条1項、2項）。そして、刑事施設の長は、これについて必要な協力をしなければならないのである（9条3項）。

委員会は、上記の方法で刑事施設の運営状況を的確に把握したうえで、刑事施設の長に対し、意見を述べることになる（7条2項）。委員会の意見は、委員が個々に意見を述べるのでなく、委員会の意見として述べられなければならない。そのため、委員会には委員長をおき、委員長が意見を取りまとめ、少なくとも年1回は施設の長に意見を述べることになる。法務大臣は、毎年、委員会が述べた意見およびこれを受けて刑事施設の長が講じた措置の内容を取りまとめ、その概要を公表する。委員会の活動が、多くの国民の目に触れ、行刑の運営についての理解が得られるようにするためである。

●第4節　社会内処遇

第1款　社会内処遇の意義

I　社会内処遇の意義と沿革

(1) **意義**　社会内処遇は、施設内処遇に対応する概念であり、犯罪者を社会内で自律的な生活を営ませ、その改善更生および円滑な社会復帰を図る制度をいう。社会内処遇の制度としては、仮釈放、保護観察、更生緊急保護が中心となる。これを狭義の更生保護という。一方、社会内処遇は、社会内で改善更生を図る点に核心があるから、その周辺に属する恩赦、時効、社会奉仕命令も含むと解すべきである。これを広義の更生保護という。更生保護法（平19・法律88号）1条は、同法の目的を掲げ、「犯罪をした者及び非行のある少年に対し、社会内において適切な処遇を行うことにより、再び犯罪をすることを防ぎ、又はその非行をなくし、これらの者が善良な社会の一員として自立し、改善更生することを助けるとともに、恩赦の適正な運用を図るほか、犯罪予防の活動の促進等を行い、もって、社会を保護し、個人及び公共の福祉を増進することを目的とする」と謳っているところである。

刑罰の歴史をみると、死刑、流刑および身体刑のような苛酷な刑罰制度から、改善更生を目指す自由刑中心の刑罰制度へと変遷してきた。第二次大戦後の犯罪者処遇は、犯罪者を施設に収容して科学的に治療・改善し社会復帰を図ることに重点をおいてきたのであり、そうすることが犯罪抑止にとって最も合理的であり、人道主義に適うものと考えられてきたのであった（⇒17頁）。しかし、犯罪者の改善更生にとって自由刑は必ずしも有効なものではなく、かえって有害となる場合がありうることが自覚され、社会内で生活させながら処遇するほうが社会復帰の目的に適うとする趣旨から、社会内処遇の制度が発達してきたのである。そして、矯正ペシミズム、反社会復帰思想の台頭に伴って非施設化または非拘禁化が提言されるようになり、現在では、犯罪者処遇の重点を施設内処遇から社会内処遇へ転換すべきであるとする考え方が一般的となりつつある。

> **保護的処遇**　社会内処遇の代わりに保護的処遇の名称を用いる見解もある（森下・刑事政策大綱273頁）。社会内処遇の内容は更生保護にほかならないとする趣旨から主張されたのであるが、後述（⇒307頁）の社会奉仕命令などは必ずしも保護を内容とするものではないから、本書では一般の呼称に従うことにする。

(2) 社会内処遇の沿革　社会内処遇は、19世紀の中頃にイギリスの裁判所において、改善の見込みのある少年に対して、拘禁を命ずる代わりに対象者を保護者の監督下におく措置を講じたものが始まりであるといわれる。この制度は後にプロベーションとして制度化され、有給のプロベーション・オフィサー（probation officer）によって保護・監督が行われるようになった。同じ頃アメリカでは、ボストンに住む靴屋オーガスタス（John Augustus）が、ボストン裁判所から委託されて犯罪者の指導・監督に従事したのが始まりといわれ、その後1869年に至って、マサチューセッツ州法により有給の職員がこの任に当たることになった。これらは少年裁判所制度と結合して拡充された。一方、18世紀末期のイギリスの流刑地オーストラリアでは、条件付きの恩赦によって流刑者を釈放し、監視を続けながら土地の開墾に従事させる制度がつくられ、それがやがて19世紀のイギリス本土において仮出獄となり、今日のパロールの基礎をなした。アメリカでも、18世紀末には裁判所に刑期終了前に受刑者を釈放する権限を認

める制度や条件付恩赦の慣行があったが、1870年のシンシナティ監獄会議において **アイルランド制**（⇒276頁）の採用が提唱され、その後不定期刑と結合したパロールが創設されて、アメリカはパロールを最も重視する国となったのである。

　ヨーロッパでは、条件付特赦や条件付有罪判決といった自由刑の執行猶予に相当する制度は古くからあったが、プロベーションやパロールのように、社会内で保護・監督し処遇するという制度はなく、その後社会内処遇は、まず少年に対するプロベーションとして採り入れられ、成人に対するプロベーションやパロールは第二次大戦後になって本格的に採り入れられるようになった（小川太郎・自由刑の展開〔1964〕72頁）。

(3)　**わが国での沿革**　　わが国における社会内処遇は、江戸時代の **人足寄場** の制度に端を発するとされるが、それが制度化されたのは **旧少年法**（1922年）においてであった。同法4条は、保護処分として訓戒、改心の誓約、条件付保護者引渡し、保護団体委託などの社会内処遇を採用したが、特に「少年保護司の観察に付す」制度（6条）を採用し、①少年が刑の執行猶予の言渡しを受けたとき、②仮出獄（仮釈放）を許されたとき、③矯正院からの仮退院を許されたとき、それぞれ **少年保護司の観察** に付するものとされ、最初の保護観察は少年について導入されたのである。その後、1936（昭和11）年には、**思想犯保護観察法** が制定され、成人についての最初の保護観察制度が導入された。この法律は、わが国で初めて法律上の言葉として保護観察を用いたものであり、治安維持法に規定する思想犯の犯罪者に適用するものとして、本来の社会内処遇からみると異質のものではあるが、成人に関する社会内処遇制度の先駆をなすものとして記憶に値する。なお、パロールとしての仮釈放制度は、旧刑法において既に導入されていたが、社会内処遇というべきものは実施されず、警察による監視が行われたにすぎなかった。現行刑法になってからも、仮釈放は社会内における処遇としての保護観察を伴うものではなかった（安形静男「更生保護の100年・年表」ジュリスト568号〔1974〕101頁）。

　社会内処遇が制度として確立したのは、第二次世界大戦後のことである。戦後の社会不安を反映した犯罪者の増加に対処するため、これらの者に対する保護対策を図る必要があるとする観点から、連合国軍司令部との折衝

の結果、1949（昭和24）年に犯罪者予防更生法が制定され、社会内処遇としての保護観察が制度として確立したのである。それに先だち、1948（昭和23）年の新少年法によって少年に対する保護観察が導入され、また、1949（昭和24）年には更生緊急保護法が制定され、更生緊急保護の制度が設けられた。同年には保護司法が制定され、また、1953（昭和28）年と1954（昭和29）年の刑法一部改正および執行猶予者保護観察法によって、成人の執行猶予者に対する保護観察制度が創設された。これによって、犯罪者予防更生法と執行猶予者保護観察法というように、更生保護に関する基本的な法律が2つに分かれて成立することになったのである。このほか、新憲法の施行により恩赦法が制定され、恩赦を本人の改善その他の刑事政策的目的に沿って運用する道がひらかれた。

> **民間保護事業**　1883（明治16）年施行の改正監獄則は、刑期満期後、頼るべき者がない出獄人を懲治監にとどめ生業を営ませる制度を設けたが成功せず、免囚保護ないし刑余者保護事業は民間保護事業に委ねられた。わが国の組織的な民間保護事業としては、1885（明治18）年に大阪に設立された少年保護施設、1891（明治24）年に静岡に設立された出獄人保護会社が最初のものであり、その後政府はこの種の保護団体の設立を奨励し、1927（昭和2）年には、700もの団体数になったといわれる。こうして、犯罪者予防更生法の前身である司法保護事業法が1939（昭和14）年に制定され、保護を受ける対象者を明確にするとともに、保護の方法および内容を標準化した。

(4) **更生保護法の成立**　これまで、犯罪者の社会内処遇の重要性と問題性は認識されてきたが、抜本的な改正はなされてこなかった。先にも述べたように、これまでの社会内処遇の中核的な法律は、1949（昭和24）年の犯罪者予防更生法と1954（昭和29）年の執行猶予者保護観察法であったが、これらの法律は、その後半世紀の間の大きな社会の変化からみると、時代に即応しなくなり、社会内処遇の改革が自覚されるようになった。こうした状況のもとで、2004（平成16）年11月には奈良女児監禁殺害事件が発生し、また、2005（平成17）年5月には愛知県安城市内のスーパーマーケットで通り魔殺人事件が発生した。さらに、2005（平成17）年5月に検挙された女性監禁事件の犯人は、前年の8月から4人の女性に対する連続女性監禁事件を起こしていた。これらはいずれも保護観察対象者による重大再

犯事件であったから、これを契機として特に再犯防止との関連で、仮釈放や保護観察のあり方が大きな問題となった。

　こうした事態に対応して、法務省は、2006（平成18）年7月に更生保護のあり方を考える有識者会議を設置して、更生保護制度の改革に乗り出した。有識者会議は、約1年間にわたる検討を経て、2006（平成18）年6月27日の報告書「更生保護制度改革の提言──安全・安心の国づくり、地域づくりを目指して」を法務大臣に提出した。報告書においては、特に、①更生保護制度の目的を明確化すること、②保護観察制度の有効性を高めること、③保護観察官の意識を改革することなどが提言された。そして、当面の課題を解決するものとして、①更生保護制度の目的を明確にし、犯罪者予防更生法と執行猶予者保護観察法を廃止して「更生保護法」に一本化すること、②保護観察における指導監督の強化と不良措置・良好措置の積極化を推進すること、③犯罪被害者の心情・意見を考慮した制度を新設すること、④施設等への宿泊義務の制度化を含む中間施設を活用することなどを盛り込んだ「更生保護法」案が2007（平成19）年3月2日に国会に提出され、同法案は全会一致で可決・成立し、3月15日に公布されたのである。

Ⅱ　社会内処遇の機関と主体

　(1)　**処遇の機関**　　わが国における社会内処遇の主な機関としては、法務省保護局、中央更生保護審査会、地方更生保護委員会、保護観察所がある。

　　(ア)　法務省保護局と中央更生保護審査会　　社会内処遇に関する行政事務を管掌する中央機関は、法務省保護局である。保護局には総務課、調査連絡課、観察課および恩赦課がある。この保護局に関連する法務省の附属機関として中央更生保護審査会があり、委員長1名と委員4名によって構成される（更正4条）。その所掌事務は、「特赦、特定の者に対する減軽、刑の執行の免除又は特定の者に対する復権の実施について申出をすること」（4条2項1号）、および「地方更生委員会がした決定につき、この法律および行政不服審査法の定めるところにより審査を行い、裁決をすること」（4条2項1号）などである。ほかに、法務大臣の諮問機関である矯正

保護審議会があり、40名の委員で組織され、矯正および更生保護に関する重要事項について調査および審議するものとされている。

　（イ）　地方更生保護委員会　　地方更生保護委員会（以下、「地方委員会」と略す）は、全国8か所の高等裁判所所在地ごとに設置されており、地方委員会は3人以上12人以下の委員（常勤の一般職国家公務員）で組織する（17条）。地方委員会の主な所掌事務は、①仮釈放の審理、許可および許可の取消し、②保護観察所の事務の監督などである（16条）。現在、全国の地方委員会の委員数は55名である。委員会の事務局には保護観察官、法務事務官が配置されている。

　（ウ）　保護観察所　　保護観察所は、全国50か所の地方裁判所所在地ごとに設置されているほか、支部3、駐在官事務所27がある。保護観察所の所掌事務は、①保護観察の実施、②犯罪の予防を図るため、世論を啓発指導し、社会環境の改善に努め、犯罪の予防を目的とする地方の住民活動を助長すること、③その他保護観察所の所掌事務（在監〔院〕者の帰住地の環境調整、更生緊急保護の実施、保護司の教育訓練、恩赦の上申）である（29条）。保護観察所には、保護観察官と法務事務官が配属されている。

> **保護司選考会**　　社会内処遇機関の1つとして保護司選考会を加えてもよいであろう。これは、各保護観察所の所在地に置かれるもので13人（東京15人）以内の委員で組織し（保護司5条）、(1)保護司の委嘱・解嘱、(2)保護区および保護司の定数その他保護司制度の向上に関して意見を述べることを任務としている。

　(2)　**社会内処遇の担い手**　　社会内処遇を実施する担い手は、保護観察官、保護司、更生保護法人および民間篤志家である。

　（ア）　保護観察官　　保護観察官は、地方更生保護委員会の事務局および保護観察所に配置されている一般職国家公務員である。「医学、心理学、教育学、社会学その他の更生保護に関する専門的知識に基づき、保護観察、人格考査その他犯罪者の更生保護及び犯罪の予防に関する事務に従事する」（更生31条）ものとされている。全国に配属されている保護観察官の数は、総数約1,000人、そのうち保護観察に従事する者は、約800人である。

　（イ）　保護司　　保護司は「社会奉仕の精神をもって、犯罪をした者及び非行のある少年の改善及び更生を助けるとともに、犯罪の予防のため世

論の啓発に努め、もって地域社会の浄化をはかり、個人及び公共の福祉に寄与すること」を使命とする 民間篤志家 である。保護観察で十分でないところを補い、地方委員会または保護観察所の長の指揮監督を受けて、保護司法の定めるところに従い、それぞれ地方委員会または保護観察所の所掌事務に従事する。地域の事情に通じた地域性と柔軟なボランティアとしての民間性を生かして、その使命を果たすべきであるとされている。

保護司は、①人格および行動について社会的信望を有すること、②職務の遂行に必要な熱意および時間的余裕があること、③生活が安定していること、④健康で活動力を有すること、以上の条件を備えている者のうちから 保護司選考会 の意見を聞いたうえで、法務大臣が委嘱する（保護司3条）。保護司には給与は支給されないが、保護司活動のために要した費用の一部または全部の支給がなされる（11条）ほか、非常勤の国家公務員としての扱いを受け、国家公務員災害補償法の適用が認められる。また、保護司はその職務の遂行に当たって知りえた関係者の秘密を尊重し、その名誉保持に努めるべきものとされている（9条）。保護司の定員は5万2,500人以内であるが、現在の人員は4万8,919人である。

（ウ）　更生保護法人　　更生保護法人は、2001（平成7）年に制定された更生保護事業法を根拠として、法務大臣の認可を受けて更生保護事業を営む民間団体であり、全国で101の施設がある。その事業の内容によって、①継続保護事業、②一時保護事業、③連絡助成事業の3種類に分けられる。継続保護事業 は、被保護者を収容して保護を行う事業を内容とし、保護の対象者は、保護観察に付されている者、懲役・禁錮・拘留につき、刑の執行を終わり、その執行の免除を得、またはその執行を停止されている者などである（更生事2条2項）。一時保護事業 とは、被保護者を収容しないで金品給与などの保護を行う事業をいう。連絡助成事業 とは、継続保護事業、一時保護事業その他被保護者の更生を助けることを目的とする事業に関する啓発、連絡、調整または助成を行う事業をいう。

> **更生緊急保護法の廃止**　　更生保護事業は、従来、更生緊急保護法に基づき更生保護会が実施してきたが、更生保護会の施設が老朽化し、また、財政面でも窮状にあるところから、1995（平成7）年5月に新たに更生保護事業法を制定して、更生保護事業の健全な育成・発展のため法整備を行い、

> 社会福祉事業との均衡に留意して制度を改善・充実し、もって被保護者に対する補導援護体制の強化を図った。改正の要点は、(1)「更生保護法人」制度の創設、(2)更生保護事業を「継続保護事業」、「一時保護事業」、「連絡助成事業」の3つに分けて概念を明確化する、(3)更生保護事業に対する国の責務と地方公共団体の協力を法定することにある。この改正によって、更生保護事業を他の社会福祉事業と同じ性質のものとして格上げし、国や社会の一層の支援が得られるようにするとともに、従来、更生緊急保護法に規定されていた国の「更生保護」の措置を「更生緊急保護」として、犯罪者予防更生法（現行の更生保護法）に移すことになった。また、更生緊急保護法のもとでは更生保護事業とは認められなかった保護司会、BBS会等に対する助成なども事業の1つとして認められることになり、更生保護事業の発展が期待されている（⇒298頁）。

(エ) 民間協力組織　純粋に民間人の立場から社会内処遇に協力しているものとして、更生保護婦人会、BBS会、協力雇用主がある。**更生保護婦人会**は、女性や母親の立場から地域社会の犯罪予防と犯罪者の更生に協力することを目的とする団体であり、犯罪予防のため世論を啓発し、保護観察対象者や更生保護法人に宿泊している者などに援護金品を贈り、あるいは保護司活動など各種更生保護活動への協力など、多彩なボランティア活動を展開している。2008年（平成20）年4月現在、更生保護婦人会の地区会数は1,313、会員数は19万2,373人である。**BBS会**は、〈Big Brothers and Sisters Movement〉の略であり、その活動は保護観察所の依頼に基づいて保護観察少年の「ともだち」となり、社会内処遇に協力するボランティア活動を中心とするものである。現在のBBS会の数は521、会員数は4,307人である。**協力雇用主**は、犯罪者や非行少年に対して、その前歴を承知のうえで進んで職場を提供し、その改善更生に協力しようとする民間篤志家である。協力雇用主の数は、個人と法人併せて6,556であり、雇用されている保護観察対象者は678人である。

第2款　仮　釈　放

I　仮釈放の意義と沿革

(1) 意義　仮釈放とは、行政官庁の決定によって、収容期間の満了前

に被収容者を一定の条件を付して仮に釈放することをいう。仮釈放は、釈放の際に条件をつけ、それに違反があったときは、仮釈放の処分を取り消し再び施設に収容するという**心理強制**によって、改善・社会復帰を図り犯罪を予防する制度であり、社会内処遇の出発点となるものである。

仮釈放は、①懲役または禁錮受刑者に対する仮釈放（刑28条）、②拘留または労役場留置中の者に対する仮出場（30条）、③少年院収容中の者に対する仮退院（更生41条）の3種類を含む。仮釈放の主たる目的は社会復帰の促進にあるが、その法的性質は、**施設収容処分執行の一形態**と考えてよいであろう。

仮釈放の本質と仮出場の異質性　仮出場は、「仮」の名がつけられており、また、刑法および更生保護法においては他の仮釈放と並べて規定されているが（更生33条など）、仮出場の際に条件を付せられることもなく、取消しおよび再収容の規定もないから、釈放と同時に執行を終了させる**確定的措置**にほかならない（改正刑法草案87条は、この趣旨を明らかにしている）。一方、仮釈放は、被収容者の施設内での行状に対し褒賞を与え施設内の秩序を維持するためにあるとする考え方（恩恵説）がある。仮釈放を社会内処遇の一環として位置づける現今の法制下では、このような考え方を正面から認める見解はないが、仮釈放に秩序維持の効果があることは否定できず、この効果を副次的目的とすることは許されるであろう（平野・矯正保護法〔1963〕97頁）。また、仮釈放によって、施設の過剰拘禁を解消し、あるいは施設内処遇にかかる費用を大幅に節減するための**刑務所人口を操作する制度**であるとする見解もある。仮釈放の本旨からすれば、この見解を正面から認めるわけにはいかないが、合理的な犯罪者の処遇という見地からすれば、この効果を副次的目的とすることは許されるであろう。いずれにせよ、仮釈放の刑事政策的意義が社会内処遇による本人の円滑な社会復帰にあるとする点で、今日争いはない。問題は、仮釈放期間における保護観察の法的性質いかんにあり、一説では、自由刑に引き続いて社会復帰を図るために科せられる刑の一種とされるが（刑の一形態説）、むしろ刑期の範囲内で自由刑の執行を緩和したもの、すなわち**自由刑執行の一形態**と解すべきである（刑の執行の一形態説）。この問題は、仮釈放期間を残刑期間とするかどうかに関連して意味をもってくる（⇒281頁）。

(2) 沿革　18世紀末のイギリスの流刑地オーストラリアにおいて、過密な拘禁状態を緩和し、流刑者に希望を与えて監獄内の秩序を維持する趣旨から、条件付恩赦の形式で、特に改悛の情が認められる者に対し釈放を許可したのが**仮釈放の起源**である。その後、19世紀の中頃にイギリス本土

で累進制度の最終段階として仮釈放の制度が採用され、1856年には、①雑居拘禁、②中間刑務所、③仮釈放の順に処遇を行うアイルランド制（⇒269頁）が創設され、仮釈放を犯罪者処遇の一環として捉える考え方が一般的になり、やがてこの制度はイギリス全土に波及した。アイルランド制はアメリカにも導入され、パロール（parol）として普及した。ヨーロッパにおいても、1830年代から条件付釈放としての仮釈放が試行されていたが、19世紀後半にはイギリスの影響を受け、ドイツでもアイルランド制の仮釈放が制度化されたのである。

　わが国における仮釈放の沿革は、1790（寛政2）年の人足寄場における「掟」に始まるといわれるが、法制度として登場したのは旧刑法においてであり、有期刑の4分の3、無期刑の場合は15年を経過した後に仮釈放を許し、仮釈放者は警察監視に付されるというものであった。現行刑法は仮釈放の要件を緩和し、有期刑については刑期の3分の1、無期刑については10年を経過した後に仮釈放を許すものとした（刑28条）。一方、1908（明治41）年制定の監獄法において、仮釈放を許された者に対し、①正業に就き善行を保つこと、②警察官署の監督を受けること、③住居を移転し、または10日以上旅行しようとするときは監督者の許可を得ることが定められた。しかし、仮釈放は恩恵として例外的に少数の者に適用されるにすぎなかったのが実情のようである。もっとも、その間、若干ではあるが仮釈放の積極化も図られた。1931（昭和6）年の司法省訓令仮釈放審査規程によって、仮釈放審査においては受刑者の犯罪関係、身上関係、保護関係その他の事項を総合審査すべきものとされ、仮釈放の適用数はその後いくぶん上昇した。

　戦前における仮釈放制度は、一般に善行保持者に対する恩恵的措置と解されていたために、これが適用される数は少なく、例外的処置にとどまっていた。現行刑法制定直後には、仮釈放を認められた者は出所者全体の1％台にすぎなかったのである。もっとも、行刑累進処遇令が制定された1933（昭和8）年には、仮釈放者の割合は10％台に達し、戦時中には軍需刑務作業のために仮釈放が利用されるようになり、戦争末期には仮釈放率が30％台に達した。1945（昭和20）年には、食糧難などのために仮釈放率は55.8％となり、初めて満期出所者の数を上回ることになった。そして、戦

後の混乱により犯罪が激増し、刑務所が極度に過剰収容となったため仮釈放が多用され、仮釈放率は、1950（昭和25）年には実に80.2％を記録したのである。

戦後における仮釈放制度は、アメリカのパロールを基礎とした **犯罪者予防更生法**（昭24・法律142号）の制定によって大変革を遂げた。これによって、わが国の仮釈放制度は、かつてのヨーロッパ大陸型の **条件付釈放方式** から、社会内処遇としての保護観察を重視するアメリカ型の **パロール** へと形を変えたのである。戦前の警察監督の代わりに保護観察官と保護司による **指導監督・補導援護** が行われることになり、仮釈放の許否決定は、従来の司法大臣から地方更生保護委員会の権限に属することになった。仮釈放は「更生の措置」として位置づけられ、その措置は、「当該措置を受ける者の性格、年齢、経歴、心身の状況、家庭環境、交友関係を充分に考慮して、その者に最もふさわしい方法により、その改善更生のために必要かつ相当な限度において行うものとする」（犯罪者予防更生2条）とされていた。更生保護法においても、この理念は維持されている（更生1条）。仮釈放は、①対象者の調査と選択、②仮釈放条件の付与、③釈放後の監督・援助と結合し、施設内処遇と社会内処遇との連携を図ることによって犯罪者の更生を期する制度として位置づけられたのである。

> パロール（parole）　パロールは通常仮釈放と訳されているが、その語源は parole d'honneur（名誉にかけて）にあるといわれ、アメリカで最初に使われた用語であり、**仮釈放許可とその後の監督を併せたものを意味する**。イギリスではパロールに当たる言葉は conditional release on license であるが、1967年の刑事裁判法で初めてパロールの語が用いられるようになった。なお、ドイツ語では vorläufige Entlassung、フランス語では libération conditionelle がパロールに当たる用語である。

II　仮釈放・仮出場の要件

(1) 仮釈放・仮出場の要件　　懲役・禁錮に処せられた者が仮釈放を許される要件には、形式的要件と実質的要件とがある。**形式的要件** は、有期刑についてはその刑期の3分の1を、無期刑については10年を経過するこ

とである（刑28条）。**実質的要件**は、「改悛の状」があることである。**改悛の状**とは、良好な行状によって、悔悟を証明できる情状をいう。しかし、その判断は必ずしも明らかではないので、詳細については、「仮釈放及び保護観察等に関する規則」（1970〔昭和49〕年）が定めている。すなわち、①悔悟の情が認められること、②更生の意欲が認められること、③再犯のおそれがないこと、④社会の感情が仮釈放を是認すると認められることが必要となる。なお、拘留受刑者および労役場留置者の仮出場は、「情状により許される」から、必ずしも「改悛の状」がある場合にかぎらない。

> **少年の事件についての仮釈放**　少年のとき懲役・禁錮の言渡しを受けた者については、①無期については7年、②有期の刑については3年、③不定期刑については短期の3分の1である。

(2)　**仮釈放・仮出場を決定する機関**　仮釈放・仮出場を決定するのは、「行政官庁の処分」である（28条）。ここでいう「行政官庁」は、地方委員会である（更生16条）。地方委員会は、行政官庁の一種であるが、検察、裁判所、刑事施設および保護観察機関から独立した専門の準司法機関である。委員は3人以上12人以下で組織する（17条）。法務大臣は委員のうちの1人を委員長に任命する。委員には、検察、矯正および保護その他の行政経験を有する一般公務員から任命され、その定員は55人となっている。地方委員会には事務局がおかれ、保護観察官その他の職員が配置されている。保護観察官は、仮釈放に必要な調査を主たる任務とするが、受刑者の社会復帰の相談助言を行うほか、地方委員会、刑事施設および保護観察所の連絡調整を行うこととされている。

> **アメリカ型・大陸型**　仮釈放の決定機関を独立の専門委員会とする制度を**アメリカ型**、これを裁判所、検察ないし行刑担当庁の長が行うとする制度を**大陸型**という。わが国の制度はアメリカ型であり、仮釈放が更生のための制度とされる以上、わが国のように犯罪者処遇の専門機関を設置するほうがよいと思われるが、委員の構成がすべて公務員である点に若干の問題がある（⇒286頁）。公務員だけで審理すると、失敗を恐れて社会防衛に重点を置きがちになるとともに、仮釈放に対する社会の信頼を得るためには民間人の参加を認める必要があるからである（瀬川晃「仮釈放の現代的動向と課題」同志社法学38巻3号〔1987〕45頁）。

⑶ **仮釈放・仮出場の手続**　地方委員会は、刑事施設・少年院の長の申出を受理したとき、または申出がない場合でも、自ら仮釈放等の審理を行う必要があると認めたときは、主査委員を指名して審理を行わせる。

（ア）**審理**　刑事施設の長は、懲役または禁錮の刑の執行のため収容している者について、刑法28条1項および少年法58条1項の定める 仮釈放法定期間 の最終日（応当日）が経過したときは、地方委員会に対しその旨を通告しなければならない（更生33条）。審理開始可能時期の到来を知らせるのである。また、法定期間が経過し、かつ、仮釈放の許可基準に該当すると判断したときは、地方委員会に対し、仮釈放を許すべき旨の申出をしなければならない（34条1項）。拘留受刑者および労役場被収容者についても基準に該当すると認める場合は、仮出場の申出をしなければならない（34条2項）。

　地方委員会は、刑事施設の長の申出を受けたとき、あるいは申出がなくても必要があると認めたときは、刑事施設の長の意見を聴き、審査を行う必要があると認めたときは、主査委員を指名し、審理を行わせる。主査委員は、地方委員会の事務局所属保護観察官の調査の結果を踏まえ、自ら矯正施設に赴き、被収容者と面接などを行い、仮釈放の適否および時期について検討する。その結果に基づいて主査を含む3人の委員で構成する合議体の議決によって、仮釈放等の許否が決定される。

（イ）**合議**　主査を含む3人の委員で構成する合議体は、審査対象者の資質、生活歴、刑事施設内における生活状況、将来の生活計画、帰住後の環境等を総合的に考慮して、仮釈放・仮出場が本人の社会復帰にとって最も適当と認められる時期であるかどうかについて判断する。ちなみに、仮釈放を許可するに当たっては、帰住先の住居を特定するものとし（39条3項）、対象者がその住居に帰宅しなければならないことを一般遵守事項とされた。仮釈放を許す処分は、委員会の決定による。合議体での決定は過半数による。

> **被害者への情報伝達**　「地方委員会は、審理対象者の申出があり、かつ、被害者等の同意がある場合において、仮釈放を許すか否かに関する審理において必要があると認めるときは、被害者若しくは被害者等に対する現在の心情又は審理対象者の受刑状況を被害者等に伝達することができる」と

> する提案がなされたが、採用されなかった。仮釈放の拒否の判断には馴染まない提案と考える。ただし、被害者等がその仮釈放に関する意見および心情を述べたい旨の申出があるときは、地方委員会はこれを聴取する（38条1項）。

（ウ）**仮釈放・仮出場の許可の処分**　仮釈放・仮出場の許可の処分は、合議体の議決によって地方委員会の決定として行われる（23条1号1項）。決定は、決定書を作成して行わなければならない（26条）。決定は、審査対象者に告知することによって効力を生ずる。告知は、言い渡すか謄本を送付して行う。仮釈放を許す処分を決定するときは、釈放すべき日、釈放後の住居を特定しなければならない。なお、旧犯罪者予防更生法では、仮釈放を不相当と認めたときは決定をもって申請を棄却するとされていたし（31条1項）、職権審理の場合は、仮釈放の不許可決定がなされるとされていたが、更生保護法では、棄却または不許可の規定がなくなっている。受刑者の改善更生という点からみると、「仮釈放を許す処分をしないときは、審査対象者に仮釈放を許さない理由を告知するものとする」といった規定をおくべきであったように思われる。なお、仮釈放を許された者は、仮釈放の期間中、保護観察に付される（40条）。仮釈放者は、後述のように（⇒290頁）、保護観察期間中、一般遵守事項および特別遵守事項を守らなければならない。

　これらの決定に不服がある場合には、施設の長または本人は中央更生保護審査会に対して審査請求をすることができるものとされている。請求を受けた中央更生保護審査会は、当該請求の日から60日以内に裁決しなければならない（92条、95条）。その裁決に不服がある者は、処分取消しの訴えを裁判所に提起できる。

(4) **釈放前指導**　仮釈放が許可され、釈放が見込まれている受刑者に対しては、受刑者の社会復帰を円滑に行わせるため、施設において一定期間釈放前の指導等が実施される。釈放前の指導は、施設内処遇の総仕上げとしての意味をもつところから、社会生活への円滑な移行、自立心のかん養に必要なプログラムを用意して指導するとともに、更生保護との連携を強化するために保護観察官の協力のもとに、保護観察制度その他更生保護に関する指導が行われる（1995犯罪白書149頁）。また、保護観察所におい

ては、刑事施設に収容されている者の社会復帰を円滑にするため、本人が収容されている間に家族や引受人と協議等を行い、近隣、交友関係、被害弁償等を調査して問題点の整理を行う。これを 帰住予定地の環境調整 という。

> **仮釈放準備調査** この調査は、地方委員会に所属する保護観察官が、刑事施設の長からの申請を受理する前に施設において仮釈放審理のために行う調査をいい、1966（昭和41）年から実施されている。調査活動の主な内容は、(1)受刑者との面接、書類精査および矯正職員との協議などによる仮釈放審理の適正化、釈放後の環境改善のための情報の収集、(2)受刑者本人との面接等による仮釈放実施のための情報の収集、本人の社会復帰を円滑にするための相談・助言を行うことなどである。なお、仮釈放準備調査をより有効に行うため、前記の「有識者会議」は、準備調査に携わる保護観察官の大幅な増員が必要であり、1981（昭和56）年から実施されている地方委員会の保護観察官が矯正施設に常駐する 施設駐在官 制度を、より充実すべきであるとしている（第5回議事概要）。

(5) **仮釈放の期間** 現行法上の仮釈放の期間は、刑の残りの期間（残刑期間）すなわち仮釈放の日から刑期の満了する日までである。無期刑の場合の仮釈放期間は終身である。ただし、少年のときに無期刑の言渡しを受けた者については仮釈放後10年間（少59条1項）、少年法51条による10年以上15年以下の定期刑または少年の不定期刑については、刑の執行を受けた期間と同一期間または少年法51条の刑期もしくは52条1項および52条2項の長期のうち最も短い期間である（59条2項）。したがって、例えば、5年以上10年以下の不定期刑の言渡しを受けた者が、2年の刑の執行を受けた後に仮釈放を許された場合の仮釈放期間は2年であるが、9年の刑の執行を受けた後に仮釈放を許された場合の仮釈放期間は1年となる。仮釈放期間を残刑期間とするものを 残刑期間主義 という。仮釈放後、取り消されることなく残刑期間を経過すれば、刑の執行は終了したと見なされる。これを 期間経過の効力 という。

Ⅲ 仮釈放の取消し

(1) **取消しの要件** 仮釈放の取消しは、地方委員会の決定による（更

生75条)。仮釈放の取消し事由は、①仮釈放中に再犯があり罰金以上の刑に処せられたとき、②仮釈放前に犯した他の罪につき罰金以上の刑に処せられたとき、③仮釈放前他の罪につき罰金以上の刑に処せられた者に対し、それを執行すべきとき、④仮釈放中に遵守事項違反があったとき、以上の４つの事由である（刑29条)。取消しは地方委員会の裁量に委ねられる。任意的取消しとし、刑の執行猶予の場合のように必要的取消しを認めなかったのは、取消しによって残刑がしばしば長期になり本人に不利益になったり、他方では残刑期間が短いため取消しの意味がない場合があるからである。

　仮釈放の取消しは、現に出獄中の者を再度施設に収容する効力を伴うものであるから（いわゆる「戻し収容｣)、仮釈放の許可とは比較にならないほど本人にとって重要であり、軽々に決定されてはならない。地方委員会は本人の改善更生と社会の安全の目的を考量して取消しの適否を判断するが、手続きを慎重にするため、前掲①〜③の事由についても保護観察所長に取消しの当否に関する意見等を付した申出を義務づけ（仮釈放及び保護観察等に関する規則56条)、その申出の提出をまって審理を開始するものとされている。なお、④の事由については、保護観察所長の申出が法律上の要件とされている（更生75条２項)。そして、審理に当たっては本人に対する質問を行い、必要があれば裁判官の発する引致状によって引致し、当該仮釈放者を刑事施設または少年鑑別所への留置も認めることとしている(76条)。

(2) 取消しの効果　　仮釈放が取り消されると、保護観察を受けた期間も併せて刑の残期が執行される（刑29条２項)。逆に、仮釈放を取り消されることなく残刑期間を経過したときは、刑の執行が終了したことになる。この点の明文の規定はないが、現行法は拘禁の有無にかかわりなく刑期は進行するとしているのであり、その意味で刑法29条２項は、仮釈放の取消しのときは、出獄中の日数は刑期に算入しないことを明らかにしたのである。なお、取り消された残刑について 再度の仮釈放 は可能かの問題があるが、仮釈放は刑の執行の一形態と解すべきであるから、犯罪者の処遇上仮釈放が適当であると認められるかぎり、再度の仮釈放が可能であると解される。

取消決定に不服があるときは、中央更生保護審査会に対し審査請求ができ（更生92条）、また、処分の取消しを求めて裁判所に訴えを提起することができる（96条）。

Ⅳ　少年院からの仮退院他

　(1)　**少年院からの仮退院**　保護処分の執行のため少年院に収容されている者について、地方委員会が仮の退院を許す制度をいう。地方委員会は、保護処分の執行のため少年院に収容されている者について、少年院の長の申出があって、退院を相当と認めるときは決定をもってこれを許さなければならない（46条）。一方、処遇の最高段階に達し、仮に退院させることが改善更生のために相当であると認めるとき、その他改善更生のために特に必要であると認めるときは、地方委員会は、決定をもって仮退院を許すものとしている（41条）。この場合の手続等は、仮釈放の場合に準ずる（42条）。

　(2)　**不定期刑の終了**　刑事施設・少年院の長は、不定期刑（例えば、1～5年）の執行のために収容している者について、その刑の短期（1年）が経過し、かつ、刑の執行を終了するのを相当と認めるときは、地方委員会に対し、刑の執行を受け終わったものとすべき旨の申出をしなければならない。その申出があった場合、地方委員会は、刑の執行を終了するのを相当と認めるときは、決定をもって刑の執行を終わったものとしなければならない。したがって、不定期刑の終了者には、保護観察等の社会内処遇は行われないのである。なお、地方委員会は、刑の執行の終了を決定したときは、刑事施設・少年院の長に書面で通知するとともに、終了証明書を対象者に交付しなければならない（44条）。なお、不定期刑は、書面による通知が、刑事施設または少年院に到達した日に終了する（44条3項）。

Ⅴ　仮釈放の問題点

　(1)　**若干の検討**　わが国における仮釈放制度を概観したので、その問題点について若干の検討を加える。

（ア）　仮釈放の機関・手続　　地方委員会の 構成員に関して改善の余地 がある。地方委員会は、準司法機関として施設側の圧力を避け公正妥当な決定を行う必要があるから、３人の委員は、裁判官、検察官、弁護士あるいは一般社会人など 各界の意見を代表しうる者 であることを必要とする（平野・前掲矯正保護法101頁）。実際の人選においても、一般職員である矯正関係者に片寄りすぎている。公正な判断を担保するばかりでなく、仮釈放に対する社会の信頼を確保し社会内処遇への市民参加を促すためにも、1人は民間人 を当てるべきである。

　手続 に関しては、仮釈放申請権を受刑者に認めるべきかの問題がある。これを肯定する見解も有力であるが、仮釈放も処遇の一環として行われるものであるから、仮釈放の審理を開始するかどうかは国の裁量に属すると解すべきである。問題は受刑者に仮釈放の審査申請ないし審査請求の権利を認めるべきか否かにある。この点につき、仮釈放は受刑者の権利 であるから、仮釈放の審査請求権、仮釈放手続への参加、不服申立ての手続的保障を被収容者に認めるべきであるとする考え方がある。これに対し、仮釈放は、自由刑の執行の一形態として認められるのであり、これを権利として把握するのは妥当でなく、審査請求権は否定 すべきであるという考え方が有力である。一方、仮釈放準備調査が実施され、主査委員との面接などが実施されると、本人も仮釈放が許されるかも知れないという期待を抱くのは当然であるから、不許可の理由も示さず、不服申立てもできないというのであれば、あまりにも本人を無視したものとして適正さを欠くのではなかろうか（瀬川晃「仮釈放手続における受刑者の法的地位」同志社法学35巻5号〔1984〕50頁）。わが国は定期刑を前提とするので、やや事情を異にするが、アメリカにおけるパロール批判の１つの根拠が、不当な裁量権の行使にあったことを想起すべきであり、その意味で、少なくとも不許可理由の本人に対する告知を認めることは、仮釈放手続適正化のために必要であると考える。

　（イ）　必要的仮釈放　　仮釈放が社会復帰のために必要な自由刑の処遇形態であるとすると、あらゆる被収容者に仮釈放を許可し、保護観察を付けるのが本筋である。現行の制度では、満期釈放者は危険であっても釈放せざるをえないのに、更生の見通しのある者は、無用の長い保護観察期間

が与えられるという矛盾を避けがたい。必要的仮釈放の導入は必要だと思われる。かつて刑法改正作業の過程で出された「2年以上の有期刑に処せられた者について刑期の6分の5が経過したときは、一定の除外事由にあたる場合を除いて、必ず仮釈放の処分をすること」という提案は、多くの反対論があったが、なお捨てがたいように思われる。

> **考試期間主義**　再犯の危険性を標準として仮釈放期間を定める立場を考試期間主義といい、この立場は、ドイツなど多くの国が採用するものである。これは、仮釈放を刑の一形態と考える立場からの帰結であり、本文のような矛盾を回避することはできるが、刑期を超えて自由の拘束ができるかという人権上および責任主義からの問題が生ずる。なお、必要的仮釈放に対しては、(1)刑期の一定部分の経過によって機械的に釈放するのは仮釈放の本質に反する、(2)満期受刑者の多くは再犯の危険が高い、(3)仮釈放を多用すれば必要的仮釈放と同じ効果を期待できるなどの反対論がある。しかし、社会的予後の悪い受刑者こそ社会内での処遇が必要なのである。

(ウ) 善時制　善時制とは、被収容者が施設内で一定期間善行を保持したことに対する褒賞として、その刑期から法定の期間を短縮して、刑期満了前に釈放する制度をいう。例えば、善行保持を条件に1か月に5日の割合で刑期を短縮し、累積日数分だけ早期に仮釈放するのである。善時制は、もともとは苛酷な定期刑の緩和策としてベンサムによって考案され、19世紀の初めにニューヨークで採用されたのが嚆矢であるといわれ、その後アメリカ各州に普及し、イギリスおよびヨーロッパ大陸にも波及した。パロール導入以後衰退したが、パロールと善時制を併用している国はアメリカの諸州をはじめ少なからず存在する。

わが国においても、第二次大戦中に造船奉公隊などについて善時制的仮釈放が行われたが、制度的には採用されていない。こうして、善時制の採否が問題となってきたが、施設内での善行保持を釈放許否の判断の材料にするところから、被収容者の偽善を助長し狡滑な者が得をする結果になりかねない。累進処遇制度が廃止された現在、善時制ないし考査制は、考慮する余地がない（⇒227頁）。仮釈放は、再犯の危険と社会復帰の可能性という観点から運用されるべきであろう。

(2) 運用上の問題点　仮釈放は、受刑者等の被収容者の処遇にとって是非とも必要な制度であり、必要的仮釈放とまではいかなくても、仮釈放

図7　出所受刑者数・仮釈放率の推移

(昭和24年～平成19年)

2008犯罪白書71頁

を原則化し、できるかぎり多く仮釈放を許すべきであるとするのが一般の見解である。しかるに、1950（昭和25）年の72.7％をピークとして、仮釈放率は低下を続け〔図7参照〕、1981（昭和56）年には50％にまで落ち込んだのである。その背景には、①暴力団関係者、覚せい剤事犯者など仮釈放の対象となりにくい受刑者の増加、②再犯者の増加があるにしても、受刑者の半分近くが満期出所者であるという現実は、仮釈放原則化の理念からはほど遠い。2007（平成19）年における定期刑仮釈放許可人員の刑の執行率をみると、刑の執行率が80％以上の者が実に67.6％（5年前55.1％）であるというのであるから、社会内処遇といってもそれは名ばかりで、本当は「現行仮出獄制度は、再犯の可能性の低い者を選んで、その者に保護観察を提供して指導・援護を実施し、出所後、最も指導・援護を必要とする再犯可能性の高いものには何の援助もしないという矛盾した運営」（柳本・刑事政策読本〔補訂版・1993〕220頁）になっているのである。実際、仮釈放者の取消率は5％前後と極めて低く、また、出所者の再入率においても満期釈放者よりはるかに低いことから判断して、いかに予後の良い受刑者だけが仮釈放を許されているかが判明するであろう。このように、仮釈放の実態における問題点は、その適用が **あまりに消極的** であるため、社会

内処遇の出発点としての機能を果たしていないところにある。こうして「このような消極的運用を続けていれば、今後次第に仮出獄制度が先細りになるだけではない。現に、保護観察によって問題解決の見込のある者を、若干の不安を理由に仮出獄の機会を与えず、再犯しやすい状況に追い込むことによって、結果的には出所受刑者全体の再犯率を高めることになるのである」（伊福部舜児「仮出獄者の選択について」更生保護と犯罪予防60号〔1981〕56頁）との指摘は、今日でも通用するのである。

(3) **仮釈放の積極化** 以上のような状況のもとで、法務省保護局は、関係部局と協議連携のもとに、1984（昭和59）年以降、仮釈放の積極化施策を打ち出し、その後、仮釈放率は、50〜53％台で推移していたのであるが、2007（平成19）年には男性48.8％（前年比1.9ポイント以下）、女性が74.6％（同4.3ポイント以下）であり、仮釈放率は全体として低下しているのであって、近い将来仮釈放の原則化の理念に近づくことは、無理であるといわざるをえない。

それでは、仮釈放の積極化を阻むものは、何なのであろうか。

第1は、仮釈放許可基準である。現行の「改悛の状」の判断基準のうち、①再犯のおそれがないと認められること、②社会の感情が是認すると認められることの2つの要件は、仮釈放の許可にとって考慮せざるをえないものであろう。しかし、これらの要件は、いずれも測定しがたい性質のものであるところから、「改悛の状」の本来の意味に立ち戻って、本人が過去を反省し、自ら立ち直ろうとする更生の意欲をもっているかどうかを判断基準の中心に据えるべきである。

第2は、社会内処遇＝保護観察の充実である。保護観察の現状については次節で述べるが、率直にいって従来のままの処遇体制のもとで仮釈放を原則化すれば、仮釈放者の犯罪は激増し、社会の反発を招いて、再び仮釈放の消極的運用へと逆戻りすることは必定であろう。仮釈放制度の適正な運用にとっては、何よりも、保護観察官不足の解消、帰住地確保のための施策、保護司の能力の向上など、社会内処遇における人的・物的条件の改善が必要である。更生保護法施行の効果が期待されるゆえんである。幸い、保護観察官の増員については大きな前進があり、2006（平成18）年に30人、2007（平成19）年に24人、そして更生保護法が施行された2008（平成20）

年には53人の増員となり、2009（平成21）年分としても51人の増員が予定されている。行政機関の総人件費改革が進められている現状のもとでは、画期的な増員であるといえよう。ここに一条の光を見い出し、更生保護充実の兆を読み取ることは、不当でないように思われる。

　第3は、矯正と保護における一層の連携強化 である。従来、仮釈放申請に関連する調査は、地方委員会所属の保護観察官がすべて行ってきたため、調査や連絡調整が不十分であったところから、既述の仮釈放準備調査の方法が採られ、またそれを一歩進めるものとして、保護観察官が週3日ないし4日施設において執務する 施設駐在官制度 が設けられ、さらに釈放前指導等への協力がされてきたが、これらの試みの普及および強化が図られるべきであろう。また、保護と矯正との間で、仮釈放基準の具体的な検討を行い、地方委員会における判断基準を、矯正側に納得のいくような客観的なものにする必要がある。

第3款　保護観察

I　保護観察の意義と種類

　(1) **意義**　　保護観察は、犯罪者または非行少年を施設に収容しないで、社会のなかで通常の生活を営ませながら、指導監督するとともに、必要な補導援護して、対象者の改善更生を図るもので、社会内処遇の中核をなすものである。わが国の保護観察制度は、英米で発達したパロール（parole）とプロベーション（probation）を土台として作られたものである。すなわちパロールは、犯罪者（非行少年）を施設に収容した後、仮に釈放して社会内で処遇するものである。これに対してプロベーションは、犯罪者（少年）を施設に収容することを猶予して、社会内で処遇するものである。わが国の保護観察は、それに加えて、終局処分として指導監督・補導援護する処遇を含む。

　(2) **保護観察の種類と期間**　　わが国の保護観察は、保護対象者によって、以下の4種類に分かれる。①1号観察＝少年に対する保護処分としての保護観察（「保護観察処分少年」少24条1項、更生48条1号）、②2号観

察＝少年院仮退院者に対する保護観察（「少年院仮退院者」更生48条2号）、③3号観察＝仮釈放者に対する保護観察（「仮釈放者」更生40条）、④4号観察＝執行猶予者に対する保護観察（「保護観察付執行猶予者」刑25条の2第1項）である。①と④はプロベーション型保護観察、②と③はパロール型保護観察といわれているが、①は終局処分としての保護観察であり、日本独自の制度である（なお、婦人補導院を仮退院した者が受ける保護観察〔いわゆる5号観察〕は、対象者がいないため、更生保護法立案の際に削除された）。

保護観察の期間は、①の場合、言渡しの日から対象者が20歳に達するまで（その期間が2年に満たない場合は2年―更生66条）、②の場合、仮退院の日から仮退院期間の満了まで（更生71条）、③の場合、仮釈放の日から刑期が満了するまで。④の場合、判決確定から猶予期間が満了するまでである。

在宅拘禁（house arrest, home detention）　在宅拘禁とは、刑事司法のいずれかの段階において、元来、刑事施設に収容すべき犯罪者を自宅に置き、一定の行動を制限することをいう。施設拘禁に係るラベリング等の弊害の回避および過剰拘禁の緩和を目指すもので、1960年代のアメリカで少年犯罪者の処遇について実施が試みられ、1980年代から本格的に実施されているものである。(1)夜間および週末に在宅を命ずる集中的保護観察（intensive probation supervision＝IPS）、(2)夜間外出禁止（curfew）を中心とする保護観察に分かれ、その監視方法として電子監視を用いる場合もある。この制度は、既述の目的に適するものであるが、個人および家族に対する監視を強化しプライバシーの侵害をもたらす点で問題を残すであろう。

Ⅱ　保護観察処遇の内容

保護観察は、保護観察に付されている者（保護観察対象者。以下、「対象者」と略す）に対する指導監督および補導援護を内容とする犯罪者の社会内処遇である。保護観察は、保護観察官と保護司の協働体制のもとに実施される（更生49条）。

(1)　**指導監督**　指導監督とは、対象者が遵守事項を守るように指導し、取り締まることであり、次の方法による。①面接その他の方法により対象

者と接触を保ち、その行状を把握すること、②対象者が一般遵守事項および特別遵守事項を遵守し、また、生活行動指針に即して生活し、行動するよう、必要な指示その他の措置を執ること、③特定の犯罪的行動を改善するための専門的処遇を実施すること（57条）。遵守事項違反に対しては、施設への収容といった厳しい措置を執ることができるのであるから、指導監督は対象者への心理的強制の性質を有する権力的なものである点に特色がある。

(2) 補導援助　補導援助は、対象者に自助の責任があることを踏まえ、対象者の主体性を認めて、自立した生活を営むことができるように導き支援をすることであり、次のような方法がある。①適切な住居その他の宿泊場所を得ることおよび当該宿泊場所に帰住することを助けること、②医療および療養を受けることを助けること、③職業を補導し、就職を助けること、④訓練の手段を得ることを助けること、⑤生活環境を改善し、調整すること、⑥社会生活に適応させるため必要な生活指導を行うこと、⑦対象者が健全な社会生活を営むために必要な助言その他の措置を執ること（58条）。補導援助は、非権力的・福祉的な性質を有する点に特色がある。

(3) 遵守事項　保護観察中に対象者全員が義務として守らなければならないもので、一般遵守事項と特別遵守事項とがある。

(ア) 一般遵守事項　①再び犯罪をすることがないよう、または非行をなくするよう健全な生活態度を保持すること、②保護観察官または保護司から、呼出し・訪問を受けたときは、これに応じ面接を受けること、労働や通学などの生活の実態を明らかにするよう求められたときは、これに応じ、その事実または関連する資料を提示し、指導監督を確実に受けること、③保護観察に付されたときは、速やかに住居を保護観察所に届け出ること、④届出をした住居に居住すること、⑤転居または7日以上の旅行をするときは、保護観察所の長の許可を受けること。なお、保護観察の長は、対象者に対し、一般遵守事項の内容を記載した書面を公布しなければならない。

(イ) 特別遵守事項　特別遵守事項を定めるについては、これに違反すれば仮釈放の取消しなどの不良措置が執られることから、①対象者の改善更生にとって特に必要と認められる範囲（必要性の要件）で定めること、

②具体的に定めること（**具体性の要件**）が求められる。特別遵守事項には、一般遵守事項に対応する生活上の規範を内容とする事項および保護観察の実効性を確保するための規範を内容とする事項に分けることができる。前者は、①犯罪性ある者など犯罪または非行と結びつきやすい特定の行動をしてはならないこと、②労働に従事するなど健全な生活態度を保持するに必要な特定の行動を実行することを対象者の義務とするものである。後者は、①7日未満の旅行や離婚など生活上・身分上の特定の事項については保護観察官または保護司に申告すること、②特定の犯罪的傾向を改善するために法務大臣が定めた処遇を受けること、③法務大臣が指定する施設等で一定の期間宿泊して指導監督を受けること、④その他、指導監督の実効性を確保するために特に必要となる事項を対象者の義務とするものである。②の類型には、特定の犯罪的傾向を改善するための専門的処遇プログラムとして、性犯罪処遇プログラムがあるが、今後、覚せい剤事犯者処遇プログラムの導入が予定されている。また、③の類型としては、自立更生促進センターが想定されている。

(4) **特別遵守事項の設定・変更・取消し**　従来は、保護観察の開始時に特別遵守事項を必ず設定しなければならなかったが、更生保護法は、保護観察対象者の改善更生の状態に応じた弾力的な処遇を可能とするため、特別遵守事項の設定は必要的でないとし、また、保護観察の途中においても設定変更が可能であるとした（更生53条）。特別遵守事項の設定・変更・取消しの主体は、対象者によって異なる（52条、53条）。①保護観察処分少年については、保護観察所の長が家庭裁判所の意見を聴いて特別遵守事項を設定・変更し、取り消すことができる。②少年院仮退院者、仮釈放者については、原則として、地方委員会が保護観察所の長の申出により、決定で設定・変更し、取り消すことができる。③保護観察付執行猶予者については、保護観察所の長が裁判所の意見を聴いて設定・変更し、取り消すことができる。

なお、特別遵守事項の設定主体（保護観察の長）は、特別遵守事項を定め、または変更したときは、当該対象者に対し、内容を記載した書面をもって交付しなければならない（55条）。

(5) **生活行動指針**　生活行動指針とは、保護観察所の長の定める保護

観察対象者の改善更生に資する生活または行動の指針をいう (56条)。従来、特別遵守事項は、違反しても仮釈放の取消しといった不良措置が執られないような生活指針的な努力目標を含んでいたのであるが、既に述べたように、特別遵守事項違反は厳しい制裁の対象になるのだから、違反しても不良措置が執られないような事項は特別遵守事項に入れるべきではないということになろう。そこで、生活や行動の指針・努力目標的な規範は特別遵守事項からはずし、生活行動指針として、違反しても不良措置には結びつかない制度を新設したのである。

(6) **保護者および犯罪被害者に対する措置**　保護観察処分少年および少年院退院者の改善更生にとって、親等の 保護者の役割 は極めて大きい。そこで、保護観察所の長は、必要があると認めるときは、保護観察中の少年の保護者に対し、その少年の監護に対する責任を自覚させその改善更生に資するため、指導、助言その他の適当な措置を執ることができることとした (59条)。また、被害に関する心情、被害者のおかれている状況を知ることは、保護観察対象者の改善更生にとって極めて大切である。保護観察所の長は、保護観察対象者について、被害者からその心情等の伝達の申出があったときは、心情等を聴取し、伝達することができるという 心情伝達制度 を設けている。

Ⅲ　保護観察の機関と処遇の実施

(1) **保護観察の管轄と機関**　保護観察は、保護観察対象者の居住地 (住所がないか、または明らかでないときは、現在地または明らかである最後の居住地もしくは所在地) を管轄する 保護観察所 がつかさどる。

　保護観察を担当する機関は、法務省保護局、中央更生保護審査会、地方更生保護審査会 および 保護観察所 であるが、対象者の処遇に直接従事するのは、常勤の国家公務員である保護観察官とボランティアである保護司であり、両者が共に担当する協働態勢によってその任に当たる。

　保護観察官 は、法律のうえでは、医学・心理学・教育学・社会学その他の更生保護に関する専門的知識に基づき、保護観察、人格考査その他犯罪者の更生保護および犯罪の予防に関する事務に従事するものとして位置づ

けられた国家公務員であり（更生31条2項）、現在、総数約1,000人のうち実際に保護観察処遇を担当している保護観察官は804人であり、2007（平成19）年12月31日現在、保護観察官1人当たりの保護観察の負担件数は約65件である（法務省保護局「更生保護の現状」法曹時報60巻6号〔2008〕127頁）。

　このようにして、保護観察官は膨大な事件量を負担し処理しなければならないため、対象者と適当に接触を保つことは期待できず、いきおいデスク・ワークに追われることになり、実際の保護観察処遇は非専門的な保護司に委ねられることになる。保護司は、非常勤の国家公務員であるが、実質的にはボランティアである。「保護司は、保護観察官で充分でないところを補い、地方委員会又は保護観察所の長の指揮監督を受けて」（32条）保護観察の事務に従事すべきものとされているが、実際には、保護司が処遇を担当し、保護観察官は、本来の対象者ではなく保護司の指導・監督に従事しているという皮肉な結果となっている。こうして保護司は、保護観察所の組織に組み込まれ官僚化しつつあるところから（瀬川晃「保護観察と民間篤志家の役割」現代刑罰法大系7・362頁）、民間篤志家としてのメリットを発揮できない結果ともなっている。さらに、保護司の高齢化（平均年齢60歳）、専門知識技術の欠如、資質・能力のばらつき、選出層の固定化および名誉職化など、現在の保護司制度は多くの問題をかかえている。そして、保護司の定員は5万2,500名であるのに対し、ここ数年間は4万8,000人台（2008年〔平成20〕1月1日現在4万8,919人）で推移しており、こちらも人員不足の状況にある。社会内処遇体制の非力が指摘されるゆえんである。

　(2) 保護観察処遇　保護観察官は保護観察を円滑に実施するため保護観察開始の当初において、関係記録や本人との面接によって得た資料に基づき、処遇上の問題点を明らかにして処遇計画を立て、これを保護司に指示し、保護司は実施計画に限って本人との面接や家族への訪問等により、直接の指導・援助等を行うのである。処遇の経過は、毎月保護司から保護観察所に報告され、保護観察官は、保護司と連絡を保ちつつ処遇上の措置を講ずることになっている。なお、本来の保護観察処遇と並行して、以下のような保護観察処遇の多様化が図られている。

(ア)　段階別処遇制度　　2008（平成20）年6月以降に付された保護観察対象者については、分類処遇に代えて段階的処遇による体系的な保護観察が実施されることになった。段階的処遇とは、保護観察者にその改善更生にかかる状態の変化を的確に把握し、これに基づいて、保護観察対象者の処遇の難易によって区分した各処遇段階に編入するとともに、各処遇段階に求められる処遇の強度に応じて、適正効率的な処遇活動を行うほか、処遇の実施状況に即して、処遇段階の変更、不良措置、良好措置等の措置が的確にとられるようにすることにより、体系的な保護観察処遇を実施するものである（2008犯罪白書77頁）。弾力的な処遇が可能なものとして、意味がある。

(イ)　類型別処遇制度　　類型別処遇は、保護観察処遇として、1990（平成2）年から新たに導入された処遇方法である。これは、シンナーの濫用対象者、覚せい剤事犯者など、保護観察対象者のもつ問題性その他の特性を、その犯罪・非行の態様、環境条件等によって類型化したうえで、各類型ごとに具体的な処遇方針を例示し、その特性に焦点を合わせた処遇を実施し、分類処遇とは別の角度から処遇を充実させようとする目的で取り入れられたものである。2003（平成15）年に類型項目の改正が行われ、現在は、①覚せい剤事犯、②問題飲酒、③暴力団関係、④性犯罪等、⑤精神障害等、⑥高齢、⑦無職等、⑧家庭内暴力、⑨ギャンブル依存、以上9つの類型につき、処遇要領に基づいて個別処遇が実施されている。また、一部の保護観察所では、保護観察対象者に対する集団処遇や講習会が実施されている。分類処遇制度との関連が明確でないこと、各類型に応じた処遇技術の開発が十分でないことなど、その効果が問われているが、保護観察処遇の多様化として積極的に評価すべきであろう。

(ウ)　交通短期保護観察制度　　交通犯罪にかかる保護観察処分少年のうち、裁判所により短期の保護観察が相当であるという処遇勧告がなされた者に対しては、交通短期保護観察が実施されている。交通短期保護観察は、安全運転に関する討議を中心とした集団処遇と、毎月1回の生活状況に関する少年からの報告とを主な内容とする処遇である。保護観察開始後3か月ないし4か月を経過して、その間に車両の運転に関する再犯がなく、集団処遇に出席し、生活状況に関する報告を行い、少年の更生上支障がない

と認められるときは、保護観察を解除するというものである。なお、平成6年9月からは、交通犯罪以外で保護観察処分に付された少年についても短期保護観察が実施されている。例えば、重点的に指導すべき領域を定め、毎月1回自己の生活状況について報告させるといった試みがなされている。

　（エ）　保護観察官による処遇の強化制度　　保護観察所ないし保護観察官による保護対象者に対する処遇のあり方については、前記「有識者会議」からの厳しい提言があった。それに応えるものとして、近年、新たにいくつかの施策が講じられている。

　　(a)　長期受刑者等に対する処遇強化制度　　2007（平成19）年から、長期仮釈放者を含む重点的保護観察を実施すべき者のうち、生活状態または精神状態が著しく不安定になっているため、処遇に特別の配慮を必要とするものについて、保護観察官が直接的関与を強めて、指導監督・補導援護を実施することにより、その再犯防止を図る方法が実施されるようになった。また、仮釈放者および保護観察付執行猶予者のうち、暴力的性向があり、処遇上格別の注意を要するものについても、保護観察間の関与を強化した綿密かつ専門的な処遇が実施されることになった。保護観察官の処遇の関与を強化するものとして注目される。

　　(b)　所在不明中の保護観察対象者の発見　　従来、所在不明となっている保護観察対象者については、格別の措置を講じてこなかったことに反省を加え、保護観察所の長から警察本部長に協力を依頼し、迅速な所在発見に努める体制の取組みがなされた。その結果、試行期間である2005（平成17）年12月から2008（平成20）年3月31日の間に、1,083人の所在が判明した。

　（オ）　定期駐在制度　　これは、あらかじめ定めた場所に保護観察官が定期的に出張し、対象者およびその家族等関係者との面接による指導や助言、保護司との連絡協議等を積極的効率的に実施するための制度である。

　（カ）　保護観察所の応急の救護　　保護観察に付されている者が、疾病または適当な住居や職業がないため、その改善更生を妨げられるおそれがある場合には、保護観察所において応急の措置が講じられる。これには、保護観察所が自ら行う食事・衣料の給与、医療の援助、帰住旅費の支給および更生保護法人に委託して行う宿泊保護がある（更生62条）。

(キ) 中間処遇　これは、長期受刑者の社会復帰が困難であり、その社会内処遇の効果を高めるため中間施設を利用する必要があるとの見地から、1979（昭和54）年に開始されたもので、無期刑および執行刑期8年以上の受刑者が仮釈放を許された場合に、本人の同意に基づいて一定期間更生保護法人の施設に居住させ指導するための制度である（1979年「長期刑仮出獄者中間処遇等実施要領」）。中間処遇の実施期間は1か月を原則とし、保護観察官が更生保護法人に駐在し、指導援助を行うとともに帰住地の環境調整にも当たるものとされている。中間処遇の実施後は、通常の保護観察に付される。2007（平成19）年には、94人に対してこの制度が実施された。

　(ク) 簡易尿検査　覚せい剤事犯により受刑し仮釈放された者に対して、本人の自発意思に基づく簡易尿検査を活用した保護観察処遇である。覚せい剤乱用者のうち、3号および4号対象者について、簡易尿検査キットの仕様と面接を併用して、断薬意思を強化しようとするものである。

　(3)　保護観察対象者に対する措置　保護観察は、保護観察期間の満了によって終了するが、それ以前においても、保護観察の結果、行状が安定し再犯のおそれがないと認められるものに対しては、良好措置が認められる。すなわち、①保護観察処分少年について、保護観察を終了させる解除または一時解除させる良好措置（69条、70条）、②少年院仮退院者について、保護観察を終了させる（本）退院、③刑の短期を経過した不定期仮出獄者について、刑の執行を終了したものとする不定期刑終了、④保護観察付執行猶予者について、保護観察の仮解除がある。なお、仮釈放中の者に対する良好措置は存在しない。

　保護観察の期間中に、遵守事項違反および再犯等があった者に対しては、次のような措置（不良措置）が執られる。①保護観察処分少年については、家庭裁判所へ新たな処分を求める通告がなされる（70条5項）。②少年仮退院者については、少年院に再収容する戻し収容が行われる（71条）。③所在不明になった仮釈放者については、刑期の進行を止める保護観察の停止、その他の場合は仮釈放の取消しによる行刑施設への再収容の措置が執られる（75条）。④保護観察付執行猶予者には執行猶予取消しによる行刑施設への収容の措置が執られる（79条）。

保護観察対象者が、一定の住居に居住しない場合や、遵守事項を遵守しなかったことを疑うに足りる十分な理由があり、かつ、保護観察所の長の出頭命令に応じない、または応じないおそれがある場合には、裁判官の発する引致状により引致を行い、さらに、不良措置の審理を開始する旨の決定により、一定の期間、所定の施設に留置する措置が執られる。保護観察処分少年および少年院退院者を含めて、2007（平成19）年中に引致された者は377人であり、留置された者は334人であった（2008犯罪白書79頁）。

Ⅳ　保護観察の運用の現状と問題点

　(1)　**運用の現状**　　保護観察の新規受理人員は、1975（昭和50）年以降増加傾向を示し、1984（昭和59）年には約10万人に達し、1990（平成2）年にピークを迎えたが、その後はおおむね減少に転じ、2007（平成19）年現在は5万8,368人である。

　保護観察の効果についてみると、2007（平成19）年度における保護観察付執行猶予者の保護観察中における再犯率が34％を超え高い数値を示しているのに対し、仮釈放者の再犯率は16.4％と極めて低い。前者が高いのは対象者の選別に一因があると考えられるから、保護観察処遇の評価に直結するものではないが、保護観察の充実によって再犯率を低下させることは可能であろう。同じことは1号観察および2号観察についてもいえる。他方、仮出獄者の再犯率が低いのは、対象者が限られていること、保護観察期間が概して短いことに起因しているのであって、保護観察処遇の効果があがっていることを必ずしも意味するものではない。このようにして、保護観察処遇の効果は芳しいものとはいえないように思われる。

　もっとも、再犯率や再入率で処遇効果を論ずるのは、あまり意味のあることではない。問題は、個々の対象者のニーズに応える処遇がなされたかどうかにあり、その処遇が再犯の防止に結びついたときに、処遇が成功したといえるからである。その意味では、一般に行われているような、保護観察中における再逮捕、再入所、再犯の割合などの統計的方法によって保護観察処遇の成功・失敗を判断する方法は適当でなく、むしろ個別事例研究によって効果を測定することが必要となろう。

(2) 保護観察の問題点　それでは、個々の対象者のニーズに答える保護観察という理念からみた場合、現在の保護観察にはどのような問題点があるであろうか。

　第1は、保護観察体制に関する問題である。保護観察官として実務を担当しているのは、先にも指摘したとおり、800人余りである。負担件数は1人当たり65件といわれている。保護観察の新規受理人員が減少傾向にあるとはいえ、これまでの体制で社会内処遇を飛躍的に向上させ、効果的な社会内処遇を実践し、再犯防止を図るのは困難な状況にある。それだけでなく、既に指摘したように、定期駐在制度や短期保護観察制度をはじめとして、保護司との協働ではすまない保護観察官自身の業務が増加し、また、多様化しつつある。処遇の科学化が進むにつれて専門家である保護観察官の役割は不可欠になるから、保護観察官を軸とした保護観察体制の一層の強化が求められることは必定である。これまでしばしば指摘されてきた、①保護観察官増員の確保、②保護観察官を軸とした保護観察体制の確立、③保護司を含む民間協力体制の抜本的見直しが焦眉の急となってきている。

　このようにして、「有識者会議」が強調した「脆弱な保護観察体制」の見直しは、喫緊の課題であるといわなくてはならない。問題は、国の財政である。周知のように、国家公務員定員削減は既に閣議決定済みであり、2006（平成18）年度から5年で5.7％の純減ということになっている。このような政府の方針からすると、保護観察体制の強化は初めから論外ということになりかねない。しかし、「犯罪に強い社会の実現」を目指し、犯罪抑止にとって重要なる再犯の効果的な抑止は、保護観察体制の強化を含む社会内処遇の確立にあるのだから、保護観察官の役割を重視した更生保護法の施行を契機に、増員計画は、何としても取り組まなければならないのである。この点、既に指摘したように（⇒287頁）、更生保護法制定に前後して、それまで毎年1桁止まりであった人員の増加が動きだし、2006（平成18）年が30人、2007（平成19）年が24人、2008（平成20）年が53人、そして、2009（平成21）年では51人が既に予算化されているということである。公式発表がないので確定的なことはいえないが、これが事実とすれば、文字通り画期的なことといわなければならない。おそらく保護観察官の業務の拡大が人員の確保に反映したものと考え、今後の保護観察体制の

強化に注目するところである。こうした現状においては、保護観察対象者の分類を推進し、保護観察官の直接担当制、重点観察制を拡大して、一歩でも処遇の科学化・個別化の理念に近づける努力を続けるべきである。

なお、このことは保護司制度を不要視したり軽視することを意味するものではない。犯罪者を社会復帰させるためには、専門的な処遇だけでは足りず、地域に根差した民間の協力が絶対に必要なのであり、保護司は保護観察官の業務を代行するのでなく、民間性・地域性の面から「保護観察官の充分でないところを補」(更生32条) うべきなのである。このようにみてくると、保護司については、定員の確保につとめるとともに、地域社会に関する情報が多く社会資源の活用において影響力が行使でき、かつ、民間人として柔軟なサービスが可能な人材を選任できるようにすべきである。

> **保護司の民間性・地域性** (1) **民間性** とは、「官僚的権威をもたない気安さから対象者とよりよい人間関係を作りやすい立場にあり、民間人として、規則や勤務時間に拘束されない柔軟なサービスを提供すること」(原一馬「保護司及び保護司組織」更犯41号〔1976〕52頁) をいう。しかし、「保護観察官の職務を肩代わりし、保護観察所の行政組織に組み込まれていることから、かなりの程度に官僚的色彩をもたざるをえない」(瀬川・刑罰法大系7・361頁)。(2) **地域性** とは「対象者や地域社会に関する情報が多く、対象者との接触・交流・社会資源の活用及び影響力の行使が容易であること」(恒川京子「保護司制度について」日本の矯正と保護 3 巻261頁) をいう。しかし、現在の選任方法でこの種の人材を得るのは困難であろう。なお、保護司の地域性との関連では、対象者の **秘密保持** の困難を指摘する向きもある。

第 2 は、処遇方法の問題 にかかわる。保護観察官に科学的専門知識を要求している現行法は、その前提として科学的な社会内処遇(治療モデル)を理念としてきたといってよいであろう。その結果、処遇の実態はともあれ、保護観察官は 科学的な処遇の専門家 であり、ケースワーカーとして位置づけられ、当然のことながら対象者は処遇の客体としての法的地位を与えられてきた。しかし、かかる処遇方法で対象者のニーズに答えられるかについては疑問があり、近年においては人間性を根底においた処遇、あるいは無条件の援助を中心とする処遇が提案されているところである。

思うに、犯罪者処遇が非科学的・非合理的なものであってはならないこ

とは勿論であり、社会内処遇においても処遇の科学化・合理化を理念とすべきである。しかし、犯罪者処遇においては、対象者の人間性・自主性を尊重し、改善更生への意欲を喚起させることが重要であり、受刑者の処遇においてもこのことは強調されるべきなのであった。ましてや、対象者は通常の社会生活をおくるのであるから、対象者の主体性を最大限尊重する必要性は一段と大きい。処遇計画に対象者の意見を可能なかぎり反映させるなど、従来のケースワーク理論に基づく処遇技術を再検討する必要があるように思われる。

> **非拘禁措置最低基準規則**（東京ルールズ） 1990年第8回国連犯罪防止会議は、「非拘禁措置最低基準規則」を採択した。刑事司法における非拘禁措置の基準を定めたものであるが、社会内処遇に関連するものとしては、(1)非拘禁措置の法律化、(2)措置の選択における対象者の同意と個人の尊重、(3)指導監督の定期的点検、(4)遵守事項における犯罪者および被害者の要求・権利への配慮などが規定されているが、社会内処遇においても対象者の人権に配慮すべきである。

第3は、対象者の問題である。特に4号観察については適切な選択による再犯率の低下が図られるべきである。また、運用面で特に問題となるのは、高齢者と外国人の対象者であり、社会の高齢化・国際化に対応した施策が必要となろう（⇒416頁、444頁）。なお、仮釈放の活性化も対象者の選択の問題にかかわる（⇒287頁）。

第4款　更生緊急保護・恩赦・時効・社会奉仕命令

I　更生緊急保護

(1) 意義　更生緊急保護とは、刑事上の手続による身体の拘束を解かれた後、親族、縁故者等からの援助もしくは公共の衛生福祉その他の施設から医療、宿泊、職業その他の保護を受けることができない場合に、**緊急に**、その者に対し、帰住をあっせんし、金品を供与しもしくは貸与する等の一時保護または一定の施設に収容して、宿泊所を供与し、必要な教養、訓練、医療、保護もしくは調整を図る等の継続保護を行うことにより、本

人が進んで法律を守る善良な社会人となることを援護し、その速やかな更生を保護する国の措置をいう（更生85条）。

更生緊急保護は、かつて、更生緊急保護法に基づいて実施されていたが、更生保護事業法の施行に伴なって同法は廃止され、新たに犯罪者予防更生法において規定された。そして、更生保護法の制定に伴って、同法に盛り込まれたのである。罪を犯した者のうち満期釈放者および起訴猶予者など保護観察の対象とならない犯罪前歴者のなかには、身体の拘束を解かれた後、親族や社会福祉施設からの援助が得られないために再犯の危険性をもつ者が多い。更生緊急保護は、一定の者に対して、必要に応じて緊急適切な保護の措置を講じ、①勤労意欲の涵養および就労の安定化、②家族関係の調整、③不良交友関係の断絶、④家出・外泊の矯正、⑤適当な住居、保護者の選択などを行い、社会復帰を円滑にして、これらの者の再犯防止を図るための制度である。

(2) 措置の内容　更生緊急保護を受けることができる者は、①満期釈放者および仮出獄期間満了者、②懲役・禁錮・拘留の執行を免除された者、③懲役・禁錮につき刑の執行猶予の言渡しを受け、裁判が確定されるまでの者、④懲役・禁錮につき刑の執行猶予の言渡しを受け、保護観察に付されなかった者、⑤起訴猶予の処分を受けた者である（85条1項）。

更生緊急保護は、対象者の改善更生に必要な限度で、「国の責任」（85条2項）において行われる。保護措置は、本人からの申出があり、これに対して保護観察所長が保護の必要性を認めた場合に実施される。保護の期間は、対象者が刑事上の手続による身体の拘束を解かれた後6か月を超えない範囲である（85条4項）。措置は、国の責任において、保護観察所の長が自ら行うか（自庁保護）、更生保護法人に委託して行う（委託保護）。措置の内容としては、保護観察所において行う食事・衣料の給与、医療の援助、帰住のための旅費の支給（一時保護）、更生保護法人に委託して行う宿泊の供与（継続保護）、およびこれに伴う補導の実施がある。

(3) 更生保護事業　更生保護事業は、更生保護事業法に基づくものである。更生保護事業法は、更生保護会を中心として行われてきた更生緊急保護事業の経営難等を打開するために、国の責務を明確にすることを主たる目的として制定されたものであるが、同時に更生保護会を更生保護法人

として税制面で優遇するなど社会福祉的なものとし、併せて、更生保護事業の概念の明確化を図り、対象者を広げて保護事業を拡大している。

　更生保護事業は、保護観察、更生緊急保護等の国の措置を円滑かつ効果的に実施するものであり、その観点から、更生保護事業法は所要の改正を行っている。すなわち、第1に、更生保護事業としては、既述の継続保護および一時保護に関する事業のほかに、継続保護事業、一時保護事業およびこれらの事業の対象となる者の更生を助けることを目的とする事業に関する啓発、連絡、調整または助成を行う事業を加え、従来、事業の対象外であった関係団体や社会啓発活動なども事業に取り込んでいる（2条4項）。第2に、更生保護の対象者に保護観察対象者を加え、さらに更生保護会が任意に実施してきた罰金・科料の言渡しを受けた者および少年院退院者等の犯罪・非行前歴者にも対象を広げている。

(4) 現状と問題点　更生保護事業は、犯罪者の社会復帰にとって極めて重要な意義を有することは改めて述べるまでもない。更生保護事業による保護事件についてみると、2007（平成19）年の受理総数は、1万4,089人である。これを対象者ごとにみると、刑の執行終了者9,634人（68.4％）であり、起訴猶予者は1,966人（14％）、刑の執行猶予者1,822人（12.9％）となっている。刑の執行終了者つまり刑務所出所者の3.5人に1人が直接更生保護法人に帰住しており、社会復帰を円滑にするために、旧法のもとで全国に99団体を数える直接更生保護法人の果たした役割は大きいものがある。しかし、戦後、一時期は170を数えた直接更生保護会は、もともと経営基盤が弱体であったことに加え、事業の性質上迷惑施設として国民から排除されて、経営難に陥り、2008（平成20）年4月現在、遂に101団体に至っている。また、職員不足などから十分な処遇が行われていないとも評されてきた。こうした状況のもとで更生保護事業を確固たるものにすることは、刑事政策上の急務であるといえよう。

Ⅱ　恩　赦

(1) 恩赦の意義　恩赦とは、行政権によって刑罰執行権の全部または一部を消滅させ、その効果を弱めることをいう。恩赦法に基づいた制度で

あったが、更生保護法の制定に伴って同法に取り込まれた。この種の制度は、国家的慶弔の意を表わす趣旨または政治的目的のために、洋の東西を問わず古くから存在しているものであるが、その刑事政策的意義は、法律の画一性がもたらす弊害を回避し、刑の執行の具体的妥当性を保持することによって、犯罪者の改善更生および社会秩序の維持を図ることにある。

> **恩赦の具体的機能**　(1)本人の行状や社会感情の変化に応じて刑の言渡しの効力を緩和すること、(2)社会の変化や法令の改廃に合わせて刑罰権を修正すること、(3)国家的慶弔を刑事政策に利用すること、(4)誤判の救済、などが恩赦の具体的機能である（平田友三「恩赦」現代刑罰法大系7・42頁）。

(2)　恩赦の種類　恩赦は、その法律上の効果の点から、大赦、特赦、減刑、刑の執行の免除および復権に分けられる。①大赦とは、特定の犯罪者全体について一般的に刑罰執行権を消滅させるものである。その方法は、政令で罪の種類を定め、刑の言渡しの効力を失わせ、もしくは、有罪の言渡しを受けていない者について公訴権を消滅させるものである。②特赦とは、有罪の言渡しを受けた特定の者の有罪の言渡しの効力を失わせることをいう。③減刑は、政令によって一律になされる一般減刑と特定の者に個別的になされる個別減刑とに分かれる。個別減刑は、さらに刑を減軽するものと刑の執行を減軽するものとに分かれる。ただし、刑の執行猶予の言渡しを受けて、まだ猶予期間が経過しない者に対しては、刑を減軽する減刑のみを行い、これと併せて猶予期間を短縮することもできる（恩6条、7条）。④刑の執行の免除は、刑の言渡しを受けた特定の者、主に無期刑の仮出獄者について保護観察を終了させ、精神的負担を軽減させて、社会復帰を促進させるものである。ただし、刑の執行猶予の言渡しを受けて、まだ、猶予期間を経過しない者には、これを行わないものとしている（8条）。⑤復権とは、広く刑の言渡しにより失った資格ないし権利をその喪失者に回復させ、精神的負担を軽減させて社会復帰の促進を図る制度である。復権には、一般復権と特別復権との2種類がある。一般復権は、有罪の言渡しを受けたため資格を喪失し、または停止された者に対し、将来に向かって一般的に資格を回復させるものである。特別復権というのは、右のうち特定の者に対して行う場合のことである。ただし、刑の執行を終ら

ない者または執行の免除を得ない者に対しては復権は認められない（9条、10条）。したがって、復権そのものは刑の消滅の問題ではなく、前科の抹消に共通する性質をもった制度である。

> **前科の抹消**　前科という言葉は法律上の用語ではなく、一般に、(1)刑の言渡しを受けたこと、(2)自由刑の執行を受けたこと、(3)市町村役場に備え付けられている **犯罪人名簿** に刑の言渡しが登録されていること、これら3つのいずれかの意味で用いられている。前科抹消というのは、(3)の犯罪人名簿から前科者の氏名を削除することをいう。前科の抹消は、刑の言渡しが効力を失ったときに行われる（刑34条の2）。

恩赦は、それが行われる方法上の相違から、政令によって一律になされる **政令恩赦**（一般恩赦—大赦・減刑・復権）と、特定の者に対して個別的になされる **個別恩赦**（特赦・減刑・刑の執行の免除・復権）とに区別される。個別恩赦は、さらに常時恩赦と特別基準恩赦とに分けられる。常時恩赦は随時行われるのに対し、特別基準恩赦は政令恩赦が行われる際などに、その恩赦から漏れた者などを対象として、内閣の定める基準によって一定の期間を限って行われる。恩赦は内閣の権限に属し（憲73条7号）、内閣の決定に基づき天皇の認証を経て行われる。個別恩赦は、その性質にかんがみ、検察官、行刑施設の長または保護観察所長が、職権または本人の出願に基づき **中央更生保護審査会** に上申し、この上申を受けた同審査会が恩赦に相当すると判断したとき、その実施について法務大臣に申出を行い、内閣がこれを決定し、天皇の認証を経て行われることになっている。

(3) 恩赦の効力と補完性　恩赦の効力は遡及しない（恩11条）。恩赦はその行われる時を基準として、**将来に向かって**のみその効力を発生する。したがって、既に納付した罰金は返還されない。また、恩赦は強制的なものであるから、対象者はその適用を拒否することを許されない。なお、大赦・特赦が行われた場合、当該の刑の言渡しにつき上訴および再審請求ができるかは1つの問題である。名誉回復ないし刑事補償の利益がある以上、これを肯定すべきである。

恩赦は、元来、法律の適用を受けるべき者について、法的安定性を犠牲にして具体的妥当性を図り、もって刑事政策の目的を追求するものであるから、その適用は目的の実現にとって必要・最小限にとどめるべきである。

これを 恩赦の補充性 という（平田・現代刑罰法大系444頁）。それゆえ、法律の画一性や固定性から生ずる弊害を回避する法的手段が他に存在するときは、恩赦制度を用いるべきではない。起訴猶予（刑訴248条）、刑の執行猶予（刑25条）、仮釈放（28条）、保護観察の仮解除（25条の2第2項）、再審（刑訴435条）などによって、先に述べた欠陥を救済できるときは、恩赦を行うべきではないと解すべきである。恩赦が安易に用いられ、または濫用されるときは、国民の法律および刑事司法に対する信頼感が害されることになるからである。

Ⅲ 時 効

(1) 時効の意義 刑事上の時効には、公訴の時効と刑の時効の2種類がある。公訴の時効 は、一定期間の経過を条件として、まだ判決の確定していない事件に関する公訴権を消滅させ、ひいては刑罰権を消滅させることをいう。刑事訴訟法250条以下の定めるところであり、公訴の時効が完成したときは、公訴が提起されても裁判所は免訴の言渡しをしなければならない（刑訴337条4号）。刑の時効 とは、一定期間の経過を条件として刑罰執行権を消滅させることをいい、刑の時効が完成すると刑の執行が免除されることになる（刑31条）。この時効制度は、長期間継続した一定の事実状態を法律上公認する制度であり、その刑事政策的意義は、その状態を尊重してそのまま維持することが法律関係の安定にとって有意義であり、ひいては刑事政策の究極の目的である社会秩序の維持にとって必要であるという点にある。すなわち、公訴の提起ないし刑の執行が不可能な状態のまま長期間が経過すれば、その状態で一定の社会秩序が事実上形成されるので、公訴の提起または刑の執行によってその事実状態を攪乱すれば、かえって刑法の目的である社会秩序維持にとって有害となるところから、現に形成されている秩序ある状態を尊重するために公訴および刑の時効制度が設けられていると解すべきである。

刑の時効の趣旨 刑の時効の趣旨については様々な学説が主張されてきたが、通説は、犯罪に対する社会の規範感情が、時間の経過とともに次第

> に緩和され現実の処罰の要求がなくなるとする規範感情緩和説に落ち着いた（大塚仁・注釈刑法(1)240頁）。この見解は基本的には正しいが（大谷「死刑の時効について」判例タイムズ552号14頁）、規範感情が緩和して、社会において秩序が回復し、犯人においても一般の人と同様の社会生活関係が生じているなど、そこに形成されている事実状態を尊重することにその本来の趣旨があると解すべきである。

(2) 公訴の時効　公訴の時効とは、一定期間の経過を条件にして、公訴権を消滅させることをいう。なお、公訴時効の制度については、最近、その合理性が問われ、見直しの声が高まっている。既に法務省では大臣の勉強会などが始まっている。

(ア) 公訴の時効期間　時効の期間は以下のとおりである（刑訴250条）。①死刑に当たる罪については25年、②無期の懲役・禁錮にあたる罪については15年、③長期10年以上の懲役・禁錮に当たる罪については10年、④長期10年未満の懲役・禁錮に当たる罪については7年、⑤長期5年未満の懲役・禁錮または罰金に当たる罪については3年、⑥拘留・科料に当たる罪については1年。2以上の主刑を併科し、また2以上の主刑のうちその1を科すべき罪についてはその重い刑に従って、また刑法により刑を加重・減軽すべき場合には、加重・減軽しない刑に従って、それぞれ時効期間が決定される（251条・252条）。時効は、犯罪行為が終った時から進行する（253条）。ただし、公訴の提起によってその進行を停止する（254条）。

(イ) 公訴時効の停止　公訴時効は、以下の場合にその進行を停止する。①当該事件についてした公訴の提起によって公訴時効の進行を停止し、管轄違・公訴棄却の裁判が確定した時からその進行を始める（254条1項）。②犯人が国外にいる場合または犯人が逃げ隠れているため有効に起訴状謄本の送達（271条）もしくは略式命令の告知（463条の2）ができなかった場合には、時効は、国外にいる期間または逃げ隠れている期間その進行を停止する（255条）。

(3) 刑の時効　刑の時効は、刑の言渡しが確定した後、一定の期間内、確定裁判の執行を受けないことによって完成する。

(ア) 刑の時効期間　①死刑は30年、②無期の懲役または禁錮は20年、③有期の懲役または禁錮は、10年以上は15年、3年以上は10年、3年未満

は5年、④罰金は3年、⑤拘留、科料および没収は1年（刑32条）。時効期間の計算は暦に従う（22条）。初日は時間を論ぜず全1日として計算される（24条）。

> **死刑の時効**　刑法32条にいう「その執行」の「その」は、刑そのものをいうか、刑の言渡しとして確定したもの、すなわち確定裁判をいうかが死刑の時効に関して問題となった。死刑を執行しないまま30年間が経過した場合、「其」を刑自体と解すれば時効は完成することになるからである。この点は文理上必ずしも明らかではないが、刑法11条2項、34条の趣旨および先の時効の趣旨に照らしてみると、「その」は、刑の言渡しの内容をいうものと解されるのであり、したがって、刑法11条2項によって「拘置」されている以上は「その」執行を受けているので、時効は開始しない（大谷・前掲論文13頁）。なお、最決昭60・7・19判例時報1158号28頁もこの考え方に立っている。

（イ）**刑の時効の停止・中断**　①時効は法令により執行を猶予し（刑25条以下）、または執行を停止した期間内は進行しない（33条）。これが **時効の停止** である。執行の停止については刑事訴訟法が定めている（479条以下）。時効が停止した場合、停止事由が終了すれば時効の残期間が引きつづいて進行する。②刑の時効は、刑の言渡しを受けた者をその執行のために拘束することによって中断する。また、財産刑の時効は執行行為によって中断する（34条）。時効の中断の場合は、それまで進行した期間は計算されないから、中断事由が終わった時から改めて時効の進行が開始するのである。

（ウ）**刑の時効の効果**　刑の言渡しを受けた者は、時効によって、確定裁判の執行の免除を受ける（31条）。したがって、刑の言渡しの効力自体は失われず、単に刑罰執行権が消滅するにすぎない。なお、時効の完成によって当然に刑の免除の効力が発生するので、裁判などの行為は必要でない。

Ⅳ　社会奉仕命令

(1) 意義　社会奉仕命令（community service order）とは、刑罰の一種として、無報酬の奉仕作業を義務づける制度をいう。この制度は、自由

剝奪の代替手段として、1972年にイギリスにおいて制度化され、その後欧米諸国において制度の導入が図られつつあるものである。なお、イギリスでは2003年に主刑として社会奉仕を制度化し、フランスもこの制度を導入したが、アメリカやドイツは自由刑ないし罰金刑の代替手段として制度化している。わが国においても、近年、この制度に関心が寄せられ、刑の多様化または社会内処遇の一環として 社会奉仕を義務づける制度 の導入に賛成する見解もあり、在宅試験観察の対象者や開放処遇に関して、施設外教育活動の一方法として試験的に実施している。そこで、現在、刑事施設における「収容人員の適正化を図るとともに、犯罪者の再犯防止及び社会復帰を促進するという視点から、社会奉仕を義務づける制度の当否、中間処遇の在り方及び保釈の在り方など刑事施設に収容しないで行う処遇等の在り方」という観点から、法務省で検討が進められている（今井猛嘉「犯罪者に社会奉仕を義務付ける制度について」ジュリスト1353号〔2008〕108頁）。

参考までに、改正前のイギリスの社会奉仕命令を紹介しておこう。16歳以上の者で有罪が確定し拘禁刑を言い渡すべき犯罪者に対し、裁判所は本人の同意を条件に1年の期間の範囲内で適当な日を選び、保護観察官の指示に従って行われる40時間以上240時間以内の 無報酬の社会奉仕作業 を命ずることができるというものである。対象者は、保護観察官の準備した仕事を遂行する以外は、職業および住居の変更について保護観察官に報告する義務があるにすぎず、その他の遵守事項はない。社会奉仕命令の実施機関は保護観察所であり、保護観察官は、ボランティア、職業あっせん所などの協力を得て仕事を用意し、自らの監督のもとに仕事を実施させる。仕事の内容は、教会の掃除、考古学の発掘作業の手伝いなど多様であり、作業の日数は犯罪の重さによって決まる。イギリスでは当初実験的なものとして一部の地域で実施されたが、1975年からイギリス全域において本格的に実施され、現在は主刑として科されている。

犯罪者の電子監視（electronic monitoring）　社会内処遇の新しい形態として電子監視が注目される。犯罪者の電子監視とは、犯罪者の身体の一部に送信器を取り付け、その無線信号の受信を通じて監視する方法をいう。電子監視が注目されるようになったのは、1983年にアメリカのニュー・メキシコ州で、拘禁刑を回避するために、保護観察の対象者に「電子ブレスレ

ット」を付けて監視する方法が試みられてからである。その後、イギリス、フランス、カナダ等で導入されている。この処遇方法は、(1)過剰拘禁の緩和と処遇の多様化、(2)犯罪者の社会的責任の喚起、(3)財政の効率化、(4)社会内処遇における犯罪者のコントロール強化を通じての保安の確保を目指すものであり、社会内処遇の新しい展開として注目に値する（瀬川晃「犯罪者の電子監視の現状と展望」犯罪と非行81号〔1989〕2頁）。わが国においても早晩導入が検討されるものと予想されるが、㋐人間の行動を機器によって監視することの人道上の問題、㋑プライバシーの保護の問題などが検討されるべきであろう（藤本哲也「アメリカ合衆国における電子監視に基づく犯罪者処遇の現状と評価」森下忠古稀祝賀下巻〔1995〕903頁）。

(2) **制度導入の是非**　イギリスでは、社会奉仕命令は、犯罪者処遇の多様化を試みてきたイギリスの「最後の大きな刑罰改革」であるといわれている。一方、この制度は、実証的根拠を欠く思いつきの制度にすぎないとの批判もあったが、社会奉仕命令は、犯罪者の社会内処遇として、いくつかの考慮に値するものを含んでいる。第1に、地域社会に対し、犯罪者の雇用や更生保護に目を向けさせる機会を提供するという点である。第2に、上と関連して、犯罪者に作業をさせることによって社会の応報感情はある程度満たされるとともに、犯罪者自身、社会に直接に償いをしたという実感を抱かせることができる。第3に、地域社会で自主的に労働することによって、犯罪者は社会復帰の機会をいっそう得ることができるかも知れない。社会内処遇の究極の役割は、犯罪者が社会にスムーズに溶け込めるようにすることであり、そのためには、地域社会が、犯罪者の更生保護に積極的にかかわりをもつ体制をつくる必要がある。社会奉仕命令は、社会のなかで制裁を受けることによって、犯罪者が社会の信頼を得る機会を提供できる。すなわち、この種の制度は、社会の人びとが犯罪者の更生・保護に直接のかかわりをもつ端緒をもたらし、従来の社会内処遇の転換を図るものとして評価すべきである。

　しかし、この制度をわが国に導入するためには、奉仕のための仕事を確保し、社会奉仕を監督する主体、つまり保護観察官の確保が前提となる。既述したような社会内処遇の実態からみて、保護観察官に現在以上の事務を強いることは不可能であろう。この制度の導入によって、受刑者の数を大幅に削減し、その経費を社会内処遇にまわすというのであればともかく、

犯罪傾向の進んだ受刑者が多い現在、このような提案で財政当局を説得することは、かなり困難であると思われるが、罪種を特定し、財政上の負担に限度を設けるなどの工夫をして、制度新設に踏み切るべきである。

第5章 犯罪の予防

●第1節　犯罪抑止と犯罪予防

I　犯罪者処遇の効果

　刑事政策の目的である犯罪の防止は、犯罪の抑止と予防という2つの国家的活動によって実現されるのであった（⇒3頁）。しかし、犯罪抑止の効果は分明でなく、特に施設内における矯正処遇についての悲観論は根強い。この悲観論は、最近の犯罪統計によっても、ある程度実証できる。**表5**をみると、2001（平成13）年に刑務所を出所した者のうち、**満期釈放者**の1割強（10.2％）の者が同じ年に再入しており、全体としてみても、6年間で半数近い者が刑務所に戻ってきているのである。初入受刑者も初犯で刑務所に入ってくるわけではなく、自由刑の執行猶予を受けたことのある者の新入受刑者中に占める比率は約60％であり、このうち**保護観察付執行猶予を受けた者**は約20％である。執行猶予によっていったんは受刑しないで済みながら、再び罪を犯して結局刑務所に入所する者が、新入受刑者の半数以上を占めているのである。

　一方、出所後6年目の再入率は、仮釈放者で39.1％、満期釈放者は59.3％となっており、処遇段階が進むにつれて再犯率は高くなっている。累犯者や犯情悪質な者等いわゆる犯罪傾向の進んだ者が再犯に陥るのは当然であり、犯罪者処遇の段階が進むにつれて再犯率が高くなるのは止むをえないともいえるが、改善更生および社会復帰を目指しているのにかかわらず、仮釈放者および満期釈放者の再犯率はいかにも高く、施設内処遇および社会内処遇が十分な効果を上げていないという評価は、必ずしも不当ではないのである。

　こうした傾向は欧米でもみられ、犯罪の事後的処理としての刑事司法制

表5 再入率

(再入年2001年〜2006年)

出所事由	2001年の出所受刑者	各年12月31日までの再入率					
		2001年	2002年	2003年	2004年	2005年	2006年
総　　数	25,714	5.5	21.7	32.9	39.7	44.5	47.4
満期釈放	11,291	10.2	32.3	44.5	51.8	56.5	59.3
仮 釈 放	14,423	1.9	13.3	23.8	30.3	35.1	39.1

2007犯罪白書215頁

度が犯罪の抑止に果たす役割に疑問を示す立場が有力となってきた。社会復帰思想が後退して、環境犯罪学など、コミュニティを基盤とした犯罪予防論が台頭しつつあるゆえんである。

Ⅱ　刑事司法システムの点検

　現在の刑事司法における犯罪者処遇は、犯罪者の改善更生および社会復帰の観点からすると、その効率は決して好ましいものではない。また、従来の刑事政策は、犯罪原因を生物学的・心理学的・社会学的アプローチから解明し、そこから刑罰を中心とする犯罪対策を講じてきたが、こうしたアプローチでは犯罪原因の究明が困難なだけでなく、仮に原因が究明できても効果的な犯罪対策を講ずることはできないという悲観論が有力になり、これまでの刑事司法システムに対する失望感が高まってきた。刑事政策の流れは、犯罪抑止論から犯罪予防論へと大きく代わりつつあるといってよいのかもしれない。しかし、現在の刑事司法システムが犯罪抑止にとって無力であると断言するのも早計であるように思われる。

　2002（平成14）年をピークとするわが国の治安の悪化に対処するため、政府は、犯罪対策閣僚会議を設置して、2003（平成15）年に「犯罪に強くなる社会の実現のための行動計画」を公表した（⇒24頁）。そこでは、①身近な犯罪の抑止、②少年犯罪の抑止、③国境を越える脅威に対する対処、④組織犯罪対策、⑤治安回復のための基盤整備が盛り込まれたが、その具体策の一環として、2003（平成15）年に「凶悪・重大犯罪の処罰の整備」のための刑法改正が断行された。刑法犯の認知件数の推移をみると、2002（平成14）年には285万3,769件であったものが、2007（平成19）年は

190万8,836件となり、10年ぶりに200万件を下回った。このような認知件数の急速な減少は種々の原因に基づくものと推測されるが、刑法改正による処罰の強化を含む行動計画の実践もその1つに数えることができるであろう（前田雅英「犯罪認知件数の減少と刑事政策」渥美東洋古稀記念〔2006〕263頁）。

一方、2002（平成14）年に実施された飲酒運転の処罰の強化が飲酒運転による死亡事故の大幅な減少に寄与したことも、刑事司法システムの活用による犯罪抑止が原因の1つであると考えられる。さらに、受刑者処遇および保護観察の充実強化など、犯罪者の改善更生および社会復帰を目指した刑事収容施設法並びに更生保護法の制定なども（⇒205頁、270頁）、徐々に効果を発揮することが期待される。その意味で、現行の刑事司法システムに絶えず点検を加えて、犯罪の抑止および治安の回復の観点から、合理的な修正ないし改善を図るべきである。

Ⅲ 犯罪予防論の概観

(1) 犯罪予防論の台頭の背景　既述のように、1970（平成5）年代になると社会復帰思想が後退し（⇒15頁）、犯罪者処遇の理念は医療モデルから正義モデルへと変化したが、この正義モデルのもとでも犯罪は増え続け、1980（昭和55）年代以降、欧米では従来の刑事司法システムが犯罪防止に果たす役割に失望し、それに代わる犯罪防止策を求める風潮が高まった。事後的な刑罰による犯罪抑止策に変えて、事前的な犯罪予防による犯罪防止策を主張する学問傾向が有力となったのである。

たしかに、従来の刑事司法システムにおいても、その強化によってある程度の犯罪抑止効果をもたらすことは可能であるが、その場合は、死刑を増やし自由刑を長期化するといった厳罰化、重罰化を図らなければならない。そして、そのためには多大な経済上および人権上のコストというマイナス面を考慮しなければならない。同時に、犯罪の原因が明確になっていない点では変わりはないから、その効果も当てにならない。そこで、伝統的な「犯罪発生後に刑事司法機関が事後的に処理するシステム」から「犯罪発生を事前的に阻止するシステム」への転換を提唱する犯罪予防論が、1980年

代にイギリス、アメリカ、カナダなどで台頭したのである（瀬川・犯罪学129頁）。

(2) 環境犯罪学　犯罪予防論は、環境犯罪学を軸として展開された。環境犯罪学 とは、犯罪の発生にはそれを生み出す状況や空間といった環境にあるから、それを明らかにして犯罪を予防しうる新たな環境づくりを目指す学問傾向をいう。例えば、アメリカのジェフリー（C.R.Jeffery）は、1971年の著書で、「環境設計による犯罪予防」(Crime Prevention Through Environmental Design——CPTED) の概念を打ち出し、これをもとに具体的な防犯環境の設計を試みている。この考え方から導かれた CPTED では、①監視の強化、②部外者の行動規制、③住民による防犯活動の援助、④防犯意識の啓発といった対策が盛り込まれている。

状況的犯罪予防論（Situational Crime Prevention）も環境犯罪学の一派である。この理論は、1970年代の中ごろからイギリスの内務省によって試みられた調査の結論として、犯罪機会を与える状況 をなくすことが犯罪予防の核心であると主張した。これによると、犯罪者と非犯罪者との差はほとんどなく、また、犯罪性が高い者でも犯罪の機会がなければ犯罪には陥らないのであって、犯罪対策は犯行に都合の悪い状況をつくり出すこと であると考えられたのである。状況的犯罪予防論は欧米諸国で普及し、原因論から機会論 へというパラダイム・シフトによって、防犯環境の設計を進めて、監視しやすいような領域を区画化し、監視カメラを設置することによって、上昇を続けた犯罪の発生率を沈静化に導いたといわれている（小宮信夫「犯罪機会論と安全・安心まちづくり」前掲渥美古稀349頁）。

> **状況的犯罪予防論の基本原則**　(1)犯罪予防の目的は、犯罪の機会を減少させることである。(2)犯罪予防の対象は、具体的な特定の犯罪である。(3)犯罪予防の方法は、犯罪発生の可能性がある環境に直接働きかけ、設計、管理および操作することである。(4)犯罪対策の重点は、犯罪を行う際の労力とリスクを大きくし、犯罪から得られる利益を少なくすることである（瀬川・犯罪学131頁）。

防犯環境設計は区画性を高めることによって、物理的なバリアを築こうとするのに対し、破れ窓理論（broken windows theory）は、縄張り意識を高めることによって、心理的なバリアを築こうとするものである（小宮・

前掲論文356頁)。この理論は、ある場所において、そこに居住する住民等の 縄張り意識 (侵入者は許さない) および 当事者意識 (自分の問題として捉えること) を生かした犯罪防止策を目指すもので、「破れた窓」(broken windows) は縄張り意識と当事者意識が低い場所の象徴であり、そこで行われる軽微な秩序違反行為を放置しておけば、住民の縄張り意識ばかりでなく当事者意識も薄れて町全体が荒廃し、住民相互の連帯意識や義務感を薄れさせ、地域全体の防犯意識を低下させる というのである。したがって、防犯にとって大切なのは、警察を中心として地域環境の荒廃を防ぎ地域社会全体を守ることであると主張する。コミュニティすなわち地域社会の犯罪統制力に着眼した理論である。

(3) **環境犯罪学の犯罪予防策**　環境犯罪学の第一人者といわれるクラーク (Ronald Clark) は、具体的な犯罪予防策を提案している。それによると、犯罪予防にとって重要なのは、①犯罪実現の困難さを増加させる施策、②犯罪実現に伴う危険性を増加させる施策、③犯罪による利益を減少させる施策の3つである。そして、それぞれを4種類に分けて、以下に示すような具体的な方策にまとめている。

(ア)　犯罪実現の困難　①物理的に犯罪の実行が困難になるように標的を強化すること、②ドアの施錠などにより施設への出入りを制限すること、③喫煙を喫煙場所に制限するなど、逸脱行動を一定の場所に移すこと、④銃器を規制するなど、犯罪の促進手段を制限すること。

(イ)　犯罪実現に伴う危険性の増加　①自動改札機のように、入場を禁止している者の入場を発見できるようにするために改札口を規制すること、②警察官やガードマンなどの巡回のように、フォーマルな監視によって潜在的な犯罪の危険の発生を予防すること、③バスの車掌やマンションの管理人などの従業員による監視をすること、④日常生活での隣近所などの自然監視を可能にすること。

(ウ)　犯罪による利益の減少　①現金を持ち歩かないなど標的を除去すること、②自動車の防犯登録のように自己の所有物を識別すること、③入口の鍵が壊れているような場合に迅速に修理して犯罪誘引を除去すること、④公園の夜間使用を禁止すること (クラークは、その後さらに分類表を改め、25の施策群としている。原田豊「状況的犯罪予防と問題指向型警察活動」前掲

渥美古稀385頁)。

(4) **環境犯罪学の評価と問題点**　環境犯罪学については、クラークの12の施策群ないし25の施策群が分類できるにしても、その多くは 常識ないし過去の慣例を基にした ものであって、科学的根拠に基づいたものではなく、その犯罪予防効果も明らかでないといった批判が寄せられている。また、防犯のための環境設計を推進していけば、社会は要塞化し、監視社会とならざるをえないという批判も加えられている。特に、現在の刑罰を基礎とした刑事司法システムとの関連をどのように考えるのかについても検討すべきであろう。犯罪の予防が至上の命題であれば、現在の 刑事司法システムは無用となる可能性 もあるからである。

上記のクラークの状況的犯罪分類自体、常識的な防犯活動の域を出ていない。その意味で、環境犯罪学の今後の課題は、状況的犯罪予防の科学的根拠を明らかにし、犯行の機会を減らす技術およびその効果を体系化することにあると思われる。しかし、環境犯罪学ないし状況的犯罪学の出現によって、監視カメラや銃器規制といった即効性を有する犯罪予防の技術が実用化され、犯罪被害の発生を未然に防ぐ効果が現れていることは否定できないであろう。また、監視社会の出現といった問題については、プライバシーの保護ないし個人情報の保護など、個人の基本的権利を侵害しないことを原則とすることよって解決すれば足りるのではないかとも考える。後述するように、わが国においても、環境犯罪学を基礎とした犯罪予防のための環境設計が実施されているところである（⇒田村正博「犯罪統制の手法」前掲渥美古稀327頁)。さらに、刑事司法システムとの関連 では、犯罪防止方法についての重点のおき方の問題であって、環境犯罪学を取り入れれば刑罰による事後的規制が犯罪防止上無用になると主張されているわけではない。環境犯罪学が現行の刑事司法システムに対してとっている態度は明確でないが、犯罪行為のコントロールないし犯罪防止手段の役割分担として両立させることは、十分可能なのである。

Ⅳ　犯罪予防の意義

犯罪の防止は、度々指摘してきたように、犯罪の抑止（deterrence）と

犯罪の予防（prevention）に分けられる。刑事司法における犯罪の防止は犯罪の抑止を意味し、既に実行された犯罪の事後的処理を通じて犯罪の鎮圧を目指すのであるが、もし可能であれば、犯罪は事前的に防止——予防されるほうが、望ましいのは勿論である。ことに、犯罪者の矯正処遇が十分機能していないばかりか、ラベリング理論のいう レッテル貼り の弊害など、犯罪者の処遇がかえって再犯要因になりかねない現状のもとでは、刑事司法システムの改革もさることながら、犯罪の発生を未然に防止することこそ重要であるといわなければならない。犯罪対策の極致 は、犯罪の予防であると考える。

このようにして、犯罪の予防とは、①犯罪の発生する機会を少なくし、②犯罪を誘発する社会的諸条件に働きかけ、③犯罪の抑止力となる諸条件を強化・助長することによって、犯罪の発生を未然に防止することをいう。この犯罪予防は、犯罪が発生するかもしれないという予測を基礎とする。そして、その予測が信頼できるものであれば、それだけ有効な予防活動が実施できる。犯罪の予防と犯罪の予測とには、密接不可分の関係があるのである。

●第2節 犯罪の予測

I 予測の意義

犯罪の予測とは、将来における犯罪の発生を科学的に推測することをいい、これには、刑事統計的方法 による予測および個人の犯罪実行の可能性 を犯罪予測表によって推測する方法とがある。前者を一般的予測、後者を個別的予測とよぶことにする。一般的予測 は、過去の犯罪発生について統計的に処理し、犯罪の数量・傾向および一般的な犯罪原因・犯罪者像を明らかにして、犯罪が発生する時期・場所を推測するものであり、警察的な予防活動および地域組織化における予防活動において活用される。個別的予測 は、個人の犯罪予測や犯罪者の再犯の可能性を予測するものであり、これによって得られた個人の類型または犯人像が犯罪予防対策に利用されることになる。

予測の研究は、もともと**仮釈放基準の客観化**を目的として、1920年代にアメリカで始められた。すなわち、犯罪の因子から予測のための因子を選び出し、**予測表**をつくって、予測因子の有無・程度によって対象者の再犯を推測するものである。1928年にはバージェス（E. W. Burgess, 1886～1966）がパロール成績の良否に基づく再犯の予測表をつくり、また同じ頃、社会学者オーリン（L. E. Ohlin）は、社会的因子を基本とする予測表を作成した。もっとも、再犯の予測表は一部でそれが実用化されたようであるが、その成績は満足すべきものではなかったといわれる。一方、グリュック夫妻（S. Glueck, 1896～1980, E. T. Glueck, 1897～1972）は予測研究を少年非行の面で実施し、個別的予測としての早期非行予測表を完成し、1950年に著書『少年非行の解明』（Unraveling Juvenile Delinquency, 1950）のなかでそれを発表した。この予測研究の影響を受けて、わが国においても予測研究が盛んになり多くの貴重な研究が現れたところから、一般に予測研究というときは、個別的予測研究をいうのである。

II 予測法の意義と問題点

(1) **予測法** 予測の方法には**診断的方法**（全体的評価法）と**点数法**（統計的方法）とがある。診断的方法は、対象となる個人を全体的に評価・診断し、医学・心理学・社会学等の専門的知識によって犯罪を予測し、点数法は、予測上有効な犯因もしくは予測因子を点数化し、その点数の大小によって犯罪を予測する方法である。点数法においては、特定のグループを対象とする回帰分析を行い、予測表を作成して、その予測の数字と点数とを照合し、将来の犯罪もしくは更生の割合を数字で知る方法が採られる。診断的方法の使用は、専門的知識と多くの臨床的経験のある専門家でなければ不可能であり、また、診断方法自体が確立していない現段階では、診断者の個人差が著しく客観的基準が得られないこともあって、今日では犯罪の予測法というときは点数法を指すのが普通である。点数法による予測は、予測時点による分類として、釈放時予測、裁判時予測および早期予測に分かれる。**釈放時予測**は、仮釈放の許否および許可の時期を判断する資料として用いられるものであり、既に指摘したように（⇒287頁）、仮釈放

活性化のためには是非とも必要なものである。裁判時予測は裁判の段階で犯罪者の将来の行動を予測するものであり、犯罪者の処遇選択の資料となる。早期予測は、犯歴のない者に対して、その将来の犯罪を予測するものであり、予防対策の対象者群の発見に利用されるものである。

(2) **グリュックの予測研究**　グリュックは、潜在的犯罪者を早期（5、6歳頃）に発見し早期予防を図る目的で、社会調査員、精神医学者、心理学者、統計学者から成るチームを組織し実態調査を実施した。すなわち、グリュックはボストンのスラム街出身で感化院に在院している非行少年500人を選び出し、同じボストンのスラム街に住むコントロール・グループ（対照群）として選ばれた公立学校生徒500人の無非行少年と対比し、従来非行の原因と考えられた約300のファクターについて比較した。その結果、有意差のあるファクターを検出し、そのなかから調査に困難の少ないファクター5個ずつを選んで、ロールシャッハによる性格的因子、精神医学的面接による人格的因子、心理的因子、家庭内の人間関係による社会的因子それぞれに基づく4つの予測表を作った。これらはいずれも失点法により、各因子ごとに3段階の評価に分けられ、各評価ごとに非行への可能性の程度によって失点が決められる。そして失点の合計が250点以上であれば非行少年と予測され、250点未満であれば無非行少年と予測される。以上がグリュックの予測表の概略である（平野龍一「Glueck 予測表の解明」同・犯罪者処遇法の諸問題〔1963〕155頁）。

(3) **犯罪予測の問題点**　グリュックの予測表による予測研究に関しては、①自由意思を否定する宿命論である、②グリュックは常習的非行者となる者を予測しようと試みているが、今日の少年非行の大半は常習的非行者ではない、③その資料がスラム街における非行少年のものであって、一般の少年についてその予測表が有効であるとはいえないなどの疑問が寄せられてきた。

予測表による予測の研究は、すでに半世紀の歴史を有し、わが国においても多くの貴重な研究成果が得られているが、グリュックの予測表を含めて実務上利用されていないのが現状である。そして、この実務の態度は、以下の2点で妥当であると思われる。

第1は、予測表の有効性について、依然として疑問があるからである。

予測表そのものが完全なものではないという批判は別として、予測表は特定の地域・時期における犯罪の実態を基礎とするものであるから、仮に予測表の証明力、信頼度、安定度が高くても、それを一般化することはできず、再犯の見込み違いを避けることはできない。また、予測表が有効であり、犯罪性ないし非行性が予測できたとしても、個々の犯罪は具体的条件があって実行に移されるのであるから、将来の犯行を確実に予測することは実際上不可能であり、予測表の精度をいかに高めたとしても、常に見込み違いがあることを考慮に入れておかなければならない。第2は、予測表使用上の刑事政策的限界があるからである。上記のように見込み違いがありうる以上、予測表によって強制措置を講ずることは人権上到底許されない。また、特定の者に潜在的犯罪者としてのレッテルを貼ることは、レッテルの効果として、かえってその者を犯行に導くこともありうる。

このようにして、犯罪の予測は、潜在的犯罪者を選び出し、一定の強制措置を講ずるために利用されてはならないのである。しかし、このことから直ちに予測研究を不要視するのは妥当でない。既に述べたように、刑事司法の各段階において、逮捕、送検、起訴、保釈、刑の量定、仮釈放などの決定について、裁量実施者は将来における犯罪（再犯）の予測を現実に行っているのであり、この広範な裁量権の行使のための1つの客観的資料として予測表を用いる余地は十分ありうる。予測表の改良が期待されるゆえんである。

●第3節　犯罪の予防活動

I　警察の予防活動

犯罪の予防活動を直接管掌するのは警察である。警察は、捜査機関であると同時に犯罪の予防活動を行う機関でもある（警察2条1項）。警察の予防活動は、直接的予防措置と間接的予防措置とに分けられる。直接的予防措置とは、警ら活動、特定人の警護または特定施設や地域の警備によって、犯罪の具体的発生を未然に防ぐ措置をいう。間接的予防措置とは、青少年の補導によってその不良化を防ぎ、あるいは地域、職域での民間防犯活動

への協力等を通じて犯罪の一般的発生を予防する広い意味での防犯活動をいう（警察庁長官官房編・全訂警察法解説〔1978〕36頁）。

　直接的予防措置において最も重要なものは警ら活動であって、街頭における警戒監視、パトロールや各家庭への巡回連絡による予防活動が実施されている。予防活動にとって重要なのは、交番・駐在所における地域警察官の活動である。**交番**は主として都市部におかれ、交替制の警察官が昼夜を問わず警戒に当たる場所である。**駐在所**は、原則として1人の警察官が家族と共に住み込んで勤務する場所である。これらは現在全国に約1万5,000か所設置されており、地域に根ざした警察活動を推進するのに適したものとして、諸外国から注目を浴びている。一方、地域警察官は、交番、駐在所等の施設の外に立って警戒に当たる**立番**を行っている。さらに駅、交通要点等の人が多く集まる場所や犯罪が多発している場所において、一定の時間立って警戒する**駐留警戒**を行っている。

　犯罪の予防にとって、パトロール活動は極めて重要である。交番・駐在所の地域警察官は、警ら用無線自動車（いわゆるパトカー）、警察署および無線指令室と密接な連絡を取りながら、犯罪の発生しやすい時間帯に、犯罪が多発する場所において警戒に当たるのである。パトロールに当たっては、不審な者に対する職務質問、危険箇所の把握、犯罪多発地域の家庭や事業所に対する防犯指導、パトロールカードによる情報提供を行っている。さらに、警察官は、犯罪がまさに行われようとするのを認めたときは、その予防のために関係者に必要な警告を発し、また、もしその行為により人の生命もしくは身体に危険が及び、または財産に重大な損害を受けるおそれがあって、急を要する場合には、その行為を制止することができる（警職5条）。

　このようにして、わが国の警察組織および運営は整備され、警察活動は世界的評価を受けているのであるが、犯罪予防が警察の予防活動のみに依存することは、必ずしも得策ではない。まず、具体的予防活動を行う前に、**補導**の面から犯罪の芽を摘むほうが予防効果があがることは明らかである。次に、いかに警察の予防活動を強化しても、地域社会の警察に対する協力と防犯への取り組みがなければ、予防効果は発揮できない。さらに、警察国家的に予防活動を強化すれば効率的に犯罪を予防できるともいえるが、

その場合には、国民の自由の代償が大きくなりすぎる。以下に述べるような多角的な予防活動が必要となるゆえんである。

Ⅱ　ケースワーク的予防活動

(1) **意義**　ケースワーク的予防活動とは、犯罪に陥る危険のある者を対象とする予防活動をいう。予測研究がいかに進んでも、確実な犯罪予測というものはありえないが、しかし、一定の問題行動や交友関係などから犯罪の発生を漠然と予想することはできる。このように、経験上犯罪を行う危険があると判断される者を 潜在的犯罪者 という。ケースワーク的予防活動は、潜在的犯罪者が有する問題を解明し、事前に犯行を防止する措置を内容とするものであるが、その中心は少年に対するものであり、この予防活動を実施する主たる機関は学校と警察である。

(2) **生徒指導**　学校における予防活動は、問題生徒に対する 生徒指導 として行われる。生徒指導において最も大切なことは、犯罪（非行）の可能性を早期に発見してその芽を摘むことであり、そのためには教師が生徒についての資料を十分に把握していなければならない。そして、問題の所在を的確に把握し、家庭訪問による保護者との連絡を強化して、できるだけ早期のはたらきかけをする必要がある。しかし、現今の公立学校における生徒指導の体制は極めて不十分であること、問題行動が進学のための受験体制など複雑なものを背景としていることから、学校だけでの問題解決は困難であり、教育委員会、青少年センター等の教育関連機関との連携が必要となる。また、教師の生徒指導能力の低下とも関連して、警察との連携も不可欠であり、この面では 学校警察連絡協議会 が重要な役割を演じている。

(3) **少年補導**　地域社会におけるケースワーク的予防活動は、警察を中心として実施される。ここでも、問題少年に対する 少年補導 が中心となる。警察の少年補導は、非行を犯し、または非行に陥るおそれのある少年を早期に発見して適切な措置を図り、非行化の進行を阻止するための活動をいう。

少年補導には街頭補導と少年相談がある。街頭補導 とは、少年係の警察

官、婦人補導員等を中心に、盛り場等の不良行為（少年の喫煙・飲酒・怠業・シンナー遊びなど）が行われやすい場所で補導を行い、必要な措置を講ずることをいう。少年補導によって発見された少年のほとんどは、警察段階の注意・助言が与えられるにとどまるが、ぐ犯少年（⇒355頁）と認められる者は家庭裁判所に送致され、その他の者で必要な場合には、家庭、学校、職場等に連絡し、非行の防止と少年の健全な育成が図られる。なお、交番（派出所・駐在所）で勤務する地域警察官が、勤務中に問題行動を発見した場合における補導も街頭補導の1つとみることができる。**少年相談**とは、少年自身や保護者などから相談を受け、助言指導、婦人補導員の継続指導、関係機関への通知などを行い、もって犯罪の防止を図ろうとするものである。

　警察の少年補導に協力する機関としては、**少年補導センター**がある。少年補導センターは市町村が設置主体となり、市町村の福祉関係の部局、教育委員会および警察の三者の相互協力のもとに、総理府の「青少年補導センター運営に関する要領」に基づき設置・運営されているものである。少年補導センターは全国704か所あり、それぞれ約100人前後の少年補導委員がおり、不良行為が行われやすい盛り場などで街頭補導を実施し、問題行動を発見した場所で注意・助言を与え、あるいは問題少年に最も適した措置を講ずるものとされている。

> **少年補導委員と少年補導員**　少年補導委員は、市町村長が以下の者に委嘱するものである。(1)少年警察を担当する警察職員、(2)校外生活指導担当の学校教職員、(3)社会教育主事、(4)児童福祉司・保護司・児童委員等、(5)PTA会員等の民間有志者。少年補導員は、少年警察活動の協力者として、民間有志者に警察本部長または警察署長が委嘱した者である。このほか、公安委員会が委嘱する **少年指導委員** がある（風俗営業等の規制及び業務の適正化に関する法律38条）。

Ⅲ　地域組織化による予防活動

(1) 地域組織の活動　地域組織化による犯罪予防とは、地域社会環境が犯罪に及ぼす影響を重視し、その環境を整備するために地域組織的な自

主防犯活動を行うことをいう。アメリカにおいて顕著にみられる地域的な自主的防犯活動としてのコミュニティ・オーガニゼーションに由来するものである。わが国においては、従来、国または地方自治体のイニシアティブによって組織化された予防活動が中心をなしてきたこともあり、アメリカの場合とは若干趣を異にした。しかし、2002（平成14）年を頂点とする犯罪情勢の急速な悪化や犯罪に対する不安の高まりを受け、地域社会においては、地域住民の自主防犯意識が高まり、地域住民による犯罪予防活動が活発になってきている。

　地域組織的な予防活動は、1955（昭和30）年頃から国ないし地方自治体の関係諸機関と地域住民との連携のもとに推進され、①青少年の非行化防止と健全育成を目的とする青少年問題協議会の地区委員会、青少年健全育成推進委員会の地区組織、PTA、婦人会、職場補導連絡会、②民間防犯活動を目的とする防犯協会、その実施部隊である防犯指導隊、職域防犯団体などが組織されてきた。また、近年においては、多数の防犯ボランティア団体が結成され、防犯パトロール等の防犯活動が活発に行われている。地域社会の犯罪防止機能は、都市化に伴う住民相互の人間関係の希薄化等により、著しく低下してきている。こうした希薄化した地域の連帯や家族の絆を取り戻すことが、犯罪防止力再生の鍵であろう。地域社会が一体となって、自主的防犯活動を含むボランティア活動を促進し、少年の健全育成に取り組むなどの地道な努力を重ねることによって、地域の連帯を取り戻し、犯罪が発生しにくい社会環境を整備することができる。地域社会と関係機関とが連携し、「地域力」を強化する方向を推進すべきである（2007犯罪白書300頁）。現在、全国で3万7,000の防犯ボランティア団体が活動しており、国土交通省や警察がその活動を支援している。

(2)　地域社会における啓蒙活動　　国や地方自治体の啓蒙活動は、間接的な地域組織化の方法である。この種の啓蒙活動としては、更生保護機関によるものが最も重要である。**保護観察所**は、犯罪予防のための世論の啓発指導、社会環境の改善および地域の住民による犯罪予防活動を助長することを1つの任務としており（保護29条1項2号）、**保護司**も、より地域社会に密着して、犯罪予防のための世論の啓発に努め、地域社会の浄化を図ることを義務づけられている（保護司1条）。また、**更生保護婦人会**は婦人

の立場から、①社会を明るくする運動への参加協力、②街頭補導、③講演会、座談会、④青少年問題の相談・助言などの犯罪予防活動を行っている。毎年7月1日から1か月間実施される 社会を明るくする運動 は、法務省を中心とした関係諸機関の協力によって全国的に実施されるが、これも犯罪予防のための啓蒙活動である。

> **その他の防犯活動**　犯罪は、被害者の態度によって誘発される場合が多い。したがって、市民1人ひとりが被害者とならないために注意すれば、かなりの犯罪が防げるのであるから、警察は必要な広報活動によって市民に警戒を徹底すべきである。同時に、近年、警備業が盛んになり、その利用は幅広い分野に及んでいるところから、地域ないし職域の防犯活動として重要な役割を演じている。そこで、警備業の健全育成は、犯罪予防にとって不可欠となりつつあり、警備業者の指導監督が期待されている。警備との関連では、優良防犯機器の普及も重要となる。

(3) **防犯環境の設計**　環境犯罪学ないし犯罪機会論の影響を受けて、地域での防犯環境の整備が注目される。特に、犯罪対象を守る装置を強化する（例えば、建物の鍵やドアの強度を高める）といった直接的なものばかりでなく、建物相互の見通しの確保、道路の照明、公園における視野の確保など、監視性と領域性を高め、犯罪を起こしにくい空間をつくり出すことなどが考えられている（田村正博「犯罪統御の手法」前掲渥美古稀327頁）。

現在、3つの施策が推進されている。その1は、公共施設および住宅の 安全基準の策定 である。犯罪被害に遭いにくいまちづくりを推進するため、警察庁は、道路、公園、駐車・駐輪場等の防犯基準や共同住宅に関する防犯上の留意事項を定めた、安全・安心まちづくり推進要綱 を策定して、犯罪予防の推進を図っている。その2は、共同住宅や駐車場の 防犯性能の認定・登録制度 の設置である。防犯に配慮した構造や設備を有するマンションや駐車場を「防犯優良マンション」、「防犯モデル駐車場」として登録または認定する制度である。その3は、街頭防犯カメラ等の整備である。警察では、10都道府県で363台の街頭防犯カメラが設置されているが、地方公共団体、商店街等の民間団体も設置している。このほか、良好な生活環境の保持も防犯活動にとって有意義である。風俗営業の規制、売春事犯の取締りなどが重要とされている（2008警察白書90頁）。

(4) **生活安全条例の制定**　近年、地域における安全の確保の観点から、都道府県、市町村により、犯罪防止に関し、地方公共団体、事業者、住民の責務を明らかにし、また、住民の自主防犯活動の支援、防犯環境の促進等を定める 生活安全条例 の制定が進められている。例えば、東京都安全・安心まちづくり条例は、「都民等による犯罪防止のための自主的な活動の推進並びに犯罪の防止に配慮した環境の整備」を目的として、安全・安心なまちづくりを、都、警察、区市町村、都民等の連携および協力のもとに推進しなければならないとして、都、都民および事業者の責務を定めている。そして、本条例をもとに「安全・安心まちづくり協議会」を設置し、地域団体相互間の情報交換、自主的な防犯活動の推進、犯罪防止に配慮した環境整備の促進が図られている（那須修・「刑事学」講義ノート〔2008〕327頁）。犯罪の領域で住民の安全・安心な生活を効果的に保障するためには、地方公共団体、民間事業所、地域住民相互の連携が必要であり、この種の条例が有効に機能することが望まれる。

第6章

犯罪被害者対策

●第1節 犯罪被害者の実態

I 犯罪被害者の意義

　犯罪被害者とは、犯罪によって害を被った者 をいう。殺人や傷害などの個人法益を保護法益とする犯罪によって死亡したり負傷した場合がその典型であるが、放火などの社会的法益や公務執行妨害などの国家的法益を保護法益とする犯罪であっても、放火された家屋の所有者や暴行・脅迫を受けた公務員は犯罪被害者である。ただし、その行為者の行為が法律上犯罪となるかどうかは問わない。心神喪失者の構成要件に該当する違法な行為による被害者も犯罪被害者である。単なる不法行為による被害者は含まない。また、犯罪によって死亡した者の遺族は、厳密には犯罪被害者ではないが、本章では犯罪被害者として扱う。しばしば、法律上の文言として犯罪被害者等 という表現が用いられるが、それは犯罪被害者の遺族および家族をも含む趣旨である。

> **犯罪被害者と一般被害者**　　被害者の定義については、①犯罪による被害者とする立場、②犯罪・不法行為などの違法行為による一般被害者を含むとする立場に分かれる。後述する被害者学の対象の捉え方との関係で立場が分かれるが、刑事政策との関連では、前者の定義が正しい。

　犯罪による被害者は、命を奪われる（家族を失う）、怪我をする、物を盗まれるなど、生命・身体、財産上の直接的な被害だけでなく（1次被害）、①事件に遭ったことによる精神的なショックや身体の不調、②一家の大黒柱を失ったことによる無収入、医療費の負担や失職、転職等による経済的困窮、③捜査や裁判の過程における精神的・時間的負担、④社会の人々の

無責任な噂話やマスコミの取材、報道によるストレスなど、被害後に生じる様々な問題に苦しめられている（2次被害）。そして、多くの被害者は、トラウマやPTSDの症状を呈している。

> **トラウマとPTSD**　　トラウマ（trauma―心的外傷）とは、犯罪や事故による被害、自然災害といった個人では対応できない衝撃など、大きな出来事に遭遇した場合に受ける精神的な痛手（傷）をいう。PTSD（Post Traumatic Stress Disorder―心的外傷後ストレス障害）とは、事件等の出来事によりトラウマを受けた人が、その出来事の数週間か数か月後に、①事件を思い出したり、その夢を見たりするなど、そのときの苦痛を再体験する、②事件等の現場に近づけないなど、事件を思い出させる行為や状況を回避する、③緊張したり眠れなかったり、びくびくしたりする症状が長期間にわたって続く精神的・身体的症状をいう。

　犯罪被害は、生命・身体および財産上の被害ばかりでなく、自由、私生活の平穏、名誉・信用等に関する被害を含むが、刑事司法における被害者への支援等を必要とするものとして刑事政策上問題となる被害としては、生命・身体の被害、性犯罪による被害が重要である。そこで、生命・身体に被害をもたらした一般刑法犯（交通事故にかかる危険運転致死傷罪を除く）の被害者の数および被害者発生率を2008年度の犯罪白書から引用してみると、1998（平成10）年から2007（平成19）年までの10年間の死傷者総数は2004（平成16）年まで増加傾向にあったが、その後減少傾向にある。しかし、死亡者数をみると1,300人前後、重傷者数3,000人以上を数え、決して少なくはないのである。また、強姦・強制わいせつの被害件数は、2003（平成15）年をピーク（強姦2,472件、強制わいせつ9,729件）として減少しているというものの、2007（平成19）年では、強姦1,766人、強制わいせつ7,464人の者が被害に遭っているのである。特に注目されるのは、子どもに対する悲惨な事件が多いということである。毎年、13歳未満の子どもが100人近く殺害され（2006〔平成18〕年110人、2007〔平成19〕年82人）、また、児童虐待にかかる殺人事件の被害者は、2007（平成19）年における39人、傷害致死17人、併せて56人となっている。

Ⅱ　犯罪被害者と加害者との関係

　通りすがりに危害を加える「通り魔」的な犯罪もあるが、犯罪は親族やその他の面識のある者によって行われる場合が多い。図8の殺人を例にとると、親族等によるものが46.9%、その他の面識ある者によるものが41.1%、併せると実に88%が顔見知りによる犯行なのである。もっとも、傷害の場合は、44.7%が面識のない者によるものであり、犯罪によって加害者との関係が異なっている。強盗や窃盗では面識のない場合が多い。強制わいせつでは78.1%が面識のない場合であり、強姦では80.9%が面識のない者による犯行である。

図8　主要罪名別検挙件数の被害者と被疑者の関係別構成比
（2006年）

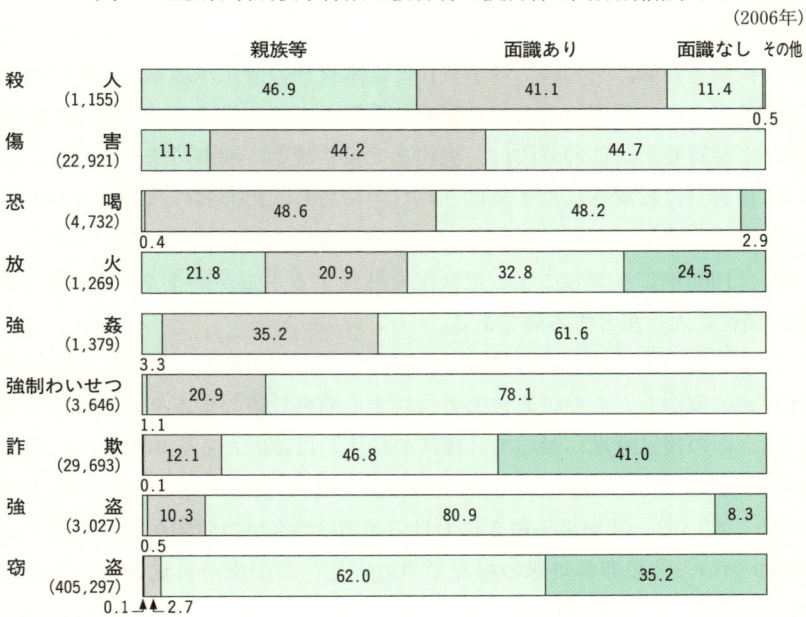

罪名	親族等	面識あり	面識なし	その他
殺人 (1,155)	46.9	41.1	11.4	0.5
傷害 (22,921)	11.1	44.2	44.7	—
恐喝 (4,732)	0.4	48.6	48.2	2.9
放火 (1,269)	21.8	20.9	32.8	24.5
強姦 (1,379)	3.3	35.2	61.6	—
強制わいせつ (3,646)	1.1	20.9	78.1	—
詐欺 (29,693)	0.1	12.1	46.8	41.0
強盗 (3,027)	0.5	10.3	80.9	8.3
窃盗 (405,297)	0.1	2.7	62.0	35.2

2007犯罪白書189頁

● 第 2 節　**犯罪被害者に対する刑事政策**

I　歴史的変遷

　アメリカのS.シェーファー（Stephen Schafer）は、約40年前に、犯罪被害者に対する刑事政策の史的変遷について、**3つの時代**に分けて、その時代の特徴を明らかにしている。「第1期は、被害者の黄金時代（golden age）であり、ゲルマン民族の『血の復讐』、『贖罪金』、『タリオの思想』（目には目を、歯には歯を）が働いていた。ところが、その後、近代法が整備されるに伴い、被害者の地位は低下し、第2期の『被害者の衰退期（decline）』となった。そして、いま、われわれは被害者の復活期（revival）を迎えようとしている」（Stephan Shafer, The Victim and his Criminal、1968, pp78）。すなわち、第1期は、血の復讐が認められていた**古代**がこの時代に当たる。その後、刑事責任と民事責任の分化が進み、刑罰権が国家に独占されて犯罪被害者への配慮が希薄となり、第2期の**被害者の衰退時代**に移行した。この時代は、現代まで長く続き、刑事司法システムにおいて被害者は放置されたままにされたのに対し、犯罪者の改善更生および社会復帰が重要視され、被害者へのケアは省みられることがなかった。しかし、1960年ごろからこうした状況を批判する主張が高まり、**被害者の復活の時代**に入ったとするのである。

　こうしたシェーファーの整理は、国によって違いがあるというものの、近代諸国家がたどった犯罪被害者に対する刑事政策の歩みを的確に示している。その後、欧米において「復活の時代」は確固たるものとなり、①被害者学を踏まえた**被害者救済**（被害者補償制度）に目が向けられ（1960〜1980年頃）、次いで、②刑事手続きにおける**被害者の権利**の問題が取り上げられ（1980年代）、③犯罪者処遇の場面での被害者への配慮が自覚されるようになってきたのである（1990年代）。

　わが国においては、欧米諸国から遅れて1980（昭和55）年に被害者補償制度が導入され、2000（平成12）年にいわゆる犯罪被害者保護のための刑事手続に関する2つの法律が成立した（⇒332頁）。犯罪被害者に対する刑事政策は、世界の流れからみると、ほぼ20年遅れていたわけである。しか

し、2004（平成16）年に犯罪被害者問題の総合的解決を目指した 犯罪被害者等基本法 が制定されるに及んで、わが国の犯罪被害者に対する刑事政策は、欧米諸国と比べて遜色のないものとなりつつある。

Ⅱ　被害者学と被害者支援

(1)　**被害者学から被害者支援等へ**　　犯罪被害者に対する刑事政策は、被害者学 を基礎としている。犯罪被害者問題は、犯罪の原因を明らかにする犯罪学の１領域として登場した。ドイツ人ヘンティヒ（Hans von Hentig）は、1948年に『犯罪者とその被害者』と題する研究書を著し、犯罪被害者は一面で犯罪の原因となっているとの観点から、被害を受けやすい人の一般的特徴や性格・心理的特徴の類型化を試みた。また、被害者学の命名者であるイスラエルの弁護士メンデルソーン（Benjamin Mendelsohn）は、被害原因を生物学、社会学、心理学などにわたる多角的な科学的方法によって明らかにすべきであると主張した。こうした研究は、その後欧米で急速に発達し、被害者と加害者相互作用論 などが展開されてきた。被害者学は、従来の犯罪者を中心とする犯罪原因論に対し、その光を被害者に当て、犯罪に寄与する被害者 の究明を促した点でパラダイムの転換をもたらす契機となった。

　その間にあって、1960年代から70年代にかけて、新たな被害者問題が提起された。犯罪被害者を犯罪原因の面から研究する方法に加えて、被害者の救済、保護、支援の観点からの研究がクローズアップされた。「被害者の衰退期」における民事責任と刑事責任の分化の結果、犯罪者は典型的な不法行為によって権利を侵害されているのに、犯人の資力不足などのために損害賠償金をほとんど受け取ることができず、悲惨な生活を強いられている。この犯罪被害者の悲惨な実態を放置しておくことは、法的正義 に反するという趣旨からである。犯罪被害者救済問題は、個人の権利意識の向上などを背景として、当初、経済的支援としての犯罪被害者補償制度の立法化という政策課題として研究されたが、その後、犯罪被害者の権利という観点から被害者の心身にわたる被害の実態を明らかにして、そこから犯罪被害者の救済、保護、支援を目指そうとする研究が盛んになった。そう

した研究の成果としてわが国では、1981（昭和56）年に犯罪被害者等給付金支給法が施行され、経済的救済が実現したのである。

(2) 支援の多様化　このような被害者問題の研究を背景として、1985年の国連総会において、犯罪および権力濫用の被害者のための司法の基本原則が採択され、①被害者は、その尊厳に対して共感と敬意をもって扱われるべきである、②被害者に対して、刑事手続における被害者の役割や訴訟の進行状況、訴訟の結果について情報を提供する必要がある、③被害者が必要な物質的、医療的、精神的および社会的援助を受けられるようにし、被害者にその情報を提供すべきである、④各国政府は、警察、裁判、医療、社会福祉等の関係機関の職員に十分な教育訓練を行い、司法・行政上の迅速な対応を進めるための適切な制度整備を行う、という提言をした。

こうした国際的状況を踏まえて、わが国では1990（平成2）年に被害者学会が設立され、被害者学および被害者救済・支援問題が多角的に研究されるようになった。その間、①1996（平成8）年以来の警察庁の被害者対策要綱に基づく被害者支援の実施、②検察段階での被害者通知制度等の諸施策の実施、2000（平成12）年には、③刑事手続上の被害者保護を図った被害者保護2法が制定された。そして、2004（平成16）年に被害者問題の集大成ともいうべき「犯罪被害者等基本法」が制定されたのである。

(3) 展望　近年の被害者学の研究をみると、犯罪被害者の救済・保護・支援を課題とする研究が主力となる一方、企業犯罪の被害者、児童虐待の被害者、飲酒運転の被害者、マスメディアの被害者といったように、被害原因の究明の観点からの研究も進められている。被害者学は、当初、犯罪被害者を対象としたが、次第にその対象を広め、悪質商法やセクシュアルハラスメント、欠陥商品、災害など犯罪以外の原因による一般被害をも対象とするようになっている（諸澤英道・新版被害者学入門〔1998〕41頁）。しかし、被害者学は、犯罪の原因を被害者と加害者の相関関係から科学的に捉え、犯罪者および被害者の人権を守りながら、双方に適した犯罪防止策および社会復帰施策の構築を目的とすべきであると考える。また、被害者学の対象を一般被害にまで拡張するにしても、刑事政策の問題として犯罪被害者を論ずる以上は、例えば、犯罪防止策上の被害者といった刑事政策固有の被害者を観念する必要があり、一般被害と犯罪被害は質的に

違った問題を含んでいるから、刑事政策上問題とすべき犯罪被害者は、**犯罪による被害者** に限るべきである。

　この観点からすると、犯罪被害調査など被害の実態の糾明を踏まえたうえで、被害原因の理論化が目指されなければならない。そのためには、被害者学は犯罪学との緊密な連携を必要とするのである。勿論、犯罪原因がまだ十分に明らかにされていない犯罪学の学問レベルにおいて、被害原因を特定する作業は容易でない。しかし、被害者学を論ずる以上は、**被害原因の探求** を第1義とすべきことは当然である。そして、少しでも被害原因が明らかになった以上は、その結論を踏まえて犯罪防止策を講じなければならない。その際、被疑者・被告人・受刑者といった **加害者側の人権と被害者の人権の調和** を図ることが最も大切になる。被害者問題を強調すれば、被害者の感情を満足させるために、殺人犯はすべて死刑にすべきであるといった応報思想が支配することになるからである（瀬川・犯罪学319頁）。結論として、被害者問題について刑事政策上大切なことは、①被害原因の理論化を深め、その観点から被害者対策を論ずること、②犯罪被害者の人権と犯人サイドの人権との調和を学問的に究明することであろう。

> **修復的司法**　　犯罪被害者問題の解明に関連して、修復的司法の理論が展開されてきた。修復的司法（Restorative Justice Perspective）とは、刑事司法の機能を、犯罪者、被害者およびコミュニティとの関係の修復におく考え方をいう。伝統的な刑事司法の考え方は、犯罪を国家規範の侵害として捉え、これに対する応報ないし懲罰を科すためのシステムであるとするのであるが、修復的司法においては、**犯罪は加害者と被害者との間の問題** であり、その解決は刑罰といった制裁ではなく、当事者同士が直接対面して話し合い、犯罪者と被害者・コミュニティとの和解を通じて、犯罪によって生じた関係を修復するシステムであるとするのである。この考え方にたって、アメリカではいくつかの州で「行為者と被害者との和解プログラム」が試行されており、わが国でも「被害者・加害者対話プログラム」が試みられたことがあるが、修復的司法の前提は、当事者間で処理できる問題に限られることになるから、刑事司法のパラダイムを転換して、すべての犯罪を解決するシステムとして修復的司法を樹立することは不可能であり、この考え方が活用できるのは、当事者同士で処理できる被害が軽微な事件、特に少年事件に限られることになるであろう（ハワード・ゼア〈西村＝細井＝高橋訳〉修復的司法とは何か〔2003〕）。

Ⅲ　犯罪被害者支援の意義

(1)　犯罪被害者支援の根拠　しかし、犯罪によって害を被り、悲惨な生活を強いられている被害者を救済し、その権利利益の保護を図り、心身の苦痛を軽減するためにその生活を支援することは、もはや避けて通ることはできない。国民の誰もが犯罪被害者となる可能性がある以上、犯罪被害による損失を被害者だけに押し付けることは、公正さを欠くものとして社会正義に反するから である。犯罪被害の実態から明らかなように、犯罪被害によって、生命を失い障害を負うといった第１次的被害のみならず、事件に遭ったことによる精神的ショックや身体の不調から立ち直れず、第２次的被害に苦しんでいる人が多い。こうした犯罪被害者の悲惨な実態に対する社会的関心が高まり、国ないし刑事司法機関等において、後述のような被害者支援の施策が講じられてきているのである。

問題は、刑事政策上、なぜ、犯罪被害者を支援しなければならないのかである。いわゆる犯罪被害者支援の理論的根拠の問題である。もし、犯罪被害者の救済・支援の根拠をその必要性という点にのみ求めるとすれば、被害者に過度の落ち度があっても同じように救済すべきであろうし、自然災害や偶然の事故などの一般被害者を犯罪被害者から区別する必要はないということになろう。さらに、財産罪の被害者や人身上の軽微な被害者でも、すべて給付金を支給すべきであるということになりかねない。

> **犯罪被害者支援**　これまで、犯罪被害者の救済・保護・援助などとよばれてきたが、犯罪被害者が自ら主体的に立ち直るのを支えるという意味で、「支援」が適当な用語であると考える。ちなみに、アメリカの全国民間支援組織は NOVA (National Organization for Victim Assistance) であり、イギリスの組織は VS (Victim Support) である。なお、犯罪白書は、「被害者への配慮」として、そのなかに「支援」を取り込んでいるが、煩雑になるので、本章では「支援」で統一することにした。

支援の理論的根拠に関して、犯罪の被害に遭って数々の困難に直面する被害者は社会的に支援する必要があり、その克服を促すことにあるという見解がある（山上皓「犯罪被害者支援の意義・必要性」全国被害者支援ネットワーク編・犯罪被害者支援必携〔2008〕4頁）。支援の必要性が、その根拠だ

とされるのである。たしかに、目的としてはそのとおりであるが、そうすると犯罪被害と自然災害との区別がつかなくなってしまうであろう。自然災害や偶然の事故の被害者も気の毒な場合が多く、現に、阪神淡路大震災においても、多くの被災者がトラウマに苦しみ、PTSDにかかったのであるが、福祉や社会的支援を目的とするならばともかく、刑事政策上は両者を区別して対応する必要がある。そこで、被害者支援の理論的根拠については、以下のように考えられる。

　犯罪被害者は、加害者の不当な行為によって権利ないし人権を侵害され、重大な損害を被るという不幸な事態に直面しているのに、被害の回復について法的な保護が講じられず、その社会復帰が困難な状態にあるとすれば、犯罪被害者および国民は刑事司法を含む法秩序を信頼しなくなる。その結果、社会の規範意識が低下し、刑法の規律機能が弱くなるであろう。犯罪被害者の支援は、重大な被害を被った人の権利利益を法的に保護し、人権侵害による苦痛に配慮してその軽減・緩和を図り、犯罪被害者の社会復帰を支えることによって、刑事司法を含む法秩序に対する国民の信頼 を確保し、もって犯罪の防止および社会秩序の維持に奉仕する点にあると考える。

> **被害者保護と社会復帰理念**　　犯罪被害者の支援は、社会の応報感情を緩和し、死刑の廃止、社会復帰処遇の推進のために必要であるとする見解がある。確かに、「敵意のない社会への復帰」を図ることも1つの目的であろうが、それはあくまで犯罪被害者支援の副次的な効果にすぎず、それ自体を目的とすべきではないと考える（大谷・被害者の補償〔1978〕93頁）。

Ⅳ　刑事司法における被害者の支援

(1) 刑事手続と犯罪被害者　　刑事訴追は原則として国家が独占するから、被害者による訴追は認められず、公訴権は検察官に付与されている。また、検察官は、公訴の提起について広い裁量権を有している。しかし、刑事手続きに被害者の意思を反映する制度を設けておかなければ、被害者の処罰の要求は無視されることになる。そこで、刑事手続においては、犯人の訴追を求める犯罪被害者の意思を尊重して、告訴等の制度を設けている。一方、親告罪 については、告訴がないかぎり公訴を提起することができな

いから、被害者の意思が直接刑事手続に反映される。しかし、検察官が判断を誤り、起訴すべき事件を起訴しない可能性もあるところから、検察官が公訴を提起しない処分をした場合には、これに対する不服申立制度として、検察審査会に対する審査申立ておよび地方裁判所に対する付審判の請求がある。なお、告訴については、犯人を知った日から6か月を経過したときは、告訴できないことになっているが、強制わいせつ、強姦等の罪については、被害者の意思を尊重する趣旨から、告訴期間を制限しないことにした（刑訴235条1項1号）。

（ア）**検察審査会に対する審査申立て**　検察審査会は、選挙権を有する者のなかから籤（くじ）で選ばれた11人の検察審査会員（任期6月）により組織され、申立てまたは職権で、検察官の不起訴処分の審査を行い、「起訴相当」「不起訴不当」または「不起訴相当」の議決を行う。告訴権を有する者は、検察官の不起訴処分に不服があるときは、その処分の当否の審査を申し立てることができる。検察官は、検察審査会の議決を参考にして、起訴すべきかどうかを決定する（検察審査会41条）。なお、2009年5月21日に施行される予定となっている検察審査会法の一部改正により、起訴議決があったときは、検察官は起訴しなければならなくなる（41条の6）。2007（平成19）年度の検察審査会の新規受理数は、2,272件（申立て2,242件、職権32件）であり、処理件数は2,396件あったが、そのうち起訴相当・不起訴不当は124件であった。

（イ）**付審判請求**　公務員の職権濫用罪のような人権蹂躙事件について検察官が不起訴処分にしたときは、犯罪の告訴人等は裁判所に直接事件を審判に付することを請求することができる（刑訴262条）。これを**準起訴手続**あるいは付審判請求手続という。裁判所は、合議体で、請求について審理・裁判し、理由があるときは事件を裁判所に付する旨の決定をする。この決定があったときは、公訴の提起があったものとみなされる。裁判所は、公判の維持に当たる弁護士を指定し、検察官の職務を行わせるのである。2006（平成18）年の付審判請求の受理人員は243人、処理人員は476人であり、付審判決定件数は0件であった。

(2)　**公判段階の被害者の保護**　犯罪被害者は、刑事事件の当事者として、刑事手続の進行に関心を払うとともに、公判段階において証人として

出廷し、証言する場合が少なくない。そこで、犯罪被害者保護2法が制定され、公判段階に関して5つの制度を導入した。その1は、犯罪被害者は事件の当事者としての公判の審理状況に関心をもつことを考慮して、優先的に傍聴券を交付する **公判傍聴優先制度** である。その2は、証人の負担を軽減し保護するための制度として設けられた証人尋問の際に証人と被告人との間を遮へいする措置を執る **遮へい制度**、その3は、法廷と同一構内の別室に証人を在席させ、映像と音声の送受信により相手の状態を相互に認識しながら通話する方法（ビデオリンク方式）によって尋問する **ビデオリンク制度**、その4は、適当と認められる者を証人に付き添わせる **証人付き添い制度**、その5は、裁判所は、被害者等から被害に関する心情その他の被告事件に関する意見の陳述の申出があるときは、原則として公判期日において陳述させる **意見陳述制度** である。いずれも、被害者の意思や感情に配慮して設けられた制度である。

　刑事訴訟の過程で、被告人と被害者との間の損害賠償にかかる民事上の争いについて、合意が成立したときには、裁判所に対し、この合意の内容を当該被告事件の公判調書に記載することを求める申立てができる **刑事和解制度** が設けられた。合意の内容を公判調書に記載された場合は、その記載は裁判上の和解と同一の効力を有するため、被告人がその内容を履行しないときは、被害者が別に民事訴訟を提起しなくても、この公判調書を利用して強制執行の手続きをとることができるのである。なお、損害賠償請求との関連で、公判継続中の公判記録の閲覧・謄写も可能となった。

　(3) 被害者通知制度　犯罪被害者は、自己の刑事事件の刑事手続がどうなっているかを知りたがるのが普通である。そこで、1999年（平成11）4月から被害者通知制度が実施され、警察官、検察官は、犯罪被害者が通知を希望する場合には、事件の処理結果、公判期日、刑事裁判の結果、公訴事実の要旨、不起訴裁定の主文および理由の骨子、勾留、保釈等の身柄の状況を通知することになっている。また、犯罪被害者が特に通知を希望する場合には、自由刑の執行終了予定時間、仮釈放または自由刑の執行終了による釈放および釈放年月日について犯罪被害者に通知している。犯罪白書によると、2007（平成19）年には、事件の処理結果について延べ3万4,298件、公判期日については1万9,766件、裁判結果について2万8,023

件、受刑者の釈放について2,478件の通知が行われた。

　さらに、再犯防止のため、被害者が特に通知を希望する場合において、犯罪の動機、態様および加害者と被害者との関係、加害者の言動その他の状況に照らし、通知を行うのが相当と認めるときは、受刑者の釈放前に釈放予定時期について（いわゆる出所情報）、被害者に通知を行っている。加えて、2007（平成19）年末からは、有罪裁判確定後の加害者の処遇状況等に関する事項についても、被害者の希望によって、原則として通知することになっている。なお、検察官は、告訴等のあった事件について、公訴を提起し、またはこれを提起しない処分をしたときは、その旨を速やかに告訴人等に通知しなければならない。

⑷　**少年事件の犯罪被害者への配慮**　少年事件の被害者に配慮する観点から、以下のような少年法の一部改正がなされた。

　第1に、少年事件の犯罪被害者において、被害に関する心情や事件に関して意見の陳述の申出があるときは、裁判所は、原則として意見を聴取することにした（少9条の2）。第2に、犯罪被害者は、犯罪少年にかかる保護事件の記録のうち、保護事件の非行事実を閲覧・謄写できることにした（5条の2）。第3に、家庭裁判所の決定により、重大事件について事実認定手続に検察官が関与することが可能になった（22条の2）。第4に、家庭裁判所による被害者通知制度が導入された（31条の2）。これとは別に、2008（平成20）年には、生命・身体に対する重大な犯罪の場合に限って、被害者からの申出により、少年審判の傍聴が認められるようになった。

⑸　**犯罪被害者等の刑事裁判への参加**　犯罪被害者は、事件の当事者なのであるから、その被害にかかる刑事手続に適切に関与することできなければならない。そこで、2007（平成19）年6月の「犯罪被害者等の権利利益の保護を図るための刑事訴訟法を一部改正する法律」が制定され、いわゆる刑事手続への被害者参加制度が創設された。この制度は、殺人や傷害致死などの一定の重大犯罪の被害者が、裁判所の許可を得て刑事裁判に参加し、公判期日に出席するとともに、一定の要件のもとに証人尋問、被告人質問および事実または法律の適用についての意見陳述を行うことができるという制度であり、わが国にとっては画期的制度といってよい。加えて、被害者参加人はその弁護士を選任することができるが、2008（平成20）年

には、資力の乏しい被害者参加人について、裁判所が日本司法支援センター（受称〔法テラス〕）から出される候補者のなかから弁護士を選任して、国が費用を負担する制度が整備された。被害者参加制度については、①当事者主義を採る現行刑事訴訟法の構造を根底から覆すことになる、②被告人の防御権を侵害することになる、③2009（平成21）年5月に実施される裁判員制度が円滑に機能しなくなるといった反対論が展開されたが、いずれも裁判所の適切な判断によって克服できる課題であるように思われ、被害者に配慮した刑事司法として評価すべきであると考える。

●第3節　犯罪被害者に対する経済的支援

第1款　犯罪被害者給付金支給制度

I　犯罪被害者に対する経済的支援の意義と沿革

犯罪被害者に対する経済的支援の制度は、古く紀元前1700年頃のハムラビ法典にさかのぼることができる。今日の制度の先駆者はベンサムであり、ガロファロやフェリーなどの実証学派の主張を経て、1929年にはメキシコ、1936年にはキューバでこの制度が試みられたが、いずれも基金不足で失敗した。第二次大戦後、イギリスの女流刑罰改良運動家フライが制度の創設を提唱し、これを契機として1963年にニュージーランドが、続いて1964年にはイギリスが、それぞれ暴力犯罪の人身被害者に対する補償制度（Criminal Injury Compensation）を新設した。やがてこの制度は、ニューヨーク州（1967年）をはじめとして、英語圏の諸国家に急速に波及し、また、1970年代に入るとスウェーデン、旧西ドイツ、オランダ、フランスなどでこの制度を採用し、その間に各種の国際会議においても支持されたのであり、この時期を「被害者の時代」とよぶ人も出たほどである。

わが国においては、古く明治の末期に近代刑法学派の牧野英一博士などが制度の必要性を説いていたが、1965（昭和40）年頃から各国の立法例の紹介が行われ、また、犯罪被害者等による市民運動や立法論が盛んとなった（大谷・犯罪被害者と補償〔1975〕）。丁度その時期に当たる1974（昭和49）

年の過激派による 三菱重工ビル爆破事件 では、市民8人が死亡し、380人が負傷するという大惨事となり、いわゆる通り魔事件による犯罪被害者救済が急に世人の関心事となった。こうして、政府および国会の論議を経て、1980（昭和55）年に 犯罪被害者等給付金支給法 が制定され、1981（昭和56）年1月1日から施行された（大谷=斉藤・犯罪被害給付制度〔1982〕）。

その後、1995（平成7）年に発生した地下鉄サリン事件等の無差別殺傷事件を契機として、被害者の悲惨な状況が広く国民に認識されるに至り、犯罪被害給付制度の拡充をはじめとして、被害者に対する支援を求める社会的な機運が急速に高まった。このような状況を踏まえ、支給対象の拡大や、給付基礎額を中心とした法改正がなされ、2001（平成13）年から 犯罪被害者等給付金等に関する法律 が施行されたのである（警視庁・警察による犯罪被害者支援10頁）。さらに、犯罪被害者基本法に基づく基本計画に従い、2008（平成20）年に「犯罪被害者給付金の支給等による犯罪被害者等の支援に関する法律」と改められ、制度の一層の拡充が図られた。なお、これに関連して、「オウム真理教犯罪被害者を救済するための給付金の給付に関する法律」（平20・法律80号）が注目される。大規模なテロリズムと戦うというわが国の姿勢を明らかにするために、犯罪被害給付制度を補充する趣旨で制定されたものである。

Ⅲ 制度の刑事政策的意義

経済的支援制度の趣旨については、①犯罪被害者の生活困窮を救うための制度とする考え方、②損害賠償制度が機能していないのを補充するための制度とする考え方、③自由社会にとって犯罪の発生は不可避的であるから、犯罪被害を社会全体で平等に負担させるための一種の保険制度とする考え方などがある。犯罪被害者を救済すれば、それによって生活の困窮を救うことになるし、また、国が損害の一部を賠償する結果ともなるから、この制度の趣旨を一元的に捉えるのは妥当でないかも知れないが、犯罪被害者支援制度の趣旨に即してその理論的根拠を求めれば、刑事司法に対する信頼の維持・確保のために、一定の重大な犯罪被害を救済することによって、社会の応報感情をやわらげ、刑事司法に対する国民の信頼を確保す

ることによって犯罪を防止し、もって社会秩序の維持に奉仕する制度であると解すべきである。したがって、この制度の刑事政策的意義は、犯罪被害者の支援を通じて、犯罪の発生によって失われた法秩序および刑事司法に対する国民の信頼を回復させ、もって社会秩序の安定に寄与するという点にある。

このように考えると、第1に、すべての犯罪被害を救済する必要は必ずしもなく、経済的支援をしなければ法秩序に対する国民の信頼が回復できない種類・程度の犯罪被害に限られるということになろう。わが国の制度は、この考え方に立って、被害者が死亡ないし重傷病になった場合および被害者に障害が残った場合に救済するものとした。第2に、給付金は、国の刑事政策に基づいて一般会計から支給される一種の**見舞金**であるが、法秩序の信頼確保という制度の趣旨からすると、後述の自賠責保険や労災保険と均衡した金額が望ましいということになろう。第3に、いかに重大な犯罪被害であっても、被害者の側に被害を受ける原因（挑発・落度）が認められる場合には、それを救済しなくても刑事司法に対する不信感を招くおそれはないから、給付金が支給されないか減額されるべきことになろう。

Ⅲ 現行制度の概要

(1) 給付の対象　わが国の支援制度である犯罪被害給付制度は、先に述べた趣旨に立脚している。制度の対象となる犯罪行為は、日本国内または日本国外にある日本船舶もしくは航空機内において行われた、人の生命または身体を害する罪に当たる犯罪行為による死亡、重傷害または障害であることを要する。緊急避難による行為、心神喪失者、刑事未成年者であるために刑法上加害者が処罰されない場合も対象に含まれる。ただし、正当行為、正当防衛により罰せられない行為および過失による行為は除かれる（犯罪被害給付2条）。次に、この犯罪行為により、死亡、重傷病、身体上の障害の結果が生じた場合にかぎり犯罪被害者等給付金（以下、給付金と略す）が支給される。死亡した者の遺族に支給されるものを**遺族給付金**といい、最低320万円〜最高2,964万円が、被害者の年齢や勤労による収入額に基づいて算定される。重傷病の被害者に支給されるものを**重傷病給付**

金、負傷または疾病が治ったときにおける身体上の障害が残った者に給付するものを障害給付金という（4条）。重傷病給付金は怪我や病気のため、病院に支払った治療費（保険診療）の自己負担分（実費）を、1年間を限度として支払うものである。

「重傷病給付金」における「重傷病」とは、加療1か月以上、かつ、3日以上の入院（精神疾患については加療1か月以上、かつ3日以上労務に服することができない程度の症状）になった場合をいう。障害給付金における「障害」とは、負傷または疾病が治ったときにおける身体上の障害で、労働基準法その他の災害補償関係法令に定められている第1級から第14級までの等級に該当する身体障害をいい、例えば両眼失明は第1級であり、上肢を腕関節以上で失った場合は第2級であり、両手の手指の全部を失った場合は第3級である。障害給付金の最低額は18万円、最高額は3,974万4,000円であり、この場合も、障害の程度や年齢、勤労による収入額に基づいて算定される。「遺族給付金」は、第1順位の遺族に給付される。第1順位の遺族は被害者の配偶者（いわゆる内縁も含む）、配偶者がないときは、「被害者の収入によって生計を維持していた被害者の子、父母及び兄弟姉妹」（5条1項2号）、さらにこれに該当する者がいないときは、「被害者の子、父母、孫、祖父母及び兄弟姉妹」（5条1項3号）である。

(2) **減額・不支給** 重傷病給付金、障害給付金および遺族給付金の対象者となりうる場合でも、以下の事由があるときは支給対象者から除外され、あるいは給付金の不支給ないし減額の処分がなされる。第1に、遺族に該当するものであっても、その者が被害者を故意に死亡させた場合、被害者の死亡する以前に遺族給付金の支給につき先順位または同順位の遺族となったであろう者を故意に死亡させた者は、遺族給付金を受けることができない（5条4項）。第2に、①被害者と加害者との間に親族関係があるとき、②被害者が犯罪行為を誘発したとき、その他被害を受けるにつき被害者にも責めに帰すべき行為があったとき、③その他支給するのが社会通念上適切でないときは、減額または不支給とする。なお、減額の程度は、それぞれの事由によって3つに類型化され、不支給、3分の2および3分の1減となる。

(3) **裁定機関等** 給付の裁定機関は都道府県の公安委員会である。給

付金の支給を受けようとする者は、当該住所地の公安委員会に申請して裁定を受ける。申請の期間は「当該犯罪被害の発生を知った日から2年」または「当該犯罪被害が発生した日から7年」である（10条2項）。公安委員会は、申請者に対して、①給付金を支給する旨の裁定、または、②給付金を支給しない旨の裁定を行うことになるが、申請が法律の要件を満たさない場合には、不適法な申請として却下される。

(4) 犯罪被害者等給付金 給付金は一時金であり、①死亡した者の遺族に支給される「遺族給付金」、②重傷病の被害者に支給される「重傷病給付金」、障害が残った者に給付される「障害給付金」とがある。支給額は、政令の定めによって定められており、被害者1人当たりの給付限度額は、遺族給付金では320万円〜2,964万5,000円、重傷病給付金では、医療費の自己負担相当額を1年を限度として支給する。障害給付金では18万円〜3,974万4,000円である。

Ⅳ　制度の評価

以上の概観から明らかなように、わが国における犯罪被害者の救済制度は完全に定着したといってよい。制度の発足時期は欧米主要国に遅れをとったけれども、制度の内容、給付水準、運用状況など、いずれにおいても世界に誇りうるものとなっている。他の公的救済制度、ことに自賠責保険等と比較しても、ほぼ同額となっている。なお、被害の性質によっては、フランスのように財産犯の被害者にも給付対象を拡げるべきであるという見解もあるが、財源の確保および制度の趣旨から考えると、財産犯の被害者についてまで一律に拡張するのは困難であろう。また、現行の犯罪被害者給付制度は有効に機能していると評価できるが、遺族が外国人で、かつ日本国内に住所を有していない場合には、その犯罪の被害者が日本人であっても、法3条によって給付の対象となりえない点は明らかに不合理であり、改善の必要があろう。

犯罪被害者救援基金　犯罪被害者の救済として、わが国では極めて注目すべき事業が行われている。犯罪被害者等給付金支給法案が国会において

> 可決した際に、遺族としての児童・生徒に対する奨学金制度の実現を図る附帯決議がなされ、1981（昭和56）年5月21日に財団法人犯罪被害者救援基金が設立された。これを受けて犯罪被害遺児に対する奨学金の給与、重障害を受けた犯罪被害者に対する障害見舞金の給付および電話相談コーナーの開設、機関誌「ふれあい」の定期発行、相談文庫の配本、交通相談等の事業が行われている。奨学金の現行月額は、大学生―国公立2万3,000円、私立2万9,000円（当初1万円）、高校生―国公立1万5,000円、私立2万3,000円（当初6,000円）、中学生―9,000円（当初3,500円）、小学生―9,000円（当初3,000円）である。なお、1984（昭和59）年4月からは、大学入学時に5万円、小学校入学時には7万円の一時金が支給されている。いずれも返還する必要はない。

第2款　被害回復給付金等

I　犯罪収益はく奪による被害回復

　詐欺、出資法違反等の財産犯等の犯罪行為により犯人が得た犯罪収益をはく奪し、これを被害回復に当てることによって犯罪被害者を支援するため、2006（平成18）年12月1日に「組織的な犯罪の処罰および犯罪収益の規制等に関する法律の一部を改正する法律」（以下 <mark>組織犯罪処罰改正法</mark> という）および「犯罪被害財産等による被害回復給付金の支給に関する法律」（以下 <mark>被害回復給付金支給法</mark> という）が施行された。これらの立法は、組織犯罪による大規模なヤミ金融事件などの被害者救済を目的とするものであるが、同時に、犯罪被害者の経済的支援の性格をも有するものである。

　組織犯罪処罰改正法は、①組織犯罪として財産犯等の犯罪行為を行い、その犯罪収益を隠匿・収受した場合、その犯罪収益を没収・追徴して、これを犯罪被害財産回復の給付金の支給に当てるというものである（13条3項）。②没収・追徴の確定裁判の執行の共助の要請をした外国から、当該共助の実施に係る財産またはその価額に相当する金銭の譲与の要請があったときは、その一部または全部を譲与することができるものとされた（64条の2第1項）。こうして、ヤミ金融等により犯罪収益の一部が外国の銀行口座に送金され隠匿されたが、同国当局によってそれが没収されたような

場合、その国から当該財産の譲与を受け被害回復に当てることが可能となったのである。

一方、被害回復給付金支給法は、組織犯罪処罰法13条2項各号に掲げる犯罪行為により財産上の被害を受けた者に対して、没収された犯罪被害財産、追徴されたその価額に相当する財産または外国から譲与された財産から給付金を支給することにより、財産的被害の回復を図る制度を定めるものである。支給申請者は、犯罪被害財産の没収・追徴の理由とされた事実にかかる財産犯の犯罪被害者等であり、被害回復支給の手続は検察官が行う。

Ⅱ 損害賠償命令

損害賠償命令制度は、犯罪被害者が犯罪によって受けた損害を迅速・確実に回復することを目的として、裁判所が**刑事裁判で得られた証拠等を利用して**犯人に損害賠償を命ずる制度である。2000（平成12）年に制定された犯罪被害者保護法が、「犯罪被害者等の権利利益を図るための刑事手続きに付随する措置に関する法律」と改名されて、一定の犯罪被害者は、被告事件の継続する裁判所に対し、被告人に損害賠償を命ずる旨の申立てをすることができるものとされた。これによって、犯罪被害者は、従来、刑事裁判とは別個に損害賠償請求訴訟を提起する必要があったが、一定の犯罪については、刑事手続の成果を利用して簡易迅速に解決することが可能になった。損害賠償命令の申立てができるのは、故意の犯罪行為によって人を死傷させた罪、強制わいせつおよび強姦の罪、逮捕監禁の罪、略取誘拐、人身売買の罪およびこれらの未遂罪にかかる刑事被告事件の被害者である。当該の被告事件の継続する地方裁判所に対し、その弁論の終結まで損害賠償命令の申立てができる。

刑事被告事件で有罪の言渡しがあった場合は、裁判所は直ちに損害賠償命令の申立てについての審理を行わなければならない。期日は、原則として4日以内である。無罪となった場合は、裁判所は、決定で申立てを棄却しなければならない。

第3款　自動車損害賠償責任保険等

I　自動車損害賠償保障法

　この法律は、自動車の運行によって人の生命・身体が害された場合における損害賠償を保障する制度を確立することにより、被害者の保護を図ることなどを目的とするものである。加害行為が犯罪行為に該当しなくても、その被害者を保護しようとするのであるから、犯罪被害者救済の趣旨とは必ずしも一致せず、また、救済金も保険料から拠出されるものではあるが、しかし、加害行為の大部分は犯罪行為（自動車運転過失致死傷罪）に該当することから、犯罪被害者の救済制度として把握しても不当ではない。

　この法律に基づく被害者の救済は、自動車損害賠償責任保険（以下、自賠責保険という）および自動車損害賠償責任共済（以下、自賠責共済という）である。これらの制度は、①自動車保有者には、損害保険会社との間で自賠責保険契約を締結するか、または農業協同組合との間で自賠責共済契約を締結することを義務づけること、②自動車の運行供用者に対し、運行上生じた人身加害についての損害賠償責任を無過失責任に近い形で課すこと、③人身事故が発生した場合には死亡——最高3,000万円、後遺障害による損害——最高3,000万円が支払われること、以上の3点を骨子としている。この制度を補充するものとして、政府が直接に行う自動車損害賠償保障事業があり、ひき逃げや無保険車による事故の場合に、政府が被害者に対して自賠責保険等に準じた保険金を支払うものである。

> **労働災害補償**　本文の意味からすると、労働災害の原因の多くは、業務上過失致死傷罪に該当するから、労災保険法に基づく保険給付制度も犯罪被害者救済制度といえる。公害健康被害補償も同様である。

II　証人等の被害給付制度

　「証人等の被害についての給付に関する法律」は、刑事事件の証人または参考人が、裁判所または捜査機関に対して供述を行い、または出頭した

ことにより、その者や近親者が他人から身体・生命に害を加えられた場合に療養費等の給付を行うものであり、1985（昭和60）年6月1日からは国選弁護人にも適用されることになった。この制度のように、国の捜査ないし司法に関与して被害を受けた場合の補償も、広い意味では犯罪被害者の救済といってよいであろう。なお、これに類似するものとしては「警察官の職務に協力援助した者の災害給付に関する法律」、「海上保安官に協力援助した者等の災害給付に関する法律」がある。

第4款　犯罪被害者民間支援団体

　犯罪被害者の物心両面にわたる苦難を軽減し、その社会復帰を支援するためには、市民の連帯共助の精神に基づく支援活動が重要である。この観点から、欧米では1970年頃から民間団体がボランティアを組織して支援活動を展開してきたが、わが国でも警察主導ではあるが民間の支援団体が誕生し、社団法人ないしは任意団体として電話相談、面接相談、いわゆる自助組織への支援、広報啓発活動などを実施している。近年では、特に傍聴や法廷の付き添いといった直接的支援活動が増えてきている。民間支援団体が発足してまだ10年程度しか経過しておらず、また、大半の団体が資金不足のために実質的な成果をあげるまでには至っていないが、犯罪被害者が危機的状況に追い込まれているときに、本当に頼りになるのは、隣人であり一般の市民のサポートであることは疑いない。

　この観点から、2001（平成13）年に「犯罪被害者等早期援助団体」の制度を新設した意義は、極めて大きい。すなわち、公安委員会は、犯罪行為の発生後速やかに被害者等を援助することにより当該犯罪被害者の早期の軽減に資することを目的として設立された営利を目的としない法人であって、犯罪被害者の支援を適正かつ確実に行うことができると認めるものを早期援助団体として指定し、①被害者に対する援助の必要性に関する広報活動および啓発活動を行うこと、②犯罪被害について相談に応ずること、③犯罪被害者給付金の申請の補助をすること、④物品の供与または貸与、役務の提供等により被害者を援助すること、としたのである（犯罪被害給付23条）。この制度によって、公安委員会指定の民間支援団体は、被害者

の同意のもとに、警察と連携して支援活動を行うことができることになった。

　問題は、活動の資金である。大半の団体は会員ないし賛助会員の会費を資金として活動しているのが実態であるが、直接的支援活動は多額の費用を必要とするため、個人ないし民間団体の会費では到底賄いきれるものではない。イギリスでは政府が経費を負担しているということであるが、わが国でも自治体等の公的資金に頼らなければ、民間団体の支援活動は不可能であると考える。

第 3 編

各種犯罪者と
その処遇

第1章

少年非行対策

●第1節 少年非行の意義と動向

Ⅰ 少年非行の意義

⑴ **少年と刑事政策** 少年とは、一般に、年齢の若い人、心身の未成熟な男女をいうが、これらの者も、犯罪を行う能力があることはいうまでもない。例えば、10歳前後の少年でも殺人や放火といった重大な罪を犯す事例は、現実に存在するのである。したがって、刑事政策の観点からは、成人におけると同様に、これら少年の犯罪を防止する対策を講じなければならない。しかし、少年は年齢が若く、心身が未成熟で社会的経験が不足しており、家庭や社会の保護を受けて生育する人格形成過程にあるから、その点を考慮して犯罪防止策を講ずる必要がある。そこで、刑事政策の対象とするにしても、犯罪ばかりでなく、将来犯罪に結びつくような行為ないし行状を対象として、人格が固まる前の可塑性を有する若年期に、教育を中心とした保護によって犯罪防止を図るほうが合理的である。この観点から考案されたのが、少年非行という観念である。

非行（delinquency）とは、本来、社会の規範から逸脱した行為をいうが、これらのうち、将来犯罪に結びつくような行為ないし行状を非行として捉え、「非行のある少年」（少1条）すなわち非行少年を保護することによって将来の犯罪を抑止する目的で作られたのが、少年法（昭23・法律168号）を中心とする少年法制である。

⑵ **少年非行** 少年非行とは、20歳に満たない者すなわち少年による犯罪行為、触法行為およびぐ(虞)犯行為の3種類をいう。これら少年非行に対応して、少年法は、犯罪少年、触法少年およびぐ犯少年の3種の非行少年を定めている（3条）。犯罪少年（罪を犯した少年）とは、14歳（刑事

責任年齢）以上20歳未満で犯罪行為をした少年をいう。**触法少年** とは、14歳未満で刑罰法令に触れる行為をした少年をいう。**ぐ犯少年** とは、20歳未満の少年が将来犯罪行為または触法行為を犯すおそれのある少年をいう。

　非行を年齢層別に認識する方法によれば、触法少年は14歳未満、年少少年は14～15歳、中間少年は16～17歳、年長少年は18～19歳、若年成人（青年）は20～24歳である。なお、児童福祉法（昭22・法律164号）には少年非行とは異なる **不良行為** が規定されている。不良行為とは、飲酒、喫煙、家出、怠学、夜間徘徊など自己または他人の徳性を害する行為またはそのおそれのある行為をいう。これらは少年警察活動として、助言、指導その他の補導の対象となる（少年警察活動規則2条6号）。ただし、少年非行には含まれない。

Ⅱ　少年非行の動向

(1)　戦後の動向　1945（昭和20）年以降の少年非行の推移を少年刑法犯検挙人員からみると、3つの波として捉えることができるとされている（2007犯罪白書132頁）。**第1の波** は、1951（昭和26）年の16万6,433人をピークとする時期であり、戦後の社会秩序の乱れ、経済的困窮、家庭の崩壊などの社会的混乱を背景とするものとみられる。**第2の波** は、1964（昭和39）年の23万8,830人をピークとする時期であり、戦中・戦後の困難な時代に成長期を過ごした10代後半の少年人口の増大、わが国の経済的発展の過程における工業化・都市化の社会的変動を背景としたものとみられる。この時期では、特に年長少年犯罪の増加および凶悪化が問題となった。**第3の波** は、1983（昭和58）年の31万7,438人をピークとする時期であり、豊かな社会における価値観の多様化、家庭や地域社会などの保護的・教育的機能の低下および犯罪の機会の増大などの社会的条件の変化を背景とするものとみられる。この時期では、年少少年の犯罪率が高く、少年非行の低年齢化が刑事政策上の重要な課題となった。

　近年の少年刑法犯の検挙人員は、戦後最多を記録した1983（昭和58）年以降は19万人台で推移していたが、1990年代に入ると大きく減少し、1995（平成7）年には12万6,249人となった。1996（平成8）年以降一時増

加傾向を示し、第4の波ともいわれたが（2000警察白書90頁）、2003（平成15）年に14万4,404人を示してからは大幅な減少傾向を示し、2007（平成19）年には10万3,224人にまでなったのである。触法少年の数も1984（昭和59）年に6万7,906人を数えてからは減少傾向を示し、2007（平成19）年には、1万7,904人になった。

(2) **近年の動向**　少年刑法犯の2007（平成19）年における刑法犯総検挙人員に占める割合は28.2％であり、10年連続で減少している。50％を超えていた1990（平成2）年頃に比べると、その減少傾向は歴然としている。しかし、2007（平成19）年の少年刑法犯の人口比（同年齢層の人口1,000人あたりの検挙人員）は13.8であった。戦後の最高であった1982（昭和57）～1983（昭和58）年の18.8よりは低いというものの、13.0を切っていた1991（平成3）～1995（平成7）年の時期と比較すると、低いところで安定しているとまではいえない。しかし、少年犯罪の 沈静化傾向 は疑いないであろう。また、同じ年の触法少年の人口比は3.7であったが、1990（平成2）年以降、3.7から4.4の間を推移しており、大きな減少は認められないというものの、減少傾向は明らかに認められる。しかし、少年非行の情勢は、現在も楽観できる状態にはないといえよう（那須・「刑事学」講義ノート〔2008〕229頁）。

一方、2007（平成19）年度の少年刑法犯の罪種別構成比をみると、窃盗犯は56.3％、粗暴犯は9.0％、凶悪犯は0.8％、その他11.0％である。凶悪犯の総数は、1,042人であり、そのうち殺人62人、強盗757人、放火102人であった。少年刑法犯が戦後最も多かったのは1983（昭和58）年であったが、その時の構成比を見ると、窃盗は77.2％、粗暴犯は11.0％、凶悪犯は0.8％、その他11.0％であり、窃盗は多いが凶悪犯はほとんど変わらない。なお、凶悪犯2,014人の内訳をみると、殺人87人、強盗788人、強姦750人、放火389人であった。殺人は、その後、116人（1989〔平成元〕年）から57人（2004〔平成16〕年）を推移していたが、2007（平成19）年は62人であり、大きな変化は認められない。強盗、強姦なども全体としては 減少傾向 にあるといえる。成人の犯罪ばかりでなく少年非行においても、ピーク時の2001（平成13）年と比べると減少傾向ははっきりと認められるのである。もっとも、少年犯罪の数量の変化については、少年の絶対人口の減少を考

慮する必要はある。

　近年の少年犯罪ないし少年非行が沈静化していることを認めつつ、少年犯罪に厳しい目を向ける人は多い。その主な理由は、従来、経験もしなかったような少年による特異・重大犯罪が発生し、社会が犯罪現象に大きな関心を寄せるようになってきたからである。1999（平成11）年の少年による凶悪事件の相次ぐ発生、2000（平成12）年には社会を震撼させた特異・重大少年事件、最近では、①男子高校生が自宅に放火して全焼させ、家族3人を殺害した事件（2006〔平成18〕年6月）、②13歳男子が自宅に放火し、弟を焼死させた事件（同年8月）、③18歳の少年ら6人が被害者の胸部、頸部等を果物ナイフで突き刺し、2人を殺傷した2007（平成19）年2月の事件、④17歳の男子高校生が就寝中の実母の頸部を包丁で刺し、頭部を切断してそれを持って警察に出頭した事件（同年5月）など、社会の耳目を集める事件が発生した。少年犯罪は沈静化したが、特異・重大犯罪は質的に悪化しているといってよいであろう。

　このような少年非行・犯罪の情勢については、マスコミの報道に起因するモラル・パニックにすぎないから、少年犯罪の凶悪化として特別な犯罪防止対策を講ずる必要はないという見解もある。たしかに、量的にみれば特異・重大犯罪が多発しているわけでなく、犯罪情勢の悪化として特段の対策を講ずる必要はないともいえる。しかし、安心して生活できる安全な社会の維持を目的とする刑事政策の観点からは、犯罪の数自体は少なくても、特異・重大犯罪は国民の重大な関心事であり、その対策を怠ることは許されないであろう（瀬川晃「改正少年法成立の意義」現代刑事法24号〔2001〕28頁）。

現代における少年非行の背景　一般の犯罪原因が十分に解明できないのと同様に、少年非行の原因も決定的なものを見い出すことはむずかしい。特に、少年非行の背景には、社会的・教育的・心理的諸要因が複雑に絡んでいるだけに、原因の究明は困難である。ただ、その特徴として、家庭の機能障害（放任・核家族・過保護・不和等）、学校の問題（能力主義の選別・指導の欠如）、社会の有害環境（性の商品化・俗悪マスコミ、大人社会の規範意識の低下）を原因とする非行が多いとはいえるであろう。そして、少年非行として最も特徴的なものは、窃盗・占有離脱物横領罪の大量化である。これは、1つにはスーパーの増加、自転車の放置など犯罪が行われやすい

第1章　少年非行対策

> 環境が増えたことを原因とするものであるが、他方では警備が行き届くようになって検挙数が激増したことにもよるであろう。

●第2節　非行少年の取扱い

I　保護処分優先主義

(1) 趣旨　非行少年の取扱いは、主として少年法が定めている。少年法は、強制処分として、刑事処分と保護処分を規定している。罪を犯した成人に対しては、刑罰を科すことによって正義を実現するとともに、処罰を通じて将来の犯罪を防止し、社会秩序の維持を図る必要がある。これに対し、少年法は、「少年の健全育成」(少1条)を目的とし、適切な保護や教育が欠けている場合には、保護手段を講ずる必要があり、14歳以上で刑事責任を問いうる犯罪少年であっても、保護を優先し、刑罰を二次的なものにしている。これを少年法における 保護処分優先主義 または保護優先主義という。なお、これに関連して、児童福祉法の対象でもある18歳未満の少年、特に触法少年については「心身ともに健やかに育成する」(児福2条)ことが理念となっているのであるから、非行少年の取扱いについては、特に社会福祉的、教育的観点を重視して、事実上の補導的措置だけで解決する不処分優先主義を採るべきであるとする見解もあるが、児童福祉法とは理念を異にする少年法に適用することは困難であろう。

少年法は、保護処分優先主義に立ち、犯罪少年についても原則として刑事責任を追及しないで、保護を優先させ、例外的に、刑罰を科すことがその少年の保護・教育にとって適切な手段となる場合、および社会秩序維持の点からも処罰が適当である場合には、責任を追及し、刑罰を科すことにしている。少年法上保護の対象となる者は、保護を必要とする少年である。保護を必要とするということを 要保護性 といい、少年に非行性があり、それを防止するに足りる保護監督が行われていない場合に認められる。

> **少年法の沿革**　非行少年を一般の犯罪者から区別し保護を通じてこれに対応しようとする少年法制は、1899年のイリノイ州法を嚆矢としてほとん

どの国がもっている。世界の少年法は、3つの型に分けることができる。**英米型**は、少年裁判所が保護処分を行い、**大陸型**は、少年裁判所が刑罰と保護処分を選択的に決定し、**北欧型**は、行政機関である児童福祉委員会等が保護処分を決定するというものである。わが国では、旧刑法時代の懲治場収容、現行刑法制定直後の感化院収容など少年受刑者の特別な処遇制度があったが、これらは少年保護の理念からは程遠く、わが国で最初に少年法制を導入したのは、1922（大正11）年の**旧少年法**であった。同法によってわが国は、少年審判所を創設したほか、少年審判官および少年保護司制度を設け、矯正院収容、保護観察制度、訓戒等の多様な保護処分を創設した。第二次大戦後、アメリカの少年裁判所制度を模範とする少年法の立案作業が進められ、1948（昭和23）年に英米型の現行少年法が公布された。現行少年法は、以下の特徴を有する。①保護処分の決定を裁判所が行うものとしたこと、②少年の年齢を20歳未満としたこと、③家庭裁判所に手続きないし処遇の先議権を与えたこと、④保護処分の決定と執行を分離したこと、⑤保護処分を少年院送致など3種類としたこと、⑥科学的調査を重視し少年鑑別所を設けたことなどである。

(2) 保護の対象 少年法は、保護の対象とすべき少年として、既述のように、犯罪少年、触法少年およびぐ犯少年の3種類を設けている。

(ア) 犯罪少年 犯罪少年とは、少年法3条1項1号において定められている「罪を犯した少年」すなわち14歳以上20歳未満の少年である。ここでいう「罪」は、刑法学の定義による構成要件に該当する違法かつ有責な行為をいう。要保護性の見地からは心神喪失の場合でも保護の必要があるかぎり犯罪少年とすべきであるとする学説および判例（松江家判昭39・4・21家裁月報16巻8号138頁など）があるが、保護の内容は矯正処遇を伴うものであるから、**責任能力は必要**であり（大阪家決昭45・4・24家裁月報23巻6号89頁など）、少年が心神喪失者である場合には保護ではなく医療の対象にすべきである。

(イ) 触法少年 触法少年とは、少年法3条1項2号において定められている14歳に満たないで刑罰法令に触れる行為をした少年をいう。この場合にも構成要件に該当する違法な行為が必要であるとともに、実質的には非難可能性すなわち有責な行為者であることを要する。

(ウ) ぐ犯少年 ぐ犯少年とは、少年法3条1項3号において定められているもので、①保護者の正当な監督に服しない性癖があること、②正

当の理由がなく家庭に寄り付かないこと、③犯罪性のある人もしくは不道徳な人と交際し、またはいかがわしい場所に出入りすること、④自己または他人の徳性を害する行為をする性癖のあること、以上の4つのぐ犯事由のいずれかが存在し、しかもその性格または環境に照らして将来罪を犯し、または刑罰法令に触れる行為をするおそれ（ぐ犯性）のある少年である。ぐ犯性については、少年が行うおそれのある行為をどこまで特定する必要があるかに関し争いがあるが、ぐ犯事由は、経験則に照らし、少年に犯罪行為や触法行為をなすおそれがあることを強く示唆するような行為・行状を類型化したものであるから、ぐ犯事由が認められれば足りると解する。

Ⅱ　少年保護事件の処理

(1) 成人犯罪との違い　非行少年は、刑事司法の各段階において成人とは異なった取扱いがなされる（図9参照）。まず、犯罪少年について司法警察員が検挙した場合は、①禁錮以上の刑に当たる罪については事件を検察官に送致する、②罰金以下の刑に当たる罪については事件を直接家庭裁判所に送致する。次に、検察官は、自ら捜査をしたうえで、犯罪の嫌疑があると思料するときは（または家庭裁判所の審判に付すべき事由があるときは）、処遇意見をつけて事件を家庭裁判所に送致する。少年法は、少年事件をすべて家庭裁判所に送致することにしており、これを全件家裁送致主義という。これは、家庭裁判所が保護処分にするか刑事手続に移すかの決定権をもつことを意味しているのであり、全件を科学的に調査し、適切な処遇を行うという全件送致・全件科学調査の原則に立脚するものである。なお、家庭裁判所は、死刑、懲役または禁錮に当たる罪について、調査の結果、その罪質および情状に照らして刑事処分を相当と認めるときは、事件を検察官に送致しなければならない。これを逆送という。また、犯行時16歳以上の少年が故意の犯罪行為により被害者を死亡させた罪の事件については、家庭裁判所は原則として逆送しなければならない（少20条2項）。この種の事件を原則逆送事件という。このようにして、少年非行事件はすべて家庭裁判所が受理して、少年の保護のために手続が進められる。この保護を目指して進められる家庭裁判所に係属する事件を少年保護事件という。

図9　保護手続の流れ

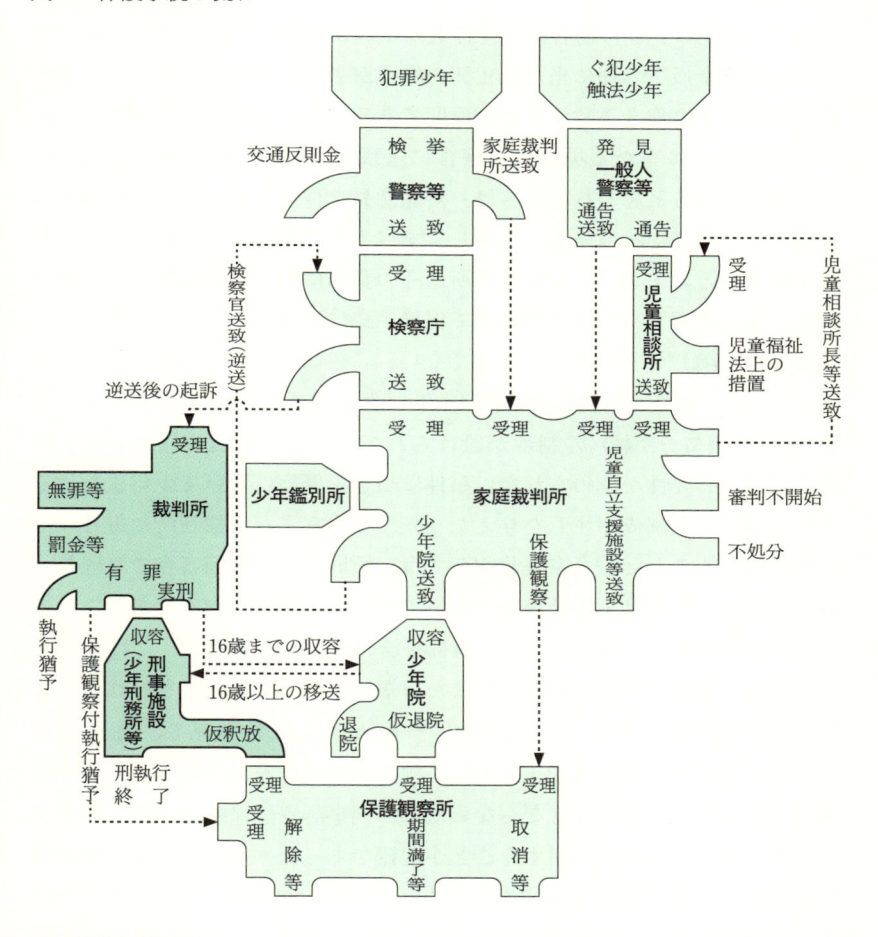

2008犯罪白書144頁

　家庭裁判所が事件を受理するのは、①一般からの通告（少6条1項、児福25条）、②保護観察所からの通告（更生68条1項）、③家庭裁判所調査官からの報告（少7条1項）、④司法警察員からの送致（41条）、⑤検察官からの送致（42条）、⑥知事または児童相談所長からの送致（3条2項、6条3項、児福27条1項、32条1項）を通じてである。
　ただし、非行事実が発生した以上、すべて家庭裁判所が事件を調査・審

判するわけではない。

　第1に、犯罪少年 の場合は、全件送致主義に基づいて、司法警察員は捜査の結果罰金以下の刑に当たる犯罪の嫌疑があると思料するときは、家庭裁判所に直接事件を送致するのが原則である。この事件を 直送事件 といい、禁錮以上の刑に当たる場合は検察官に送致する（少41条）。検察官は、犯罪の嫌疑があると思われるときは、処遇意見を付けてすべて家庭裁判所に送致することになっている。しかし、すべての犯罪少年について正規の手続を採ることにすると、家庭裁判所はその負担に耐えられないし、また、特別に保護を要しない少年をあえて保護手続に乗せることは、ダイバージョン（⇒176頁）の見地からも妥当でない。このような理由から、1950（昭和25）年に実施され、1969（昭和44）年に改正されて今日に至っている 簡易送致（簡易処分手続）の制度が設けられている。簡易送致は、事案が軽微で保護の必要性が認められない事件につき、警察において少年またはその関係者に対し訓戒や注意を与えたうえ、検察官または裁判所に毎月一括して送致することとし、家庭裁判所では、原則として書面審査で処理し、特に問題がなければ不開始決定をもって終局するという制度である。

　第2に、触法少年 の場合は、児童福祉法の対象となるので、これを発見した者は、都道府県の児童相談所または福祉事務所に通告しなければならない（児福25条）。すなわち、通常は一般人がこれを発見し、警察が通報・届出を受けて取り扱う。しかし、触法少年の行為は14歳未満の刑事未成年者の行為として犯罪とならないため、刑事訴訟法に基づく強制捜査ができず、事案の真相を解明することが困難であった。そこで、事案の真相を解明し、少年の健全な育成を図るため、2007（平成19）年に少年法を改正し、警察官による調査権限を整備し、少年、保護者、または参考人を呼び出し、質問、報告の要求ができるよう、強制力による調査制度 を創設した（少6条の4）。この新制度に基づき、警察官は、捜索、押収、検証または鑑定の嘱託をすることができるようになり、事案真相解明に寄与することが期待されている（川淵武彦=岡崎忠之「『少年法等の一部を改正する法律』の概要」〔ジュリスト1371号〔2007〕38頁〕）。警察は、保護者のない児童または保護者に監護させることが不適当であると認める児童（要保護児童）であるときは、自ら事件を処理し、児童相談所に対する、警察官による事件

の送致制度を設けた。そして、知事または児童相談所長から、家庭裁判所の審判に付するのが適当であるとして家庭裁判所に送致されたときは、家庭裁判所は、この児童（少年）を審判することができることになっている（3条2項）。

　第3に、ぐ犯少年の場合は、年齢によって4種類の取扱いがある。①14歳未満の者については、触法少年と同じ手続によって取り扱われる。②14歳から18歳未満の者については、警察官または保護者は直接家庭裁判所に通告するか児童相談所に通告するかを選択する（6条2項）。ただし、強制的措置が必要な場合には、家庭裁判所に送致しなければならない（同条3項）。③18歳から20歳未満の者については、すべて家庭裁判所に直送しまたは通告しなければならない。④20歳以上の者においても、保護観察中に新たにぐ犯事由が認められるときは、保護観察所長は家庭裁判所に通告することができ、この場合には、少年法上の少年と見なされ保護手続が適用される。

(2) 家庭裁判所における調査　家庭裁判所は、検察官（司法警察員）、都道府県知事、児童相談所などから送られてきた非行事件を受理し（送致事件）、または一般人等から通告・報告されて送られてきたものについては調査のうえ受理する（一般人の通告・報告事件）。受理した事件については、調査のうえ審判を行う。

　（ア）調査　家庭裁判所は、受理した事件について調査をしなければならない（調査前置主義）。なお、事件受理のとき、逮捕、勾留によって少年の身柄が拘束されたまま送致されてくる場合（身柄付送致）と、在宅のままま送致されてくる場合（在宅送致）とがある。家庭裁判所は、24時間以内に、調査・審判を行うため必要があるときは、観護措置の決定により、少年の資質を鑑別するために、少年を少年鑑別所に送致する（拘束観護という。17条1項2号）。観護措置により、少年鑑別所に収容する期間は、原則2週間であり、継続の必要があるときは1回に限って更新できる。また、一定の要件を満たす事件については、さらに2回更新することができ、最長8週間を収容することが許される（17条4項）。少年鑑別所は、心身の鑑別を行い、その結果を裁判所に報告する。家庭裁判所は、家庭裁判所調査官に少年についての調査表を作成させて裁判官に提出させる。

家庭裁判所は、家庭裁判所調査官に命じて、少年、保護者または参考人の取調べその他必要な調査を行わせることができる（8条）。調査は、少年、保護者または関係人の行状、経歴、素質、環境等について、医学、心理学、教育学、社会学その他の専門的知識、特に少年鑑別所の鑑別の結果を活用して行うよう努めなければならない（9条）。家庭裁判所調査官は、調査結果を少年調査票に総合・要約して、少年が健全に成育するため最も適切と認められる処遇意見を付した調査報告を裁判官に提出する。この調査報告は、裁判官が処遇の決定を行う際の資料となる。なお、調査段階および審判段階において、裁判所は必要があるときは中間的措置としての試験観察（25条）に付することができる。
　一方、家庭裁判所は、犯罪少年、触法少年に係る事件の被害者が死亡した場合、その遺族から被害に関する心情その他事件に関する意見の陳述の申出があるときは、自らこれを聴取するか、家庭裁判所調査官に聴取させることができるとしている（9条の2）。

> **少年鑑別所**　観護措置の決定によって送致された少年を一定期間収容し、家庭裁判所が行う調査および審判・保護処分の執行に役立てるために医学・心理学等の専門知識に基づいて少年の資質を鑑別する施設で、全国に53か所ある。少年の自由を拘束し身柄を保全するための観護措置と、少年に働きかけて改善の可能性を探索する探索処遇が実施されており、期間は2週間を原則とし、全国で1日平均約1,300人が収容されている。

　（イ）試験観察　家庭裁判所は、調査段階および審判段階において、保護処分を決定するために必要があると認めるときは、少年を家庭裁判所調査官の観察に付すことができる（25条）。これを試験観察という。試験観察においては、家庭裁判所調査官の観察と併せて、①遵守事項を定めてその履行を命ずること（在宅試験観察）、②条件を付けて保護者に引き渡すこと、③適当な施設、団体または個人に補導を委託すること（補導委託）、これら3種の措置を採ることができる（25条2項）。家庭裁判所は、これらの措置を併用してもよく、また、交友関係の調整、環境の移転、転校、復学、就職、職場転換、さらには心理療法および一般医療等の積極的な補導および援護措置を講ずることができる。なお、東京家裁少年部は、1989（平成元）年から社会奉仕命令制度（⇒307頁）に類似した社会奉仕活

動(特別養護老人ホームでの奉仕)の制度を発足させている。試験観察は、その間の少年の態度いかんによって処遇が決定されるところから、一種のプロベーションとして中間処分の性質を帯びている。そのために、家庭裁判所が実質上執行機関の権限に属する措置まで行ってよいかという問題がある。しかし、家庭裁判所は司法機関ではあるが、少年の健全育成について最も包括的な責任を負う機関であり、また、この種の措置によって特段の支障も生じないばかりか、観察期間中に要保護性が消失するなど、試験観察が現実にかなりの効果を上げていることに注目すべきである。

(3) **審判** 家庭裁判所は、調査の結果、児童福祉法上の措置を相当と認めるときは、事件を都道府県知事または児童相談所長に送致しなければならない。また、審判に付すことができず、または審判に付すことが相当でないと認めるときは、審判不開始の決定をして事件を終局させる。

(ア) **審判の手続** 家庭裁判所は、審判を開始するのが相当であると認めるときは、審判開始の決定をする。家庭裁判所における審判は、通常は1人の裁判官が取り扱うが、事実関係が複雑な事件については、3人の合議体で審判する旨の決定をして、その事件については合議体で審判をする(裁31条の4第2項)。これを裁定合議制という。2000(平成12)年の少年法改正により、審判の客観性を高めるために、審判は1人の裁判官で行うとされていたものを改めたものである。

審判は、非行事実につき審理する非行認定過程と、要保護性を判断して適切な処遇を決定する処遇決定過程とに分かれるが、家庭裁判所は少年に対する教育の場でもあるから、「審判は、懇切を旨とし、和やかに行」う。また、審判は公開しないこととされている(少22条1項、刑訴規則277条)。これを非公開の原則という。成長過程にある少年自身の将来の保護・教育を図るためである。一方、少年の名誉やプライバシーを保護し、将来の健全育成を期する趣旨から、家庭裁判所の審判に付された少年、または少年の時に犯した罪により公訴を提起された者については、氏名、年齢、職業、住居、容ぼう等によりその者が当該事件の本人であることを推知することができるような記事または写真を新聞その他の出版物に掲載することの禁止(少61条)および記録等の閲覧権の制限(少審規7条)の制度が設けられている。これを少年保護手続の秘密性保持の原則という。2008(平成20)

年の改正により、家庭裁判所は、故意の犯罪行為によって被害者を死傷させた罪および業務上過失致死傷等の罪の犯罪の年または12歳以上の触法少年に係る事件の被害者やその遺族等から審判の傍聴の申出があった場合、少年の健全な育成を妨げるおそれがなく相当と認めるときは、少年審判の傍聴を許すことになった。被害者等の真相を知りたいという願望に配慮したものである。

　少年審判の保護および教育的性格にかんがみ、従来、少年審判手続においては、一般の刑事事件のように対審構造を採って検察官と弁護人が立ち会い、厳格な証拠に基づく弁論を通じて審判するという手続は採っていなかった。しかし、「山形明倫中（マット死）事件」や「調布駅前事件」など、非行事実について争われ、事実認定が極めて困難な事件が相次いで発生したこともあって、2000（平成12）年の少年法改正に際し、故意の犯罪行為によって被害者を死亡させるといった一定の重大事件につき、検察官が少年審判に関与する検察官関与制度が導入された（22条の2）。同時に、検察官が関与する審判において、少年に弁護士である付添人がないときは、国選付添人を付すことにした（22条の3）。なお、審判には、裁判官および裁判所書記官、家庭裁判所調査官が列席する。また、保護者、付添人（弁護士など）、参考人（学校の教師など）の在席も認められる。ただし、少年が出頭しないときは、審判を行うことはできない（少年審判28条）。なお、家庭裁判所は保護処分を決定するため必要があると認めるときは、相当の期間、家庭裁判所調査官に少年を直接観察させる試験観察に付することができる。

　（イ）　保護処分の決定　　家庭裁判所は、審判の結果、保護処分に付すことができず、または保護処分に付する必要がないと認めるときは、不処分の決定をしなければならない。「保護処分に付する必要がないとき」とは、要保護性が認められない場合で、児童相談所長等への送致（少18条1項）、検察官への送致（20条）の相当性も認められない場合をいう。不処分の決定は、決定書を作成してこれを行う。決定書には「理由」を記載しなければならないが、不処分決定の理由は決定書に記載する必要がないとするのが少年審判規則2条4項である。しかし、不処分決定には一事不再理効を認めるべきであるから、少なくとも「非行なし」とした場合の不処分

決定の決定書には、理由を明記すべきである（田宮裕編・少年法条文解説〔1986〕157頁）。

家庭裁判所は、児童福祉法上の措置を相当と認めるときは、事件を都道府県知事または児童相談所長に送致しなければならない。また、死刑、懲役または禁錮に当たる罪の事件について、刑事処分を相当とするときは、事件を検察官に送致する。いわゆる 逆送 であるが、2000（平成12）年の少年法改正において、「送致のとき16歳に満たない少年の事件については、これを検察官に送致できない」（20条ただし書）とする規定が削除されて、逆送可能年齢 を14歳以上に引き下げたのである。一方、故意の犯罪行為によって被害者を死亡させた罪の事件であって、犯行時16歳以上の少年に係る者については、犯行の動機および犯行後の情況、少年の性格、年齢、行状およびその環境その他の事情を考慮し、刑事処分以外の措置を相当と認める場合を除き、事件を検察官に送致しなければならないとされた。この種事件については、原則として逆送されることとしたのである。一定の凶悪な罪を犯した少年に対しては、規範意識を育て、社会生活における責任を自覚させる必要があるとする観点から、処罰の強化 を図ったものである。

家庭裁判所は、上記の場合以外は、決定をもって、少年を保護処分にしなければならない。保護処分は、①保護観察所の保護観察に付すること、②児童自立支援施設・児童擁護施設に送致すること、③少年院に送致することのいずれかである。

　（ウ）抗告　　少年、その法定代理人または付添人は、保護処分の決定に対して、決定に影響を及ぼす法令の違反、重大な事実の誤認または処分の著しい不当を理由とするときにかぎり、高等裁判所に対し、2週間以内 に抗告をすることができる（32条）。ただし、付添人は、選任者である保護者の明示した意思に反して抗告をすることはできない（同条ただし書）。一方、検察官は、検察官関与の決定があった事件については、保護処分に付さない決定または保護処分の決定に対し、非行事実の認定に関し、決定に影響を及ぼす法令の違反または重大な事件の誤認があることを理由とするときにかぎり、高等裁判所に対し、2週間以内に、抗告審として事件を受理すべきことを申し立てることができる（32条の4）。家庭裁判所の決定に対しては、従来、少年側だけが抗告できることとなっていた。しかし、

事件の複雑化が進むなかで、非行事実認定の正確さを期すためには、上級審による見直しの機会を広く認めるほうがよいとの判断から、2000（平成12）年の少年法改正により、検察官による抗告受理申立制度が導入されたのである。

●第3節 非行少年の処遇

I 少年保護観察

(1) 対象者 少年保護観察とは、家庭裁判所において決定される保護処分としての保護観察をいう。保護観察は、犯罪者や非行少年を社会のなかで通常の社会生活を営ませながら、指導監督および補導援助する制度であり（⇒288頁）、これには、既述のように対象者によって4種類がある。少年保護観察は、少年法が保護処分の内容として定めている保護観察を意味している（24条1項1号）。少年保護観察も2つに分かれる。1つは、更生保護法48条1項1号が定めるもので、条文の配列から1号観察とよばれている。先の少年法24条が定める保護処分としての保護観察である。その対象者を保護観察処分少年という。もう1つは、更生保護法48条2項2号が定めるもので、2号観察とよばれ、少年院から仮退院を許されて保護観察に付されるものである。その対象者を少年院仮退院者という。いずれも基本的には成人の保護観察の内容と変わるところはない。

(2) 1号観察 家庭裁判所で保護処分として決定される保護観察である。その期間は保護観察言渡しの日から原則として20歳に達するまでである。ただし、20歳に達するまでに2年に満たないときは、2年間とされる。保護観察を継続する必要がないと認めるときは、良好措置として「良好停止」または保護観察期間完了前の「解除」によって終了する（更生69条）。これに対し、不良措置として、家庭裁判所への通告によって保護観察が取消される場合がある（更生67条2項、少26条の4第1項）。

(3) 2号観察 家庭裁判所の決定によって少年院に収容され、一定期間矯正教育を受けた後、仮退院を許された少年が付される保護観察である。（更生48条1項2号）。その期間は、少年院仮退院の日から仮退院の期間が

満了するまでである。通常は、満20歳に達するまでであるが、矯正教育の必要性などの事情によって、26歳を超えない範囲で収容が延長されることがある（72条）。良好措置は「退院」である。これに対し、保護観察中遵守事項を遵守しなかったときは、「少年院に戻して収容する」戻し収容が実施される（71条）。

(4) **少年保護観察の処遇**　少年の保護観察対象者をみると、新規受理人員は、1990（平成2）年に最多の7万8,112人を数えたが、近年では減少が著しく、2007（平成19）年では3万1,000人となっている。そのうち2号観察では4,300人であり、前年と比べると3,049人減少している。

保護観察処分少年については、家庭裁判所が審判に際して処遇勧告をする場合がある。短期保護観察と交通短期保護観察がそれである。前者は、交通事件以外の非行少年で、非行性がそれほど進んでおらず、短期間の保護観察で改善更生が期待できる者を対象とする保護観察である。保護観察の実施機関は、大体において6～7か月であり、少年の更生にとって特に必要と思われる指導領域を選び、問題点の改善を促すための課題を示して実行させる。後者は、交通関係の非行性が固定化していない者を選んで、3～4か月以内の処遇を行う。

保護観察処遇としては、近年活用されている社会参加活動が注目される。福祉施設における介護、社会奉仕活動、スポーツ活動など、社会参加型の処遇が行われており、社会性をはぐくみ、社会適応能力を育成することになり、健全育成に寄与するものと思われる。2006（平成18）年度では、454回の実施回数、332か所の実施場所の実績が報告されている。

Ⅱ　児童自立援護施設・児童養護施設送致

少年法24条1項2号は、少年法の保護処分の1つとして、児童自立援護施設または児童養護施設送致を定めている。

児童自立援護施設とは、不良行為をなし、またはなすおそれのある児童および家庭環境その他の環境上の理由により生活指導等を要すると判断された児童（要保護児童）を入所させ、または保護者のもとから通わせて、個々の児童の状況に応じて必要な指導を行い、その自立を支援し、さらに

通所した者について相談その他の援助を行うことを目的とする施設である。全国に58か所あり、2つの国立施設、2つの私立施設、残りは都道府県立もしくは政令指定都市立である。1900（明治33）年の感化法による「感化院」として出発し、その後「少年教護院」に変わり、戦後は、1947（昭和22）年制定の児童福祉法により児童福祉施設の1つとして「教護院」となり、1998（平成10）年の児童福祉法の改正に伴って、児童自立援護施設となったのである。家庭的・開放的・非強制的処遇をする社会福祉施設であり、個々の児童に必要な環境を与え、職員が児童と日常生活を共にして児童の生活指導を行うとともに、施設内で義務教育課程の教育も行っている。

児童養護施設は、満1歳以上の保護者のいない児童、虐待されている児童、その他環境上養護を要する児童を入所させて、これを養護し、併せて退所した者に対する相談その他自立のために援助を行う社会福祉施設である（児童41条）。その起源は「孤児院」であるといわれ、大正時代の「少年保護団体」、終戦後の「養護施設」、さらに1998（平成10）年の児童福祉法改正により「児童養護施設」となった施設である。「環境上養護を要する児童」とは、親の行方不明、死亡、傷病入院、離婚などの理由で家庭での養育が困難な子どものことである。入所は原則として18歳までであるが、事情によっては、満20歳まで延長が可能である。

以上のように、両施設とも児童福祉施設であり、児童福祉施設送致が果たして少年非行対策に適した制度であるかについては疑問もあるが、純粋に福祉的な働きかけが少年の健全育成に寄与することも十分ありうるから、両施設への送致が保護処分として不適当であるとまではいえないであろう。

Ⅲ 少年院送致

(1) 少年院の種類　少年院送致は、少年に対する保護処分のうち最も強力な処遇方法である。少年院は、家庭裁判所が保護処分の1つとして行う少年院送致の決定を受けた者を収容し、これに矯正教育を行うための施設である（少院1条）。少年院収容は、自由剥奪を伴う施設内処遇であるが、自由刑の執行である少年刑務所の収容とは異なり、あくまで保護処分の一種なのである。少年院は、全国に54庁が設置されており、初等、中等、

特別のほかに医療の4種類に区分されている（2条）。①**初等少年院**は、心身に著しい故障のないおおむね14歳以上16歳未満の者を収容する。②**中等少年院**は、心身に著しい故障のない、おおむね16歳以上20歳未満の者を収容する。③**特別少年院**は、心身に著しい故障はないが犯罪的傾向の進んだ16歳以上23歳未満の者を収容する。④**医療少年院**は、心身に著しい故障のある14歳以上26歳未満の者を収容する。処遇される少年院の種類は家庭裁判所が指定するが、収容後、少年院長は当該矯正管区長の許可を得て変更できることになっている。

> **少年院の収容期限**　在院者が20歳になれば退院させるのが原則である。しかし、少年院法は少年の矯正教育の達成という見地から、本文のような例外を設け、20歳以上に達しても収容継続が可能なものとしている（11条）。

(2) 処遇の基本方針　少年院の処遇は、個別処遇、分類処遇および段階処遇の3つの基本方針に基づいて運用されている。

個別処遇の基本方針とは、少年院の処遇は、対象者の特性に応じて行わなければならないということをいい、処遇の個別化ともいう。刑事施設における矯正処遇の原則と同じである（⇒207頁）。現在の少年院では、表からも明らかなように、対象者1人ひとりの個性、長所・短所、意欲、進路希望、心身の状況さらには非行の傾向等を十分考慮して、対象者個々の必要に応じた処遇を行うこととしている。そこで、処遇の個別化を図るために、**処遇を多様化**する必要がある。対象者1人ひとりについて**科学的な調査**を実施し、共通の特性や教育上の必要性を有する者ごとに集団を編成して分類し、それぞれの集団にとって最も適切な処遇を行うほうが合理的である。こうして、処遇の個別化は、処遇の多様化を導き、少年院においては、多様な処遇区分、処遇過程を内容とする分類が用意されているのである。これを**分類処遇**という。

個別処遇においては、本来、処遇は1人ひとりに向けられるべきであるが、しかし、処遇の内容は主として教育ないし指導であり、性質上集団で行うほうが効率的な場合が多い。また、完全な個別処遇を実践しようとしても、少年院の人的・物的な負担に財政上耐えられない。むしろ、集団を

表6 少年院新入院者の処遇過程

処遇区分	処遇課程	処遇課程の細分	対　象　者
一般短期処遇	教科教育課程（S_1）	—	義務教育課程の履修を必要とする者、高等学校教育を必要とし、それを受ける意欲が認められる者及び補習教育を必要とする者
	職業指導課程（S_2）	—	職業上の進路に応じた意識、知識、技能等を高めるための職業指導を必要とする者
	進路指導課程（S_3）	—	明確な生活設計を立てさせるための進路指導を必要とする者
特修短期処遇（O）	—	—	一般短期処遇の対象者より非行の傾向が進んでおらず、かつ、早期改善の可能性が大きいため、短期間の継続的、集中的な指導と訓練により、その矯正と社会復帰を期待できる者で、開放処遇に適する者
長期処遇	生活訓練課程	G_1	著しい性格の偏りがあり、反社会的な行動傾向が顕著であるため、治療的な指導及び心身の訓練を特に必要とする者
		G_2	外国人で、日本人と異なる処遇を必要とする者
		G_3	非行の重大性等により、少年の持つ問題性が極めて複雑・深刻であるため、その矯正と社会復帰を図る上で特別の処遇を必要とする者
	職業能力開発課程	V_1	職業能力開発促進法等に定める職業訓練（10か月以上）の履修を必要とする者
		V_2	職業能力開発促進法等に定める職業訓練（10か月未満）の履修を必要とする者又は職業上の意識、知識、技能等を高める職業指導を必要とする者
	教科教育課程	E_1	義務教育課程の履修を必要とする者
		E_2	高等学校教育を必要とし、それを受ける意欲が認められる者
	特殊教育課程	H_1	知的障害者であって専門的医療措置を必要とする心身に著しい故障のない者及び知的障害者に対する処遇に準じた処遇を必要とする者
		H_2	情緒的未成熟等により非社会的な形の社会的不適応が著しいため専門的な治療教育を必要とする者
	医療措置課程	P_1	身体疾患者
		P_2	肢体不自由等の身体障害のある者
		M_1	精神病者及び精神病の疑いのある者
		M_2	精神病質者及び精神病質の疑いのある者

2007犯罪白書165頁

編成して処遇しながら、在院者ごとの個別処遇計画を作成し、改善に応じた処遇目標を設定して処遇するほうが効果的である。また、集団教育によって団体生活が更生への意欲を生み出す契機ともなるのであって（⇒239頁）、個別処遇と集団編成による分類処遇は、決して矛盾するものではないのである。

　少年院の処遇のもう1つの基本的な方針は、**段階的処遇**である。少年院の処遇は、新入時教育、中間教育、出所時教育の3期の教育課程に分けて、それぞれの期に適した教育目標や教育内容が設定されており、処遇の段階は、1級、2級、3級に分かれ、1級と2級はさらに上・下に分けられており、新入院者は、2級下に編入され、その後各段階を経て1級の上へ進級させるというものである。昇進および降下は、毎月1回、平素の在院者の成績を審査して決めることになっている。在院者の成績向上の程度に応じて順次各段階へ移行させ、それに従って自由制限の緩和などの優遇措置をすることによって、更生の意欲を生じさせようとする制度である。いわゆる累進処遇制度ではなく、優遇制度としたものである（⇒228頁）。

(3)　**処遇の内容**　少年院における処遇は、一般短期処遇、特修短期処遇および長期処遇に分かれる。

　短期処遇は、非行が常習化しておらず、教護院・少年院（特修短期を除く）の収容歴がない者を対象とし、短期間に継続的・集中的な指導訓練により、矯正・社会復帰を図ろうとするものである。**一般短期処遇**には、3つの処遇課程（教科教育、職業教育、進路指導）があり、少年の進路に応じた指導を重点的に行う。**特修短期処遇**は、早期改善の可能性があり、開放処遇に適した保護環境に大きな問題のない少年を対象にする。処遇は、院内教育と併せて、社会の事業所や学校に委嘱して院外委嘱職業補導、教科教育といった大幅な開放処遇が採り入れられている。

　長期処遇は、5つの課程（生活指導、職業訓練、教科教育、特殊教育、医療措置）に分けて分類処遇するものであり、在院期間は2年とされているが、実際には1年である。なお、収容期間の延長は一般短期処遇と長期処遇について認められており、前者が6か月、後者が1年である。

　少年院は、このように在院者の特性や心身の発達の程度に応じ、本人の自覚に訴えて規律ある生活に親しませ、勤勉な精神を養わせるなどの生活

経験を豊かに体験させ、その社会不適応の原因を除去し、心身の健全な少年の育成を期して、生活指導、職業訓練、教科教育、保健・体育および特別活動などを実施している。また、それぞれの領域について 民間篤志家の協力 があり、特に篤志面接委員による面接、教誨師による教誨が広く行われている。

(4) **退院・仮退院** 少年法の適用を受ける者は20歳未満の者であるから、在院者が20歳に達すれば、これを退院させるのが原則である。しかし、要保護性の見地からすると、20歳に達すれば直ちに退院させるとするのは妥当でない。一方、無制限に収容を継続するのは人権保護の見地から許されない。この両面を考慮して設けられたのが、少年院法11条である。同条によると、①在院者が20歳に達したときは、少年院の長は、これを退院させなければならない。ただし、送致後1年を経過しない場合は、送致の時から1年間に限り、収容を継続することができる（同条1項）。②裁判所は、少年院の長の申請に基づき、在院者の心身に著しい故障があり、または犯罪的傾向がまだ矯正されていないため少年院から退院させるに不適当であると認めるときは、期間を定めて収容を継続すべき旨の決定をしなければならない。ただし、この期間は 23歳 を超えてはならない（同条4項）。③裁判所は、少年院の長の申請に基づいて、23歳に達する在院者の精神に著しい故障があり公共の福祉のため少年院から退院させるに不適当であると認めるときは、 26歳 を超えない期間を定めて医療少年院に収容を継続すべき旨の決定をしなければならない（同条5項）。このようにして、23歳もしくは26歳まで在院者の収容を継続できる。一方、少年院の在院者に対しては仮釈放に当たる仮退院が認められるが、仮退院した少年は、保護観察に付される（更生48条2号）。

(5) **少年院における処遇状況** 少年院は、家庭裁判所から保護処分として送致された少年を収容し、これらの者に矯正教育を行う施設である。

新入院者は、戦後の社会・経済の混乱を背景として、1945（昭和20）年から1955（昭和30）年代に被収容者の数は激増し、新入院者は8,000人台から1万1,000人台を推移していたが、その後は減少を続け、1974（昭和49）年には戦後最低の1,960人となった。その後再び増加し、現在まで4,000人台から5,000人台を推移している。新入院者の非行名は、窃盗が断

然多く、傷害、道路交通法違反がそれに次いでいるが、女性では覚せい剤取締法違反が窃盗に次いで多い点が特徴的である。

　新入院者に関して注目すべきは、保護処分歴を有する者が多いことである。2006（平成18）年度の統計をみると、男性3,996人のうち、保護処分歴のない新入院者は32.1％にすぎず、少年院再入院者を含む保護処分歴を有する者は、67.8％なのである。女性は、処分歴のない者が53.9％であるのに対し、処分歴のある者は46.1％であった。保護処分の非行防止効果が問われるところである。就学・就労状況では、男性で無職が38.7％、女性で53％である。なお、保護者の状況をみると、実の両親が保護者である者は、39.1％（男性39.8％、女性32.9％）だったという（2008犯罪白書159～162頁による）。

Ⅳ　非行少年の刑事処分

　(1)　**刑事処分の理念**　　心身の未成熟な者による犯行であっても、その犯罪の重大性などにかんがみ、一般予防ないし応報の見地から保護処分に適しない場合がある。また、本人の健全育成の見地から懲罰を加える必要がある場合もある。このように、少年非行をすべて保護の対象にするという法制は妥当ではなく、わが少年法も非行少年の刑事処分を認めている。しかし、刑事処分が相当であるとしても、少年の人格は可塑性に富んでおり、将来、健全な市民として成長する可能性は十分にあるから、犯罪の重さによって応報を加えるのでなく、将来の人格の発展、少年の健全育成の観点から刑事処分の内容を修正する必要が生ずる。少年法は、一方で「非行のある少年に対して性格の矯正及び環境の調整に関する保護処分を行う」（少1条）としつつ、他方で少年の刑事事件について、以下のような特別の措置を講ずるものとしている。

　(2)　**刑事処分の手続**　　少年法は、少年の犯罪についても、刑事裁判所に公訴を提起する以前に、先ず要保護性の有無を確かめるために、いったんは家庭裁判所へ全事件を送致する（41条、42条）。わが国の少年法は、あらゆる少年の犯罪事件は、まず保護事件として家庭裁判所に係属させ、そのうち刑事処分相当の事件だけを刑事事件として検察官に送り返す方式、

すなわち**全件送致主義**または**保護処分優先主義**を採るのである。このようにして、少年の犯罪事件は家庭裁判所に送致され、家庭裁判所に係属した少年事件のうち、家庭裁判所の調査の結果、刑事処分を相当と認めるときは、家庭裁判所は決定をもって検察官に送致する（20条）。この検察官送致は16歳以上の少年に限られていたが、既述のように（⇒356頁）、2000年改正によって、刑事責任に達した者は、すべて逆送の対象となる。もっとも、原則逆送の対象となる事件は、「故意の犯罪行為により被害者を死亡させた罪の事件」に限られる（20条2項）。

　検察官は、家庭裁判所から送致された事件が公訴を提起するに足りる犯罪の嫌疑があると判断するときは、公訴を提起しなければならない（45条5号〔**起訴法定主義**〕）。成人の刑事事件については、検察官は起訴に関する広範な裁量権をもつが、少年の刑事事件については、検察官の裁量権は著しく制限されるのである。公訴の提起には、簡易裁判所、地方裁判所に対する略式手続、公判請求手続がある。その際、検察官は、身柄の拘束が必要と判断するときは、裁判官に対して、家庭裁判所調査官の観護、少年鑑別所に送致する観護措置または勾留の請求をしなければならない。略式手続においては、50万円以下の罰金または科料にかぎり科される。一方、公判請求による裁判によって言い渡される刑事処分の種類については、次に述べるような特例が設けられている。検察官に送致された後、訴追が相当でない事情が発見され、あるいは生じた場合には、検察官は公訴を提起しないで家庭裁判所に**再送致**しなければならない。犯行時16歳以上の少年が故意の犯罪行為により被害者を死亡させた場合は、**原則逆送**となるが、最近5年間で原則逆送の対象となった少年は324人であり、このうち検察官送致決定を受けた者は193人（59.6％）であった。その罪名をみると、殺人54.1％、傷害致死52.9％、危険運転致死93.9％、強盗致死71.7％であった（2008犯罪白書151頁）。

　(3) 処分　少年に対する刑事処分についても少年法の趣旨に基づき特例が設けられ、①罪を犯すとき18歳未満の者に対しては、「死刑をもって処断すべきときは、無期刑を科し、無期刑をもって処断すべきときは、10年以上15年以下」の懲役または禁錮を科する（51条）。②少年に対する実刑は原則として不定期刑をもって言い渡し、「長期3年以上の有期の懲役

又は禁錮をもって処断すべきときは、その刑の範囲内において、長期と短期を定めて」言い渡す（52条1項）。ただし、短期が5年、長期が10年を超えることはできない（52条2項）。なお、執行猶予を言い渡す場合には、定期刑が言い渡される。刑の執行の面でも特別の措置が講じられている。少年に対する自由刑の執行は、少年刑務所、刑務所内の特に区画された場所または少年院において行われる。満20歳に達した後でも満26歳に達するまで同一場所において執行が継続される（56条）。

V 少年刑務所における処遇

(1) 少年刑務所の現況　懲役または禁錮の言渡しを受けた少年に対しては、その特性にかんがみ、少年刑務所においてその刑を執行する。少年刑務所は、現在8つあり、裁判時20歳未満の新少年受刑者の人員は、大体50人前後である。新受刑者のうち入所時20歳未満であった者は、1966（昭和41）年には1,000人を超えていたが、1988（昭和63）年以降は100人未満で推移しており、2006（平成18）年度は52人で前年より29人少なくなった。ちなみに、少年新受刑者の刑期別人員は、無期が1人、10～15年の定期刑が3人、5～10年の不定期刑が25人、3～5年の不定期刑が15人、3年以下の不定期刑が8人である。

(2) 処遇の内容　少年刑務所においても、刑事収容施設法に従って刑務所改革がなされつつある。身上、特性等に関する調査を行い、導入期、展開期、総括期の3段階に分けて、処遇過程ごとに目標を定めて処遇要領を策定したうえで、少年に適した作業、改善指導、教科教育および生活指導が実施されている。

●第4節　少年非行予防対策

I 少年非行の現代的背景

　少年非行の原因は、本人の素質、家庭、学校、地域社会などの諸要因が複雑に絡み合って発生する人間成長期の病理現象であるから、個々の原因

が奈辺にあるかを解明することは困難である。しかし、わが国の少年非行が、少年を取り巻く現代の社会環境に由来していることも疑いない。

人格形成で最も大切な家庭についてみると、子どもの放任や無関心、過保護、さらには期待過剰といった親の教育的・保護的機能の低下が顕著である。また、学校での規範意識や道徳などの人格形成についての教育の不足を指摘できる。さらに、地域連帯の欠如に伴う教育的機能の低下が少年非行の誘発要因になっているとともに、家庭、学校、地域における少年非行の抑制力が低下しているのが現状である。同時に、社会環境の変化、例えば、深夜営業のコンビニエンスストア、酒類やタバコの自動販売機、インターネット上の有害情報の氾濫などの青少年の不良行為・非行を誘発・助長しやすい有害環境の氾濫が重要である。

現代の少年非行は、上述のような背景を有しているところに特徴があるが、少年非行対策は、社会の変化に即応して行うべきであって、単に刑事司法上の抑止策だけでは効果がなく、総合的見地に立った予防対策を講ずる必要がある。そこで、少年非行問題の総合的対策を講ずるため、1984（昭和59）年に 青少年問題審議会 を設置し、同審議会は、1999（平成11）年に「青少年を非行から守る環境づくり」の項目を含む「報告書」をまとめているところであるが、現代の社会環境のもとで、少年非行防止対策上重要なことは、警察を中心とした家庭、地域を巻き込んでの少年非行予防活動である（⇒320頁）。

Ⅱ　少年非行予防活動

総合的な少年非行防止対策は、①少年サポートセンターの活動、②警察と学校などの関係機関との連携、③警察と少年警察ボランティアとの連携などの形で実施されている。

(1)　少年サポートセンター は、①心理学や教育学の専門的知識を有する職員による少年や保護者からの悩みや困りごとの相談に応ずる少年相談活動、②少年が集まる繁華街、学校周辺、通学路、公園等で、警察、学校、地域のボランティアが共同で行う街頭補導活動、③継続的に悩みを聞き、カウンセリングを行うこと、いじめなどの被害を受けた少年の支援などの

継続補導・立直り支援、④学校での非行防止教室、薬物乱用防止教室等の開催などの広報啓発活動を実施している。

(2) **警察と学校等関係機関との連携** としては、①警察、学校、児童相談所の担当者で編成する都道府県レベルでの少年への指導、助言を行う少年サポートチーム、②非行少年等に関する情報を学校と警察が相互に通知する「学校・警察連絡制度」や市町村を単位とする学校警察連絡協議会の設置・運営などの警察と学校との連携、③警察官を退職した者等を警察署に配置して、巡回活動、相談活動等を行うスクールサポーター制度がある。

(3) **少年警察ボランティア** との連携として、警察は、少年指導委員、少年警察協力員、少年指導委員を少年警察ボランティアとして委嘱し、協力して街頭補導活動その他少年の健全育成のための活動を行っている（2008警察白書98頁）。

Ⅲ 少年非行予防対策と少年刑事司法

これまで述べてきたように、少年非行予防対策は、多様な形で展開されてきており、一定の成果をあげてきたことは疑いない。しかし、少年非行の防止対策は、単なる予防対策だけでは不十分である。個々に発生した少年の犯罪や非行を、犯罪抑止の観点から刑事司法システムにおいて適正に処遇する必要があるのは勿論である。言い換えれば、少年非行の予防対策は、少年刑事司法システムと連携することによって、はじめて効果を発揮することが可能となるのである。

第2章 各種犯罪の対策

●第1節 薬物犯罪

I 薬物犯罪とその動向

(1) 薬物嗜癖と薬物依存　刑事政策上問題とすべき **薬物乱用** とは、中枢神経系に作用して精神機能に影響を与える化学物質を治療以外の目的で摂取することをいう。覚せい剤、麻薬、ＬＳＤ、大麻などの幻覚剤、シンナーなどの有機溶剤等の薬物は、使用者に陶酔、幻覚、興奮などの刺激をもたらすとともに、習慣的に連用させる作用があり、使用者をして薬物への依存ないし薬物嗜癖の状態に陥らせる。**薬物嗜癖** とは、「ある薬物を継続または断続して摂取するうちに、その薬物の摂取を止めようと思っても止められなくなり（**強迫的使用**）、使用量を増加しないと当初の効果が得られず（**耐性**）、その薬物の摂取を止めたり、減量したりすると、精神的・身体的苦痛に襲われるようになる（**退薬症状**）」ことをいう。これに対し、**薬物依存** は、強迫的使用のみを要件とし、耐性や退薬症状を要件としない状態のことである。なお、薬物の陽性中毒というのは、薬物の連用によって心身に有害な作用が顕れることであり、嗜癖や依存の形成も中毒の一態様にほかならない。

　麻薬等習慣性薬物が刑事政策上問題となるのは、薬物の種類によって若干の差はあるものの、その濫用によって本人の心身がむしばまれ、単に使用者本人が悩まされるだけでなく、薬理作用の影響で異常な行動に走り、中毒性精神病などの精神障害から殺人・傷害等の凶暴な行為に及ぶほか、薬物の購入に多額の資金を必要とするために、家族の崩壊を招き、遂には入手目的のために窃盗等の罪を犯すなど、様々な社会的害悪を生み出すからである。さらに、規制薬物の密輸・密売によって得られた不法な利益を

犯罪組織の維持・拡大に利用されたり新たな薬物犯罪に再投資される。このように、麻薬等習慣性薬物の乱用は、乱用者本人にとってだけでなく、社会の平穏・安全の確保という見地からみて、極めて有害な行為であり、薬物の乱用防止は、刑事政策上の重要な課題となってきたのである。

　麻薬等習慣性薬物の乱用防止のために、わが国は、覚せい剤取締法、麻薬及び向精神薬取締法、大麻取締法およびあへん法を制定し（以上を **薬物四法** という）、薬物の使用、生産、販売（譲渡し・譲受け）、所持、密輸出入などの行為を犯罪化した。一方、国際社会においても薬物の乱用は従来から大きな社会問題となっており、その地球的規模に立った抑止が世界共通の課題であるとの認識から、国連や先進国首脳会議等を中心として国際的な取組みが展開され、国連では1961年の「麻薬に関する単一条約」、1971年の「向精神薬に関する条約」および1988年の「新麻薬条約」が採択され（麻薬3条約）、また、マネー・ロンダリング防止に向けた金融活動作業グループが設置された。これに呼応して、わが国でも向精神薬条約批准のために制定された「麻薬取締法等の一部を改正する法律（平2・法律33号）により、名称を「麻薬及び向精神薬取締法」と改め、さらに、1991（平成3）年10月に「麻薬及び向精神薬取締法の一部を改正する法律」（平3・法律93号）および「国際的な協力の下に規制薬物に係る不正行為を助長する行為等の防止を図るための麻薬及び向精神薬取締法等の特例等に関する法律」（平3・法律94号）（いわゆる **麻薬二法**）が成立・公布されたのである。

(2) 薬物犯罪の推移　　わが国で薬物乱用が社会問題となったのは戦後になってからであるが、流行の推移をみると、大きく3つの時期に分かれる。

　(ア) 第1期　　1956（昭和31）年頃までの時期であり、一般に **ヒロポン時代** とよばれている。戦時中に軍隊や工場での活力増強・疲労回復を目的として覚せい作用を有する覚せい剤（フェニルアミノプロパンなどの塩類）が製造されていた。それが戦後になって大量に放出され、戦後の混乱した社会情勢を背景として広く蔓延するに至ったのである。その結果、薬物乱用に付随して生ずる中毒症状等の害悪が社会問題となり、その対策が求められた。こうして、覚せい剤に対する法規制が加えられることになり、初め薬事法によって供給の面から販売等の規制に向けられたが、乱用防止の

効果が上がらなかったために、1951（昭和26）年に覚せい剤取締法（昭26・法律252号）が制定された。同法は、医療・学術目的以外の輸入・製造・譲渡し・譲受け・所持・使用等を禁止し、違反行為に対する罰則を設けたのである。このように、覚せい剤については供給と需要の両面からの法規制が加えられたのであるが、その後も抑止効果が思わしくなく、1954（昭和29）年の犯罪統計によると、覚せい剤取締法違反の罪（覚せい剤事犯）の検挙人員は約5万5,000人を記録し、ピークに達したのである。そこで、1954（昭和29）年および55（昭和30）年の法改正による罰則の強化を図るとともに、検挙の徹底と厳正な処罰、中毒者に対する強制入院制度の導入、覚せい剤の有害性についての全国的キャンペーン等の実施により、その後急速に覚せい剤事犯が沈静化するに至った。

　（イ）　第2期　　1957（昭和32）年頃から64（昭和39）年頃までの時期であり、麻薬の一種である ヘロインの流行 を特色とする。麻薬および向精神薬取締法にいう麻薬は、①モルヒネ、ヘロイン等のアルカロイド系麻薬、②コカ葉、コカイン等のコカアルカロイド系麻薬、③合成麻薬に大別される。この時期に流行したのはヘロイン事犯であり、覚せい剤事犯の減少に伴って増加しはじめ、ピーク時の1963（昭和38）年には検挙人員約2,500人を数えるに至った。そのため、法改正による罰則および取締りの強化、暴力団に対する取締りの徹底、厳正な起訴と科刑の実現、中毒者の強制治療制度の新設、麻薬の害悪に関するキャンペーン等が行われ、その対策が功を奏して、1964（昭和39）年以降急速に減少したのである。1966（昭和41）年には検挙人員が1,000人を切るに至った。

　（ウ）　第3期　　1980（昭和55）年以降1990（平成2）年までの時期である。その特徴としては、①享楽的・刹那的な覚せい剤を中心とした薬物乱用が流行していたこと、②乱用が普通の市民の間で流行し、一般化・広範化していたこと、③暴力団勢力の関与度が高かったこと、④薬物の供給源が海外にあったことなどに求めることができる。乱用の実態についてみると、ＬＳＤ、大麻、シンナーの使用など 乱用薬物の多様化 がみられること、1970（昭和45）年以降覚せい剤乱用の再流行が続いていることなどが指摘できる。特に、わが国における薬物犯罪は、事犯の悪質巧妙化・潜在化、来日外国人による事犯の急増、外国麻薬密売組織のわが国への進出など、

取締りや処遇をより困難にする要因が増え、薬物犯罪を取り巻く状況は一段と悪化するとともに、薬物乱用に起因する各種犯罪も跡を絶たないという状況にあった。

Ⅱ 薬物犯罪の現在

2007（平成19）年の薬物事犯の検挙人員は、全体で1万4,790人と前年より350人増え、そのうち覚せい剤事犯は、1989（平成元）年に2万人を割り、1994（平成6）年まで横ばいを続けたが、1995（平成7）年以降再び増加傾向に転じ、1997（平成9）年および2000（平成12）年には2万人近くに達した。しかし、2001（平成13）年以降は、おおむね減少傾向にあり、2006（平成18）年の検挙人員は1万1,602人であり、2007（平成19）年は394人増えて、1万2,009人となっている（図10）。覚せい剤事犯の近年の特徴

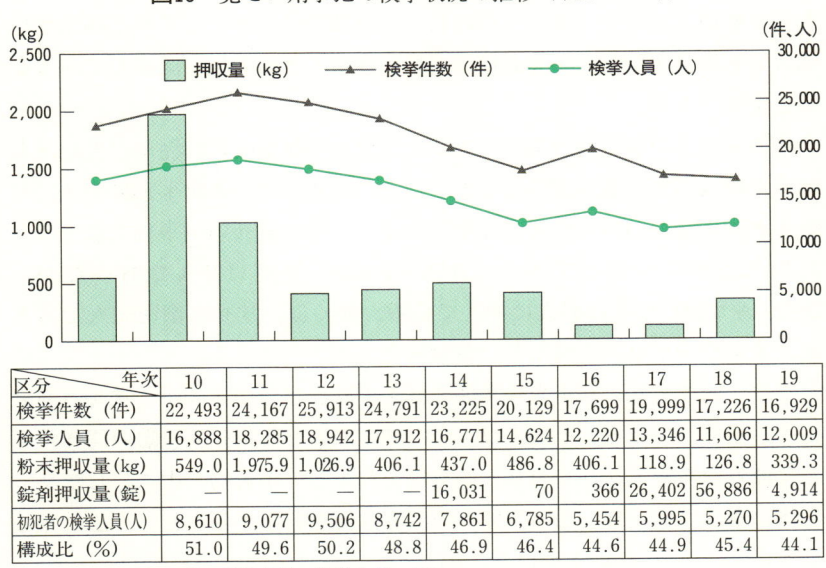

図10 覚せい剤事犯の検挙状況の推移（平成10〜19年）

区分　　　　年次	10	11	12	13	14	15	16	17	18	19
検挙件数（件）	22,493	24,167	25,913	24,791	23,225	20,129	17,699	19,999	17,226	16,929
検挙人員（人）	16,888	18,285	18,942	17,912	16,771	14,624	12,220	13,346	11,606	12,009
粉末押収量(kg)	549.0	1,975.9	1,026.9	406.1	437.0	486.8	406.1	118.9	126.8	339.3
錠剤押収量（錠）	—	—	—	16,031	70	366	26,402	56,886	4,914	
初犯者の検挙人員(人)	8,610	9,077	9,506	8,742	7,861	6,785	5,454	5,995	5,270	5,296
構成比（％）	51.0	49.6	50.2	48.8	46.9	46.4	44.6	44.9	45.4	44.1

注1：構成比＝初犯者の検挙人員÷検挙人員×100
　2：検挙件数および検挙人員には、覚せい剤事犯に係る麻薬特例法違反の検挙件数および検挙人員を含む。
　3：粉末押収量には錠剤型覚せい剤は含まない。
(2008警察白書112頁)

は、検挙人員の約半数が暴力団構成員であること、来日外国人特にイラン人、フィリピン人が増加しつつあること、再犯者が検挙人員の半数を占めていることなどが指摘できる（2008警察白書112頁）。

毒物及び劇物取締法違反（シンナー乱用事犯）の送致人員は、1972（昭和47）年から取締りが始まり、1980（昭和55）年から1985（昭和60）年に3万人台を推移し、1982（昭和57）年にはピークの3万6,796人を記録した。その後減少傾向に転じ、1996（平成8）年には1万人を割り、2007（平成19）年には1,986人になっている。麻薬及び向精神薬取締法違反の検挙人員も減少傾向にあり、2007（平成19）年には296人、大麻取締法違反は、2,271人と横ばい状態となっている。これに対し、あへん法違反は2006（平成18）年27人、2008（平成20）年には14人増えて41人になった。

薬物事犯の現在の特徴をみておくと、①覚せい剤事犯の総検挙数は減少傾向にあるが、検挙人員中の暴力団構成員数の増加、来日外国人の検挙人員の増加および過半数が再犯者であることが注目される、②大麻事犯検挙人員が増加しており、検挙人員の約7割が20歳代以下の若年層で86％が初犯者である、③シンナー等有機溶剤事犯検挙人員が大幅に減少しているなどを指摘できる。

薬物事犯への暴力団の関与をみると、覚せい剤事犯の53％が、また、大麻事犯の34.5％が暴力団構成員によるものであった。薬物事犯に暴力団構成員が深くかかわっていることがわかる。一方、覚せい剤事犯ではイラン人による事件が増えており、2006（平成18）年度は25人であったが、2007（平成19）年度は85人に増えている。多くは、覚せい剤密売人であるが、インターネットを利用した薬物密売も増えつつある。

なお、麻薬密輸入事犯の検挙件数は多少減少しつつあるが、覚せい剤事犯等が増加している。それらは、すべて国際的な薬物犯罪組織の関与のもとに海外から輸入されており、航空機を利用して手荷物の中に隠したり、身体に巻きつけたり、国際郵便、国際宅急便を利用するなどの方法が採られているという（2008警察白書115頁）。

Ⅲ 薬物犯罪の防止対策

(1) 対策のあゆみ　わが国では、従来、関係行政機関の連携による総合的な施策を推進するという観点から、政府が薬物乱用対策本部を設置して、薬物犯罪の防止対策を講じてきた。すなわち、1954（昭和29）年をピークとする第1期に対応するものとして、1955（昭和30）年に厚生大臣を本部長とする 覚せい剤問題対策推進中央本部 が設置され、都道府県にもこれに対応する地方本部が設置された。ヘロインが蔓延した第2期に対応するものとして、総理府総務長官を本部長とする 麻薬対策推進本部 が設置された。麻薬乱用の多様化に対応するものとして、1972（昭和47）年に内閣総理大臣を本部長とする 薬物乱用対策推進本部 を設置し、都道府県においても地方本部を設置して、政府機関との連携を図ってきている。その薬物乱用対策推進本部は、2003（平成15）年7月29日に 薬物乱用防止新5か年戦略 を策定して、現在、その対策の実施に取り組んでいる。

(2) 対策の内容　これまで実施されてきた薬物乱用防止対策は、主に次の3項目からなっている。第1に、薬物乱用を根絶するための国民に対する啓発活動の強化、第2に、薬物事犯の厳正な取締りと処分、第3に、乱用者に対する徹底した医療等の措置である。

（ア）啓発活動の強化　薬物の乱用防止にとって最も大切なのは、薬物の需要を根絶 することである。そのためには、薬物がもたらす害悪を国民1人ひとりが正しく認識し、「薬物乱用は許さない」という乱用を拒絶する社会環境を作ることが肝心である。この観点から、現在、警察を中心として各種広報活動を通じての啓発活動を実施するとともに、毎年7月を 薬物乱用防止広報月間 と定め、各種のキャンペーンが実施している。今後とも、①広報啓発活動等を通じた薬物根絶意識の醸成、②街頭補導活動の強化とその協力体制の整備、③地域における薬物濫用防止に関する指導の充実、④学校等における薬物乱用防止に関する指導の充実、⑤関係機関等による相談体制の整備などが目標とされるべきである（「2003（平成15）年薬物乱用防止新5か年戦略」目標1参照）。

（イ）取締りの強化　刑事司法による乱用防止をさらに徹底するためには、①密輸取締体制の強化、特に 水際検挙、② 暴力団密売組織の壊滅 （⇒

385頁)、③末端乱用者の 徹底検挙 などにつき、一層の努力が必要である。薬物事犯の取締りについては、その実態を踏まえ、第１に、薬物を日本に入れないようにすることが最も大切である。つまり、取締りによる 供給の遮断 である。わが国で乱用されている薬物の大半は、海外から流入しているのであるから、これを水際で阻止するための方策が必要である。現在警察では、税関、海上保安庁等の関係諸機関との連携を強化するとともに、外国の取締当局との情報交換を密にしているようであるが、その一層の推進が期待される。また、コントロールド・デリバリー、通信傍受等 の効果的な捜査方法を駆使し、厳正な取締りを推進しているが、特に、薬物犯罪を資金面から断ち切るために、マネー・ロンダリング行為の検挙や薬物犯罪収益の没収・追徴との対策を厳正に実施している。マネー・ロンダリング とは、資金洗浄ともいい、①犯罪によって得た収益の取得・処分について事実を仮装する行為、②犯罪によって得た収益を隠匿する行為、③情を知って犯罪によって得た収益を収受する行為など、犯罪によって得た収益を保持したり運用を容易にする行為をいう（⇒451頁）。マネー・ロンダリングは、金融機関を利用して行われることが多いことにかんがみ、「麻薬および向精神薬取締法等の特例に関する法律」および「犯罪による収益の移動防止に関する法律」において、マネー・ロンダリングが疑われる取引について、金融機関等の報告義務が定められている。

> コントロールド・デリバリー　　麻薬等の不正取引が行われる場合において、取締当局がその事情を知りながら、直ちに検挙しないで、禁制品の運搬を監視・追跡して、その不正取引に関与した人物組織を特定する捜査方法をいう。麻薬特例法では、わが国の国境を越える規制薬物の運搬について、コントロールド・デリバリーを可能にするために必要な上陸および税関の手続の特例を定めている。

薬物犯罪組織の厳正な処罰については、例えば、覚せい剤取締法41条は、覚せい剤製造・輸入・輸出の罪につき１年以上の有期懲役とし、営利目的で製造・輸入・輸出した場合は、「無期若しくは３年以上の懲役に処し、又は情状により無期若しくは３年以上の懲役及び1,000万円の罰金に処する」として、大幅な重罰化 が図られている。また、検察における処理状況をみると、覚せい剤取締法違反の起訴率は80～90％と高い水準で推移して

いる。さらに、裁判所の処理状況をみると、刑期が1年未満の者は、1980（昭和55）年頃までは半数を超えていたが、その後急激に減少して、2年以上の者の比率が上昇しており、量刑が次第に重くなっている。少年保護事件でも、一般保護事件と比べて検察官送致の率が高くなっており、刑事司法においては厳正な処罰が実現しつつあるといってよいであろう。

一方、裁判所における処理状況をみると、1980年代では、初犯者の非営利目的使用・所持について1年未満の懲役刑に処せられる者があったが、1990年代以降は、1年以上2年未満で執行猶予の付く例が圧倒的に多くなり、再犯で2年以上の実刑に処せられる事案が一般的になってきた。「初犯は、懲役1年、執行猶予3年。再犯は、懲役2年の実刑」という定型的処理 が行われているという指摘もある（石塚伸一「薬物事犯―処罰から治療へ―」ジュリスト1362号（2008）105頁）。

（ウ）　医療等による再乱用の防止　　薬物事犯で検挙されている者の多くは、薬物依存・中毒者であることは明らかである。したがって、薬物事犯を撲滅するためには、単に取締りを強化するだけでは足りず、乱用者を早期に発見して適切な医療や更生のための措置を講ずることが重要である。この点につき、刑事収容施設法は、矯正処遇 として、「刑事施設の長は、受刑者に対し、犯罪の責任を自覚させ、健康な心身を培わせ、並びに社会生活に適応するのに必要な知識および生活態度を習得させるために必要な指導を行うものとする」（103条1項）とし、「麻薬、覚せい剤その他の薬物に対する依存がある」者については、「その事情の改善に資するよう特に配慮しなければならない」（同条2項）と定めた。従来、薬物事犯受刑者に対しては、処遇類型別指導として薬物の乱用防止教育等が行われていたが、刑事収容施設法の施行に伴い、特別改善指導としての薬物依存離脱指導 が行われることになったのである。全国刑事施設72庁で、標準プログラムに即した改善指導が実施されるようになり、特に、精神科医、警察職員、薬物依存の回復に取り組む民間団体のメンバー等を招いて講演等を実施するなど、指導の向上が図られている。

更生保護 においても、薬物事犯に対する指導監督・補導援護が実施されるようになった。特に、保護観察の類型別処遇制度においては、「覚せい剤事犯対象者」と「シンナー等乱用対象者」の類型を設けて、集団処遇や保

護者取締引受人に対する講習会などが実施されてきている。なお、2004（平成16）年から、覚せい剤事犯仮釈放者および保護観察付執行猶予者に対する任意の簡易尿検査（⇒296頁）を実施して、処遇の充実を図ってきているが、さらに、更生保護法の制定に伴い、簡易尿検査は特別遵守事項として義務づけられることになった（更生51条4号）。なお、「薬物依存者は病気」という認識のもとに、薬物依存症の拘禁をできるだけ回避して、医療や福祉との連携を強化すべきであるとの見解もあるが（石塚・前掲論文111頁）、「薬物乱用は犯罪である」ということを踏まえて、刑事司法システムの枠組みを基本として、そこから医療等の措置を導入することが大切なように思われる。

●第2節 暴力団犯罪

I 暴力団犯罪の意義と動向

(1) **暴力団とは**　暴力団の一般的意義は必ずしも明確ではないが、刑事政策で問題とすべき暴力団とは、団体の威力を背景に犯罪ないし暴力的不法行為を行い、それによって生活資金を獲得する団体をいう。法令上は、暴力団とは、「その団体の構成員（その団体の構成団体の構成員を含む。）が集団的に又は常習的に暴力的不法行為等を行うことを助長するおそれがある団体をいう」（暴力団2条2号）と定義されている。ちなみに、暴力団員とは、暴力団の構成員をいう（2条2号）。また、法令上の用語ではないが、準構成員というものがある。これは、暴力団の構成員ではないが、暴力団の維持・運営に協力し、または関与する者のことである。

(2) **戦後の動向**　暴力団の戦後の動向を振り返ってみると、大きく3期に分けることができる。

(ア)　第1期「博徒・的屋から暴力団へ」（1945〔昭和20〕～1960〔昭和35〕年）　この時代は、違法な賭博集団である博徒や、縄張りを有して暴力的不法行為を行っていた露天商の集団である的屋といった古くからの暴力集団が勢力を維持していたが、新たに、不良少年や復員兵士等からなる愚連隊が出現し、彼らは、覚せい剤の密売、露天、闇市、集団強盗、用心棒

など、あらゆる分野に進出し、利権をめぐって武力による激しい対立抗争を繰り返した。この時期がいわゆる 対立抗争期 である。1960（昭和35）年頃になると、売春、公営競技のノミ行為やパチンコの景品買取りなど資金源が多様化するなかで、一応の勢力地図ができあがり、これらを一括する形で 暴力団 の呼称が定着した。この時期の集団は、組織が小さく、親分が子分を使って自らも非合法な活動で資金を稼ぎ、それによって子分を養うという擬似血縁関係に基づく集団であった。したがって、金も上から下へ流れるものであったし、親分が子分とともに自ら違法行為をしているため、親分を検挙することが容易であり、組織自体を壊滅することも可能であった。

（イ）　第2期「組織の肥大化期」（1960〔昭和35〕～1985〔昭和60〕年）
1960（昭和60）年頃から、暴力団は、覚せい剤、売春、ノミ行為等の非合法活動を行うとともに、次第に、民事取引等に介入して資金を集め、そうした非合法活動によって獲得した資金を元手に、建設業、不動産業、金融業、風俗営業、興行といった合法的な企業活動に見せかけた資金の獲得を目指すようになった。家父長的な親分・子分の関係を基礎とする組織では、親分が子分を守ることが必要であったわけだが、組織が次第に大きくなるにつれて、子分は親分の名前を使って資金を稼ぎ、上納金 という形で親分にその資金を渡すという関係に変わる。子分は、一見合法的な企業活動へ進出し、上納金を増やして組織における地位を確固たるものとする一方、自らの利益を増大させるために勢力を拡大し、暴力団の威力を背景に競争相手を排除して勢力を伸ばし、強引な取引によって利益を上げ、次第に 組織が肥大化 したのがこの時期である。こうして、1963（昭和38）年には構成員等の数はピークを迎え、約18万人に達したのである。

暴力団勢力の未曾有の肥大化に危機感を覚えた警察は、取締りを徹底し、1964（昭和39）年から 第1次頂上作戦 を展開し、暴力団幹部による事犯、金融等に絡む資金源犯罪および銃器関係事犯等の厳重な取締りによって、暴力団幹部や構成員等を大量に検挙し、暴力団を次々と解散に追い込んだのである。そのため中小暴力団は大きな打撃を受け、この時期に暴力団構成員等は大幅に減少した。しかし、1960年代後半に服役していた暴力団幹部が相次いで出所するに及んで、大規模暴力団の組織の再編が企てられた。

上納金制度のもとに、一見合法的な企業活動を展開し、あるいは同和運動や右翼運動に見せかけて資金を調達し、また、総会屋の分野に進出して企業恐喝、倒産整理、強制執行免脱による不動産の乗っ取り、債権取立ての介入などによって資金源を確保したのである。

(ウ) 第3期「裏社会から表社会へ」(1985〔昭和60〕〜)　復活した大規模暴力団は、上納金制度を利用して、弱体化した中小暴力団を吸収し、これを系列化してより大きな集団を形成し、世間に恐れられるような団体となった。構成員は、そうした暴力団の勢力を利用して、民事介入暴力、企業や公共機関を対象とする暴力などによって資金を獲得し、上部組織に上納するシステムができあがった。このようにして、組織の幹部自らは表に出ることなく、また、犯罪に手を染めることもなく、巧妙な手段を駆使し、下部組織の不法な資金獲得活動によって組織を維持・運営するシステムが構築されたのである。同時に、組織的な資金獲得活動および警察等の取締りに対抗するために暴力団が広域化し、大規模暴力団による寡占化が進んだ。暴力団追放の厳しい取締りにもかかわらず、暴力団は根強く勢力を維持し、市民生活に大きな不安を与え続けていたのである。

1991（平成3）年における暴力団の勢力をみると、団体数3,305団体、団員数9万1,000人であり、前年に比べ、団体数で150団体、団員数で2,700人、それぞれ増加している。特に悪質で大規模な広域暴力団で警察が集中的な取締りの対象としている山口組、住吉会、稲川会に所属する暴力団は、団体数が1,660団体、団員数が5万6,100人（全体の61.1％）であり、前年より13.3％上昇した。大規模な広域暴力団による寡占化の傾向が、一段と進展している状況がみられたのである。

こうして、暴力団対策は、刑事政策における当面の最重要課題として位置づけられ、その抜本的な対策として、「暴力団員による不当な行為の防止等に関する法律（平3・法律77号。以下「暴力団対策法」と略す）が成立し、1990（平成3）年5月15日に公布、1992（平成5）年3月1日に施行されたのである。これを契機として、暴力団を社会から追放しようとする様々な活動が活発になった（1992犯罪白書34頁）。

Ⅱ 暴力団対策法と現在の暴力団勢力

(1) **暴力団対策法の概要** 本法は、暴力団員の行う暴力的要求行為について必要な規制を行い、暴力団の対立抗争等による市民生活に対する危険を防止するために必要な措置を講ずることなどを目的とした法律である。従来の刑罰法令では十分な取締りが困難な暴力的不法行為について、規制すべき行為の範囲を広げ、暴力的要求行為について必要な処罰を行うことを骨子とするものである。

その要点を示すと、以下のとおりである。①規制の対象を明確にするために、暴力団の定義付けを行い（⇒384頁）、暴力団のうち犯罪経歴を保有する暴力団員が一定以上の割合を占め、首領（幹部）の統制のもとに階層的に構成された団体を都道府県公安委員会が 指定暴力団 に指定する。②指定暴力団の暴力団員等が、指定暴力団の威力を示して行う用心棒代などを要求するなどの暴力的要求行為を禁止するとともに、公安委員会は指定暴力団員の不当な要求行為による被害の回復等のための援助を行う。③対立抗争時の指定暴力団の事務所使用および暴力団への加入の勧誘を禁止する。④禁止行為に対しては公安委員会が措置命令を行うことができるようにし、それに違反するものについては、1年以下の懲役等を法定刑とする罰則規定を設ける。加えて、⑤抗争時の暴力行為によって生じた人の生命、身体および財産上の被害については、指定暴力団の代表者は無過失損害賠償の責を負うこととされた。

> **禁止行為** 暴力団対策法で禁止されている行為は、口止め料を要求する行為、寄付金や賛助金を要求する行為、みかじめ料を要求する行為、用心棒代等を要求する行為、借金の免除や借金返済の猶予を要求する行為、不当な貸付および手形の割引を要求する行為、不当な信用取引を要求する行為、不当な株式の買取りなどを要求する行為、土地の明渡しを不法に要求する行為などである（暴力団9条）。

上記以外にも中止や禁止に係る規制項目は数多く、また、暴力団対策法制定後、必要に応じ数多くの改正がなされたが、2008（平成20）年4月には、指定暴力団の代表者等の損害賠償責任の拡大、対立抗争等に係る暴力行為の懲戒等の規制、行政庁に対する不当な要求行為の規制等を内容とする改

正を行っている。

(2) 暴力団の現有勢力 暴力団対策法については、指定暴力団員の規制を強化するのは法の下の平等（憲14条）に反するのではないか、また、犯罪歴保有者の比率によって、指定暴力団とするのは結社の自由（21条）に反すのではないかといった批判もあったが、暴力団対策法の暴力団組織に対する影響力は、極めて大きなものがあった。暴力団対策法施行前後の1991（平成3）年と1994（平成6）年とを比較すると、暴力団構成員の数は1万5,800人、準構成員は1万人減少している。また、暴力団の解散数は1994（平成6）年までに732団体が解散している。さらに、暴力的要求行為、加入強要、脱退妨害等に関する中止命令・再発防止命令も数多く出され、2004（平成16）年年における中止命令は2,488件であり、再発防止命令は128件であった。なお、命令に違反したとして暴力団対策法違反で検挙された事件は毎年100件前後であり、その結果、さらに暴力的要求行為等を行った例は確認されていないので、暴力団対策法の命令の実効性は確保されているといってよかろう（藤本・全訂第5版刑事政策概論420頁）。

暴力団構成員等の数は、上述のように、暴力団対策法の施行が効を奏して、同法の成立直前の1992（平成4）年末には約9万1,000人であったものが、1993（平成5）年以降減少傾向に転じ、1995（平成7）年には7万3,300人まで減少した。しかし、その後再び増加に転じ、1997（平成9）年には8万人台に乗り、2004（平成16）年には8万7,000人にまで増加している。その後、若干減っているというものの（2005〔平成17〕年は8万6,300人、2006〔平成18〕年は8万4,300人、2007〔平成19〕年は8万4,200人）、暴力団構成員等の数は、依然として高い水準にあるといってよいであろう。一方、「組織的な犯罪の処罰及び犯罪収益の規制に関する法律」（平11・法律136号）および「犯罪捜査のための通信傍受に関する法律」（平11・法律137号）など **組織犯罪対策3法** が施行され、取締りが強化されたが、暴力団構成員等の犯罪は、犯罪の種類によって異なるというものの、一般犯罪に比べると、依然として多数を占めている。

2006（平成18）年の暴力団員等による刑法犯および特別刑法犯（交通関係事犯を除く）の検挙人員は、1998（平成10）年以降3万人台で推移していたが、2004（平成16）年以降3万人を下回り、2006（平成18）年は2万

8,417人であった。刑法犯の主要罪名別検挙人員に占める暴力団員等の検挙人員数をみると、一般刑法犯では傷害が最多で、総数2万7,075人に対して暴力団員等は3,881人（14.9％）である。次に、窃盗では18万7,654人に対して3,139人（1.7％）、恐喝では5,780人に対して2,523人（43.7％）である。比率の点からみると、賭博（49.7％）、逮捕監禁（47.5）、恐喝（43.7％）、脅迫（36.1％）の順に高い。特別刑法犯に目を転ずると、総検挙人員8万3,147人に対し暴力団構成員等は1万401人であり、その占める割合は12.5％である。検挙人員数で最も多いのは、覚せい剤取締法違反で総数1万1,498人に対し6,043人（52.6％）であった。次いで多いのは、大麻取締法違反であり、総数2,271人に対し736人（32.4％）であった。なお、検挙人員数は少ないが、比率の高いものとして、自転車競技違反（67人に対し66人〔98.5％〕）および競馬法違反（67人に対し48人〔71.6％〕）がある。

Ⅲ 暴力団犯罪の対策

(1) 暴力団犯罪者の処遇　暴力団犯罪対策としては、一般に、①暴力団構成員等の減少、②暴力団活動のための資金源の根絶、③銃器などの取締りの強化などが提唱されているが、最も重要なことは、暴力団対策に係る現行の法令を厳正かつ適切な運用である。暴力団対策のみを目的とした暴力団対策法を厳正に運用するのみならず、刑法犯、特別刑法犯を厳正かつ適切に取り締まるとともに、有効な処遇を実施しなければならない。

まず、検察庁における処遇状況をみると、2006（平成18）年度の全終局処理人員の起訴率は49.6％であるのに対し、暴力団関係者の起訴率は74.8％であって、非常に高率であることがわかる。また、暴力団関係者の主要罪名別起訴猶予率では、全終局処理人員のなかで最も起訴猶予率が高いのは暴行であるが（53.3％）、暴力団関係者については23.8％にすぎず、起訴率は約2.3倍である。窃盗では、43.3％に対して暴力団関係者は9.9％であって、起訴率は約4倍である。傷害の起訴率では約2倍、賭博・富くじでは2.6倍の起訴率である。そのほかの主要犯罪についても起訴率はかなり高いのであって、厳正な法の適用が実践されているといってよいであろう。

次に、矯正であるが、受刑者に占める暴力団関係受刑者の人員および比

率をみると、2006（平成18）年度の受刑者総数は7万496人であり、そのうち暴力団受刑者は1万2,820人（18.2％）である。施設内の処遇についてみると、B指標施設受刑者は全部で4万168人なのに対し、暴力団関係受刑者は1万2,131人（30.2％）であって、犯罪傾向の進んだ受刑者が多数を占めている。

　刑事施設においては、特別改善指導として、暴力団離脱指導が行われている。同指導は、警察機関との連携のもとに暴力団対策法に規定する暴力団を対象として、暴力団離脱に向けた働きかけを行い、受刑者が有している問題性の除去および離脱意思の醸成を図ることを目的として、講義、討議、個別面接、課題作文等を行っている（2007犯罪白書113頁）。また、更生保護では、類型別処遇制度に基づき、暴力団の幹部、組員や準構成員である者を「暴力団関係対象者」類型とし、この類型に属すると認定したものに対しては、警察、都道府県暴力追放運動推進センター等と連携して、本人の生活実態を把握するとともに、暴力団からの離脱と就労など生活安定に向けた積極的な指導および援助が行われている（2007犯罪白書114頁）。

(2)　暴力団犯罪対策の課題　　暴力団犯罪対策の基本は、暴力団存立の基盤である人（構成員）、金（資金源）、物（武器）に対する取締りを強化して暴力団そのものを壊滅することにある。そこで、わが国の警察の暴力団対策は、①暴力団犯罪の取締りの徹底、②暴力団対策法の効果的な運用、③暴力団排除活動の推進を3本柱として展開されてきたが、その結果、①一般国民や各企業等に暴力団を監視・排除する機運が高まったこと、②従来では警察の取締りが困難であった民事介入・企業対象暴力に対する抑止が強化されたこと、③暴力団同士の対立抗争事件が減少したことなどを指摘できる。

　しかしながら、暴力団の資金獲得活動の拠点が次第に組織の外へ移り、暴力団の実質的な支配のもとに、政治団体や社会運動体を装い、あるいは企業等の経済活動を装って暴力団の資金獲得活動を図る動きが依然として続いている。いわゆる「えせ右翼活動、えせ同和行為」など、行政対象暴力、企業対象暴力の一層の活発化が危惧されており、暴力団犯罪対策の強化が求められている。また、公共事業および生活保護等の公的扶助からの暴力団の排除も重要な課題となっている。

一方、暴力団関係者ではないが、暴力団に資金を提供し、または、その資金の提供を受けて暴力団に利益を提供する 暴力団と共生する者 が暴力団の資金獲得活動を担っている。今後は、このような暴力団と共生し、または暴力団を支援する者に対する取組みを強化し、その実態を明らかにして、暴力団の構成員ともども不法な活動を検挙していく必要がある（那須・「刑事学」講義ノート〔2008〕129頁）。こうした不法な資金獲得活動を現行の刑罰法令を活用して有効に取り締まらないかぎり、資金源を断つことはできず、暴力団の壊滅は不可能である。暴力団対策の中核にあるものは、今後とも、暴力団犯罪の取締りにあることを銘記すべきである（警察庁刑事局暴力団対策部「暴対法施行10年」〔2002〕参照）。

　しかし、徹底的な取締りだけで暴力団の根絶が可能でないことはいうまでもない。被害者を含む社会全体が、暴力団の不法な活動を許さないという姿勢で、暴力団追放に取り組む 必要がある。その意味で、暴力団対策法31条で定められている都道府県暴力追放運動推進センターおよび32条で定められている全国暴力追放センターの役割は、極めて大きいものがある。今後、これらのセンターの一層の強化が期待される。

　最後に、暴力団関係者の多くは、生育上あるいは社会生活上の問題があってその世界に入ってきたと思われる。その意味で、1人ひとりの構成員等は、社会から助けられてしかるべき者であるといってよいであろう。暴力団対策法は、都道府県暴力追放運動推進センターに対し、「暴力団から離脱する意志を有する者を助けるための活動を行うこと」（31条2項5号）を定めているが、そうした活動を積極的に展開することが重要であるとともに、離脱後の生活支援 によって、再び暴力団に復帰することがないように努めるべきである。

●第3節　交通犯罪

I　交通犯罪の意義

(1) **交通犯罪とは**　　広く交通犯罪というときは、陸路、海路および空路の交通機関の運行に関連する刑罰法規に触れる行為を意味する。したが

って、鉄道、船舶、航空機等の運航に伴う犯罪は、すべて交通犯罪であるから、その特質を刑事政策の問題として検討すべきであるかもしれない。しかし、交通犯罪で特に問題となるのは、**自動車の運行に伴う死傷事故**および道路交通法を中心とした**交通法規違反**の数が非常に多いということである。これを**自動車交通犯罪の大量性**という。また、今日の社会では、自動車は誰でも利用する便利な交通手段であり、ちょっとした油断で事故を起こしたり、スピードの出しすぎとか、信号を見落とすといった法規違反に陥ることが多い。つまり、自動車交通犯罪は、「国民皆免許時代」にあって、日常的に誰でも犯す可能性のある犯罪であるということができる。これを自動車交通犯罪の**一般性**または**日常性**という。このように、自動車交通犯罪には大量性と一般性に特質があるところから、ここでは交通犯罪を自動車交通犯罪に限って検討することにしたい。したがって、ここでいう「交通犯罪」は、自動車交通犯罪を意味する。

　刑法典が、自動車交通安全の確保のために用意している犯罪は、危険運転致死傷罪（208条の2）と自動車運転過失致死傷罪（211条2項）である。また、交通事故や交通犯罪を防止し、交通の安全を確保するためには、道路交通関係の取締法規を整備し、その適切な運用が不可欠である。現行法は、道路交通の安全確保のために、道路交通法を中心に取締法規を整備している。

　(2) 交通犯罪の現状　1946（昭和21）年以降における交通事故の発生件数、交通事故による死亡者および負傷者の人員は、**図11**に示したとおりであるが、これをみると、死亡者数では、**交通戦争**の語が誕生した1970（昭和45）年にそれまでの最高1万6,765人、また、負傷者数もそれまでの最高の98万1,069人を数えた。その後、道路や交通安全施設の整備、交通安全教育の普及および交通関係法令の整備などの結果、交通事故数が急激に減少し、死亡者はピーク時のほぼ半分に当たる8,466人にまでなった。しかし、その後は、若干の増減を繰り返したが1988（平成10）年には再び1万人を超え、約10年前の2000（平成12）年に発生した交通事故は、件数にして93万1,943件、死亡者数は9,066人、負傷者数は、115万5,697人となったのである。発生件数と負傷者数は、ともにその前年より約10％増加して、過去最悪を記録し、文字どおり交通戦争時代を迎えたのである。日本

図11 交通事故の発生件数・死傷者数の推移
（昭和21年～平成19年）

（発生件数：万件）
（負傷者数：万人）
（死亡者数：万人）

負傷者数 1,034,445
発生件数 832,454
死亡者数 5,744

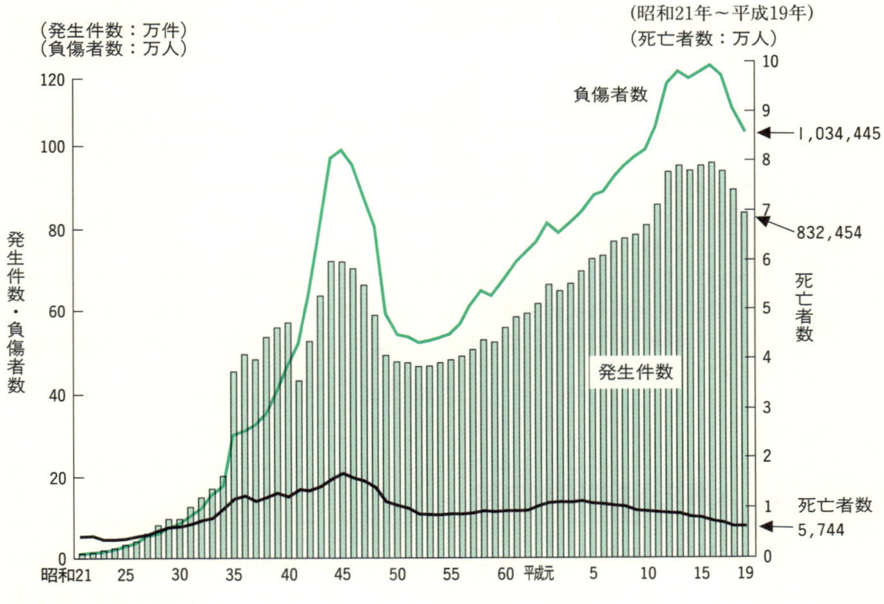

2008年犯罪白書24頁

　損害保険協会の試算によると、当時の交通事故による経済的損失額は3兆4,368億円に達するとされた。
　その後、交通犯罪の取締りの強化等が効を奏し、交通事故の発生件数は2004（平成16）年をピークとして減少傾向に転じ、2007（平成19）年の交通事故発生件数は83万2,454件（前年比5万4,410件減）、死者数は、1953（昭和28）年以来54年ぶりに5,000人台となり、5,744人（前年比608人減）となった。7年連続の減少である（2008警察白書136頁）2009（平成21）年の警察庁の調査によると、54年ぶりに5,000人台となった2007（平成19）年をさらに下回り、2008（平成20）年の交通事故死者数は5,155人となり、前年比589人の減少であった。
　交通事故に係る刑法上の犯罪は、交通関係業過および危険運転致死傷罪である。2007（平成19）年の **交通関係業過** の検挙人員は、81万8,334人（前年比4.5％減）であり、**危険運転致死傷** は425人（前年比1.8％）であった。一方、道路交通法違反の取締件数の総数は、849万2,455件（前年比1.1％減）

であった。**交通反則通告制度**（⇒395頁）に基づき反則事件として告知された件数と非反則事件として検察庁に送致された件数（送致件数）を併せたものである。

> **交通関係業過**　業務上過失致死傷の略語である。道路交通関係の致死傷について、刑法上、主として業務上過失致死傷罪（211条）で処罰してきたが、2001（平成13）年の刑法一部改正により悪質重大な交通事犯に対応するための「危険運転致死傷罪」が新設された。その後、自動車運転者の過失は、一般の業務上過失致死傷よりは類型的に重いところから、2008（平成20）年の改正により自動車運転過失致死傷罪が新設された（211条の2）。自動車運転過失致死傷罪は、現在、新設後１年を経過したばかりなので、犯罪統計的には業務上過失致死傷と自動車運転過失致死傷の両者が含まれている。

Ⅱ　大量交通犯罪の対応策

(1)　大量性への対応　上述のように、交通犯罪は減少しつつあるというものの、交通関係業過だけでも80万件に達しており、道路交通法違反事件はさらに800万件台を推移する数に上っているのである。詳細な分析を試みるまでもなく、わが国の刑事司法の処理能力をはるかに超えているといわなければならない。こうして、交通犯罪への刑事政策対応は、まず、**事件処理の簡易迅速化**として顕れる。

　その第１は、1953（昭和28）年の刑法一部改正による**交通事件即決裁判手続**の設置である。道路交通法違反の検挙件数が800万件に達し、略式手続によっても刑事裁判所の能力を超えたところから、警察、検察、裁判所の三者で即日処理する**三者即決処理方式**が採用され、そのための施設として、東京と大阪に交通裁判手続が誕生した。しかし、次第に交通事件即決手続に付する割合が減少し、略式手続の割合が増加したことにより、1979（昭和54）年以降はこの手続による処理例はないようである。第２は、1963（昭和38）年１月から、「道路交通法違反事件迅速処理のための共用書式」いわゆる**交通切符制度**の導入である。交通切符は、告知票・免許書保管証、交通事件原票、徴収金原票、交通法令違反事件簿から構成されており、複写式で検察庁や裁判所において共用できる書類であり、同法違反者の取締

りに当たる警察官の書類作成を簡略化し、略式手続または交通事件をより迅速に処理できるようにしたものである。この交通切符は、違反者に対する1枚目の紙の色によって赤切符とよばれたものである。(3)に述べる交通反則通告制度施行後も、同制度が適用されない道路交通法違反事件に使われており、現在でもその重要性は失われていない。

(2) **一般性（日常性）への対応**　交通切符制度は、現場の司法警察職員の書類作成を大幅に簡易化するとともに、複写式で、検察、裁判所が共用できる書類を作成することによって、略式手続または即決裁判手続の処理を迅速化するという効果はあった。しかし、その後も道路交通法違反の取締件数は増加し、導入された交通切符制度をもってしても、激増した道路交通違反の処理にはかなりの時間と労力を要するなど、国民と国家の双方に不利な結果となったとされる（1993犯罪白書245頁）。一方、道路交通法違反の行為は、日常しばしば行われるものであり、スピード違反（最高速度違反）の取締りでもわかるように、検挙されても「運悪く捕まってしまった」と感ずる運転者が多いといってよいであろう。つまり、大量の違反者がいる場合に、その違反の軽重を問わず、すべてに刑罰を科すことは、国民の多数を刑罰の対象にして大量の前科者を生み出し、一億総前科者という事態となって刑罰の感銘力を失わせ、「これからは止めよう」という規範意識の喚起にも役立たない。一方、交通取締法規をすべて非犯罪化・非刑罰化するとすれば、交通秩序は大混乱に陥り、交通安全の確保は不可能である。こうして、交通犯罪の大量性および一般性という犯罪の特質は、交通犯罪のうち、悪質かつ重大なものは厳格に処罰し、軽微なものは非刑罰化して行政的制裁にとどめるという制度の導入を導いた。「軽きものは軽く、重きものは重く」という二極化政策は、妥当であるように思われる（藤本・全訂第5版刑事政策概論371頁）。

(3) **交通反則通告制度**　1967（昭和42）年の道路交通法の改正によって、その翌年に誕生したのが交通反則通告制度である。これは、道路交通法違反のうち、悪質ではなく、しかも危険性の低い軽微な違反行為については、刑罰法規違反の体裁を採りながら、行政機関の通告に基づく定額の反則金の納付によって刑事訴追を行わないという制度である。すなわち、交通反則通告制度は、自動車の運転者等が行った道路交通法違反を反則行

為とし、反則行為をした者のうち、無免許運転、酒酔い運転、酒気帯び運転等の危険な行為をした者以外の者を反則者として、警察本部長が反則者に対して行う通告に対し、反則者が通告を受けた翌日から起算して10日以内に所定の銀行または郵便局に反則金を納付すれば、成人の反則者は公訴を提起されず、少年の反則者は家庭裁判所の審判に付されないこととするというものである。納付しなかったときは、本来の刑事手続に服することになる。

交通反則通告制度の導入により、それまでの交通切符（赤切符）に代わって反則切符（青切符）が使用されることになり、交通切符は、以後、反則行為に対して使用されることになった。反則切符は、交通反則告知通知書、免許証保管証、交通事件原票、交通反則通告書、取締原票、告知報告書、交通違反事件簿等で構成されており、複写式で迅速な作成と処理が可能となっている。

交通反則通告制度は、刑事司法手続を回避して簡易迅速な処理を可能にするとともに、一定金額の納付という点では罰金と異ならないが、行政上の制裁として前科などが付かず、「一億総前科者」となる事態を避けることができる。一種のダイバージョンとしての効果が現れ、1968（昭和43）年以降、検察庁における道路交通法違反新規受理件数は激減した。2007（平成19）年中の自動車の運転者による道路交通法違反のうち、反則行為として告知した件数は787万388件で、反則適用率は、92.8％であった。交通反則通告制度は円滑に運用されており、道路交通法違反の迅速かつ適正な処理に大きな役割を演じているといえる。ちなみに、2007（平成19）年の検察庁の終局処理人員をみると、一般事件の略式命令は13.7％であり公判請求は23％であるが、自動車運転過失致死傷は公判請求はわずかに9.0％であり、略式命令は実に88.1％である（2008犯罪白書27頁）。

(4) 点数制度 一方、交通反則通告制度が発足した翌年の1969（昭和44）年、道路交通法施行令の改正により、運転免許の行政処分に点数制度が導入された。点数制度とは、すべての法令違反をコンピュータによって登録し、違反類型ごとに定められた点数の累積が一定の点数に達したものに対し、免許の取消し、免許の効力停止等の処分を行う制度をいう。この制度は、①交通事故を防止するためには、常習的違反者を把握し、これに

対して適正かつ効果的な行政措置を講ずること、②免許の取消しや効力の停止等の処分基準点数を公表して **運転者の自制効果** を期待すること、③違反行為について、定型的・画一的に評価することによって、**処分の公平性** を担保することをねらいとするものである。

　点数制度は、危険な運転の排除ないし改善を効果的にするという面で貴重な制度となった。交通反則通告制度は、刑罰に代えて行政処分を課す制度であるが、軽い罪でも繰り返し行えば免許停止などの重い制裁を科されという意味で、道路交通法違反の罪を抑止する効果も期待できるのである。

Ⅲ　刑事罰の強化

(1)　刑法の改正による重罰化　　既に指摘したように、交通関係業過は、戦後から1960年代までは増加の一途をたどり、特に無謀運転等の悪質重大事犯が多数生まれた。その対策として講じられたのが刑法による **厳正な処罰** ないし **処罰の強化** である。すなわち、刑法211条の法定刑は、「3年以下の禁錮または5万円以下の罰金」であったが、1968（昭和43）年の改正で、新たに選択刑として懲役が加えられて長期が5年に引き上げられ、「5年以下の懲役若しくは禁錮または50万円以下の罰金」に改められたのである。無謀運転等の悪質重大な業過事件は、未必の故意事案と紙一重であり、これを過失事案として禁錮にしか処しえないのは国民の道義観念に反するという理由からである。同時に、安全対策の一環として、重罰化による一般予防効果としての注意義務の強化も期待された。

　その効果があったためか、1970（昭和45）年をピークに交通関係業過事件は減少に転じ、1985（昭和60）年頃までは上昇傾向を示しながらも一応の安定を保っていた。しかし、1993（平成5）年頃になると、死亡者数は減少しつつあったというものの、交通関係業過事件の発生件数および負傷者数は年々増加し、2000年代に入ると毎年のように最多記録を更新したのである。特に、飲酒運転や高速度運転等、交通ルールを無視した危険運転による悪質かつ重大な死傷事犯が多発したところから、被害者やその遺族をはじめ、広く国民の間から刑が軽すぎるとともに、犯罪の実態からみると過失犯ではなく故意犯とすべきであるといった見解も主張された。こう

して創設された犯罪が**危険運転致死傷罪**である。「アルコール又は薬物により正常な運転が困難な状態で自動車を走行させ、よって、人を負傷させた者は15年以下の懲役に処し、人を死亡させたものは1年以上の有期懲役に処する」とする規定を中心に、制御するのが困難な高速度運転、制御する技能がない未熟運転などを原因とする運転行為によって死傷させた場合は、傷害罪（204条）や傷害致死罪（205条）に準じて、重く罰することとしたのである。

> **危険運転致死傷罪の新設**　2000（平成12）年4月、検問から猛スピードで逃走していた建設作業員の運転する車が歩道に突っ込み、大学生2人を死亡させた事件が発生して、悪質運転者に厳罰を求める声が大きくなった。この作業員は飲酒運転だっただけでなく、無免許運転で、車は車検を受けておらず、無保険状態の悪質な者だった。この事故で息子を失った造形作家のSさんは、「人の命を奪っておきながら窃盗より軽い刑罰は、悪質な運転者が死亡事故を起こしている現状にそぐわない」という趣旨で、厳罰を求める法改正運動を展開し、2001（平成13）年10月に全国各地で集めた37万人の署名簿を法務大臣に提出した。法務大臣は早速立法手続に着手し、危険運転致死傷罪が新設されたのである。

　交通関係業過の重罰化を図る立法としては、さらに、既述の**自動車運転過失致死傷罪**（211条2項）の新設がある。「自動車の運転上必要な注意を怠り、よって人を死傷させた者は、7年以下の懲役若しくは禁錮又は100万円以下の罰金に処する」（同条2項本文）というものである。本罪は行為者の過失が自動車運転上のものであることを根拠とする業務上過失致死傷の加重類型である。危険運転致死傷罪によって刑を加重し、犯罪の抑止力を強化したが、その類型に当たらない悪質重大な死傷事件についての処罰を強化する趣旨で新設された犯罪である。刑法は、自動車運転による死傷事件を重視し、**自動車運転者を直接の名宛人**とした犯罪類型を設けて処罰を強化したのである。

　(2)　道路交通法の罰則強化　2006（平成18）年に福岡県で飲酒運転により幼児3人を死亡させた事件が発生し、大きな社会問題となった。この事件を契機として、飲酒運転やひき逃げ事件などの悪質・危険運転等に対して厳罰を求める国民の声が高まった。そこで、悪質・危険運転等に対して適切な対策を推進するため「道路交通法の一部を改正する法律」（平

19・法律90号）を制定し、①酒酔い運転の法定刑を3年以下の懲役または50万円以下の罰金から、5年以下の懲役または100万円以下の罰金に、酒気帯び運転の法定刑を1年以下の懲役または30万円以下の罰金から、3年以下の懲役または50万円以下の罰金に引き上げる、②飲酒運転幇助行為のうち悪質なもの（車両等または酒類の提供行為、車両同乗行為）に対する特別の罰則規定を新設する、③救護義務違反の法定刑を5年以下の懲役または50万円以下の罰金から10年以下の懲役または100万円以下の罰金に引き上げるなどの罰則の整備等がなされた。これらの道交法の改正は、「飲酒運転をしない、させない」という世論を啓発し、規範意識の強化に結びついたように思われる。

> **ひき逃げ事件** これは、人の死傷を伴う道路上の交通事故に係る救護措置義務違反事件をいう（道交72条1項、117条）。2007（平成19）年のひき逃げ事件は、1万5,474件であり、前年より2,892件（0.99%）減少したというものの、依然、相当高い水準で推移している。

Ⅳ 交通犯罪者の処遇

(1) 交通犯罪の現況 前述のとおり、交通犯罪における刑法犯は自動車運転過失致死傷罪と危険運転致死傷罪である。2007（平成19）年の自動車運転過失致死傷罪の検挙人員は425人（前年比11.8%増）であり、上昇傾向にある。自動車運転過失致死傷罪は、81万8,334人であり、前年度比4.5%減であった。このうち2007（平成19）年における致死事件の検挙人員は、危険運転致死54人（前年度比10.0%減）、自動車運過失致死罪4,918人（10.0%減）であった。

交通取締りに係る交通犯罪の主要なものは、道路交通違反事件である。このうち比較的軽微な形式犯に当たる行為については、交通反則通告制度に基づき、「反則行為」として告知され、違反者がその通告された額の反則金を期日までに納付した場合には、刑事訴追を行わないことにしている。これに対し、無免許運転、酒酔い運転、酒気帯び運転等の場合、または、反則行為をし、よって交通事故を起こした者は、交通反則通告制度の適用外

となり，非反則事件として検察庁に送致され，通常の刑事手続が開始されることになる。

反則事件と非反則事件とを併せた道路交通法違反事件の近年の総数は，800万件台で推移しており，2007（平成19）年度は，849万2,455件（前年比1.1％減）であった。そのうち，反則事件数（告知件数）は787万338件であり，非反則事件数（送致件数）は622万677件であった。反則事件数を違反態様別にみると，速度超過が最も多く（30.7％），次いで携帯電話使用（14.3％），一時停止違反（13.6％）の順である。一方，送致事件は，速度超過（45.8％），酒気帯び・酒酔い運転（11.9％），無免許運転（2.0％）の順であった。年々減少傾向にある。

以上の数字は，2007犯罪白書に基づいているが，交通取締法規違反の交通犯罪には膨大な暗数があることに注意を要する。ここに掲げた数字は，実際に発生した事件ではなく，あくまでも取締りの対象となった事件にすぎない。スピード違反（速度超過）の取締りから容易に理解できるように，全地域を対象に取り締まるのであればともかく，一部の道路で一時的に取り締まるだけであるから，大半は，取締りの網の目から逃れてしまうのである。したがって，「捕まえられたのは不運」とか，「自分だけ捕まるのは不平等」と考えられがちであり，そのために交通法規の遵守と規範意識の確立に困難が伴うともいわれている。また，取締りを強化すればするほど統計上の違反件数は増加するという関係にあることも忘れてはならない（澤登俊雄ほか・新刑事政策〔1985〕387頁）。

(2) **検察における処理状況**　交通犯罪の中核を占める交通関係業過についてみると，その起訴率は1975（昭和50）年には66.7％であったが，その後徐々に上昇し，1986（昭和61）年には72.8％までになった。しかし，その後低下し，1989（平成元）年には39.8％，1992（平成4）年には18.7％になり，その傾向は現在も変わらないで，2006（平成18）年には10.3％まで下がっているのである。

このような交通関係業過の起訴率の変化について，1993犯罪白書は，①「国民皆免許時代」「くるま社会」の今日，軽微な事件について国民の多数が刑事罰の対象となるような事態となることは，刑罰のあり方として適当でないこと，②保険制度が普及し，加害者が起訴されなくても，被害者が

納得することが多いこと、③交通事故の防止は、刑罰のみに頼るべきものではなく、各種の総合的な対策によって達成すべきであること、④起訴しても、その多くは略式手続で処理され、罰金の刑罰としての感銘力を低下させ、刑事司法全体を軽視する風潮を醸成すること、以上のことを考慮して起訴を見直した結果であると説明している。要するに、1987（昭和62）年頃から従来の方針を見直し、悪質重大な事件だけを起訴する方針に切り替えたのである。いわゆる **二極化政策** である（藤本・全訂第5版刑事政策概論371頁）。ちなみに、2006（平成18）年の交通関係業過の終局処理人員をみると、総数86万1,586人のうち不起訴が86.3％、略式命令請求が9％、家庭裁判所送致3.7％であり、公判請求は0人であった。

交通犯罪は、これまで折に触れて述べてきたように、極めて一般的であり、かつ日常的な犯罪であるから、真に処罰に値するような事件だけを起訴する方針は、十分に首肯できる。また、ごく普通の人が死傷事件を起こした場合、多くの加害者は反省し、不注意を後悔しており、敢えて刑罰をもって抑止する必要がない例が多いと思われる。もっとも、交通事故の被害者および遺族は、交通関係業過事件の起訴率の低下については不満であり、近年、検察審査会へ審査の申立てをする被害者が多くなっているともいわれている。

(3) **裁判における処理状況**　2007（平成18）年の危険運転致死傷罪、交通関係業過失および道路交通法違反の処理状況をみると、懲役または禁錮の言渡しを受けた者のうち、実刑に処せられた者の比率は、危険運転致死傷罪では35.7％、業過では12.7％、道路交通法違反25.6％であり、このうち危険運転致死傷罪により実刑に処せられた者は133人であり、5年を超える懲役は24人（18.0％）であった。また、業過により、通常第一審において罰金の言渡しを受けた者は187人、略式手続で罰金に処せられた者は、7万92人であった。なお、道路交通法違反により、通常第一審で罰金の言渡しを受けたものは431人、略式手続において罰金の言渡しを受けた者は42万2,758人であった。

(4) **矯正**　交通犯罪者は、大部分が健全な社会人である。したがって、刑事施設における処遇は、通常の犯罪者に対するものとは異なってよいし、むしろ異にする必要があるといってもよい。こうして開発されたのが集禁

処遇である。**集禁処遇**を定義する規定はないが、集禁とは、同一性質の対象者を特定の施設に集中して拘禁するとの趣旨と解される。そこで、交通事故禁錮受刑者で一定の基準を満たした者について、開放処遇による自己責任の涵養と、交通安全教育を中心とした集中拘禁を行う処遇を実施するために集禁処遇制度が創設された。その施設を集禁施設という（⇒235頁）。1961（昭和36）年10月に豊橋刑務所で交通事犯による禁錮受刑者に対して試みられたのを嚆矢として、後に、懲役受刑者にまで広げられ、2001（平成13）年からは危険運転致死傷罪による懲役受刑者も含まれることになった。わが国では、全国8つの矯正管区に各1施設ずつ集禁施設が指定されて運用上の集禁処遇が実施されたが、集禁処遇は、段階処遇、開放処遇、外部通勤、外出および外泊といった新しい施策を実現する役割を果たしたのであり（藤本・前掲書375頁）、集禁処遇の経験が、刑事収用施設法88条の開放的施設等の制度化に結びついたといってよいであろう。かくして、通達に基づく集禁処遇は、法律上の制度として発展的に解消され（平成18・5・23矯正3315通達）、従来の対象者は、一般刑務所において特別改善指導プログラムとして、交通安全指導を受けている（⇒235頁）。ただし、東は市原刑務所、西は加古川刑務所において、やや要件を変えて集禁処遇が実施されている。

　集禁施設における収容者数についての近年の傾向を振り返ってみると、1990（平成2）年前後は減少傾向を示したが、1996（平成8）年ごろから増加に転じており、新規受刑者の数は1996（平成8）年の1,960人から2005（平成17）年には3,039人となった。また、刑期1年を超えるものの比率が高くなっており、特に、危険運転致死傷罪では74名のうち35名が3年を超える刑を科されている。

　集禁施設の収容基準は、**開放的処遇が適当**と判定された成人男子の交通事犯受刑者で、①交通事犯外の犯罪により懲役刑を併有しないこと、②交通事犯外に受刑歴がないこと、③刑期がおおむね3月以上あること、④心身に著しい障害がないことである。処遇の内容を概観すると、刑の執行開始時に一般の刑務所と同様の単独室に3週間収容して、入所時調査によって受刑者の個々の犯罪原因を解明し、生活目標を設定させる。次いで、運転適性検査と出所後の運転意思に関する指導を行う。その後、受刑者をA、

B、Cの3つのコースに分け、各コースの目的に沿って、10名程度の小集団に分けて、飲酒運転事犯者など類型別に教育が行われる。また、全員を対象に講話、映画、VTRなどにより交通安全意識の高揚を図る。最後に出所時教育を行う。集禁施設に収容されている交通事犯受刑者については、原則として、①検身、捜検はなく、居室、食堂、工場等には施錠しない、②構内において戒護職員をつけない、③面会や信書の発受は大幅に自由を認める。

参考までに市原刑務所の再入状況をみておくと、1969(昭和44)年から1992(平成4)年までの出所受刑者1万1,317人のうち736人(6.7%)が再犯によって施設に再入している。また、2001(平成13)年までの全出所者1万5,206人中1,272人(8.4%)が再入している。一般の受刑者の再犯率と比べると、成果は十分に上がっているといえよう。

交通犯罪者については、今後は刑事収容施設法によって、集団編成のもとに受刑者に必要な改善指導を義務づけることが可能となり、交通安全指導も特別改善指導に入れられた。現在20庁で交通安全指導が実施されている。

(5) **更生保護**　交通事犯者の社会内処遇としては、交通試験観察制度と交通短期保護観察制度がある。交通試験観察制度は、少年が道路交通法違反や交通事故に至った原因を科学的に診断し、その診断に基づいて交通放棄を含めた安全運転に必要な知識、技術、運転態度の涵養を図り、治療の効果を挙げることを目的としている。ただし、1970(昭和45)年の道路交通法の改正により、軽微な違反事件は反則金の対象となり、家庭裁判所に係属する事件は無免許運転等の重い法規違反に限られるようになったため、交通試験観察の内容が行政講習中心になり、試験観察の本来の趣旨には馴染まないものになりつつある。しかし、交通事犯を科学的に解明する試験観察本来の趣旨に立ち返って、無免許運転少年や酒酔い運転少年に適用すべきであろう。

交通短期保護観察制度は、交通事件により家庭裁判所で保護観察に付された少年のうち、一般非行がないか、またはその進度が深くなく、交通関係の非行性も固定してないものを対象として実施されているものである。保護観察の期間は、3月以上4月以内であり、通常の処遇に替えて、安全

運転等に関する集団処遇が行われている。

V 残された課題

　交通犯罪の動向をみると、交通事故の発生件数や死傷者は減少しているというものの高い水準を維持しており、その被害者や遺族は、心身ともに大きな打撃を受けているのであって、交通安全の問題は、依然として刑事政策上の重要な課題たるを失わない。したがって、①交通工学（engineering）的な交通安全施設等の整備、②交通安全教育と運転者教育および啓発活動（education）、③交通指導・取締り（edforcement）のいわゆる3E主義に立脚した方針に従って、従来の総合的な交通事故対策を一層強力に推進する必要があろう（那須・「刑事学」講義ノート〔2008〕298頁）。その際に、具体的な今後の課題として、以下の諸点が検討されるべきである。

　第1に、たしかに交通事故原因の大半は、交通法規違反にあるといえるが、例えば速度制限について、個々の規制の合理性について疑問視する見解も少なくない。したがって、交通事故防止ないし交通円滑化対策として科学的な裏づけのある合理的な規制を一層追求すべきである。そうすることが、自動車交通の円滑・迅速を促進するとともに、交通法規は絶対に遵守しなければならないという遵法精神を培うことにもなる。この遵法精神にも関連するが、取締りの一層の徹底を図る必要もある。大量の違反者すべてに対処することは現実の問題として不可能であろうが、事故発生につながる危険性の高い違反事実は確実に認定できるという方針に従って、取締技術の開発を推進すべきである。

　第2は、交通犯罪の非犯罪化にかかわる。道路交通法違反事件は、既述のように大半が反則事件として処理されており、また、検察庁に送致されても略式命令により罰金に処せられている。そうすると、一定の比較的軽微な違反行為は行政処分の対象として非犯罪化するほうが、刑事司法の負担を軽減するうえで望ましいということになろう。既に、交通反則金は、一般予防効果ばかりでなく特別予防効果もないから、交通犯罪対策としては無意味であるとする見解もあるほどである。これと関連して、1987（昭和62）年以降、検察庁の処理方針として交通関係業過の起訴率を下げる政

策が採られている点が問題となる。その背景には、保険制度の普及により被害者も被疑者の処罰を好まないといった事情があると思われるが、被害者の態度を一般事件と違った形で考慮することは合理的根拠を欠く疑いもあり、交通事故処理の問題として、例えば 交通事故処理特例法 を制定し、交通関係についての特別の処理方式を制度設計するといった立法的な解決を図る必要があろう。その際には、現在、行政処分としておかれている免許取消しや免許停止を刑事処分として導入することも考えるべきである。自由刑には相当しないが、略式命令によらない罰金よりは厳しい制裁を科すべき対象者がいるからである。

　第3は、交通犯罪者の処遇に係わる。既述のように、悪質重大な交通事犯に対する罰則を強化する趣旨から、危険運転致死傷罪を設け、あるいは自動車運転過失致死傷罪を設けて処罰を強化したが、交通事犯を繰り返す者が後を絶たない現状をみると、危険悪質な事犯に対するより一層の厳正な取締りおよび法の適用が必要であろう。特に、携帯電話の使用禁止、悪質自転車の使用などは、取締りをより強化する必要があろう。

> **運転免許証の更新の際の工夫**　運転免許証の交付ないし更新に関連して、医学的データを重視すべきであるとする見解もある。特に高齢運転者の事故防止のため「もみじマーク」の使用が行われているが、「血圧、心電図、そして脳の機能を調べる CT スキャンといった 個人の運転能力 を図る医学的データ」によって免許証の交付、不交付を決めるべきだとする意見がある。一考に値しよう。

●第4節　法人犯罪

I　法人犯罪の意義

　法人犯罪とは、法人（または代表のいる団体）の業務活動として、その機関または従業者が行う犯罪をいう。公益法人であると営利法人であるとを問わないが、実際上は営利法人の業務活動に付随して発生する犯罪が中心となる。具体的には、①二重帳簿による脱税などの法人税法違反等の 財政犯罪、②独占禁止法等の経済関係法規違反等の 経済犯罪、③出資法違反

等の **金融犯罪**、④多数の顧客に損害を加える悪徳商法に係る **詐欺的犯罪**、⑤不正競争防止法違反等の消費者犯罪、⑥労働基準法違反等の **労働犯罪**、⑦企業活動に伴う **公害犯罪** などがある。

　法人犯罪と似て非なるものに企業犯罪がある。**企業犯罪** とは、法人ないし個人の正常な企業活動（営利活動）に伴って行われる犯罪をいう。自由主義経済機構のもとでは、企業活動は自由を保障されるが、企業活動ないし経済取引の自由を悪用ないし濫用して労働者、消費者、大衆投資家等、市民一般に損害を加えつつ経済的利益を得る行為は、**自由主義経済機構自体を危険にする** ものとして規制されるべきであり、これを犯罪として処罰しようとするのが企業犯罪の問題である。その意味で企業犯罪はむしろ後述の経済犯罪と近似するとともに、企業活動は個人としても行われるから、企業犯罪を法人犯罪の枠に包み込むことはできないが、しかし、企業活動は現在主として営利法人たる株式会社および公益法人によって行われているところから、法人に対する法的規制は企業犯罪にもそのまま妥当するであろう。そして、企業犯罪は組織として行われるところに刑事政策上独自の意味をもつというべきである。

　法人犯罪においても、実際に犯罪を実行するのは機関ないし従業者としての個人であるから、その行為者の刑事責任を追及すれば足り、法人犯罪として独自に論ずる意義は乏しいともいえる。しかし、以下の4点にかんがみると、個人のみの責任とすることは不当である。①法人は組織として社会的・経済的活動をしているのであるから、その組織の一員だけの責任を追求しても法人犯罪の十分な抑止力をもちえない。②自然人としての機関ないし従業者は、組織のいわば手足となって従業するのであるから、業務活動として行動しているかぎり罪の意識が乏しい。③法人の違法行為は、正常な経済活動を通じて、また、綿密な計画のもとに実行される場合が多いから、適法と違法の限界が行為当時には確定しがたい。④企業活動は大規模なものが普通であるから、ひとたび被害が発生すると広範かつ大規模となる。このようにして、法人の業務活動の一環として行われる自然人の違法行為は、それを個人だけのものとして捉えず、**法人全体の犯罪** として構成し、法人犯罪対策を問題とする必要が生ずるのである。

> **企業犯罪の諸類型**　企業犯罪の概念のなかに何を盛り込むかは、論者によって異なる。例えば、資本形成をめぐる犯罪、商品の購買をめぐる犯罪、商品の生産をめぐる犯罪、商品の販売をめぐる犯罪、利潤をめぐる犯罪、金融をめぐる犯罪に分類する見解（澤登ほか・新刑事政策501頁）、企業災害、企業取引上の犯罪、経営者・役職員の犯罪、従業員犯罪、脱税に分類する見解（板倉宏編・企業犯罪・ビジネス犯罪〔1981〕）がある。おそらく、企業活動に伴う犯罪として広く把握し、法人犯罪として刑事政策を考えるべきであろう。

Ⅱ　法人犯罪の現状

　刑法上は、法人犯罪という犯罪類型はなく、いわゆる法人処罰が認められているにすぎない。すなわち、自然人である従業者の違反行為につきその業務主である法人のみを処罰する転嫁罰規定、および従業者の違反行為につき行為者本人を処罰するとともに、業務主である法人も併せて処罰する両罰規定によって法人が処罰されるにすぎない。そのため、刑法理論上は、法人に犯罪能力を認めず、法人は単に受刑能力を有するにすぎないとする見解が有力であり、この見地からすると法人犯罪という概念は成立する余地がない。しかし、法人処罰の根拠も、結局は、法人たる事業主が、従業者の選任・監督およびその他の違反行為につき必要な注意を尽くさなかった過失に求めるほかはないから、従業者の犯罪行為は、究極において法人に帰属することになり、その意味で法人犯罪という概念は、法人処罰規定においても認められてよいのである。この意味での法人犯罪は、現在、約500弱の法人処罰規定によって設けられているところであるが、そのほとんどは行政取締法規違反に係るもので、従業者ないし機関の違反行為を要件として、年間6,000から7,000件の法人有罪件数を数えている。両罰規定の法定刑は罰金だけであり、1990（平成2）年までは、自然人に対する罰金と同額の罰金刑が科されていたが、1992（平成4）年以降は、法人独自の罰金刑が科されるようになった。両罰規定に関しては、法定刑が軽すぎないか、他に適当な種類の制裁を考えるべきではないかといった問題があるが、焦眉の課題はむしろ、両罰規定で定められているもの以外の犯罪

について、法人処罰を認めるべきかである。現行法上法人処罰の対象となっていない贈賄罪、談合罪、詐欺罪のごとき刑法上の犯罪も、企業ぐるみあるいは会社ぐるみの犯行とみるべき場合があるからである。この種の犯罪としては、メチル水銀を含有する工場廃水を排出して多大な人身災害を惹起した水俣病事件などの過失事犯ないし公害犯罪が問題となり、その後、大商社による食糧管理法違反事件、石油元売会社による独禁法違反事件等の経済犯罪が問題となってきている。さらに、豊田商事事件を筆頭に一般消費者を対象とした悪質な商取引が、法人の名において行われるに至っている。これらも、法人の業務活動の過程で犯罪行為が行われるという点では法人処罰規定がある場合と実質的には異ならないのであるから、この場合についても法人犯罪として捉え、刑事処分の対象にすべきであると考える。

経済犯罪　　経済犯罪の概念は、必ずしも明確となっていない。例えば、1981年6月のヨーロッパ共同体加盟国閣僚会議は、経済犯罪をもって、①カルテル犯罪、②多国籍企業による詐欺的な業務と経済状況の悪用、③国または国際組織からの交付金の詐欺的取得またはその濫用、④コンピュータ犯罪、⑤幽霊会社の設立、⑥粉飾決算・不良借入、⑦会社の営業活動・資本に関する欺罔、⑧従業員の安全・健康に関する規則の会社による違反、⑨債権者に損害を及ぼす欺罔、⑩消費者に対する犯罪、⑪不正競争・虚偽広告、⑫会社による租税犯罪・保険犯罪、⑬関税犯罪、⑭通貨レートの犯罪、⑮株式取得・金融犯罪、⑯環境犯罪を掲げているが（宮澤浩一「経済犯罪とマスコミ犯罪」時の法令1334号〔1988〕78頁参照）、ここには性質を異にする多様な犯罪が含まれており、統一的な経済犯罪対策といったものを論じるのは無意味であるといってよい。ちなみに犯罪白書は、経済犯罪として財政犯罪、経済犯罪、金融犯罪、知的財産関係犯罪、倒産関連犯罪を掲げている。経済犯罪は、主として企業を通じて行われるので企業犯罪、ビジネス犯罪ともよばれ、また、いわゆるホワイトカラー階層によって実行されるので、ホワイトカラー犯罪（⇒51頁）ともよばれているが、いずれも経済犯罪の実態に即していないように思われる。問題は、いかなる有害行為を経済犯罪として把握すべきかであるが、経済犯罪は、近年、企業活動や経済取引にかかわる犯罪、例えば不動産取引をめぐる犯罪の多発、贈収賄事件の悪質・巧妙化、金融事犯、マルチ商法、詐欺まがい商法などが社会問題化したために学界の関心を集めているところから（神山敏雄「経済犯罪行為と秩序違反行為との限界（1～3）」刑法雑誌24巻2号〔1981〕・26巻2号〔1985〕・27巻1号〔1986〕、芝原邦爾「経済刑法と市民の経済生活の保護」法律時報58巻5号〔1986〕98頁）、自由経済機構のもとで、その自由を

悪用して経済秩序または正当な経済活動を侵害する行為が問題になるものと思われる。それゆえ、この観点から法令の整備を図り、その対策として行政庁の監督および刑事規制のあり方を検討すべきであろう。しかし、(1)何をもって経済犯罪の保護法益とすべきか、(2)いかなる制裁をもって臨むべきかの根本問題を明らかにすることが、今後の検討課題になると思われる。具体的な対策を論ずるのは、それからにすべきである。

Ⅲ 対策上の課題

　法人犯罪対策としては、2つの問題点がある。1つは、現行法上の両罰規定等による法人犯罪対策は妥当であるかの問題、もう1つは、現行法上法人が処罰されない犯罪について、法人犯罪対策はいかにあるべきかの問題である。

　(1) 法人処罰と罰金　　第1の点についてみると、法人処罰は罰金によるだけでよいか、また罰金額は妥当かが具体的な問題となる。例えば公害罪法についてみると、従業者の過失有害物排出罪の法定刑は2年以下の懲役・禁錮または200万円以下の罰金、故意の場合は3年以下または300万円以下となっているが、その使用者たる法人の罰金刑も従業者と同じ法定刑によると定めている（人の健康に係る公害犯罪の処罰に関する法律4条）。すなわち、法人処罰は従業者の実行行為を要件とし、かつ実行者に対する法定刑の範囲で処罰することを原則としているのである。これは、法人自体の犯罪という考え方を採らず、あるいは実行者に対する管理監督責任の範囲でのみ法人を処罰するという考え方に従っているからであるが、従業者に対する法定刑で法人を処罰したところで、そこから法人犯罪に対する抑止効果を期待するのは無理であろう。したがって、両罰規定を法人犯罪対策として実効あらしめるためには、従業者の実行行為ないし処罰から切り離し、法人自体の実行行為について法人を処罰するという考え方、すなわち端的に法人に犯罪能力を認めて、一定の法人の違反行為を犯罪化する必要があり、それに基づいて抑止力をもちうる妥当な法定刑を定めるべきである。なお、法制審議会刑事法部会は、1991（平成3）年12月2日に、両罰規定における業務主等の法人に対する罰金額と行為者に対する罰金額の

連動を切り離すことが可能である旨を了承し、法人処罰に一定の方向を示した。その結果、1992（平成4）年の証券取引法を皮切りに、2007（平成19）年までに50余の法令の新設や改正によって、両罰規定の法人に対する罰金刑が1億ないし5億円に改められた。例えば、独占禁止法95条は、5億円以下の罰金刑を科すに至っており、両罰規定の在り方が大きく変わったことは評価できる。

> **公害犯罪**　公害とは、事業活動その他の人の活動に伴って発生する相当範囲にわたる大気汚染、水質の汚濁、土壌の汚染、騒音、振動、地盤の沈下および悪臭によって、人の健康または生活環境に係る被害が生ずることをいう（公害対策基本2条）。公害は物の生産という経済活動に伴って生み出される害悪であり、自然を破壊するばかりでなく、人の健康に重大な影響をもたらす企業犯罪の典型である。わが国では1955（昭和30）年頃以降の高度経済成長の時期に公害が多発し、広範かつ深刻な被害が生じたことから、有害物の排出等に対する行政取締および刑事規制が図られた。公害犯罪とは、これら公害関係の刑罰法令に違反する行為をいい、特に違反件数は廃棄物処理法、海洋汚染防止法、水質汚濁防止法の3つに集中しているが、刑事規制の強化に伴い、公害事件それ自体は急速に減少した。公害犯罪も企業犯罪としての性格が強く、法人犯罪として対策を講ずる必要がある。

(2)　**行政規制と刑事罰**　第2の点に移ろう。実質上法人犯罪として捉えるべき場合があることは、既述のとおりである。そして、法人の事業活動に伴って行われる犯罪については、刑法の規制力が及びにくいことも明らかであるから、法人自体に制裁を加えることによってもたらされる内部的規制に期待するほかはない。法人犯罪の規制については、ドイツのように、行政上の規制を加えそれに違反するものを行政上の不法として行政罰を科す 行政上の制裁 が考えられる。わが現行法においても、行政処分として、営業停止等の措置を講じうる場合もあり、監督官庁の監督による規制（例えば労働安全衛生）も行われている。しかし、労働安全衛生とか食品衛生等のごとく、行政取締違反の事実を容易に確定できる業種の場合は行政処分になじむが、企業取引上の犯罪などは広範かつ重大な被害が発生して初めて違反事実が発覚するものであるから、行政上の事前規制によって規制できる場合は必ずしも多くはなく、結局、刑事制裁を導入するほかはないものと思われる。その際、責任主義との関連、処罰の範囲および刑事処分

の内容については議論が分かれるが、以下のように考えるべきであろう。

　まず、責任主義 との関連であるが、法人は、機関によって決定された意思に基づいて事業活動を行っているものであるから、従業者が法人の意思に基づいて従業していると認められる以上は、従業者の犯罪行為 は法人の意思に基づくものとして 法人の犯罪 ということができる。問題は、およそ法人の業務として違反行為がなされた以上は法人犯罪としてよいかであるが、法人自体の活動と評価できる機関ないし従業者の違反行為を法人自体の行為として処罰できるように 立法的解決 を図るべきである。次に、あらゆる犯罪、例えば、従業者の殺人罪についても法人犯罪としてよいかであるが、既述のように法人犯罪としての性質をもちえないものについては除外すべきであるから、結局、適用すべき犯罪を立法によって確定すべきである。さらに、刑事処分の内容についてであるが、一般的には罰金が適当と考えられる。しかし、抑止力を担保するためには相当に高額のものであることが必要であるが、あまり高額になると法人は倒産の危機に見舞われ、株主、取引関係に損害を加えるばかりか、従業者を失業に追い込むことになる。同じ問題は、解散命令や営業停止処分を刑事処分として導入した場合にも生ずるであろう。アメリカでは、社会奉仕命令 や有罪事実の 公表制度 の提案がなされているといわれるが（川崎友巳・企業の刑事責任〔2004〕425頁）、これらの問題点を踏まえて、適切な立法を考案すべきである。

> **法人処罰とコンプライアンス・プログラム**　　法人処罰の根拠を明らかにする理論として、コンプライアンス・プログラムが主張されている（川崎・前掲書487頁）。コンプライアンス・プログラムは、企業倫理の改善・強化の面、民事責任を限定する面、行政制裁を回避する面、さらに、法人の刑事責任を免除する面に分かれるが、刑事責任との関連では、法人ないし企業が犯罪防止のための法令遵守体制を確立しており、その遵守のために相当の注意を尽くしたと認められる場合は、刑事責任が免除されるという制度である。

第3章

各種犯罪者の対策

● 第1節　女性犯罪と高齢者犯罪

I　女性犯罪

(1) 女性犯罪の動向　女性一般刑法犯検挙人員および女性比の推移をみると（図12）、検挙人員は1950（昭和25）年に5万4,000人台、1964（昭和39）年に5万1,000人台、1983（昭和58）年に8万3,000人台の戦後3つのピークを経て、1988（昭和63）年に8万2,000人となったが、その後、大幅な減少傾向を示した。しかし、1992（平成4）年頃から再び増加に転じ、2005（平成17）年には8万4,175人となって戦後最多を記録したが、2007（平成19）年は一般の犯罪と同様減少して、7万9,570人となった（前年比2.6％減）。一方、女性比は1946（昭和21）年以降上昇傾向にあり、1988（昭和63）年には20％を超えたが、その後、おおむね20％前後で推移

図12　女性一般刑法犯検挙人員・女性比の推移
（昭和21年～平成19年）

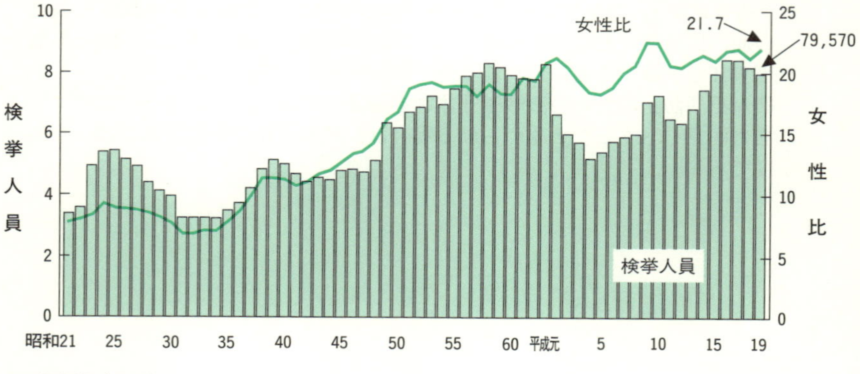

2008犯罪白書3頁

しており、2007（平成19）年は、21.7％であった。

(2) 女性犯罪の特徴　戦後のわが国における女性犯罪の動向をみると、2つの注目すべき点がある。第1は、女性は全人口の半数以上であるのに、女性犯罪の占める割合は男性犯罪に比べて著しく低いという点である。前述のとおり、2007（平成19）年における男女別刑法犯検挙人員の女性比をみると、21.7％にすぎない。第2は、女性の犯す罪の罪種に特徴があるという点である。まず、一般刑法犯のうち窃盗が70.9％と断然高い比率を占め、そのうち万引きが半数以上を占めており（57.0％）無職の主婦によるものが多い。このことは、貧困による窃盗ではなく遊び型または生理に基づく偶発犯罪としての特徴を示しているといわれている。また、女性犯罪に多い刑法犯としては、嬰児殺、堕胎、遺棄などがあり、しかも行為の対象は身近な者に集中しているところから、その動機は対人関係の葛藤からくる不満、嫉妬、怨恨等の精神的な病理現象と関係があるのであって、万引きの多発もこれと関係があるといわれている。女性の占める割合が比較的高い犯罪としては、窃盗、横領、詐欺などの財産犯のほか、殺人、放火、薬物事犯などがあるが、その背景には女性が社会的・経済的・家庭的に弱い立場におかれている事情があると推測される。

　女性犯罪は、女性の社会的進出に伴って増加するという仮説がある。近年の女性犯罪の傾向をみると、35年前の1972（昭和47）年と比べ検挙人員は約33％（男性約20％）増加しており、2007（平成19）年の殺人検挙人員は272人（1972〔昭和47〕年・425人）であり、強盗は212人（同・63人）、暴行は1,484人（同・553人）というように、殺人を除いてかなり増加しており、その1つの原因として女性の社会的進出があるように思われる。なお、過去20年間で最も特徴的なことは、覚せい剤事犯および毒物・劇物事犯が急激に増えた点であるが、これも女性の社会的進出と若干の関係があろう。過去35年間の女性犯罪の動向をみると、検挙人員そのものは増加しているが、全般的にみると女性少年の犯罪および薬物犯罪を別にすれば、女性の社会的進出が進行する前の段階のそれと比較して、それほど大きな変化は示していない。

女子犯罪か女性犯罪か　犯罪白書は、1985（昭和60）年から、それまでの

> 「女性犯罪」を「女子犯罪」に改めた。法務省矯正局は、「女子刑務所」「女子収容施設」というように、「女子」の語を用いており、犯罪白書もこれに従ったものと思われるが、「女子と男子」「女性と男性」のどちらを使っても誤りとはいえないであろう。しかし、「女子」「男子」のもともとの意味は「女の子」または「男の子」というように、「子ども」のことであるから、本書では、「女性犯罪」「男性犯罪」の語を用いることにする。なお、警察白書では、「女子」という語は使われていない。

⑶ **女性犯罪が少ない原因**　人口の約半分が女性であるのに、罪を犯すのは圧倒的に男性に多く、この傾向は女性の社会的進出の進行状況や洋の東西を問わず変わらないのはなぜであろうか。女性犯罪については、従来、①女性の身体的な力が男性に比べて劣っている（生物学的要因）、②女性の社会的活動範囲が狭いために犯罪に陥る機会が少ない（社会学的要因）、③女性の生理的特徴とそれに基づく保護された家庭的・社会的地位にある（生物学的・社会学的要因）といった説明がなされてきた。

　思うに、究極においては、男と女の性差が根本的な原因であると思われるが、具体的には、女性の生理的特徴（月経・妊娠・出産）とそれに基づく家庭的・社会的地位に原因があると考えるのが最も妥当であろう（中谷瑾子編・女性犯罪〔1987〕152頁）。女性の犯罪は、未発覚や不問措置のために統計上の暗数があるともいわれるが、これも女性が依然として社会的に男性よりも保護された立場におかれていることと関係があるであろう。世界各国の女性犯罪が共通して男性のそれに比べて断然少ない原因としては、このような性差に基づく生物学的・社会学的要因に求めるほかにない。したがって、女性を取り巻く社会的環境ないし諸条件が変われば、女性の犯罪は質的・量的に男性の犯罪に近づくことになるという仮説は、必ずしも妥当ではないのである。

⑷ **女性犯罪者の処遇**　女性特有の生理に基づく生物学的・社会学的要因が女性犯罪の発生に関係があると思われるが、これも仮説の域を出るものではない。一方、女性犯罪の大半は、社会的・経済的に弱い立場から抜け出せない不遇な女性によって犯されており、また、家庭に問題をもつ女性犯罪者が多いことも指摘されている。この面からみると、女性の社会的・経済的自立および家庭や育児の男性との役割分担が進み、性差に基づ

く生物学的・社会学的要因を克服できれば、女性犯罪はさらに少なくなることも予想され、これらを一層推進することが女性犯罪防止の最善の道であるといえるであろう。

　女性犯罪に特有の原因が前述の点にあるとすると、そのような社会的、経済的および家庭的な女性の地位を処遇の面で考慮することが必要であり、この観点からすると、犯罪者の特性に応じた **処遇の個別化** を一層推進することが期待される。また、現在、女性犯罪の起訴猶予率および執行猶予率が男性に比べて一段と高く、刑の量定も一般に甘いのは、女性犯罪者が少なく再犯率も低いということが原因であるが、同時に女性犯罪者が依然として社会的・経済的・家庭的に弱い立場にあり、それが犯罪の原因になっている点が配慮されているためであり、今後もこれらの傾向は維持されてしかるべきである。

　これに対し、現在実施されている女性犯罪者の施設内処遇には、改善すべき余地がある。わが国の女性受刑者を収容する施設としては、現在、栃木刑務所、和歌山刑務所、笠松刑務所、岩国刑務所、麓刑務所、札幌刑務支所、福島刑務支所の7庁がある。収容定員は、3,123人である。女性受刑者は、1985（昭和60）年にはそれまでで最高の1,363人を数えるに至ったが、その後減少して1995（平成7）年には955人になったというものの2007（平成19）年には4,055人にまで増えた。収容施設が十分でないため、男性の施設のように施設ごとにA、B等の処遇指標で区分して収容することはできず、処遇の個別化が図られていない。例えば、女性刑務所の代表的施設である栃木刑務所をみると、2006（平成18）年の収容定員648人に対して収容人員は常時830名前後、収容率128％となっているのである。

　一方、女性犯罪者処遇の近年の特徴は、女性受刑者における薬物事犯者の占める割合が半数以上というように非常に高いことである。1975（昭和50）年以降の新受刑者の増減は、男女とも覚せい剤取締法違反者の増減に大きく左右されているが、女性の場合、男性と比べて覚せい剤取締法違反者の構成比が高く、1981（昭和56）年以降、連続して女性受刑者の半数を超えており、2007（平成19）年では女性受刑者の約50％を占めるに至っているのである。このように、女性受刑者に占める覚せい剤取締法違反者の割合は高く、これらの受刑者が施設の過半数を占めている現状においては、

彼女たちのムードが施設全体を支配し、他の受刑者の更生意欲を失わせるなどの悪影響が避けられず、そこに処遇面の新たな課題が生じている。しかし、過剰収容と施設での定員削減の現状においては、矯正処遇は困難であるという現場の声に耳を傾ける必要があろう（橋本洋子「栃木刑務所における制限の緩和と優遇区分の現状について」犯罪と非行155号〔2008〕55頁）。それゆえ、女性犯罪者処遇の最大の課題は、処遇指標に基づく収容施設の整備にあるといってよいと思われる。

こうして、女性犯罪者にとって焦眉の急を要する課題は、収容定員をはるかにオーバーし、また、職員の定員が削減されている女性刑務所の現状を改善することである。特に、個別処遇を重視する刑事収容施設法のもとでは、男性受刑者におけるように、年齢、刑期の長短、矯正の難易度、業過事件など、種々の観点から個別処遇が可能となるように努めるべきである。従来も改善更生の意欲を引き出し、社会生活が可能になるような特性群別処遇や覚せい剤事犯者に対する特別指導などが実施されているようであるが、少なくとも、男性受刑者と同様の処遇が可能となるよう改善すべきである。

II 高齢者の犯罪

(1) **高齢者犯罪の意義** 犯罪の統計上、高齢者犯罪とは65歳以上の者の犯罪をいう。わが国は、現在、高齢化社会を迎え、高齢者人口が急速に増加しているが、犯罪統計によると、高齢者による犯罪の増加は高齢者人口の伸びをはるかに超えて急増し、一般刑法犯の総検挙人員に占める高齢者の比率（高齢者比）も年々高くなっている。高齢犯罪者の真の増加の原因は何か、高齢犯罪者のニーズに応えられる対策はどのようなものでなければならないか。ここに、高齢者犯罪の刑事政策上の最大の問題がある。2008（平成20）年犯罪白書が、高齢犯罪者の実態と処遇と題する特集を組んだゆえんである。

(2) **高齢犯罪者の動向** 20年前の1998（昭和63）年を100とすると、2007（平成19）年度の高齢者人口は199.2と20年前の約2倍になっているのに対し、高齢者の一般刑法犯の検挙人員は461.9、一般刑法犯の起訴人

員は742.3と驚異的な数字を示し、新受刑者数は607.7、保護観察新規受理人員501.8となっているのである。

　より詳細にみると、20年前の1988（昭和63）年度の高齢者による一般刑法犯の検挙人員は、9,888人であり、高齢者比は全検挙人員の2.5％にすぎなかった。これに対し、2007（平成19）年になると、検挙人員は4万8,605人（20年間で3万8,717人〔391.6％増〕）、高齢者比は13.3％（同10.8ポイント上昇）と、大幅に増加または上昇している。そして、この増加ないし上昇は、男女ともにみられる傾向である。1988（昭和63）年の一般刑法犯の女性高齢者の検挙人員は3,213人であったが、2007（平成19）年には1万5,350人と約4.77倍に増加している。女性の総検挙人員に占める高齢者の比率も、1988（昭和63）年には3.9％であったが、2007（平成19）年では19.3％（20年間で15.4ポイント上昇）であった（2008犯罪白書224頁）。

　では、高齢者にはどのような犯罪が多いのであろうか。2007（平成19）年の総検挙人員中、どの年齢層でも窃盗の占める比率が最も高い。特に高齢者においては、窃盗が65.0％で、一般刑法犯の3分の2近くを占めている。次いで横領（大半が遺失物横領）が22.0％、暴行が3.7％、傷害が2.3％となっている。女性の高齢者では、窃盗が88.4％で飛びぬけて多い。なお、窃盗も行為態様では非侵入窃盗特に万引きが多く、わが国の高齢者犯罪では比較的軽微な財産犯が多数を占めているといえる。しかし、高齢者による犯罪の増加は、こうした軽微な財産犯にとどまらず、殺人、強盗等の凶悪重大犯罪や傷害、暴行等の粗暴犯、さらには強制わいせつ等の性犯罪についても当てはまる。例えば、1988（昭和63）年の傷害は約200人であったものが、2007（平成19）年では1,358人となっているのである。

　検察に目を移すと、1988（昭和63）年には、高齢者の一般刑法犯の起訴人員は887人であり、総起訴人員中の1％にすぎなかったが、2007（平成19）年には、6,584人を数えたのである。ここ20年間で、起訴人員が5,697人、比率にして642.3％というように、その増加傾向は顕著である。また、起訴人員の増加率も、高齢者の人口比を大きく上まわっている。高齢者人口10万人当たりの起訴人員は、20年前が6.4なのに対して、2007（平成19）年は24.0であり、約3.7倍に上昇しているのである。一方、高齢者の起訴罪種によって異なるが、殺人の起訴猶予人員は少なく、年間6人程度であ

るが2007（平成19）年は6.2％（20年間で12.3％低下）であった。傷害および暴行については目立った変化がみられなかったのに対し、窃盗は1999（平成11）年以降上昇していたが、2006（平成18）年から減少に傾いている。

(3) 高齢犯罪者の処遇 裁判についてみると、高齢者の基礎人員の増加に伴って、裁判で有罪判決の言渡しを受ける高齢者も当然増加した。地方裁判所における有罪人員の総数は、2005（平成17）年以降3年連続で減少していたが、高齢者だけは上昇を続けているのであり、1988（昭和63）年には1,539人であったものが2007（平成19）年には3,732人となり、約2.4倍に増加した。なお、科刑状況は全体的には顕著な変化はみられなかったが、2年未満の短期の刑を言い渡された者の比率が若干上昇し、2年以上5年以下の刑を言い渡された者の比率がやや低下している。言い渡された刑が軽くなったことになる。

矯正についてみると、ここでも高齢受刑者の数が増加している。1988（昭和63）年以降、男女ともに高齢受刑者比は一貫して上昇しているのであり、65〜69歳の高齢受刑者と70歳以上の高齢受刑者を比較すると、人員では70歳以上の高齢受刑者が少ないものの、1988（昭和63）年から2007（平成19）年の人員の増加率を比較すると、男性の高齢受刑者で65〜69歳が5.1倍、70歳以上が約7.9倍、女性では65〜69歳が約4.4倍、70歳以上では約26.3倍となっているのである。保護観察対象者も過去20年間の変化をみると、暫増傾向にあることは否定できず、20年前と比べると、仮釈放者は5.3倍に、保護観察執行猶予者は4.4倍増えている。高齢人口の伸び率と比べ、高齢の仮釈放者および保護観察付執行猶予者の増加率のほうが高いのである。

(4) 犯罪の特徴 刑事司法における高齢者の占める割合は、著しく高くなっていることが歴然としてきた。それでは、高齢犯罪者は、一般犯罪者に比べ、どのような特徴をもっているであろうか。

高齢犯罪者の犯行の背景について、2008犯罪白書は、高齢犯罪者の特徴的な心理状態ないし感情を分類して検討している。それによると、犯罪性が進んでいない高齢初発群では、①頑固・偏狭な態度（20.9％）、自尊心・プライド（17.6％）の比率が高く、前歴のある者では「開き直り・甘え」

(39.6％)、「経済的不安」(28.3％)、前科のある者では、経済的不安（29.0％)、「開き直り・甘え」(28.0％）の比率が、受刑歴がある者では、「経済的不安」(40.5％)、「あきらめ・ホームレス志向」(32.8％)、「開き直り・甘え」(32.1％）がそれぞれ高いことを明らかにしている。要するに、犯罪性が進んでいない高齢犯罪者では、「頑固・偏屈な態度」や「プライドを傷つけられて」といった突発的な原因で犯罪に至る傾向があるのに対し、犯罪性が進むにつれて、「開き直り・諦め」といった規範意識の低下や「経済的な不安・ホームレス志向」といった生活基盤の破綻によって犯罪に至る傾向が認められる（2008犯罪白書282頁参照）。

　このように、高齢者犯罪の背景にあるものは多様であるが、高齢者による犯罪の一番の背景は、貧困などの経済的不安であろう。食品等の万引きなど窃盗を中心とした財産犯が高齢者犯罪の過半数を占めているのは、そのことを物語っている。次は、高齢者特有の「頑固・偏狭な態度」であり、これと自尊心・プライドなどが重なって、暴行・傷害に及ぶ例が多い。例えば、70歳の男性が40歳代の隣人男性を自宅に招いて飲酒していた際、同人が、以前本人が稼動していたいわゆる飯場の人間を差別するような発言をしたため、過去の自分を否定されたように感じて憤激し刺殺して、懲役10年に処せられたという事案が紹介されているが、これなどは、プライドを傷つけられた典型的な事例である。このほか、67歳の男性は、多額の借金を抱え、しかも、回復不能の持病を持つ内妻を介護していたが、将来を悲観して無理心中した例などがある。これなどは、「問題の抱え込み」がもたらした悲劇であろう。

　高齢者のなかには、心身とも健康で壮年者顔負けの者は多数いる。そうした高齢犯罪者には、通常の処遇をすれば足りるのであり、あえて高齢者としての処遇を考える必要がないことは勿論である。しかし、高齢のゆえに生活に困窮し、あるいは、家族や地域とのつながりを失った高齢者は、追い詰められやすいし、孤独や喪失感が募る。困ったことがあっても誰も助けてはくれないし、孤独のみで相談する相手もいない。開き直りや甘えの気持ちから、犯罪に陥る可能性は十分に考えられる。

(5) **処遇上の課題**　　高齢犯罪者は、上記のような背景から、まさに高齢のゆえに犯罪の実行に及ぶのである。そうである以上、刑事司法システ

ムにおける処遇によって、犯罪の抑止を図ることは極めて困難であると考える。例えば、76歳の男性であるが、仮釈放後路上生活を送るようになり、万引きで食いつないでいたところ、仮釈放後2週間後にコーヒー1缶の万引きで逮捕された。「刑務所に入れば寝床と食事と仕事がある」と漏らして、本人は逮捕を喜んでいたという。

現在、30回以上の刑務所入所歴を有する受刑者は、66歳を最高年齢として55歳までの者が数名おり、その最終前科は無銭飲食、無線宿泊、タクシーの無賃乗車などであるが、彼らは、おそらく刑務所の安定した生活を求めて入所したに違いない。こうした人たちを刑事施設に入所させて、果たして、何の意味があるであろうか。

勿論、当該行為が犯罪となることを明示する必要はあろう。犯罪抑止のために、検挙して刑事手続を開始すべきであるが、微罪不検挙や起訴猶予によって、刑事司法手続のルートから外して処理すべきである。その意味で、わが国の実務上、高齢犯罪者に起訴猶予や執行猶予を多用しているのは適切である。

高齢者の故に犯罪に陥っている人は、刑事システムのルートから取り外すことが望ましい。しかし、刑務所を安住の場にしたいと希望している犯罪者を外に出せば、再犯・常習犯となる確立は高い。高齢犯罪者の多くは、高齢期特有の心身上の問題、社会生活能力や行動上の特性から、生活指導上の困難をかかえている者が多い。犯罪白書が指摘するように（2008犯罪白書341頁）、周囲に保護・監督する者がなく、住所不定、無収入の者をいかにして立ち直らせ、自立の道を歩めるようにすることができるようにするかが最大の課題である。結局、その鍵を握るのは、警察・検察と医療・福祉関係者との連携以外にないと思われる。単に釈放するだけでなく、生活保護受給の世話をするとか、特別養護老人ホームへの入所などの斡旋をするといった世話を考える必要があろう。民生委員や地域住民は、そうした高齢者が孤立しないような連携体制の樹立に取り組む必要がある。

一方、矯正では、65歳以上の受刑者を一定区画に集禁する府中刑務所を除き、作業時間の短縮などのほかは、高齢受刑者に特別の処遇をしていないのが実情のようである。ところで、高齢受刑者の特質として注目すべきは、入所度数3回以上の者が全体の75％を占め、しかも6回から9回が約

20％、10回以上が約40％にも達している点である。しかも、再犯期間は6月未満が圧倒的に多く、身体の劣弱、精神の偏り、行動の消極性、意志薄弱そして保護環境の劣悪など、社会復帰にとって負因となるものが多い点に高齢受刑者の特質がある。高齢受刑者は、同時に、頻回受刑者でもあるわけである。

> **頻回受刑者** 頻回入所受刑者ともいい、何度も（通常10回以上の入所度数）刑務所に収容される犯罪者のことである。頻回受刑者は、財産犯型累犯者であり、厄介な犯罪者に属する。その特徴は、意志薄弱、依存型、追従型、妥協型の人格であり、定収入がなく、住む場所にも恵まれない。いわゆる刑務所化の傾向が強く、刑務所を安住の場所としている。高齢犯罪者の多くは頻回受刑者であるから、両者の対策には共通するところが多い。

このように、高齢受刑者の再犯率は異常に高く、再犯期間も短いことが明らかなのであるが、それでは、高齢犯罪者に適した処遇とはいかなるものであろうか。1つの考え方としては、高齢者の犯罪は、軽微な窃盗とか無銭飲食など、それほど被害も大きくないこと、また、高齢者として矯正の可能性も小さいことを考慮し、特別な矯正処遇をせずに保護的・福祉的な処遇をすれば足りるとの立場もありうる。そして、現に高齢受刑者の処遇においては作業時間の短縮や慰安に心がけるといった処遇の緩和をしている。しかし、それが高齢受刑者の「施設化」を促進し、刑務所を「安住の場所」とさせているとすれば問題である。

　高齢受刑者は、高齢者であると同時に、中には再犯の危険が極めて高い受刑者もいるところから、この両者を踏まえた処遇の体系化が必要である。そのためには、高齢受刑者を集禁して、同じような高齢者グループのなかで、競争心をもたせながら、更生への意欲を取り戻させる処遇を行うべきである。高齢者を「片隅の人」にしておくことは、矯正の怠慢というほかはない。また、社会生活と受刑生活のサイクルを断ち切るための方策を考案し、高齢者が少しでも生きがいを感じうるような活動の場を提供することが必要である。その意味で、一部で言われているように、少年院と対置される老年院のような保護施設を設けるのも一案であるように思われる。

●第2節 公務員の犯罪

Ⅰ 公務員犯罪の意義と現状

(1) **公務員犯罪の意義**　公務員犯罪とは、公務員（みなし公務員も含む）の行う犯罪をいい、公務員の職務に関して行われるものと、窃盗のように職務に関係なく行われるものを含む。公務員が犯罪を行えば、その犯罪がいかなる種類のものであれ、国民の公務に対する信頼を害することになるから、公務員犯罪の検討は一般の場合と異なる刑事政策上の意義がある。国家公務員法、地方公務員法等において、起訴休職の措置を講じ、有罪を理由とする懲戒免職等の制裁規定がおかれている1つの理由は、公務員の犯罪によって、公務に対する国民の信頼が害されることを防止するためである。

しかし、公務員の犯罪として特に重要なのは、公務員がその職務に関して行う汚職の罪、すなわち職権濫用の罪および収賄の罪である。公務員は、国民の付託に基づき職務を公正に行う責務を有するのであり、その職権が不当に行使されるときは、国民は職務の公正を疑い、やがては国家の統治作用そのものが害され、国家の存立そのものを危くする危険を招くことになるからである。もっとも、職権濫用の罪は、どちらかというと濫用の対象となる個人の法益を保護することに重点をおく犯罪であり、また、準起訴手続による被害者の救済が図られているから、この犯罪が行われても、公務に対する国民の不信感を醸成する度合いは、それほど大きくない。これに対して、収賄事犯は、公務の公正さに対する国民の信用を害し、遵法意識を低下させて社会全体の腐敗を招くものであるから、刑事政策上の極めて重大な関心事となるのである。公務員犯罪として特に検討に値するのは収賄事犯なのである。

(2) **収賄事犯の現状**　収賄罪は、公務員として一定権限を有する者が、その地位を利用して職業上犯す罪である点で、いわゆるホワイト・カラーの犯罪の一種である。収賄事犯は、収賄者および贈賄者の双方が罰せられるために当事者だけで隠密裡に行われることが多く、また、特定の被害者が存在しないことなどから、極めて潜在性が強く検挙が困難である。収賄

事犯においては暗数が大きく、実際上検挙件数と認知件数の差がないのが普通であり、一見すると検挙率が高いように思われるが、暗数の点を考慮すると、検挙率が高いとはいえないのである（⇒33頁）。

　暗数の存在を前提にして検挙人員をみると、2007（平成19）年の新規受理人員は総数92人であり、公務員のうち地方公務員の占める割合が大きく（45人）、次いでみなす公務員（10人）、法務省職員（9人）、警察職員（7人）、地方公共団体の各種議員（9人）、その他の国家公務員（12人）となっている。地方公務員のなかでは土木建築工事の施工をめぐる事犯が圧倒的に多く、次いで各種の許可・認可関係、物品・資材等の納入関係が多い。これら収賄事犯の終局処理状況をみると、総数90人のうち、起訴69人、不起訴21人、そのうち起訴猶予は5人、その他16人であった。

> **ホワイト・カラーの犯罪**　サザランドによると、社会的地位の高い者が、その職業上犯す罪をホワイト・カラー（white collar）の犯罪という。サザランドは、社会の上層部の者として権力を不当に行使し、あるいは特権的地位を利用して犯罪を巧妙に、かつ隠密裡に犯している公務員、会社役員、事業家などの犯罪に着目し、犯罪現象を明らかにしようとしたのである（サザランド・ホワイト・カラーの犯罪〈平野＝井口訳〉〔1955〕）。ホワイト・カラーの犯罪は、①犯罪の被害の範囲が広く、損害の額が大きい反面、犯罪による利益は莫大である、②犯罪として摘発されることが稀であるといった特徴をもつとされるが、今日の経済および社会機構のもとでは、ホワイト・カラーの層は一般化している。また、それを類型化して企業活動型と地位利用型とに分ける見解も行われているが、対策上の妙案があるわけではなく、ホワイト・カラーの犯罪という枠組みで犯罪現象を捉えても、そこから固有の対策を導くことは困難である。ホワイト・カラーの犯罪は、刑事政策の教科書で好んで採りあげられているが、かえって問題を混乱させるだけであるから、むしろ、法人犯罪とか公務員犯罪に分解して論ずるほうが適当であると思われる。

Ⅱ　対策上の課題

　収賄事犯の原因については、①わが国の贈答文化を指摘するもの、②行政権の強大化と監視機構の欠如を指摘するもの、③公務員の倫理観を指摘するものなど様々であるが、対策上は、公務員の職務倫理を向上させるた

表7 贈収賄の通常第一審における懲役刑の科刑状況

(2003～2007年)

年　次	懲　役　刑　期				う　ち 執行猶予	執　行 猶　予　率
	総　数	1年以上	6月以上	6月未満		
15年	139	117	22	—	124	89.2
16	121	109	12	—	113	93.4
17	124	110	14	—	108	87.1
18	123	105	18	—	113	91.9
19	96	85	11	—	84	87.5

注　司法統計年報による。

めの研修の強化、相互チェック体制の確立を図るほか、特に許可・認可、審査・検査など収賄事犯が発生しやすい職場においては、在任期間を適切なものにし、また、決定権の分散など事務手続の改善を図る必要がある。

　しかし、公務員に裁量権が与えられている以上は、どのようにチェック体制を強化しても収賄事犯は発生するであろうから、この種の事犯の最良の防止策は、検挙の徹底と厳正な処分 にある。この見地から、わが国では1980（昭和55）年に、単純収賄、事前収賄等の罪の法定刑（懲役）を3年から5年に、受託収賄罪に対する法定刑（懲役）を5年から7年に引き上げるなどの改正を行ったのであるが、収賄事犯者の刑事処分に関連しては、次の点が課題であるように思われる。

　第1は、収賄事犯者の執行猶予率が89.2％となっているのは一般の執行猶予率に比べて高率に過ぎるのではないかという点である。たしかに収賄事犯者として検挙されれば、懲戒免職等で職を失い、社会的制裁を受けるとともに再犯の可能性もないであろうから、執行猶予率が高いのは理解できる。しかし、収賄事犯は発覚しにくく、仮に発覚しても実刑に処せられるのは10人に1人であるというのでは、いかにも威嚇力に欠けるのではないか。

　第2は、贈賄者に対する刑事責任の強化を図るべきではないかという点である。収賄事犯は、贈賄業者が公務員に手心を加えてもらって大儲けしようとたくらみ、人間関係などを駆使して金品を贈るのであり、一面では公務員も被害者であるといえなくもない。公職選挙法は、買収に応ずる者と買収者とを同等に（221条）、または前者より後者のほうを重く処罰して

いるが（222条）、贈収賄事犯者についても、これと同じように扱うべきである。現行法は、贈賄罪の法定刑を3年以下の懲役または250万円以下の罰金としており（刑198条）、収賄罪より軽い法定刑を規定している。また、実務上も贈賄者が実刑に処せられることはほとんどない。これは、「重かるべくは重く」という原理にも反するし、何よりも一般予防効果において問題がある。

●第3節　精神障害者の犯罪

Ⅰ　精神障害犯罪者

(1) 精神障害者と精神障害犯罪者　精神障害者の定義や分類は、時代や国によって異なるが、ここでは、「精神保健及び精神障害者福祉に関する法律」（以下、「精神保健福祉法」と略す）における定義を用いる。それによると、精神障害者とは、「統合失調症、精神作用物質による急性中毒又はその依存症、知的障害、精神病質その他の精神疾患を有する者」（精神5条）をいう。精神障害犯罪者とは、精神障害のある犯罪者のことである。「犯罪性精神障害」という用語があるが、精神障害それ自体が直接犯罪の原因となる場合がすべてではなく、精神障害が犯罪を誘発する行為環境と結びついて犯罪が行われる例もあるから、この用語は適当でない。なお、犯罪統計等では、精神障害者および精神障害の疑いのある者を含めて精神障害者等として取り扱っているので、本書においても同様とする。

　精神障害者等の一般刑法犯検挙人員は、10年前に当たる1998（平成10）年は約2,000人であったが、その後、2,000人から3,000人の間を推移している。2007（平成19）年における一般刑法犯の検挙人員36万5,577人のうち、精神障害者等は2,789人（精神障害者1,270人〔前年比20.8％増〕、精神障害の疑いのある者1,519人〔同1.9％増〕）であり、一般刑法犯検挙人員に占める精神障害等の比率は、0.8％であった。2007（平成19）年の検挙人員総数中に占める精神障害者等の比率を罪名別に示してみると、殺人の場合、一般刑法犯の検挙人員1,161人に対し精神障害等は113人であり、その比率は9.7％である。放火は128人で比率が最も高く、16.8％であり、精神障害

者等の凶悪重大犯罪は相当の数に上るのである。その意味で、精神障害者等の犯罪を防止することは、刑事政策にとって極めて重要なのである。

(2) 措置入院と犯罪防止　刑法39条は、「心神喪失者の行為は、罰しない」（刑39条1項）、「心神耗弱者の行為は、その刑を減軽する」（同2項）と定めている。この規定を刑事政策的な観点から捉えると、心神喪失者の行為については、犯罪抑止のためには刑罰的手段を講じない、つまり、刑事司法システムからは心神喪失者を排除するという趣旨である。また、心神耗弱は、刑罰手段を通常の半分を限度として用いるとする趣旨である（68条3号）。

心神喪失者とは、「精神の障害」により、行為の違法性を弁識する能力、または弁識に従って行動する能力を全く欠く者をいう。心神耗弱者は、「精神の障害」により弁識する能力または行動する能力が著しく低い者をいう。いずれも精神の障害を基礎とするから、本節で問題とする精神障害者の犯罪は、心神喪失者および心神耗弱者の犯罪を意味することになる。

心神喪失者の行為は、責任無能力者の行為として刑事責任は問われずに無罪となる。また、心神耗弱者の行為は、限定責任能力者として必要的にその刑が減軽される。つまり、刑事司法システムでの犯罪抑止力は制度上否定されるか、低下されることになる。特に、心神喪失者の場合、その大半は起訴猶予として不起訴処分となり、刑事司法の対象から除外されるから、刑事司法システムにおいては、精神障害者に対する犯罪抑止手段はないことになる。そこで、精神障害犯罪者の犯罪防止のために考案された制度が保安処分である（⇒156頁）。しかし、既述したような背景から、わが国では保安処分は制度化されず、もっぱら精神衛生法などの精神保健法規によって、精神科医療による精神障害者犯罪の防止が図られてきた。精神障害を理由に不起訴となった精神障害犯罪者は、現行では原則として精神保健福祉法によって処遇されるのである。

精神保健福祉法によると、①一般人の申請、②警察官、検察官等の通報、③精神科病院の管理者などの届出がなされたときは（精神24～26条）、都道府県知事は、2人以上の精神保健指定医の診察を求め、「医療保護のために入院させなければその精神障害のために自身を傷つけまたは他人を害するおそれがある」（自傷他害のおそれ）と2人以上の精神保健指定医が一致

して認めたときは、都道府県知事は、当該精神障害者を指定病院に入院させることができるのである（29条）。これを 措置入院 という。この措置は、精神障害者の医療および保護のために行われる行政処分としての強制処分にほかならないが、間接的に精神障害者の犯罪防止に寄与するものであるから、保安処分的性格を有する制度であることも否定できない。なお、入院期間については何らの定めもなく、指定医による診察の結果、措置入院者に自傷他害のおそれがないと認められたときに限り、入院措置の解除が行われ、退院させることになっている（29条の4、29条の5）。

(3) **措置入院制度の問題点**　精神障害のために通常の刑事責任を問えない状態で殺人等の重大な加害行為が行われることは、相手方に深刻な被害を生じさせるだけでなく、そのような病状のために加害者になったとすれば、加害者にとっても極めて不幸なことである。このような精神障害者については、必要な医療を確保して病状の改善を図り、再び不幸な事態を繰り返さないために社会復帰を促進する方策が必要である。措置入院制度は、精神障害のある加害者に対して、「他人を害するおそれ」があるとの判断のもとに対応し、知事の権限で一般の病院に強制的に入院させて病状の改善を図り、その結果として再犯を防ぐという役割を担ってきた。そのかぎりで措置入院制度に犯罪を防止する効果が期待されたのである。

しかし、措置入院制度については、①知事の権限による入院の措置であり、人身の拘束について 司法的なコントロールが働かない、②一般の精神障害者と同様のスタッフ、施設のもとでは、必要となる専門的な治療が困難である、③退院後の継続的な医療を確保するための制度的な枠組みがない、さらに、④入院措置の解除についても司法的な抑制の道が開かれていないため、不当な入院ないし入院の継続が認められてしまうだけでなく、病気が治癒ないし寛解に至っていないのに措置解除してしまう結果、犯罪を繰り返す精神障害者が後を絶たないなどの問題が指摘された。そこで導入されたのが、心神喪失者等医療観察法である。保安処分の必要性が論じられてきたことは、既に述べたとおりである（⇒162頁）。

II 心神喪失者等医療観察法

(1) 法の趣旨 わが国には保安処分制度がなかったため、精神の障害のために通常の責任を問えない者に対する刑事司法上の措置を講ずることができなかった。そこで、保安処分の人権侵害的な要素を可能なかぎり排除し、医療的処遇を中心とした措置を講ずることを目的として、2003（平成15）年7月、「心神喪失者等の状態で重大な加害行為を行なった者の医療および観察等に関する法律」（平15・法律110号。以下、医療観察法と略す）が成立し、2005（平成17）年7月から施行された。これにより、重大な他害行為を行った際の「病状を改善及びこれに伴う同様の行為の再発の防止を図り、もってその社会復帰を促進することを目的」（医療観察1条1項）として、裁判所が強制的な入院または通院を命ずる制度が創設された。この制度を医療観察制度という。

制度の骨子は、①裁判所が入院・退院等の適切な処遇を決定すること、②国の責任において専門の入院医療機関を指定し、専門的医療を全国統一的に行うこと、③地域において継続的な医療を確保する仕組みを設けることなどである。

(2) 入院と通院 医療観察法の対象となるのは、「重大な他害行為」を行った者である。重大な他害行為とは、放火、強制わいせつ、強姦、殺人、傷害、強盗の各罪をいう。医療観察法は、これらの罪のみを対象行為とするから、詐欺や窃盗等の罪は、医療観察法ではなく、精神保健福祉法上の措置入院の対象となる。

具体的には、①不起訴処分において、対象行為を行ったことおよび心神喪失者または心神耗弱者であることが認められた者、②対象行為について、心神喪失を理由に無罪の確定裁判を受けた者、または心神耗弱を理由に刑を減軽する旨の確定裁判を受けた者（2条2項）について、検察官が地方裁判所に対して、この制度による処遇の要否や内容の審判を求める申立てをすることにより、医療観察の手続が開始される。2007（平成19）年の検察官申立人員は、総数444人であり、傷害が最も多くて145人、次いで放火（135人）、殺人等（111人）、強盗等（28人）、強制わいせつ・強姦（25人）の順である（2008犯罪白書123頁）。

申立てを受けた裁判所では、**裁判官**と精神科医である**精神保健審判員**それぞれ1名からなる合議体を構成し、両者がそれぞれの専門を生かした意見を述べ合い、審判を行う。審判の過程では、精神科医による鑑定が行われるほか、裁判所は、審判上の必要に応じ、保護観察所の長に対し、対象者の生活環境の調査を行い、その結果の報告を求めることができる。2007（平成19）年の生活環境調査事件の受理件数は、440件であった。

　裁判所は、鑑定の結果や生活環境等の調査を考慮し、さらには精神保健福祉の専門家である**精神保健参与員**の意見も聞いたうえで、この制度による医療の必要性について審判することになる。**治療の必要性**については、3つの要件を考慮して判断しなければならない。①当該対象者が対象行為を行った際の精神障害と同様の精神障害を有していること（疾病性）、②その精神障害を改善するために医療を行うことが必要であること（治療必要性）、③医療を加えなければ、社会復帰の妨げとなる具体的・現実的可能性があること（最決平19・7・25刑集61巻5号563頁）。

　審判においては、対象者の人権擁護の観点から、弁護士を対象者の**付添人**として付けることとし、本人や付添人からの資料提出、意見陳述も認められる。審理が終了したならば、裁判官は精神保健審判員と評議し、**①入院命令、②通院命令、③医療を行わない**、以上3つのいずれかについて審判を行う（医療観察42条1項1号）。評決は、裁判官および精神保健審判員の意見の一致したところによる。評議の結果、対象行為がない場合および心神喪失者等ではない場合は、申立てを却下する（同条1項3号）。

> **入院命令と保安処分**　医療観察法42条1項1号は、入院命令について、「対象行為を行った際の精神障害を改善し、これに伴って同様の行為を行うことなく、社会に復帰することを促進するため、入院をさせてこの法律による医療を受けさせる必要があると認める場合、医療を受けさせる旨の決定」をするという規定を設けた。この規定については、保安処分との関連で国会審議において論議があった。当初の案は、「継続的な医療を行わなければ再び対象行為を行うおそれ」を入院の要件とするものであったが、それでは「再犯のおそれ」を要件とするため保安処分を認めることになるという反対論が大勢となり、上記のように修正されたのである。保安よりも医療を重視する趣旨である。

　2007（平成19）年における地方裁判所の終局処理人員は、総数が422人

で、放火等132人、傷害等128人、殺人等112人、強盗等32人、強制わいせつ・強姦18人の順であった。これらのうち、指定入院医療機関への入院決定者は、250人、指定通院医療機関への通院決定者は、75人であった（2008犯罪白書123頁）。指定入院医療機関とは、入院決定の審判を受けた人について、厚生労働大臣が指定した入院医療を提供する医療機関をいい、30床程度の小規模病棟において、人的・物的資源を集中的に投入し、専門的な医療を提供する施設のことである。国立精神神経センター武蔵病院をはじめ、国としては精神病院14か所の整備を予定し、現在10病院365床開棟済であり、後100床が開床予定となっている。また、すべての都道府県において300床の整備を目指しているが、現在は3つの自治体で55床が開かれているにすぎない。

指定通院医療機関は、通院決定の審判を受けた人または退院を決定された人が、通院して必要な医療を受ける厚生労働大臣が指定した医療機関をいう。指定数は、全国で318である。地域のバランス等を考慮し、一定水準の医療が提供できる医療機関から選ばれる。通院の期間は、原則として3年とし、例外的に5年とされている。

(3) **退院・入院継続の審判**　指定入院医療機関の管理者は、医療観察法の入院決定を受けて入院している者について、入院を継続させて医療を行う必要がなくなったと認めるときは、地方裁判所に対し、退院の許可を申し立てなければならない。入院を継続させて医療を行う必要があると認める場合は、6月ごとに、地方裁判所に対し、入院継続の確認の申立てをしなければならない。入院している本人、その保護者または付添人は、いつでも退院の許可または医療の終了を申し立てることができる。

2007（平成19）年における指定入院医療機関の管理者からの退院許可申立数は103件、入院している本人等からの退院許可および医療終了の申立てが52件あり、退院許可決定が75件、医療終了決定が24件となっている。なお、入院、通院とも、指定医療機関が提供する医療については、すべて国費によって賄われる。

(4) **保護観察所の役割**　裁判所により通院決定を受けた者および退院許可決定を受けた者は、原則として3年間の指定通院医療機関の医療および保護観察所による精神保健観察を受けなければならない。精神保健観察

は、継続的な医療を確保するため、本人との面接や関係機関からの報告等を通じて、本人の通院状況や生活状況を見守り、必要な指導等を行うことを内容とする。2007（平成19）年の保護観察所における精神保健観察事件の受理件数は148件であり、このうち退院許可決定によるものが73件であった。精神科医療においては、特に精神障害者の地域ケアが重要となるところ、医療観察法は、その中心的な役割を保護観察所に委ねている。すなわち、精神科医療では、医療機関のほか、精神保健センター、保健所など精神保健福祉関係の多くの機関がかかわっており、医療観察制度では、対象となる精神障害者について、これら関係機関との連携を確保するため、保護観察所が処遇のコーディネーターの役割を果たすものとされているのである。

　具体的には、保護観察所の長は、通院医療機関の管理者、都道府県知事、市町村長と協議の上、地域社会における処遇に関する実施計画を作成し（医療観察104条1項）、精神保健福祉法や障害者自立支援法などによる援助が、実施計画に基づいて適正かつ円滑に実施されるように協力体制を整備し、各機関に必要な協力を求めることができるとされている。対象者の社会復帰にとって、極めて重要な制度である。

Ⅲ　若干の論点

(1)　入院命令と措置入院との関係　　医療観察法は、精神保健福祉法の対象となる行為のうち、凶悪重大犯罪を取り出し、その行為者について独自の処遇を図るものであるから、精神障害犯罪者については、医療観察法と精神保健福祉法との関係が問題となる。

　第1に、医療観察制度によって指定入院医療機関に入院している期間中は、精神保健福祉法上の入院等に関する規定の適用は受けない。第2に、通院決定または退院決定によって地域での処遇を受けている場合は、医療観察法と精神保健福祉法の両者が適用されることになる。医療観察制度による地域サービスは、精神保健福祉法の地域サービスを前提として実施されるものだからである。例えば、精神保健福祉法49条が定める「事業の利用の調整」は、通院している精神障害者にも適用がある。第3に、精神保

健観察に付されている者が、通院の途中で暴力行為に及んだ場合、その者を措置入院に処することは許される。入院によって医療を適切に行い病状の改善に導くことは、通院医療と矛盾しないからである。任意入院、医療保護入院についても同様である。

　問題は、精神保健福祉法に基づく治療可能性が認められる場合、医療観察法による入院または通院命令を認めてよいかにある。医療観察法による治療を必要とするということを補充性という。この点につき最決平19・7・25刑集61巻5号563頁は、「精神保健及び精神障害者福祉に関する法律による措置入院等の医療で足りるとして医療観察法42条1項3号の同法による医療を行わない旨の決定をすることは許されないものと解するのが相当である」と判示した。補充性の要件を否定する趣旨であるが、両者とも医療を目的とする強制処遇であるから、上記の最高裁決定は妥当といえよう（水留正流「いわゆる『治療反応性』について」法と精神医療23号〔2008〕87頁。判旨に反対するものとして、渡辺脩「医療観察法の『医療の必要』とは何か」自由と正義59巻3号〔2008〕80頁）。

　(2)　**医療観察法病棟**　　医療観察法は、指定医療機関への入院決定および通院決定を定めており、国は、入院医療機関および通院医療機関の指定をする必要がある。しかし、国の精神科専門医療機関としては14の精神科専門病院を整備して420床程度を整備する目標のところ、2008（平成20）年8月で13施設365床が開設済みであり、目標達成も可能かと思われるが、都道府県では300床が整備目標のところ、2008（平成20）年8月の段階では55床が整備されたにすぎないという状況である。医療観察法病棟は、すべて個室を用意して治療に当たることになっており、現在の病床数ではいずれ不足することになるから、全国で720床程度の目標数を速やかに整備する必要があると思われる。

　2008（平成20）年8月1日、厚生労働省は「医療観察法に基づく指定入院医療機関の整備が特に進んでいないことから病床が不足し、入院医療が必要と決定された者への適切な処遇の確保に支障をきたしている」との実態を公表したが、審判で入院命令を受けたのにその対象者が入院できず「待機」状態にあるといわれている。早急に事態が改善されるべきである（伊賀興一「今こそ精神科医療の抜本的改善作業に着手する時」自由と正義

〔2008〕98頁)。

(3) 強制医療の正当化根拠　医療観察制度の根幹をなすものは、強制入院命令および強制通院命令である。その実質的要件は、「対象行為を行った際の精神障害を改善し、これに伴って同様の行為を行うことなく、社会に復帰することを促進するため」「この法律による医療を受けさせる必要があると認める場合」(医療観察42条1項1号、2号)である。この要件をめぐって、強制的に医療を加えることができるのはなぜか、言い換えると 強制医療の正当化根拠 は何かが論議されている (町野朔「精神保健福祉法と心神喪失者等医療観察法」ジュリスト増刊『精神医療と心神喪失者等医療観察法』〔2004〕93頁、安田拓人「心神喪失者等医療観察法における必要性と再犯の可能性」鈴木古稀祝賀上巻〔2007〕630頁)。また、先の要件は、再犯の危険性を根拠とするものであり、保安処分と同様の問題を含むから反対するという見解も主張された (浅田和茂「刑事法における責任主義」法律時報74巻2号〔2002〕10頁)。

　医療観察法42条に定める実質的要件は、極めてあいまいな表現をとっておりわかりにくいものとなっているが、本条の趣旨は、「精神障害のために医療を行わなければ再犯のおそれがあるから、強制的に医療を加える必要がある」ということにあり、結局、再犯のおそれ をもって強制医療の正当化根拠とするということに帰着するように思われる。

　この考え方に対し、再犯の可能性を根拠に強制することは予防拘禁につながるから、むしろ、対象者の精神障害を医療によって改善し、社会復帰を図ることが正当化の根拠であり、「再犯のおそれ」は強制医療が不当に長くならないようにするための 制約原理 であるという見解が有力に主張されているが (町野・前掲論文93頁)、そうすると医療の必要性を正当化根拠とする精神保健福祉法との区別がつかなくなるであろう。

　現行法は、強制医療について「再犯のおそれ」ないし「再犯の危険性」を要件としていることを率直に認め、保安処分に固有の人権侵害的側面を排除するために、精神障害を改善し社会復帰への配慮の必要性を要件としていると解すべきである。裁判官と精神保健審判員の合議制を認め、入院後6月ごとの入院継続必要性についての裁判所の判断、さらに通院期間の法定などは、まさに、危険性の除去という保安的要請が行きすぎないよう

に、医療的判断と併せて裁判官の判断を必要としているのだと思われる。このように考えてくると、医療観察法は、保安的要請と医療的要請の接点を追求した法律として、貴重なものといってよいように思われる。

Ⅳ　矯正・更生保護と精神障害者

(1) 受刑者の処遇　精神障害犯罪者については、従来、刑法上の取扱いと精神保健福祉法上の取扱いが認められていたにすぎないが、上述のように、新たに医療観察法上の取扱いが加わった。したがって、精神障害犯罪者の処遇は大きく変化しつつあるが、しかし、医療観察法の対象とならない精神障害犯罪者で刑務所に収容されている者や、受刑中に精神病を発病した者についての処遇については、依然として検討の余地がある。

精神に障害があるにもかかわらず、心神喪失が認められず、心神耗弱または完全責任能力が認められて有罪となり刑務所に収容される者、および受刑後に精神障害者となった場合、特に専門的な治療が必要と認められた者は、医療刑務所に移送される。精神科医療の医療刑務所は、八王子、岡崎、大阪および北九州に各医療刑務所が設置されている。受刑者の属性はMとされ、2007（平成19）年12月現在の人員は385人である。しかし、専門的な医療的処遇を実施するには、人的・物的な設備が不足しているといわれている。一方、精神に障害のある少年の施設は、医療少年院および医療部のある少年院であり、処遇過程の分類としては、M_1（精神病者および精神病の疑いのある者）およびM_2（精神病質および精神病質の疑いのある者）が適用され、人員は、2007（平成19）年現在、両者併せて60人となっている。なお、刑事施設から精神障害者等が釈放される場合、施設の長は、あらかじめ帰住地等の知事に通報する義務がある（精神26条）。

精神保健福祉法による処遇としては、既述のように、措置入院の制度がある。この制度は、都道府県知事が、2人以上の精神保健指定医の診断により、「自身を傷つけまたは他人に害を及ぼすおそれ」（自傷他害のおそれ）があると認められた精神障害者に対して、指定の精神病院に入院させる措置のことである（29条）。措置入院の手続は、知事が、申請（一般人）、通報（警察官、検察官、保護観察所長、刑事施設の長、矯正施設の長）、届出

(精神病院の管理者)を受けることによって開始される。対象者は犯罪者に限定されないが、不起訴処分、無罪、矯正施設からの釈放および退院となった精神障害犯罪者を含んでいる。

(2) **保護観察対象者の処遇**　対象者の社会内処遇については、医療観察法に基づいて、保護観察所は、指定通院医療機関および都道府県・市町村と協議して処遇の実施計画を作成し、その計画に盛り込まれた医療、精神保健観察および援助が有効に機能するよう関係諸機関相互の緊密な連携の確保を図ることとされている。2007(平成19)年の保護観察所における保護観察事件の受理件数は148件であり、このうち退院許可決定による者が73件であった。

一方、保護観察対象者の類型認定では、2007(平成19)年現在、仮釈放者206人、保護観察付執行猶予者1,014人であるが、特段の保護観察処遇は用意されていない。しかし、処遇困難者には人格障害者も含まれているので、精神障害等処遇プログラムの策定が必要である。

●第4節　再犯者・常習犯罪者の犯罪

I　再犯者

(1) **再犯者の意義**　刑事政策上の再犯者とは、1つの罪を犯して検挙されたことがあるのに、再び罪を犯した者をいう。犯罪を繰り返して行う者が再犯者であるという考え方もあるが、何らの刑事上の処分を受けていない者を刑事政策上の対象者とすることは不可能であるから、この定義は適当でない。したがって、初めの犯罪が有罪になったかどうかは問わないが、少なくとも逮捕などの刑事上の処分を受けて証拠が収集され、犯人の身柄が確保されたこと、すなわち検挙されたことを必要とする。

これに対し、刑法上の再犯者はより限定的であり、懲役に処せられた者がその執行を終わり、または執行の免除を得た日から5年以内にさらに罪を犯した場合において、その者を有期懲役に処するときは「再犯」とし(刑56条)、その罪の法定刑の長期の2倍まで刑を加重すると定められている(57条)。このように、刑法上は前の犯罪について懲役を科したのに、

犯罪者は悔い改めず犯罪を繰り返した点を強く非難するという趣旨および再犯者に対する一般予防を図る趣旨で、刑を加重するという考え方に立っている。

　しかし、再犯者を刑事政策の観点からみると、再犯者が刑事政策上格別の意味を有するのは、罪を犯し、刑事上の何らかの処分を受けていながらその効果がなく、再び犯罪を行った点にある。例えば、初めての犯罪について、起訴猶予による不起訴処分を受けたのにさらに罪を犯すということは、前の犯罪に対する起訴猶予の効果がなかったことを意味するから、犯罪防止のためには処遇の形態を変える必要があるということになろう。その意味で、刑法におけるように、再犯の要件として、前の犯罪について懲役刑に処せられた場合に限る必要はないのである。ちなみに、刑法では再犯（56条1項、57条）と3犯（59条）という規定の仕方をしているため、3犯以上を累犯として捉えるのが通説的理解であるが、3犯以上の者についての取扱いも、「再犯の例」によるとされているのであり、また、刑法上は累犯という用語は使われていないから、本書では累犯を「再犯」または「再犯者」として統一して叙述することにした（犯罪白書は、以前から「再犯者」で統一している）。もっとも、改正刑法草案は、「常習累犯」の概念を用いているが、これについては後述する（⇒441頁）。

> **再犯の刑の加重**　わが国では、法定刑の範囲内で量刑上再犯を考慮し、重く罰すべきものとした。諸外国では、①わが国のように刑の加重によるもの、②不定期刑を採用するもの、③保安処分によるもの、④不定期刑と保安処分を併用するものなどがある。

(2)　再犯者の類型　犯罪を繰り返す者が再犯者であるとすると、そこには、様々な類型の犯罪者が含まれる。大きくは、①単に犯罪を繰り返しているにすぎない犯罪者（一般的な意味での再犯者）、②犯罪を繰り返す一定の人格的特徴のある犯罪者（常習再犯者）、③精神に障害のある再犯者（精神障害再犯者）に分けることができる。現行刑法は、一般的な意味での再犯者と常習再犯者とを分けて規定している。すなわち、一般的な意味での再犯については、刑法56条ないし59条で刑の加重で対応し、常習再犯者については、①刑法の定める常習賭博罪、②盗犯等の防止および処分に関する

法律が定める常習的強窃盗（1条）、常習的累犯強窃盗（3条）、常習的強盗傷人・強盗強姦（4条）、③暴力行為等処罰に関する法律が定める常習的傷害・暴行・脅迫・器物損壊（1条の5）、常習的面会強請（2条2項）を定めているが、いずれも刑の加重で対応しているのである。

しかし、犯罪を繰り返す人格的特性を有する行為者つまり常習犯罪者に対しては、その人格的特性に配慮した独自の対策が必要であり、一般の再犯対策と同列に論ずることはできないと考える。したがって、再犯防止対策としては、両者を分けて考察する必要がある。本書では、まず、再犯一般の防止対策を考察し、その後で常習再犯者対策を検討することにする。

⑶　**再犯者研究の必要性**　　2007犯罪白書は、「再犯者の実態と対策」と題する特集を組み、再犯の実態を詳細に分析しながら、再犯研究の今日的な意義と効果的な対策を提言している。今日の犯罪情勢は、過去数年間認知件数が連続して減少したというものの、なお高水準にあるが、このような犯罪情勢の原因となっている犯罪者のなかには、生涯で1回だけ罪を犯す者（初犯者）と繰り返して罪を犯す者（再犯者）が存在する。このうち再犯者が問題なのは、犯罪者に占める人員の比率が比較的低いにもかかわらず、事件数全体に占める比率は、初犯者のそれに比べて格段に高いからである。例えば、1人で5回犯せば、初犯者5人分の罪を犯したことに相当する。ここに、再犯防止に向けられた有効な対策を講ずる必要があるというのである（2007犯罪白書209頁）。要するに、今日の事件数の増加傾向をもたらしている1つの原因は、1人で何回も犯罪を繰り返す再犯者が増えているからであり、この再犯者を効果的に処遇して再犯を防止すれば、事件数は大幅に減少し、犯罪情勢は好転するというわけである。

従来、再犯の研究においては、再犯の原因を検討し、そこから効果的な対策を導くといった手法が中心であったが、本特集においては、刑法犯有罪人員総数中に占める再犯者の比率に焦点を当て、そこから、再犯者数の上昇がいかに犯罪情勢の悪化に影響を与えているかという観点から実証的研究が展開されている。そして、一般刑法犯における再犯の比率が上昇しつつある近年の犯罪情勢にかんがみると、再犯防止対策の研究は極めて重要である。

犯罪は、結局のところ初犯者と再犯者によって実行されるのであるから、

犯罪防止対策は、**初犯者対策と再犯者対策**とに分けて考察する必要があったと思われる。しかし、従来、この点を自覚して進められた研究は、あまりなかったといってよいであろう。その意味でも、2007犯罪白書の研究は、評価されてしかるべきである。

> **再犯者と犯罪白書**　法務総合研究所は、1978（昭和53）年犯罪白書と1988（昭和63）年犯罪白書で再犯者の問題を特集として取り上げている。前者は、刑法犯有罪人員総数中に占める再犯者の比率が減少傾向にあるときの特集である。また、後者は、その比率が横ばい状態にあるときの特集である。いずれも「治安の悪化」が問題となる以前の「安全神話」の時代の研究であり、再犯を減らすことによって犯罪情勢の悪化を防止するといった意識は乏しかった。

(4) **再犯の現状**　一般刑法犯における再犯者についてみると、2007（平成19）年の検挙人員のうち再犯者は、14万5,052人であり、前年度に比べて4,112人2.8％減であった。10年前には再犯者の人員は約9万5,000人であったが、年々上昇傾向にあり、2006（平成18）年には15万人近くになったが、2007（平成19）年になってようやく減少した。なお、検挙人員のうち、有前科者の人員は、2007（平成19）年で7万4,833人であり、前年より2,999人減少した。前科数をみると、前科1犯39.4％、前科5犯以上は23％となっている。また、2007（平成19）年における一般刑法犯の検挙人員26万2,353人のうち、前科を有する人員の比は28.5％であった。つまり、約**3人に1人は有前科者**なのである。これが恐喝になると57.8％、脅迫は51％、強盗は47％というように、約2人に1人が有前科者の犯罪である。しかも、同一罪種の罪を犯しているものは、全部で3万6,768人に達している。

起訴人員中の有前科者は、2007（平成19）年における一般刑法犯の起訴人員10万2,977人のうち5万494人であって、前科率は49％であった。前科を有する者が2人に1人なのである。個々の犯罪で有前科率の高いのは、恐喝で55.7％、窃盗で53％、強盗で45.55％である。なお、執行猶予中の再犯者は2007（平成19）年で4万6,615人いるが、執行猶予を取り消された者は、保護観察なしの人員5,319人に対し、保護観察付の人員は1,117人であった（2008犯罪白書127頁）。

以上述べたように、刑事司法システムのどの段階においても、一般刑法犯における再犯者ないし前科・前歴人員の占める比率は極めて高いのである。では、再犯者は、刑事司法システムにおいて、どのような処遇を受けているのであろうか。

Ⅱ　現在の再犯防止対策

　(1)　検察および裁判　　刑事司法制度は、犯罪者を確実に検挙し、適正な刑罰を科すことによって犯罪の防止を図ることを目的とするものであり、その点では、再犯防止対策においても変わるところはない。また、再犯防止対策は、初犯の段階での犯罪者の刑事司法上の処遇を基本とするから、その出発点は警察であるが、警察独自の処遇としては微罪処分が問題となる。従来、再犯防止に関して微罪処分すなわち微罪不検挙の当否が論じられることはなかったが、今後、検討すべき余地がある。同じことは、起訴猶予による不起訴処分についてもいえる。微罪処分や不起訴にならなかったら、再犯に陥ることはなかったという事例の存在は、十分推測できるからである。一方、前科・前歴のある者については、原則として、微罪不検挙や不起訴処分はなされず、刑事手続は次の裁判の段階へと進むことになる。

　再犯防止で重要な役割を演じるのは裁判所である。刑法は、既述のように、再犯者に対し刑の加重を規定して一般予防および特別予防を目指しているにもかかわらず、多数回再犯者、頻回受刑者が後を絶たない点が、問題の核心である。再犯を防止するためには、再犯に至らないような適正な科刑、刑の量定が大切である。そこで、近年の凶悪重大犯罪に対する処罰の適正を確保するため、2004（平成16）年に重罰化を図る刑法改正がなされた。すなわち、①有期刑の法定刑の上限を15年から20年に、②加重事由がある場合の処断刑の上限を20年から30年に、③殺人、傷害、傷害致死、危険運転致死傷、強姦、強制わいせつ等の罪の法定刑を引き上げ、④集団強姦等を新設し重罰化を図るなどをした。これらの犯罪に対する科刑に与えた影響は大きいものがある。

　例えば、殺人で10年を超える有期刑を言い渡された者の比率は、2004

（平成16）年以降上昇傾向にあり、10年前の1996（平成8）年には16%であったものが、2006（平成18）年には30.6%となっている。また、無期懲役は5人であったが、2006（平成18）年では26人となっている。一方、執行猶予付きの判決を言い渡された者の比率は21%であったが、2006（平成18）年で17.1%となっており、低下傾向を示している。強盗や強姦についても、同じような傾向が現れている。今後、再犯の減少に何らかの影響をもたらすように思われる。

(2) **矯正**　矯正段階での再犯対策として何よりも大切なことは、出所後の 就労を支援する体制 の整備である。近年、職業訓練、生活技能訓練など就労支援として様々な取り組みが始まったところであり、その成果が期待される。また、2006（平成18）年から犯罪者処遇プログラムの策定・実施、特に性犯罪者再犯防止指導が開始されており、ようやく本格的な再犯防止のための取組みが実施されつつある。また、2005（平成17）年から開始された受刑者の出所予定日および出所後の所在等に関する情報の提供（出所情報の提供）は、性犯罪等の再犯防止と被害者の保護にとって貴重であり、刑事施設の長は、当該受刑者が釈放となる場合、釈放予定日の1か月前に、警察庁に対し、釈放予定者の氏名、釈放予定年月日、入所年月日、帰住地等を通知することになっている。2007（平成19）年5月までに情報を提供した対象者は303人である。さらに、2005（平成17）年9月から、法務省は警察庁に対し、殺人、強盗等の重大犯罪に結びつきやすい受刑者の出所情報の提供を開始している。

(3) **更生保護**　社会内処遇の段階での再犯防止対策は、保護観察所、保護観察官および保護司の協働態勢による適切な指導監督・補導援護によって実施される。特に、2007（平成19）年度からは、長期刑仮釈放者や凶悪重大事犯少年、強盗、傷害、暴行といった暴力的犯罪を繰り返している者について、保護観察官による 集中的・継続的な指導監督・補導援護 が行われるようになった。また、2006（平成18）年度から 類型別処遇制度 の「性犯罪者等」類型に認定された仮釈放者および保護観察付執行猶予者に対しては、性犯罪者処遇プログラムの受講を義務づけ、これに違反した場合には、少年院戻し収容、執行猶予・仮釈放の取消し、少年院送致処分を明記して処遇を強化した。その他、保護観察対象者の生活実態把握に努め、保

護観察を強化するなどの取り組みが始められた。なお、犯罪被害者等基本法に基づく犯罪被害者等基本計画を踏まえ、2007（平成19）年から、重大犯罪を犯した保護観察対象者に対しては、犯した罪の重大さを自覚させ、悔悟の情を深めさせることによって再び罪を犯さない決意を固めさせるとともに、被害者等に対し、誠実に対応することを促すため、贖（しょく）罪指導プログラムを実施することになった。

Ⅲ　常習犯罪者とその処遇

(1) 常習犯罪者の意義とその対策　　常習犯罪の定義については、①一定種類の反復された行為によって表示される一定種類の犯行への傾斜を示す者とする説、②性格的素質あるいは慣行によって獲得された性癖のゆえに繰り返し犯罪を行いかつ犯罪の反復傾向を有する者とする説に分かれる。単に再犯を繰り返し行う場合は再犯として処理すれば足りるから、常習犯罪者とは、一定の人格的傾向があるために犯罪を繰り返す危険な者をいうと解すべきであり、②説が妥当である。それゆえ、１回限りの犯罪であっても、それが 一定の人格傾向の顕れ として行われるときは、常習犯罪なのである。危険な常習者には、習癖的に犯罪を繰り返す者や職業犯罪者も含まれる。常習犯罪者が再犯や累犯と異なるのは、人格のうちに犯罪性が沈殿している者であるから、容易に改善できない処遇困難な犯罪者である。犯罪の多くは、こうした犯罪者によって行われるから、常習犯対策は世界の刑事政策の重要な課題の１つとされて、多くの常習犯罪者対策が講じられてきた。

諸外国では、①不定期刑によって改善を図る方式、②刑の加重による定期刑を科す方式、③定期刑に不定期の保安拘禁を併科する方式、④刑罰と社会治療処分を併科して言い渡し、執行面で社会治療処分に刑罰の代替性を認める方式、⑤刑罰に代えて定期の予防拘禁・矯正訓練を科す方式、⑥刑罰に代えて不定期の保安拘禁を科す方式などが、検討され実施されている。

わが国も、長い間、常習犯対策に取り組んできた。改正刑法草案は、常習累犯 という概念を設けて、常習犯に対処しようと試みた。「６月以上の

懲役に処せられた累犯者が、さらに罪を犯し、累犯として有期の懲役をもって処断すべき場合において、犯人が常習者と認められるときは、これを常習累犯とする」（57条）と規定して、「常習者」としての常習累犯者には不定期刑を科すこととしたのである。

既に論じたように（⇒133頁）、常習者対策として不定期刑を採用することは、①不定期刑は責任の限度を超えた刑を科すことになる、②刑を長期化することによって改善効果が上がるか疑問であり、いつ釈放されるかわからない不安定な立場におかれるため、受刑者の自暴自棄や偽善を招くことになる、③釈放時期の判断基準があいまいで不公平な釈放がなされるなどの理由で、改正刑法草案58条は、多くの批判にさらされた。アメリカを中心として、不定期刑を廃止する大きな流れのなかで、今後、不定期刑の採用が現実の問題となることは考えられない。

(2) 常習犯罪者の実態　　わが国における常習犯の実態は、現在までのところ明らかではない。特に、近年の犯罪白書をみると、累犯・常習犯の項目は独立して存在しなくなり、専ら再犯問題として扱われている関係もあって、常習犯罪の実態は不透明となっている。しかし、2007犯罪白書においては、再犯者の実態が詳細に分析されており、そこから犯罪性が人格に沈殿し、「犯罪は止められない」といった人格傾向の存在を読み取ることは不可能ではない。

犯罪白書による初犯者約70万人の分析結果をみると、そのうち前科9犯の人員は7,891人、前科10犯の人員は5,601人であったが、前科10犯の者の多くは、しばしば犯罪を繰り返す危険な常習犯罪者といってよいであろう。窃盗だけを繰り返した者のうち前科8～10犯は1,121人である。傷害のみは、6～10犯99人、覚せい剤取締法違反は6～10犯が300人であった。同じ統計で、再犯期間についてみると、9犯から10犯の期間は6月以内が約22％、1年以内だと40％を超えている。これを窃盗についてみると、8犯から10犯の再犯期間は、6月以内が25％であり、1年以内は55％となっている。短期間に何回もの犯罪を繰り返す者は、犯罪性が人格に沈殿しているといってよいと思われる。再犯防止対策が必要な傷害や覚せい剤取締法違反においても、同様の傾向が認められる。もっとも、近年、国民の関心が高まっている性犯罪の再犯についてみると、70万人の初犯者のうち、初犯

が性犯罪であった１万898人のうち30％がその後再犯に及んでいるが、再犯のなかで性犯罪を行った者は5.1％（55人）にとどまっている。危険な常習犯人になる確率は、それほど高くないことが判明した（2007犯罪白書228頁）。

(3) **今後の課題**　本書においては、再犯者ないし累犯者から常習犯罪者を区別して対策を講ずべきであるという前提で論じてきた。再犯については、処罰を厳しくして犯罪を抑止すべきであるという重罰化政策が、これまでの再犯対策であり、再犯の一種である常習犯の対策でもあった。**アメリカの三振法**（three-strikes-and-you're-out laws）をはじめ、イギリス、カナダ、ドイツ、フランスなども同様である。

> **三振法**　殺人、放火、強姦等の重大な暴力的犯罪を繰り返す者に対する重罰化政策として導入されたもの。1990年代にアメリカにおいて州法として成立した法律の総称である。重罪の前科が２回以上ある者が３度目の有罪判決を受けた場合、犯した罪の種類いかんにかかわらず終身刑に処するというものである。凶悪犯罪の多くは常習犯であるところから、常習犯罪者を微罪でも終身刑にすることによって、重大犯罪を未然に防ぐことができる趣旨で設けられた。しかし、相当以前に２つの前科があったにすぎない者が、些細な万引きで終身刑になるといった事例もあり、「重罪の前科が２回以上ある者が３度目の重罪で有罪判決を受けた場合」というように、三振法自体の定義が改められつつある。

しかし、犯罪性が人格に沈殿し、**止めようと思っても止められない**といった人格障害を有する一群の犯罪者がいることは夙に明らかにされているところであり、この種の犯罪者に対し重罰化を図っても、改善更生および健全な社会復帰をもたらすことは困難であると思われる。2007犯罪白書では、諸外国における再犯防止対策を概括的に紹介しているが、例えば、ドイツの社会治療施設への収容（社会治療処分）といった犯罪反復を防止するための改善・保安処分は、大いに参考になる。医療観察法の適用を拡大して、完全責任能力は認められても治療的処遇が可能な制度が必要になると考える。すなわち、再犯者のうち、人格障害が認められた者を常習犯罪者または危険な常習犯罪者として医療観察の対象にし、医療観察法の手続に従って常習犯罪者であることを認定し、裁判所の審判で処遇を決定する制度を創設すべきである。

●第5節　来日外国人犯罪

Ⅰ　来日外国人犯罪の意義と現状

⑴　来日外国人犯罪とは　来日外国人とは、わが国にいる日本国籍を有しない者のうち、永住者や特別永住者等の定住者、在日米軍関係者を除いた者をいう。わが国に入国した外国人は、1985（昭和60）年の225万9,894人から2007（平成19）年には915万2,298人に増加した。また、外国人登録人員は、1985（昭和60）年末で85万612人から2007（平成19）年末で215万2,973人となり、2.5倍に増加したことになる。2007（平成19）年の外国人新規入国者を国籍別に見ると、アジア地域が全体の73％を占め、次いで北アメリカ、ヨーロッパ、オセアニア、南アメリカ、アフリカの順である。在留資格別では、観光等を目的とする短期の滞在が全体の95.6％であり、次いで研修（1.3％）、興行（0.5％）、留学（0.4％）、定住者（0.4％）の順である。来日外国人犯罪とは、これら外国人が日本国内で行った犯罪をいう。これらのうち、永住者等の定住者の犯罪は、戦後の混乱期に急激に増加して大きな社会問題となったが、その後検挙者数は安定しており、近年ではむしろ顕著な減少傾向を示しているところから、刑事政策上特に問題とする必要はないといってよいであろう。

　一方、来日外国人の新規入国者は、1975（昭和50）年頃から急激に増加し、1991（平成3）年には300万人を超え、2007（平成19）年には772万人を超えるに至ったのである。これに伴い、犯罪も急速に増加してきており、交通関係業過を除く刑法犯の検挙人員だけをみても、1980（昭和55）年では約800人であったものが1994（平成6）年では約7,000人を超えたのであり、その増加はまさに驚異であったが、さらに2005（平成17）年には過去最多の1万4,786人となった。その後2006（平成18）年に減少に転じ、2007（平成19）年には、1万3,339人となっている。一方、検挙件数についてみると、2002（平成14）年から増加し、2005（平成17）年には過去最高の4万3,622件を記録した。そして、翌年から減少に転じ、2007（平成19）年には3万7,314件となったのである。

　このような検挙状況をどのように評価すべきかであるが、2007（平成

19）年の検挙人員1万3,339人は、在日外国人の刑法犯1人当たり検挙件数3.4に当たり、刑法犯全体の1人当たりの検挙件数は1.7であるから、その2倍に当たるのである。しかも、2007（平成19）年の刑法犯検挙人員総数（36万5,577人）に占める外国人の比率は3.6％であり、相当に高い数値となっている。在日外国人刑法犯全体の件数は減少しているというものの、在日外国人の刑法犯は深刻な状況にあるといってよいであろう。犯罪防止対策にとって、在日外国人犯罪は極めて重要であり、刑事政策上放置できない情況が続いているのである。

(2) **来日外国人犯罪の動向**　2007（平成19）年の在日外国人刑法犯のうち、最も検挙件数の多かったのは窃盗で、2万1,343件（全体の82.9％）であり、そのうち侵入窃盗やひったくりのような重要窃盗に属するものが1万1,577件であった。決して楽観できるものではないし、いわゆる凶悪犯は234件を数えている。また、刑法犯検挙件数に占める共犯事件の割合は、63.3％で、日本人の場合（16.5％）の3.8倍に達しており、悪質なものが多いといえる。在日外国人犯罪の特徴的なものを拾い出してみると、大きく出稼ぎ型犯罪と営業型犯罪とに分けることができる。

　出稼ぎ型犯罪というのは、日本で働くために行う犯罪であり、この種の代表的な犯罪はいうまでもなく不法残留および不法就労である。不法残留者の数は、もとより推計であるが、1993（平成5）年に過去最多の29万8,646人を記録したが、以降、取締りの強化等が効を奏して、大幅に減少したといわれ、2008（平成20）年1月現在、14万9,785人と推計されている。減少しつつあるとはいえ、相当数の不法残留者が、まさに不法な状態でこの国で暮らしているのである。そして、これらの不法残留者は、ほとんどが不法就労を希望しているところから、暴力団員等による不法就労助長罪等の雇用関事犯が跡を絶たないのである。また、不法入国、不法残留、不法就労等の犯罪に伴い、旅券等各種書類の偽造・変造罪および同行使罪などが行われる。各種証明書を偽造して提供する偽造請負グループも活動する。さらに、自由に就労できるようにするため、日本人と偽装結婚する事件も、しばしば新聞等で報道されているところである（那須・「刑事学」講義ノート〔2008〕169頁以下参照）。

　外国人犯罪者のなかには、初めから犯罪を行う目的で入国する者がおり、

最近では、「ヒット&ラン」とよばれる犯罪が目立ってきている。**国際的職業犯罪グループ**と称される外国の犯罪組織が日本をターゲットにして入国し、短期間で連続的に犯行を行い、終了後直ちに国外に逃亡するというものである。1986（昭和61）年に東京のオフィス街で発生したフランス人犯罪者グループによる現金輸送車襲撃事件と三億円強奪事件は、その代表的なものである。こうした国際的職業犯罪グループの犯罪以外にも、例えば、1992（平成4）年には台湾マフィアによる警察官に対するけん銃使用殺人未遂事件、さらに薬物・売春事犯などが多数検挙されているが、これらは職業的・営業的な犯罪であった。

Ⅱ 来日外国人犯罪対策の必要性

それでは、以上のような来日外国人犯罪に対して、どのような刑事政策を展開すればよいであろうか。

(1) 通常の犯罪に対する抑止策　通常の来日外国人犯罪についてみると、人間は誰しも犯罪を行う可能性を有している以上、例えば来日外国人が殺人を犯したとしても、それは、たまたま犯人が来日外国人であるというにすぎないともいえるから、刑事政策上特別の考慮には値しないとも考えられる。したがって、来日外国人の数が増えればそれに応じて外国人の犯罪も増えるのは当然であり、この種の犯罪について治安対策上格別の問題は生じないとする見解もある。しかし、近年の来日外国人の犯罪情勢をみると、ピーク時の2003（平成15）年より大幅に減少しつつあるというものの、日本人の犯罪に比べ人口比率にして凶悪犯で約5倍、薬物事犯で約4倍、全刑法犯で2.5倍というように、わが国の犯罪における外国人犯罪の占める割合が大きく、全体的にわが国の犯罪情勢を悪化させつつあることは疑いがない。さしあたり、検挙率を高め厳正な処分を実施する以外に名案はないが、今後、外国人犯罪について市民の安全の要求は一段と強くなることが予想され、これに答える積極的な刑事政策の展開が必要となろう。

(2) 出稼ぎ目的の犯罪に対する抑止策　来日外国人犯罪として独自の対策が必要となるのは、何といっても働くために来日した不法滞在者およ

び不法就労者である。既述のように、不法残留者の数は減少しつつあるが、それでも約15万人の不法滞在者がおり、例えば、2007（平成19）年に退去強制手続が執られた外国人は4万5,502人であった。先進諸国に共通の問題であるとはいえ、外国人犯罪を考えるに当たっては、何よりも不法滞在者、不法就労者が多数いるという実態を直視する必要がある。

　問題は、それだけにとどまらない。不法滞在および不法就労それ自体犯罪であるばかりでなく、不法滞在等に伴って身分事項を偽るための外国人登録証明書偽造事件、他人名義旅券行使事件、偽造変造旅券行使事件などの文書犯罪が多発しているのである。さらに、出稼ぎ外国人は、不法滞在・就労等の摘発を恐れて特定地域に集中する傾向がみられ、地縁関係の希薄化による治安水準の低下も危惧される。こうした事態を放置しておくことは、わが国の犯罪情勢の悪化につながる可能性があり、その兆候は次第に歴然としつつある。したがって、①不法入国をさせないこと、②在留期間を厳正に守らせ不法残留を速やかに発見すること、③不法滞在者を犯罪集団化させないことなどの対策が必要となることは勿論である。2003（平成15）年12月の犯罪対策閣僚会議において「2008（平成20）年までに不法滞在者数を半減する」とした政府目標を設定し、総合対策が実施されてきた。そして、2008（平成20）年1月現在、14万9,785人となってきた。このようにして、不法滞在者半減政策が効を奏しつつあるが、なお、15万人に近い不法滞在者が残留していることは、無視できない。入国審査・上陸審査や入管局の処理能力を点検し、入管行政そのものの転換も考える必要があろう。

(3) **職業的・営業的犯罪者対策**　最後に、職業的・営業的犯罪についてみてみよう。国際的職業犯罪グループが日本をターゲットとするのは、①不正入国が容易であること、②日本人の防犯体制が甘いこと、③円高であり物が豊富であることなどが理由であると思われる。このほか、薬物・売春事犯においても、外国の犯罪組織が関係しているが、これらの犯罪集団および職業的・営業的犯罪者は、いずれも外国に拠点をおくものである以上、被害者学の立場から外国人犯罪の防犯教育を徹底するなどの国内の防犯体制を整備するとともに、入国・上陸審査を厳正にし、国際的な協力のもとに犯罪を防止するなど、一般の犯罪に対するものと異なった対策が

必要となろう。

Ⅲ　来日外国人犯罪に対する刑事政策上の課題

(1) **国際犯罪対策の基本原則**　これまでの考察によって明らかになったように、来日外国人犯罪については一般の犯罪と異なった刑事政策が必要となる。そして、来日外国人犯罪の実態に照らしてみると、当面検討すべき事項としては、①来日外国人犯罪の基礎をなしていると考えられる不法滞在者なかんずく不法就労者を減少させること、②不法滞在者を犯罪集団化させないこと、③職業的犯罪者の来日を阻止する方策を講ずるとともに重点的な取締りを行うこと、④確実な犯人の検挙と厳正な刑事処分を行うことなどが課題となるであろう。しかし、来日外国人犯罪対策がいかに焦眉の急を要する課題であるとしても、今日の刑事政策の基本原理に反するような犯罪対策は許されない。すなわち、来日外国人にかかる刑事司法のいずれの段階においても、世界人権宣言、市民的及び政治的権利に関する国際規約など国際的に承認されている諸原則に立脚するとともに、適正手続や平等主義に反するような不合理な取扱いは厳に慎まなければならない。最近、来日外国人犯罪者に対する差別的な犯罪者処遇を問題とする向きもあるが、それが事実とすれば国際信義に反するばかりでなく、違法・不当なものとなることはもちろんである。

(2) **来日外国人と出入国管理**　来日外国人犯罪の最大の課題は、外国人犯罪の温床となりかねない膨大な数の不法滞在者・不法就労者をいかにして減らすかにある。1992（平成4）年に策定された出入国管理基本計画は、その対策として、不法就労外国人などわが国社会の健全な発展を阻害するものについては、人権に配慮しつつ厳正な方針・措置により摘発を一層強化して、その定着化を防止することとした。また、改正入管法では不法就労助長罪を新設し、不法就労者を雇用した雇用主や就業を斡旋・仲介した者を処罰することにしたのである。さらに既述の2003（平成15）年の犯罪対策閣僚会議における不法滞在者半減政策の結果、不法残留者は大幅に減少したのであるが、なお、在留している膨大な不法滞在者をさらに減らす特効薬はないともいわれている。

そうとすれば、不法滞在・就労に対する国の政策の転換を図るほかに適当な方策はないのではなかろうか。周知のように、従来から単純ないし未熟労働者への就労を認めるかどうかが大きな課題となってきており、その解決の1つとして外国人技能実習制度が創設されたのであるが、これをさらに拡大し、不法滞在・不法就労そのものを非犯罪化し、例えば現在認められていない単純労働への就労を一定期間認めることによって、不法就労を非犯罪化することを真剣に考えるべきであろう。不法滞在・不法就労を犯罪として取締りの対象としているために、犯罪集団が生まれてくるのである。

(3) **犯罪者処遇上の課題**　　来日外国人犯罪者の処遇との関連では、2つの点が重要である。

　第1は、刑事手続をめぐる問題 である。来日外国人に固有の刑事手続上の問題は、言葉が通じないことから生ずる様々な困難である。その困難の克服は、専ら有能かつ公平な司法通訳人の確保と正確な通訳に依存することは論をまたない。司法通訳人の能力を担保するためには、資格制度の整備を検討すべきである。

　第2は、処遇をめぐる問題 である。犯罪の国際化に伴って、諸外国においても刑事施設における外国人犯罪者の占める割合が高くなっている。わが国においても1985（昭和60）年に3％であったものが2007（平成19）年では全新受刑者の5.1％（3,293人）となっており、増加の一途をたどっているのである。また、受刑者の国籍も多様であり、言語が異なるほか風俗、習慣、宗教等を異にするため処遇上種々の問題が生じてきた。

　そこで、より効果的な処遇を実施するためには、ヨーロッパで推進されている処遇方法すなわち外国人受刑者をその本国に移送し、裁判の執行は当該国が行うという 受刑者移送制度 が検討されてきたが、1983（昭和53）年の欧州評議会において、外国人受刑者を母国に移送して母国で服役させる制度の創設を内容とする 刑を言い渡された者の移送に関する条約 が採択され、後述するように、わが国でも移送が実施されている（⇒451頁）。

Ⅳ 刑事司法における国際協力

(1) 犯罪の国際化に対する国際的取組み　近年のグローバリゼーションの進展に伴い、犯罪が容易に国境を越えるようになり、犯罪の国際化が顕著になってきている。犯罪の国際化については、既述のように（⇒19頁）、単に国内だけの犯罪防止策を講ずるだけでは効果がなく、国際的な協力を必要とする。そこで、近年における犯罪防止の国際的な取組みについて、2008犯罪白書を参考にしながら、簡単に概観することにしたい。

> **犯罪防止のための国際協力**　国際協力の古典的なものは、犯人および犯罪地にかかわりなく自国の刑法を適用する**世界主義**の原則である。近年、わが国においても航空機の強取等の処罰に関する法律など、世界主義を採る法律が増えてきた。世界主義においては、通常、条約によって加盟国に対し裁判権の設定、犯罪人の引渡し、刑事司法共助の義務等が課される。なお、国際的な犯罪防止の組織としては、国際犯罪の捜査に関する相互協力のための機関である国際刑事警察機構（International Criminal Police Organization＝ICPO）がある。同機構の本部はフランスのリヨンにあり、現在150か国がこれに加盟している。

(ア)　国際組織犯罪対策　国連は、組織犯罪の重要性にかんがみ、2000年の国連総会において、**国際的な組織犯罪の防止に関する国際連合条約**を採択した。この条約は、①組織的な犯罪集団への参加、②**マネー・ロンダリング**（犯罪収益の洗浄）および腐敗行為等の犯罪化、③犯罪収益の没収およびそのための国際協力、④組織犯罪に係る犯罪人の引渡し、⑤法律上の相互補助等について定めたものである。わが国では、2003（平成15）年5月に同条約締結につき国会の承認が得られたが、関連の国内法案が一部を除いて国会に上程されたまま成立に至らず、未締結となっている。国連条約に基づく法案であるから、国際信義の点からいずれ可決・成立するものと思われるが、組織犯罪の防止は緊急を要する課題であるので、速やかな成立が期待される。

> **国際組織犯罪関連法案**　政府は、「犯罪の国際化および組織化並びに情報処理の高度化に対処するための刑法の一部を改正する法律案」を2006（平成18）年第164回国会に上程したが、国連条約に係る罰則の整備としての**組織的な犯罪の共謀**（6条の2）について異論が生じ、現在継続審議となっ

> ている。なお、同法案には、犯罪の組織化にかかる強制執行妨害関係および情報処理の高度化に関連した欧州評議会の「サイバー犯罪に関する条約」に係るハイテク犯罪関係の法案が盛り込まれている。

　組織犯罪の国際化に関連して、1996年のリヨン・サミットにおいて、「国際組織犯罪と戦うための40の勧告」が発表された。また、テロ対策およびマネー・ロンダリングについては、1999年の国連総会において、「テロリズムに対する資金供与の防止に関する国際条約」が採択され、わが国は、2002（平成14）年6月に同条約を締結した。

　(イ)　受刑者の移送　既に述べたように（⇒449頁）、外国人を国内の刑事施設に収容するのは、改善更生および社会復帰を目的とする刑事施設内処遇に適さないことは明らかであり、受刑者本人にとっては母国で処遇されるのが望ましい。1983年には、欧州評議会において、外国人受刑者を母国に移送して母国で服役させる制度を内容とする「刑を言い渡された者の移送に関する条約」が採択された。わが国では、2002（平成14）年に国際受刑者移送法（平14・法律66号）が成立し、同条約に加入した国との移送が可能になった。2006（平成18）年にはじめてわが国への受入移送が行われ、また、送出移送の送出人員は、2007（平成19）年度で44人に達しており、そのなかには、オランダ12人、イギリス7人、アメリカ6人などが含まれている。

> マネー・ロンダリング（money laundering）の犯罪化　マネー・ロンダリングとは、麻薬等の薬物取引により入手した汚れた金を金融機関を通すなどして浄化し、不法な収入の痕跡を隠蔽し、合法的な収入を偽装するプロセスをいう（飯田英男「麻薬統制に関する国連新条約案について」判例タイムズ625号〔1987〕73頁）。すなわち、汚れた金の洗濯を意味し、「資金浄化」などと訳されている（森下忠「マネー・ロンダリングについての一考察」ジュリスト949号〔1990〕93頁）。マネー・ロンダリングの規制ないし犯罪化は、「麻薬および向精神薬の不正取引防止条約」（1988〔昭和63〕年国連採択、わが国は1989〔平成元〕年に署名）が定めるものであり、同条約は、不正取引がいかなる国で行われたかを問わず、その収益が直接または間接に不正取引から得られ、またはこれに由来するものであることを知って隠蔽・偽装する行為等の処罰を締約国に義務づけ（3条2項）、同時に、不正取引によって得られた収益を没収することによって、薬物犯罪によって得られた不正な利益を犯人の手許に残さないという方法を講ずるものとし

ている。アメリカやイギリスでは、マネー・ロンダリングの犯罪化が試みられ、わが国も麻薬新条約の批准のために必要な国内法の整備を図り（芝原邦爾「マネーロンダリング」法学教室116号〔1990〕6頁）、1991年10月5日に麻薬新法（平3・法律94号）を制定した。同法は、マネー・ロンダリングに係る3つの法規制を創設している。第1は、マネー・ロンダリングそれ自体を犯罪化するものである。麻薬新法9条は、不法収益隠匿の罪を創設し、不法収益等の取得もしくは処分につき事実を仮装し、または不法収益等を隠匿した者は、5年以下の懲役もしくは300万円以下の罰金に処し、これらを併科するものとした。第2は、麻薬等の不法な取引によって取得した不法な収益の収受行為を犯罪化するものである。すなわち麻薬新法10条は、不法収益収受罪を創設し、情を知って、不法収益等を収受した者は、3年以下の懲役または100万円以下の罰金に処するものとした。第3は、麻薬等の不法な収益を犯人の手に残さないために、薬物等の不正な取引から得た収益によって生じた「収入」について有体物以外の財産の没収・追徴を可能とする制度を創設した。これによって、薬物事犯の抑止を図るとともに、暴力団等の犯罪組織の弱体化を図ろうとするものである。

その後、1999（平成11）年には、組織的犯罪防止法10条以下においてその強化が図られ、さらに2007（平成19）年には、「犯罪による収益の移転防止に関する法律」（平19・法律22号）を制定し、犯罪による収益の移転を防止することによって、マネー・ロンダリングの包括的な規制を図った。

（ウ）　国際刑事司法裁判所　　1998年に国連主催の外交会議で採択された国際刑事裁判所に関するローマ規程に基づいて、オランダに国際刑事裁判所が設置された。同裁判所は、集団殺害犯罪、人道に対する犯罪、戦争犯罪等を犯した個人を、国際法に基づき処罰するための常設の国際裁判所である。対象犯罪に対して管轄権を有する国が捜査、訴追を行う意思ないし能力がない場合に限り、捜査・訴追を行うことができるとされている。わが国では、2007（平成19）年に「国際刑事裁判所に対する協力等に関する法律」（平19・法律37号）を制定し、それに伴い、国際刑事裁判所の正式の加盟国となったのである。

(2)　捜査・裁判の国際協力　　捜査および裁判で困るのは、犯罪者が国外に逃亡した場合、あるいは必要な証拠が外国にある場合である。

（ア）　逃亡犯罪人の引渡し　　日本国内で罪を犯し、国外に逃亡している者を国外逃亡被疑者という。2007（平成19）年の国外逃亡被疑者は、推定で357人であり、中国人が191人、ブラジル人が83人、韓国人が46人、フ

ィリピン人が37人である。わが国が外国から逃亡犯罪者の引渡請求を受けた場合は、逃亡犯罪人引渡条約に基づき定められた逃亡犯罪人引渡法の要件および手続きに従って引き渡すことになっている。なお、当該外国との間に条約が締結されていない場合であっても、国際礼譲に基づく相互主義の保証のもとで、引渡請求に応ずることができる。その場合、相手国も日本国の請求に応ずることになる。なお、日本国が逃亡犯罪人引渡条約を締結しているのは、アメリカ（1978年）と韓国（2002年）だけである。

　（イ）　捜査共助と司法共助　　捜査共助とは、外国の要請により、当該外国の刑事事件の捜査に必要な証拠の提供をすることをいう。わが国は、刑事に関する共助条約等に基づき国際捜査共助等に関する法律を制定して外国の要請に応えているが、条約の締約国以外の国であっても、外国から協力を求められたときは、相互主義の保証のもとに、外交ルートを通じて捜査に協力している。わが国も条約の締結国以外の国に共助を求めるときは、外交ルートを通じて国際礼譲による共助を要請することができる。

　司法共助とは、わが国と外国とが、裁判関係書類の送達や証拠調べに協力することをいう。司法共助には2種類ある。1つは、わが国の裁判所からの嘱託に基づいて、外国の裁判所または外国に駐在するわが国の領事らが行う場合であり、もう1つは、外国の裁判所からの嘱託に基づいて、わが国の裁判所またはわが国に駐在する外国の領事等が行う場合である。

V　国際犯罪対策の課題

　(1)　国際犯罪対策　　外国人犯罪の現状および現在の犯罪対策は以上のとおりであるが、国際犯罪に固有の対策として特に重要なのは、①犯罪者の国外逃亡を防止し、国外逃亡者を検挙して厳正な処分をすること、②わが国に逃亡してきた国外犯の逃亡犯罪者を検挙し、適切な処罰を行うこと、③薬物等の不正な取引にかかる金銭を外国銀行に預け、正規のルートで払い戻しを受けるというような国際的方法によって犯罪による利益を得ることを防止し、その利益を犯罪者の手に残さない方策を講ずることが考えられる。

　国際犯罪との戦いに勝利するためには、これら3つの施策を実行するた

めの国際協力が不可欠である。そのための国際機構としては、犯罪捜査に関する相互協力のための国際刑事警察機構があり（⇒450頁）、また制度としては、自国の裁判を行使するために国外にいる犯罪人を引き渡すよう求めるための犯罪人引渡制度がある。わが国はアメリカおよび韓国とだけ犯罪人引渡条約を締結しているにすぎないが、既に述べたようにわが国は条約前置主義を取らず、条約を締結していない国との間でも、相互に引渡しが可能になる逃亡犯罪人引渡法を制定して法的整備を図っているところである。捜査・司法共助についても、既に述べたような法整備を行っているし、国際テロに対応するための刑法4条の2も国際犯罪対策の1つである。

(2) **今後の課題**　犯罪の国際化、特に外国人犯罪の対策にとって、今後どのような問題があるであろうか。国際犯罪対策の理想的な形態は、単一の世界刑法および刑事司法の樹立であると思われるが、当面の対策としては、次の諸点が重要である。

第1に、その被疑者が検挙され、犯人が各国の刑法によって適切に処罰され、犯罪抑止の効果を挙げることである。それゆえ、犯罪人の引渡し、国際捜査共助および司法共助の整備・推進等の国際協力の一層の向上が期待される。その際、犯罪人引渡し、捜査・司法共助条約の締結を一部の国に限ることなく、一層の拡張を図るとともに、双罰主義（双方処罰の原則）の採否が検討されるべきである。双罰主義とは、引渡犯罪ないし共助犯罪が要請国および被要請国のいずれの法律においても犯罪とされていなければならないとする原則である。例えば、わが国の国際捜査共助法2条2号は、「共助犯罪に係る行為が日本国内で行われようとした場合において、日本の法令によれば罪に当たるものでないときは」共助をすることができないと定めている。いわゆる抽象的双罰性を共助の要件としている。これは、わが国で犯罪とならない行為について証拠の収集等を行うことは国民感情にも反するという理由からである。また、逃亡犯罪人をそれぞれの国の刑法で適切に処罰することが国際犯罪の防止にとって重要である以上は、双罰主義を緩和する必要があり、アメリカをはじめとして双罰主義の要件を設けない国が増えつつある。その意味で、当面は、相互主義の保証のもとに相手方国家の法律を尊重しあうことが必要になると思われるが、それを前提とした捜査・司法共助条約の締結を推進すべきである。

第2に、麻薬条約の批准によって **外国没収判決の執行共助** が義務づけられたが、同条約を離れても不正な利益は犯人の手に残さないという観点からの施策が求められるであろう。

　第3に、既述の国際犯罪防止に係る条約の締結に積極的に取り組むとともに、既に開始された受刑者の母国への移送を拡大し、保護観察など犯罪者の社会復帰を促進するための新しい共助形態も検討に値する。

　最後に、来日外国人の犯罪を防止するためには、処罰を厳正にするだけでなく、日本の社会のなかで、外国人を受け入れ、共に生きるという体制作りが必要であるように思われる。

事項索引

あ
アイルランド制　227, 276
赤切符　395
悪風感染　124
　　──の弊害　230
アジア極東犯罪防止研修所　20
アシャッフェンブルク　47
アドラー　49
アノミー論　46, 52
あへん法違反　380
暗数　33, 34
暗数調査　34
アンセル　88
安全・安心まちづくり　325
安全神話　23

い
遺族給付金　341
委託保護　301
イタリア実証学派　10, 45
1次被害　327
一時保護事業　273, 302
一卵性双生児　60
逸脱行為　31
一般改善指導　248
一般遵守事項　280, 290
一般短期処遇　369
一般的被害者性　79
一般的予測　317
一般復権　303
一般予防　85, 123
一般予防論　106, 109
遺伝生物学　49
遺伝負因　60
医療観察制度　428
医療観察法病棟　432
医療刑務所　434
医療少年院　367, 434
医療専門施設　219
医療モデル　14, 124, 170

う
受入移送　451

え
営業型犯罪　445
エクスナー　47, 51, 67, 75
エッティンゲン　44
エディプス・コンプレックス　49
エルマイラ矯正院　134

お
応報主義　11
オーバーン制　13, 229
送出移送　451
御定書百箇条　11
汚職の罪　422
恩赦　302

か
戒護　216
外国没収判決の執行共助　455
外出　236, 252
改悛の状　278
改正刑法仮案　100
改正刑法準備草案　100
改正刑法草案　100
改善指導　248
改善処分　158
改善モデル　14, 169, 170
改定律例　12
街頭補導　322
外泊　236, 252
外部交通　250
外部通勤作業　236
開放的処遇　231, 402
快楽苦痛の計算　42
科学主義　15, 16
確信犯　128
覚せい剤　376
隔離処分　158
隔離による無害化作用　123

隔離・保護室収容　217
過剰犯罪化　92
学校警察連絡協議会　322
葛藤家庭　76
家庭裁判所調査官　359
仮刑律　12
仮釈放　274
　──の期間　281
仮釈放許可基準　287
仮釈放準備調査　281
仮出場　275
仮退院　275,283
過料　113
科料　145,147
ガロファロ　10,45
カロリナ刑事法典　6
簡易送致　358
簡易尿検査　296,384
環境　57
環境原因説　46
環境説　46
環境犯罪学　89,314
監獄改良運動　9,229
監獄学　13
監獄破産論　124,125
監視カメラ　316
慣習犯罪者　41
監置　113,257
官庁統計　24,32
カント　10,106
ガンの監獄　9

き

機会犯罪者　40
企業犯罪　406
危険運転致死傷罪　398
鬼神論　42,43
起訴便宜主義　178
起訴猶予　178
　──の運用　179
気づかれない犯罪　33,96
逆送可能年齢　363
凶悪犯　39,40
教誨師　253
教科指導　249
行刑累進処遇令　227

強制医療　220
矯正指導　247
矯正職員　254
矯正処遇　209,221
　──の目標　226
行政制裁　83
矯正統計　32
行政罰　113
矯正ペシミズム　14,210
矯正保護審議会　223,271
協力雇用主　274
規律秩序　241
禁錮　121,126
均衡の原則　107
禁絶処分　163
金融犯罪　406

く

偶発犯罪者　40
苦情　265
ぐ犯事由　356
ぐ犯少年　355
クライン　156
クラインフェルター症候群　50
クリティカル・クリミノロジー　55
グリュック　51,318
グリュック夫妻　77
グレイザー　52
クレッチマー　49,61
愚連隊　384
群衆心理　78

け

経済犯罪　405,408
警察　173
警察統計　32
警察白書　35,38
形式的犯罪　29
刑事施設　202,206
刑事施設委員会　265
刑事司法　33
刑事司法システム　84,312,313
刑事収容施設法　205
刑事制裁　83
刑事政策　2
刑事政策学　4

刑事立法　102
刑事和解制度　337
継続保護事業　273,302
刑の時効　306
　　──の停止・中断　307
刑の宣告猶予　197,199
刑の量定（量刑）　183,184
刑罰　105
刑法犯　37,38
刑務官　254
刑務作業　240
刑務所生活　213
刑余者保護事業　270
ケースワーク的予防活動　322
激情犯罪者　40
欠損家庭　75
決定論　85
ケトレー　43
原因論的分類　40
検挙率　174
減刑　303
検察　177
検察官関与制度　362
検察官送致　358
検察審査会　336
検察統計　32
原則逆送事件　356
謙抑主義　92

こ

行為者主義　11,47
行為主義　11
構外作業　236
公害犯罪　406,410
後期古典学派　42
拘禁形態　228
考試期間主義　285
更生緊急保護　181,300
更生保護　162,267
更生保護会　273
更生保護事業　301
更生保護措置付起訴猶予　181
更生保護婦人会　274,324
更生保護法人　273
公正モデル　170
公訴の時効　306

拘置所　206
交通関係業過　394
交通切符制度　394
交通試験観察制度　403
交通事件即決裁判手続　394
交通戦争　392
交通短期保護観察　294,365,403
交通犯罪　391
　　──の大量性　392
交通反則通告制度　146,171,394,395
後天的環境　57
校内暴力　74
公判手続　183
公民権停止　154
公務員犯罪　422
合理的選択の理論　88
拘留　132
高齢者犯罪　416,418
コーエン　52
ゴーリング　44
国際刑事警察機構　450,454
国際刑事裁判所　452
国際主義　18
国際受刑者移送法　451
国際捜査共助等に関する法律　453
国際組織犯罪対策　450
国際礼譲に基づく相互主義　453
国選付添人　362
告訴　335
国連最低基準規則　204
ゴダード　48
個体犯罪生物学　47
個別恩赦　304
個別処遇　238,367
　　──の原則　169,211
個別事例研究　59
個別的予測　317
困窮犯　38
コントロールド・デリバリー　382
コントロール理論　56
コンピュータ関連犯罪　92
コンプライアンス・プログラム　411

さ

罪刑均衡の原則　93,111
罪刑法定主義　17

財産刑　112, 138
財産犯　37, 39
再審無罪　116
財政犯罪　405
再送致　372
在宅拘禁　289
在宅送致　359
裁定合議制　361
裁判　182
裁判員制度　200
再犯者　435
裁判時予測　319
裁判統計　32
再犯のおそれ　433
再犯防止機能　123
再犯率　196
詐欺的犯罪　406
作業賃金制　245
作業報酬制　245
作業報奨金　243
サザランド　51
雑居拘禁　230, 231
3Ｅ主義　404
3Ｓ主義　132
残虐な刑罰　11, 110
三者即決処理方式　394
参審制　200
三振法　443
三大精神病　63

し

自営作業　243
シェルドン　49
資格制限　113, 153, 195
死刑　114
　　──の時効　307
　　──の代替刑　120
死刑確定者　255
死刑選択の基準　121
死刑存置論　117
死刑廃止論　116
試験観察　360
時効　305
自己観念の理論　52
自己契約作業　240, 259
自己報告調査　34

自主性尊重の原則　212
自傷他害のおそれ　426
施設化　421
施設駐在官制度　288
施設内処遇　167
自然的環境　66
自庁保護　301
執行猶予　191
執行猶予者保護観察法　270
実質的犯罪　29
実証主義犯罪学　54
指定通院医療機関　430
指定入院医療機関　430
指定暴力団　387
指導監督　289
自動車運転過失致死傷罪　398
自動車損害賠償責任共済　346
自動車損害賠償責任保険　346
児童自立援護施設　365
児童養護施設　366
自弁　217
司法共助　453
司法通訳人　449
司法的処遇　171
社会解体論　51
社会主義学派　46
社会的環境　68
社会内処遇　167, 267
社会病質　64
社会復帰　14, 211
社会復帰促進センター　221
社会復帰モデル　170
社会奉仕命令　307, 411
社会を明るくする運動　325
釈放時予測　318
釈放前指導　280
釈放前指導センター　237
習慣性薬物　376
集禁処遇　235, 402
自由刑　112, 121, 132
自由刑純化論　214
自由刑多元論　126
重傷病給付金　341
終身刑　118
集団処遇　224, 225, 239, 294
修復的司法　333

事項索引 | 459

週末拘禁　235
収容分類級　224
収賄事犯　422
主刑　112
受刑者移送制度　449
受刑者処遇　208,434
受刑者の移送　451
受刑者の処遇　434
受刑者の法的地位　209
受刑能力　407
出入国管理基本計画　448
シュトース　156
シュナイダー　48
準起訴手続　182,336
遵守事項　262
障害給付金　342
状況的犯罪予防論　89,314
条件付恩赦　275
常時恩赦　304
常習再犯者　436
常習犯罪者　43,441
常習累犯　441
情状　187
少年院　366
少年院送致　366
少年鑑別所　359
少年警察ボランティア　375
少年刑事司法　375
少年刑務所　373
少年サポートセンター　374
少年指導委員　323
少年相談　323
少年非行　350
少年非行予防活動　374
少年不定期刑　136
少年保護観察　364,365
少年保護司　269
少年保護事件　356
少年補導　322
少年補導委員　323
少年補導員　323
上納金　385
条約前置主義　454
処遇権　210
処遇調査　209
処遇の個別化　211,238,415

処遇の人道化　168
処遇の多様化　367
処遇分類級　224
処遇目標　209
処遇要領　209,212,225
処遇論的分類　41
職業訓練　242
職業犯罪者　41
贖罪金　140
贖罪指導プログラム　441
触法行為　2
触法少年　351,355
女性犯罪　412
女性犯罪者の処遇　414
処断刑　184
職権濫用の罪　422
所定の作業　122,240
初等少年院　367
親告罪　335
新社会防衛論　88
心神耗弱者　426
心神喪失者　426
心神喪失者等医療観察　162
心神喪失者等医療観察法　428
人身犯　37
身体刑　9,112
人道主義　17,168
シンナー　378
審判　361
心理強制　84
心理強制説　8
新律綱領　12

せ

生活安全条例　326
生活行動指針　291
請願作業　122
制限の緩和　227
性差　414
制裁　83
生産作業　242
政治犯　38,128
青少年問題審議会　374
精神障害再犯者　436
精神障害者　163
精神障害等処遇プログラム　435

精神障害犯罪者　425
精神病　62
精神病質　48,63,64
精神分析学　49
精神保健観察　430
精神保健参与員　429
精神保健審判員　429
精神保健福祉法　425
生命刑　112
生来性犯罪者　44
政令恩赦　304
ゼーリヒ　47
責任主義　134
責任無能力者　426
絶対的応報刑論　106
絶対的貧困　70
絶対的不定期刑　133
窃盗犯　40
セリン　52
セルフコントロール理論　56
前科の抹消　304
前期古典学派　42
全件家裁送致主義　356
全件送致主義　372
宣告刑　184
善時制　285
染色体異常　50
先天的環境　57

そ

躁うつ病　63
捜査　173
捜査共助　453
双生児研究　60
相対主義　105
相対的意思自由論　86
相対的応報刑論　106
相対的貧困　70
相対的不定期刑　133
総体犯罪　31
双罰主義　454
贈賄罪　425
ソーシャル・ボンド・セオリー　56
組織的な犯罪の共謀　450
組織的犯罪防止法　452
組織犯罪　103

素質　57
素質説　46
措置入院　427,434
粗暴犯　21,39,40
損害賠償命令　345

た

ダーウィニズム　43
退院・仮退院　370
体感治安　26,27
第三者没収　149
体質生物学　49
大赦　303
ダイバージョン　138,176
対物の保安処分　158
大麻取締法違反　380
代用監獄　207
代用刑事施設　207,261
大量観察方法　59
多因子説　51
タルド　46
単一刑論　126
段階的処遇　294
短期自由刑　129,131,141
　　──の弊害　129
短期処遇　369
短期保護観察　295,365

ち

治安の悪化　23
地域組織化　323
地域組織化的方法　89
地下鉄サリン事件　103,340
知能犯　38,40
地方委員会　278
地方更生保護委員会　272
中央更生保護審査会　271,304
中間施設　237
中間処遇　296
駐在所　321
注射針理論　72
抽象的双罰性　454
中等少年院　367
懲役　121
懲戒処分　113
長期処遇　369

調査前置主義　359
懲罰　216, 262
　　——の執行　263
　　——の種類　263
　　——の手続　263
直送事件　358
治療共同体　240
治療処分　163

つ

追徴　152
追放刑　9
罪と罰の観念　107

て

定期駐在　295
出稼ぎ型犯罪　445
的屋　384
デュルケム　46
転嫁罰規定　407
てんかん　63
電子監視　308
点数制　227, 396
伝統的犯罪学　15

と

同害報復（タリオ）　106
東京ルールズ　20
統合刑論　107
統合失調症　62, 63
同性性交　96
逃走防止　234
動的犯罪観　58
道徳的制裁　83
逃亡犯罪人引渡条約　453
逃亡犯罪人引渡法　453
特異・重大犯罪　353
篤志面接委員　253
特赦　303
特修短期処遇　369
特殊的被害者性　79
毒物及び劇物取締法違反　380
特別改善指導　248, 383, 390
特別基準恩赦　304
特別権力関係の理論　203
特別遵守事項　262, 280, 290

特別少年院　367
特別復権　303
特別法犯　39
特別予防　84, 107, 110, 123
特別予防論　106
独居拘禁制　229
トラウマ　328
取扱平等の原則　233
トリプロ症候群　50

な

内因性精神病　62

に

2次被害　328
日常行動理論　89
日数罰金制　144
ニュー・クリミノロジー　55
二卵性双生児　60
任意的没収　149
人足寄場　12
認知件数　35

ね

年齢　65

は

ハーフウェイ・ハウス　237
ハーメル　47
売春　96
陪審制　200
博徒　384
パターナリズム　95
罰金　139
　　——の延納・分納　143
　　——の合理化　142
　　——の執行猶予　142
パトロール活動　321
幅の理論　135
破廉恥的犯罪者　127
パロール　194, 268, 277, 288
ハワード　9
半開放的施設　235
判決　183
　　——の宣告猶予　197
判決前調査制度　189

犯罪　2
　　——の国際化　19
　　——の実相　31
　　——の都市化　71
　　——の分類　36
　　——の防止　3
　　——の抑止　3,316
　　——の予防　3,89,317
犯罪化　84,91
犯罪学　4
犯罪家庭　76
犯罪機会　314
犯罪原因論　86
犯罪社会学　50
犯罪者処遇　167
犯罪少年　355
犯罪心理学　48
犯罪人類学　47
犯罪生物学　47
犯罪統計　32
犯罪による収益の移転防止に関する法律　452
犯罪人引渡制度　454
犯罪人名簿　304
犯罪能力　407
犯罪白書　38
犯罪発生率　20,35
犯罪被害者　18,327
犯罪被害者救援基金　343
犯罪被害者支援　331,334
犯罪被害者等給付金　343
犯罪被害者等給付金支給法　340
犯罪被害者等早期援助団体　347
犯罪被害者保護　103
犯罪被害者民間支援団体　347
犯罪防止対策　2
犯罪飽和の法則　45
犯罪抑止　82
犯罪予防論　312
反社会復帰思想　15
半自由（中間）処遇　235
ハンズ・オフ理論　203
反則切符（青切符）　396
反則行為　395
反則通告制度　146

ひ

PFI促進法　222
PTSD　328
BBS会　274
ヒーリー　51
被害回復給付金　151
被害回復給付金支給法　344
被害者学　79,80,331
被害者参加制度　338
被害者性　80
被害者対策要綱　332
被害者通知制度　337
被害者の権利　330
被害者のない犯罪　96
被害者保護2法　332
被害調査　34
ひき逃げ事件　399
非刑罰化　113
非決定論　85
非公開の原則　361
被拘禁者処遇最低基準規則　20
非行少年　354
非行地域　70
非行副次文化理論　52
微罪事件　171
微罪処分　175
微罪不起訴　176
微罪不検挙　176
非施設化　268
被収容者　202
必要的仮釈放　285
必要的没収　149
ピネル　48
非破廉恥的犯罪者　127
非犯罪化　94
非反則事件　400
秘密性保持の原則　361
被留置者　258
ヒロポン時代　377
頻回受刑者　421

ふ

風俗犯　37,40
フートン　45
フェリー　10,45

フォイエルバッハ　8
付加刑　112
副次文化（sub-culture）　214
付審判請求　336
婦人補導院　258
復権　303
不定期刑　133
不登校　74
不服申立て　263
部分的単一刑論　131
不法滞在者　446,447
フライ　339
ブライドウェル懲治場　7
不良行為　351
不良措置　296,364
プリンス　47
フロイト　49
プロベーション　194,268,288
文化葛藤の理論　52
分化的機会構造論　53
分化的接触の理論　51
分化的同一化の理論　52
文化伝播　51
分類処遇　224,367

へ

併科主義　161
併合説　106
ヘーゲル　10,106
ベッカー　53
ベッカリーア　8,116
ペンシルヴァニア制　229
ヘンティヒ　331
ペントンヴィル制　229

ほ

保安施設　202
保安処分　85,156
法益的犯罪概念　31
法人犯罪　405,409
法定刑　184
防犯環境　325
防犯空間論　89
報復機能　108
法務省保護局　271
暴力団　384

――と共生する者　391
――の広域化　386
暴力団対策法　387
暴力追放運動推進センター　391
暴力犯　38
保護観察　288
保護監察官　272,292
保護観察所　272
保護観察付執行猶予　193
保護司　272
保護施設　202
保護司選考会　272
保護処分　85,165
保護処分優先主義　354,372
保護的処遇　268
保護統計　32
没収　147,151
補導援助　290
ホワイト・カラー犯罪　51,423

ま

マートン　52
マイヤー　44
マクロ的研究　17,32
魔女裁判　42
マスメディア　72
マッケイ　51
マネー・ロンダリング　382,451
麻薬及び向精神薬取締法違反　380
麻薬等の自己使用　98
マルクス主義刑事法学　55

み

身柄付送致　359
ミクロ的研究　17,32
未決拘禁　258
未決拘禁法独立論　260
三菱重工ビル爆破事件　340
水俣病事件　408
民営刑務所　222
民間協力組織　274
民間保護事業　270
民事介入暴力　386

む

無力犯　38

め

名誉刑　112, 153
名誉拘禁　128
メッガー　47, 58
免囚保護　270
メンデルソーン　331

も

模倣説　48
模倣の法則　46
モラリズム　95
モラル・パニック　26, 353

や

薬物依存離脱指導　383
薬物嗜癖　376
薬物犯罪　376
薬物四法　377
破れ窓理論　25, 90, 314

ゆ

優遇措置　228
有罪率　184
猶予制度　191

よ

要保護児童　358, 365
要保護性　354
抑止刑論　109
余罪　188
吉益脩夫　61
予測　317
予測法　318
予防拘禁　5

ら

ラートブルフ　41

来日外国人犯罪　444
ラカッサーニュ　10, 46
ラディカル・クリミノロジー　55
ラベリング・アプローチ　54
ラベリング論　30, 53, 54
ランゲ　49, 50, 60

り

リープマン　51
リスト　10
略式手続　172
留置施設　206
量刑委員会　191
量刑基準　185
量刑相場　188
良好措置　296, 364
両罰規定　407
利欲犯　38
リヨン学派　10
リヨン環境学派　46

る

類型別処遇　294
累進処遇制度　13, 227
累犯者　41, 43

れ

レンツ　47

ろ

労役場留置　139
労働災害補償　346
労働犯罪　406
ロンブローゾ　10, 44

わ

わいせつ物頒布等　98

大谷　實（おおや・みのる）
　　1934年　茨城県に生まれる
　　1957年　同志社大学法学部卒業
　　現　在　学校法人同志社総長法学博士

主　著　人格責任論の研究（1972年・慶応通信），犯罪被害者と補償（1975年・日経新書），被害者の補償（1977年・学陽書房），刑事規制の限界（1978年・有斐閣），医療行為と法（1980年，新版補正第二版2004年・弘文堂），刑法講義各論（1983年，新版第二版2007年・成文堂），刑法解釈論集Ⅰ（1984年・成文堂），いのちの法律学（1985年，第二版1999年・悠々社），刑法講義総論（1986年，新版第二版2007年・成文堂），刑法総論の重要問題ⅠⅡ（1986年，新版1990年・立花書房），刑法各論の重要問題（1987年・立花書房，新版1990年），刑法解釈論集Ⅱ（1990年・成文堂），基礎演習刑事政策（1993年・有斐閣），刑事法入門（1994年，第六版2007年・有斐閣），精神科医療の法と人権（1995年・弘文堂），精神保健福祉法講義（1996年・成文堂），刑法総論（1996年，第三版2006年・成文堂），刑法各論（1996年，第三版2007年・成文堂），エッセンシャル法学（1996年，第四版2005年・成文堂），刑事司法の展望（1998年・成文堂），エキサイティング刑法総論（1999年・成文堂），エキサイティング刑法各論（2000年・成文堂），明日への挑戦（2004年・成文堂），続・明日への挑戦（2008年・成文堂）

新版　刑事政策講義

昭和62年9月30日　初版1刷発行
平成2年6月30日　第2版1刷発行
平成6年3月15日　第3版1刷発行
平成8年6月30日　第4版1刷発行
平成21年4月15日　新版1刷発行

著　者　大　谷　　　實
発行者　鯉　渕　友　南
発行所　株式会社　弘文堂　　101-0062　東京都千代田区神田駿河台1の7
　　　　　　　　　　　　　　TEL 03(3294)4801　　振替 00120-6-53909
　　　　　　　　　　　　　　http://www.koubundou.co.jp

装　丁　笠井　亞子
印　刷　港北出版印刷
製　本　井上製本所

© 2009 Minoru Oya. Printed in Japan

Ⓡ　本書の全部または一部を無断で複写複製（コピー）することは、著作権法上の例外を除き、禁じられています。本書からの複写を希望される場合は、日本複写権センター（03-3401-2382）にご連絡ください。

ISBN978-4-335-35435-9